| 多维人文学术研究丛书 |

认知词汇学新视野

陈建生　夏晓燕　姚尧｜著

中国书籍出版社
China Book Press

图书在版编目（CIP）数据

认知词汇学新视野/陈建生，夏晓燕，姚尧著. —北京：中国书籍出版社，2020.1
ISBN 978-7-5068-7709-1

Ⅰ.①认… Ⅱ.①陈… ②夏… ③姚… Ⅲ.①词汇学 Ⅳ.①H03

中国版本图书馆 CIP 数据核字（2019）第 290885 号

认知词汇学新视野

陈建生　夏晓燕　姚尧　著

责任编辑	姚　红　李雯璐
责任印制	孙马飞　马　芝
封面设计	中联华文
出版发行	中国书籍出版社
地　　址	北京市丰台区三路居路 97 号（邮编：100073）
电　　话	（010）52257143（总编室）　（010）52257140（发行部）
电子邮箱	eo@chinabp.com.cn
经　　销	全国新华书店
印　　刷	三河市华东印刷有限公司
开　　本	710 毫米×1000 毫米　1/16
字　　数	370 千字
印　　张	23
版　　次	2020 年 1 月第 1 版　2020 年 1 月第 1 次印刷
书　　号	ISBN 978-7-5068-7709-1
定　　价	99.00 元

版权所有　翻印必究

前　言

语言学理论研究在20世纪80年代出现了认知转向，一改过去只研究语言结构，不研究语言意义的趋势，把研究语言意义放到了重要的位置，引起了一场认知语言学革命。认知词汇学是伴随着认知语言学的发展而发展的，"认知词汇学"的名称出现了近二十年，但一直未见到认知词汇学的专著出版。英国语言学家克鲁斯（D. A. Cruse）写了一本《词汇语义学》（Lexical Semantics），该书涉及一些认知词汇学方面的内容，但归根结底它是一本语义学方面的专著，不能算作一本认知词汇学专著。因此，国外也只有认知词汇学名称，没有认知词汇学专著。语言研究的认知转向传到中国以后，很多学者投身其中，取得了丰硕的研究成果。洛阳解放军外国语学院的赵艳芳教授出版了我国第一本《认知语言学概论》；复旦大学的熊学亮教授出版了我国第一本《认知语用学概论》；四川外国语学院的王寅教授出版了我国第一本《认知语法概论》；上海外国语大学的束定芳教授出版了我国第一本《认知语义学》。但一直到2007年国内也没有出现认知词汇学方面的专著，只在个别论文中有所涉及而已。

我们看到了认知词汇学研究的滞后，于2005年以《词汇认知研究》为题，申报湖南省社科基金项目，有幸获得立项，并得到资助，使项目按质、按量、按时圆满完成。在研究的设计上，我们把认知词汇学的建构分成两大块：一块是认知词汇学的理论框架探讨，以理论研究为主；另一块是把理论运用于认知词汇学的具体研究，以实践为主。前者着眼于认知词汇学理论探讨，以务虚为主；后者放眼于实践运用，以务实为主。我们经过三年的努力（其实在此之前已有多年准备），于2008年11月在复旦大学出版社出版了国内第一本认知词汇学方面的专著——《认知词汇学概论》。书出来以后，我们在百度上看到了两位读者的评论，他们认为书的内容比较难读。这也难怪，因为《认知词汇学概论》是理论探索，理论书籍读起来是有一定的困难。在出版《认知词汇学概论》的基础上，我们又经过多年的努力（其实我们早就在准备），出版《认知词汇学新视野》，完成《词汇认知研究》项目的另一半。因此，《认知词汇学概论》和《认知词汇学新视野》是姊妹篇，两者一脉相承，它们构成了一个完整的学科方向。在撰写《认知词汇学新视野》的过程中，我们采纳了读者的建议，尽量使《认知词汇学新视野》更加易读易懂。

进入21世纪，一些词汇学著作陆陆续续出版了。从实用的观点看，这些词汇学著作对词汇教学做出了贡献，帮助学生获得词汇学习方法，满足了市场的需求。但是，从学术观点上看，这些词汇学著作继承有余，发展不足。它们都以传统语言学理论为基础，没有反映最新的语言理论研究成果；沿用以往词汇学框架，没有跳出过去词汇学的藩篱。概括地讲，重复的东西不少，创新的内容不多。

词汇学停滞不前的原因是什么？词汇学研究该如何创新，如何在创新中发展？词汇学研究与语音学研究一样，已不再需要学者们研究，所有学术问题都成定论了么？很显然，词汇所涉及的内容比语音所涉及的内容要宽泛得多，要复杂得多，词汇的变化比语音的变化要快得多。词汇学还有许多问题有待研究，还有一大块处女地等待学者们开垦。新世纪语言学理论研究出现了认知热潮，认知语言学理论已成为主流语言学理论之一。因此，词汇学研究也出现了认知转向，词汇学研究与认知科学相结合。以往的词汇学研究词的客观现象和客观意义，很少涉及词汇的主观内容和意象意义。出现词汇学研究认知转向以后，词汇学不再研究客观现象和客观意义，转而研究词的主观意义，研究词义变化结构特征和它们之间的相互作用方式。这种转向使得传统词汇学的局限性一目了然，如下页图所示。

从该图可以看出，词汇意义由主观意义和客观意义构成，是一个硬币的两个面，缺一不可。传统词汇学主要研究词汇的客观意义，并取得了可喜成果。词汇的客观意义研究已形成普通词汇学和个别词汇学两个分支。在两个分支研究成果的基础上，学者们又建立了词典学。词汇的客观意义研究十分全面，这就是为什么过去十多年词汇学著作创新停滞的原因。词汇的主观义研究是一块短板，研究深度有限，没有形成像客观义研究那样的体系，词汇主观义研究几乎是一片空白。一张白纸最好绘制蓝图，需要广大学者们加大时间和精力的投入，在这片处女地中辛勤耕耘，这就是为什么词汇研究出现认知转向的答案。

本书主要由长沙理工大学陈建生教授牵头，参加撰写工作的有夏晓燕和姚尧两位老师。陈建生教授负责1、3、10、11、12章的撰写；夏晓燕老师负责5、6、7、13章的撰写；姚尧老师负责2、4、8、9章的撰写。认知词汇学尚处于一个发展的初级阶段，有些内容和观点尚未完全形成一个统一而完整的理论体系，

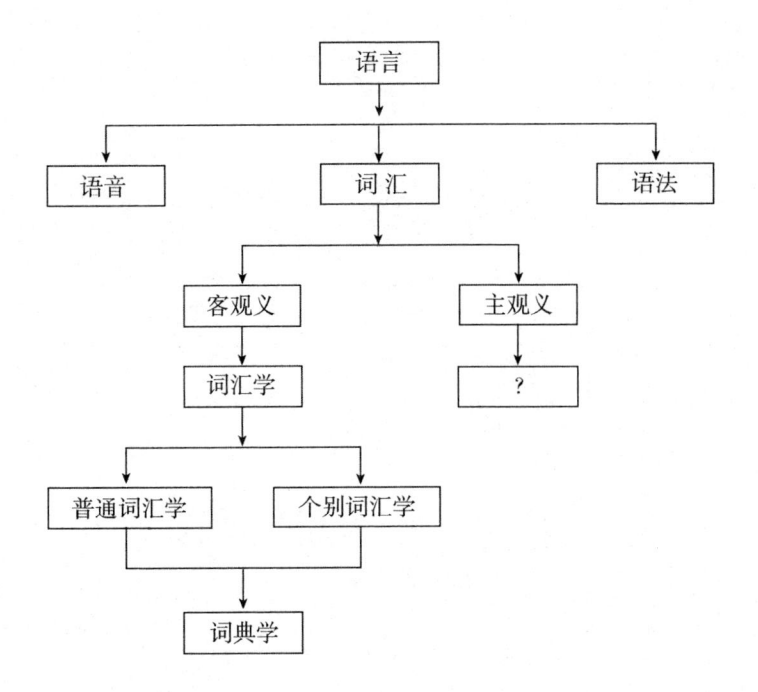

```
        ┌─────┐
        │ 语言 │
        └──┬──┘
     ┌─────┼─────┐
  ┌──┴─┐ ┌─┴──┐ ┌┴───┐
  │语音│ │词汇│ │语法│
  └────┘ └─┬──┘ └────┘
       ┌───┴───┐
    ┌──┴──┐ ┌──┴──┐
    │客观义│ │主观义│
    └──┬──┘ └──┬──┘
    ┌──┴──┐ ┌──┴──┐
    │词汇学│ │  ?  │
    └──┬──┘ └─────┘
    ┌──┴────┐
 ┌──┴───┐ ┌─┴────┐
 │普通词汇学│ │个别词汇学│
 └──┬───┘ └──────┘
 ┌──┴──┐
 │词典学│
 └─────┘
```

一些不足之处尚待更多的学者加以研究和完善。本书属于开创性研究，观点难免会有考虑不周之处，特别是将理论框架应用于实践研究之中时，一定还存在不少可商榷之处，敬请各位专家、学者、同行赐教。

目 录
CONTENTS

第一章 基本理论题解 …………………………………………… 1
  第一节 英语词汇研究回顾 …………………………………… 2
  第二节 英语词汇研究历史分期 ……………………………… 4
  第三节 认知词汇学的哲学基础 ……………………………… 8
  第四节 认知词汇学的方法论 ………………………………… 11
  第五节 认知词汇学的心理学基础 …………………………… 14
  第六节 认知词汇学的语言观 ………………………………… 17

第二章 词汇理据性研究 ………………………………………… 25
  第一节 认知词汇学理据观 …………………………………… 25
  第二节 词汇理据性的认知机制 ……………………………… 28
    一、命题激活机制 ………………………………………… 29
    二、意象图式机制 ………………………………………… 30
    三、隐喻映射机制 ………………………………………… 31
    四、转喻映射机制 ………………………………………… 32
  第三节 词汇理据性的表现 …………………………………… 33
    一、拟声理据 ……………………………………………… 33
    二、拟象理据 ……………………………………………… 35
    三、语音理据 ……………………………………………… 39
    四、形态理据 ……………………………………………… 40
    五、语义理据 ……………………………………………… 49

第三章　词汇组织······55
第一节　词汇对称系列······56
　　一、汉语中的对称结构······56
　　二、英语中的对称结构······58
　　三、词汇绝对对称系列······60
　　四、词汇相对对称系列······64
第二节　词汇体系······68
　　一、分支词汇体系······68
　　二、非分支词汇系列······72

第四章　词义范畴化与非范畴化······77
第一节　范畴化······78
　　一、基本范畴······78
　　二、上位范畴······81
　　三、下位范畴······82
　　四、词义扩展······84
第二节　非范畴化······91
　　一、新事物的出现······92
　　二、词语感情色彩改变······93
　　三、模糊和精确的转化······93
　　四、句法功能转变······94
第三节　再范畴化······98

第五章　词汇的多义性······100
第一节　一词多义现象······101
　　一、词义的认知性······102
　　二、词义的有理性······105
　　三、一词多义现象产生的原因······107
第二节　一词多义的形成机制······108
　　一、认知隐喻理论······109
　　二、一词多义的隐喻形成机制······112
第三节　一词多义的途径······116
　　一、隐喻与一词多义的关系······116

二、一词多义的隐喻延伸途径 … 120

第六章 语法化 … 126
第一节 语法化的来源 … 126
一、语法化理论的兴起 … 126
二、语法化理论在中国的引进和发展 … 127
三、广义和狭义的语法化 … 128
四、语法化的动因 … 130
五、语法化的特征 … 131
第二节 语法化的认知机制 … 134
一、语法化过程 … 134
二、语法化的认知模式 … 136
第三节 语法化的分类 … 141
一、词类语法化 … 141
二、构词语法化 … 147
三、语篇语法化 … 149
四、语用功能语法化 … 151
五、命题图式与时体标记 … 151

第七章 词汇化 … 153
第一节 词汇化的认知机制 … 154
一、词汇化的概念整合机制 … 154
二、词汇化模式 … 156
第二节 词汇化的主要影响因素 … 160
一、认知需要 … 161
二、民族文化差异 … 161
三、语言模式的差异 … 162
第三节 主要词汇化类型 … 162
一、音系词汇化 … 162
二、形态词汇化 … 163
三、语义词汇化 … 169
四、句法结构词汇化 … 171

第八章　词汇的逻辑意义 177
第一节　内部命题逻辑 178
一、合取关系 178
二、析取关系 179
三、否定关系 181
第二节　外部概念逻辑 182
一、蕴含关系 182
二、等值关系 190
三、衍推关系 191
第三节　语篇连贯逻辑 192
一、小句语义关系 192
二、小句的语义连贯 194

第九章　词汇的意象意义 197
第一节　意象 197
一、选择变量 198
二、视角变量 199
三、凸显变量 199
四、加细程度变量 200
第二节　意象意义 201
一、范畴化与意象意义 202
二、语法功能与意象意义 204

第十章　词义的联想与搭配 210
第一节　词义的观念论和联想论 210
第二节　词义的联想方式 212
一、词汇网络联想 212
二、词义原型联想 223
三、词汇交际义联想 229
第三节　词汇的搭配 236
一、词汇共现 236
二、词汇选择限制 244

第十一章 词的使用与理解 ... 249
第一节 注意种族贬义词汇用法 ... 249
一、传播媒介促进贬义词汇发展 ... 251
二、种族贬义词的内部形式变化 ... 252
三、种族贬义词的外部特征描述 ... 253
四、种族贬义词汇的非范畴化过程 ... 254
第二节 注意性别歧视词汇用法 ... 258
一、两性语言交际中的性别原型 ... 259
二、性别歧视词汇 ... 262
三、性别歧视谚语 ... 267
第三节 注意俚语词汇用法 ... 268
一、现代美国俚语 ... 269
二、美国俚语生成的宏观模式 ... 273
三、美国俚语生成方式 ... 277
第四节 注意地域性词汇用法 ... 280
一、美国英语词汇 ... 281
二、新西兰英语词汇 ... 287
三、加拿大与澳大利亚英语词汇 ... 291

第十二章 构式与词汇 ... 295
第一节 构式压制 ... 296
一、构式与词汇互动 ... 296
二、构式与词汇的误配 ... 302
第二节 词汇压制 ... 305
一、名词压制 ... 305
二、动词压制 ... 308
三、副词压制 ... 311
四、形容词压制 ... 314

第十三章 习语 ... 320
第一节 习语的认知机制 ... 321
一、概念隐喻机制 ... 322
二、概念转喻机制 ... 324

  三、概念整合机制 ················· 325
  四、常规知识 ··················· 326
 第二节　习语意义的构建 ··············· 328
  一、影响习语理解的主要因素 ············ 329
  二、习语的特性 ·················· 330
 第三节　习语的来源 ················· 333
  一、来源于历史事件 ················ 333
  二、来源于地理环境、生存空间的影响 ········ 333
  三、来源于风俗习惯 ················ 334
  四、来源于宗教文化 ················ 334
  五、来源于童话、神话和寓言故事 ·········· 335
  六、来源于文学作品 ················ 335
  七、来源于体育运动 ················ 336
  八、来源于动植物、人名、地名等 ·········· 336
 第四节　习语的分类 ················· 337
  一、成语（set phrases） ·············· 337
  二、典故（allusions） ··············· 339
  三、谚语（proverbs） ··············· 341
  四、俚语（slangs） ················ 343

参考文献 ······················· 346

后　记 ························ 349

第一章

基本理论题解

人类十分聪明，可以创造卫星上九天揽月，也可以乘坐潜水艇下五洋捉鳖。人类实现了很多的跨越，对自己周围的客观世界有比较清晰的了解，而这种了解在不断地加深和加快。与对客观世界的了解相比较，人类对自身的了解就相形见绌，还有很多的路要走。语言是怎样产生的？口头语产生多长时间以后再产生笔头语？是谁创造发明了第一个文字？儿童是怎样习得语言的？这些问题都无法完全做出科学的回答，只能各抒己见。文字是在口语的基础上产生的，是记录口语的书写符号体系，这一点是不辨自明的。文字与口语的关系非常密切，它在完善口语的交际功能方面起着特殊的作用。由文字体现的笔头语言将口语记录保存下来，传至远方，弥补口语的不足。文字产生的初期速度十分缓慢，随着生产力的发展，产生速度逐步加快，形成大批语言词汇。

词汇是语言发展中最活跃的成分，与语音、语义和语法相比，它与国际政治、科学技术、文化教育、经济发展等关系最为密切，对各方面的变化最敏感，它时刻处在不断的变化中。新生事物不断涌现，新词语也随之增加，虽有旧事物的消亡，但它的数量比新生事物的产生要少得多。词汇发展的一般趋势是整个词汇系统的日益扩大，日益丰富。这种扩大和丰富既包括词汇数量的增加，也包括词语意义的多样化，词汇系统变得越来越复杂。一种语言词汇丰富与否，是这种语言是否发达的标志；人们掌握词语多少，是个人语言修养高低的重要标志。没有鲜明多彩的丝线，再巧的湘绣工艺也绣不出花团锦簇的彩缎；没有姹紫嫣红的颜色，再妙的丹青也绘不出彩色缤纷的画卷。一个人如果词汇贫乏，说话、演讲、写文章，颠来倒去总是那几个词，不生动，不形象，再好的情思也不易感人肺腑，再强的道理，也难给人留下深刻的印象。湖南老乡毛泽东说过："语言这东西，不是随便可以学好的，非下功夫不可。"语言大师、文艺巨匠，从他们语言实践的切身感受，指出学习语言的艰巨性和重要性，我们绝不应该对此掉以轻心。为了学好语言，学生除了向生气勃勃的日常语言和纯洁规范的书面语学习之外，也需要掌握一定的认知词汇学知识，把学习实践，从感性认识提高到理性认知的高度，以求事半功倍的学习效果。

第一节　英语词汇研究回顾

语言是词汇系统和语法系统的总和。词汇是具体语言所有词汇和固定词组的总汇，是多种成分聚合而成的分层级体系，是构筑言语作品的建筑材料。词汇是第一性的，语法规则是第二性的，没有词汇的语言是不可想象的。词汇如此重要，它成了最早的语言研究领域，如汉语训诂学、文字学等。英语语言研究也是如此，先研究词法，然后再研究语法。中国人对外国语言的研究也是从词汇领域着手，然后扩大到其他各个领域。

两千年前，中国人民就不断地与自己的邻邦发展文化交流，吸收他们的文化精髓，以丰富和发展自己的民族文化。我国的翻译事业有着悠久的历史和光荣传统，为民族文化发展做了显著贡献。我们的先辈在翻译佛经方面所树立的严谨科学的翻译方法及其所取得的卓越成就，值得我们引以为骄傲，并且奉为典范。19世纪中叶以来，由于我国与欧洲各国的接触日益频繁，欧洲国家的科学、哲学、文学著作的翻译工作也随着发展起来，先驱者严复先生在这方面做出了巨大的贡献。

严复先生并非第一位把英文小说翻译成汉语的人。现有资料显示，最先将英文小说译入中国的是英国来华传教士威廉·本斯（1815~1868年）。他把英国17世纪小说家约翰·班扬的寓言体长篇小说《天路历程》译成中文，并于1853年在厦门出版。因为翻译者是外国人，一般不视为中国翻译外国小说之始。由中国人翻译的第一部外国长篇小说出现于19世纪70年代，蠡勺居士首次翻译了英文小说《昕夕闲谈》，是蠡勺居士拉开了中国人研究英语词汇的序幕。马建中（1845~1900年）是第一位建议设立翻译书院，对英语和法语进行研究的人。

中国翻译历史悠久，翻译英文小说在中国也有近150年的历史了，但确定翻译的标准是一件很困难的事情，各有各的说法。严复先生提出了"信、达、雅"三字标准，鲁迅先生提出了"信、和、顺"三字标准，林语堂先生提出了"忠实非字字对译之谓"九字标准，葛传槼先生提出了"不增、不减、不改"六字标准。翻译实践证明，翻译标准并非几个字能说清楚的，但有一条是十分清楚：不管什么翻译标准，关键是词语的选择。在翻译中，人们运用词语表情达意，概括起来说有两层要求：第一层要求是词语用得"对"；第二层要求是词语用得"好"。翻译中的所谓"对",就是要合乎原文,合乎逻辑,合乎语法,合乎词语的规范标准。翻译中的所谓"好",就是要鲜明生动,精辟含蓄,阅读流畅,优美动听等。译"对"是译"好"的基础,译"好"是在译"对"基础上的提高和飞跃。要译好一部作品,首先就是要对有关词汇进行语义研究和对比分析。

1929 年,曾朴先生发表《读张凤用各体诗译外国诗的试验》(《真美善》1929 年第一卷第 10、11 期)一文,直截了当地指出:"大家都道译书难,我说译诗同样难,译诗比译书难到百倍呢。这什么讲究呢?译书只有信、达、雅三个任务;能信、能达、能雅,三件都做到了家,便算成功了。译诗却不然,译诗有五个任务哩。哪五个任务?(一)理解要确;(二)音节要合;(三)神韵要得;(四)体裁要称;(五)字眼要切。"

以上这些要素要求,既涉及逻辑问题,又关系到语法问题,而更多的是修辞问题。"字眼要切"就包括翻译词语用"对"和用"好"两个方面,词语用"对"是一种"消极修辞",词语用好是一种"积极修辞"。不管是"消极修辞",还是"积极修辞",都离不开对词音、词形、词义、词彩、词的使用范围等诸多方面的选择和推敲。由此可见,翻译要求无不涉及两种语言词汇的对比研究。虽然早期的研究没有形成系统的英语词汇学理论,但具体翻译操作已包括上述内容。词汇研究只是为翻译作品服务,谈不上是对英语词汇的形式和内容的研究;也谈不上是对同音词、同义词、反义词几种关系词的研究;同样也谈不上是对英语词汇构成(基本词汇、非基本词汇)和词汇的语体类型(书面语词汇、口语词汇)的研究;更谈不上是对成语、谚语等熟语的研究,他们还不是真正意义上的英语词汇研究。这一时期的研究总的来看还是初步的,有些观点今天看来也显得幼稚,但是筚路蓝缕、榛莽初辟,开创艰辛,功不可没,孕育了更进一步进行英语词语研究的胚胎,使得 20 世纪 30 年代我国英语词汇研究得以建立和发展。

现代语言学有很多分支,语言学中研究英语词汇的分支叫作英语词汇学。任何一门学科的形成、发展和完善,都离不开理论的指导。普通语言学对中国英语词汇研究有着重要的指导作用,"词""词汇""词汇学"术语及其概念本身都是从国外语言学中引进的。

在历史上,一些先进的知识分子和青年学生,就曾把西方的语言理论介绍到中国,其中就有词汇学方面的理论和方法。如马建中先生在 1898 年出版的《马氏文通》,就是采用西方的语言理论系统地描写汉语的第一部著作。《马氏文通》虽然是语法著作,所分析的语言资料是古代汉语,但是它也涉及了一些词汇问题，谈到了构词方法的一些问题，也谈到了不少词汇意义问题。《马氏文通》中的词法内容多于句法内容，词法内容被后世的词汇学吸收和采纳。

20世纪中叶以来，普通语言学对英语词汇研究的指导作用更加明显。20世纪50年代初，约·斯大林的《马克思主义和语言学问题》发表以后，在数十年间都对中国语言学界产生着影响。这本书中所谈到的基本词汇与一般词汇问题等词汇学内容，也在很长时间内影响着英语词汇研究，尽管其中的一些提法今天看来已经未必十分妥当。美国结构主义语言学的一些理论也被中国英语词汇研究借鉴与吸收。自20世纪60年代开始，中国英语词汇研究界在研究词汇的意义时，不再单纯地就意义论意义，而把对词汇意义的研究纳入结构的框架，研究词语意义的组织关系，从而使英语词汇研究在方法上得到了更新。20世纪70年代，先由美国人类学家发明，后来成为语言学研究方法的义素分析法，使英语词汇语义研究获得了形式手段，这为英语同义词语、反义词语等的研究开拓了新路子。这些事实无不证明，普通语言学对中国英语词汇研究具有重要的指导意义。

在中国英语词汇研究之初，极大地受到中国传统语文学的影响。普通语言学并不专指由西方引进的语言理论。中国人在中国研究英语词汇也要受到中国古代、现代语言理论的影响。尤其是在词语和词语所指的事物对象的关系问题上，春秋战国时代的著名学者荀子更是发表了精辟的见解，指出："名无因宜，约之以命；约定俗成谓之宜，异于约则谓之不宜。名无因实，约之以实，约定俗成谓之实名。名无因善，经易则不拂之善名。"这样的认识在当时是难能可贵的，在今天也还有着重要的意义，虽然与认知语言学的观点有悖。在过去的数十年里，中国英语词汇研究，一方面借鉴西方和中国的语言理论，不断丰富自身，逐步形成自己的特点；另一方面又以自身的学科建设丰富着词汇理论，出现了一些有一定理论建树的词汇学论著。这是中国英语词汇学在普通语言学的理论指导下逐步走向成熟的标志之一。

第二节　英语词汇研究历史分期

中国英语词汇研究历史并不长，只有100多年，但它也经历了一个胚胎、成形、转型停滞、恢复、繁荣深化的过程[①]。

[①] 陈建生：《中国英语词汇研究史纲》，国防科技大学出版社2001年，第67页。

语言的基本功能是交际，翻译也是一种交际，通过语际转换达到交际的目的。翻译理论和翻译实践中的一个基本原则是"等值原则"。在对"等值原则"的研究中，许多早期的翻译作者，如严复先生、梁启超先生、胡以鲁先生、容挺公先生、朱自清先生、郑振铎先生等，都在有关翻译论文中涉及对英语词汇的研究。翻译要求语义等值，反映原词的概括特征和本质特征。翻译要求语体等值，词并非仅仅是交流思想，不带任何修辞色彩的筹码，在语言的表层结构与深层结构之间，还有一个修辞层。翻译要求语用等值，译文与原语一样，在行文中做到语用等值。那时谈不上什么词汇理论，但具体翻译操作已包括词汇研究内容，这就为今后更进一步研究英语词汇奠定基础，形成胚胎。

1930年以前，我国几乎没有英汉或汉英双语词典，只有少数原语（英文）词典，这种情况严重妨碍了当时的英语教学。1930年以后，为了满足人们学习英语的需要，我国开始出版英汉双语词典，真正开始了对英语词汇的研究。除词典之外，词汇研究成果的另一种表现形式就是语法书籍，各种语法书籍都有章、节涉及构词方法和词汇分类等内容。启明书局在1930—1940年之间出版了《活用英文语法》《英文语法表解》《英文语法造句作文》等书籍。英语词汇研究已涉及语言国情学知识（虽然此时并未有语言国情学），它包括了文学、艺术、科学、教育、政治、经济、历史、地理、伦理道德、价值观念、宗教信仰、神话迷信，以至风土人情、生活习俗等。这一特征是英语词汇研究走向成熟的一个重要标志。

新中国成立以后，由于政治经济等原因，中国与英、美西方国家交恶，转而投向以苏联为首的东欧社会主义阵营。20世纪中叶以来，普通语言学，特别是苏联语言学理论对我国词汇研究的指导作用更加明显。20世纪50年代初，约·斯大林的《马克思主义和语言学问题》发表以后，在数十年里对中国语言学界发生着影响。中国外语词汇研究重点从英语转向俄语，从1950—1960年10年期间，我国出版俄语辞书23本，而出版英语辞书只有9本。几乎所有中学只开俄语课，不开英语课，标志着转型时期的开始。此时，词汇研究在苏联语言学理论的指导下进行，许多学者都投入到这一学科的研究中，研究队伍不断扩大，提出了许多问题，研究领域日见拓展，研究问题的思路和方法也不再拘泥于旧的一套模式，研究方法更加新颖。20世纪60年代初，我国同苏联关系恶化，中国的各项工作都以阶级斗争为纲，然后"文化大革命"开始，中国所有外语词汇研究工作都处于停滞状态。停滞前期（1961—1966）的英语词汇研究情况比停滞后期（1967—1975）要好，如高名凯先生、王庚尧先生等都在停滞前期出版了一些有影响的英语词汇书籍。

打倒"四人帮"以后，中国英语词汇研究重新焕发出勃勃生机，上海人民出版社反应迅速，在1976年底出版了《袖珍汉英词典》试用本，标志着中国英语词汇研究即将恢复。1981年上海译文出版社出版了陆国强先生编著的《现代英语构词》。汪榕培、李冬两先生于1983年3月推出了《实用英语词汇学》一书。在此期间，众多学者加入了英语词汇研究行列。几年之内，英语词汇研究恢复到"文化大革命"之前的水平，词汇研究朝着多样化方向发展。英语词汇研究发展的一个重要标志是产生了我国第一本《实用英语词汇学》专著。除出版数量可观的词汇研究成果书籍以外，在各种学术期刊上也有众多学者发表了很多有价值的学术论文，如1985年在《外国语》第4期，沐莘先生发表了《浅谈语义及其类型》，但是与中国第一本词汇学专著的诞生相比较，此时发表的论文都显得单一和不足。

1988年以后，中国英语词汇研究朝着更深和更加广泛的方向发展，由过去集中对同义词语、反义词语的研究扩展到对其他结构组织的全面性研究，研究的角度日趋新颖，词语意义研究朝着跨学科的方向深入开展。语言学理论，如社会语言学、语篇语言学、文化语言学、认知科学、语用学都渗透到英语词汇研究中，指导着英语词汇研究。有的学者从文化语言学的角度对词语意义进行研究，如戚雨村先生于1992年在《外语研究》第2期发表了《语言·文化·对比》一文；有的学者从社会语言学的角度对词语意义进行研究，如宋海燕女士于1988年在《外国语》第2期发表了《性别原型及其在两性言语交际能力中的反映》一文；有的学者从认知科学的角度对词语意义进行研究，如王维成先生于1988年在《语言教学与研究》第1期发表了《从歧义看句法、语义、语用之间的关系》一文（以上作品并不是专门论及英语词汇，但都有章节涉及英语词汇内容）；也还有学者从其他的角度对英语词汇意义进行了研究。该时期的英语词汇研究成果主要以论文的形式表现出来，尽管出版了不少词汇书籍，但多数是为了满足学生应试而编写，无多大学术价值。

从英语词汇的研究发展史来看，中国英语词汇研究在初期曾明显带有翻译学的痕迹，而后来又与词典编纂和语法学纠结难分。语法学中的词法内容最容易混同于词汇学，它研究词的构成、变化和分类规律，探求词的语法形式和语法形式所负载的语法意义。词汇研究可以参考语法研究的某些方法，但是把词汇学的对象视作语法学的研究内容，甚至用语法学来代替（英美几乎没有词汇学专著），取消词汇学的存在，都是不合适的。

从数十年的历史还可以看出，中国英语词汇研究发展呈两大趋势。一是分工越来越细。早期的英语词汇研究既研究词语的构造、词汇的组织、发展变化、词语意义，也研究词汇集在词典中的状况。从20世纪80年代开始，对词语汇集在词典中的状况研究已独立成专门的学科——词典学，词汇学已很少再承担对它们的研究。对词语意义的研究，也开始汇入语义学研究的洪流，成为词汇语义学。二是不断借鉴、吸收一些相关学科的研究成果。词汇研究在百年的发展史中，引进和吸收了一些相邻学科的研究成果和方法，不断地充实、完善自身。如结构主义语言学中的框架理论、结构组织关系等；20世纪60年代开始引入词语意义的研究，义素分析法也于20世纪70年代被用于对词语意义的分析；20世纪80年代把一些与语言研究相关的学科成果借用到词汇研究之中。以上研究内容与方法都属于传统的英语词汇学范畴，只研究词语结构和客观意义，不涉及词汇意义的形成机制和形成方法，把人的因素排除在词语研究之外。

2000年以后，英语词语研究进入了主观意义研究阶段，语言研究出现了认知转向。认知语言学是20世纪80年代在美国和欧洲出现的一种新的语言理论，它是随着认知科学的发展而产生的，用认知科学领域取得的成果对语言进行研究，对语言的意义研究已经逐步取代对语言形式的研究。在美国以兰盖克（Langacker）为首的一批学者对语法认知进行广泛的研究，现已建立了认知语法理论。以莱可夫（Lakoff）为代表的一批语言学家对语义认知进行了研究，现已建立了认知语义学。以列文森（Levison）为首的许多语用学家对语用认知进行了广泛而细致的研究，现已建立了认知语用学。对词汇认知研究比起以上诸方面的研究显然要迟一步，这与英美语言学界不重视词汇学研究有关，但已有很多学者在研究中取得了成绩，如卓尔顿（Zoltan）的词汇概念研究、克鲁斯（Cruse）的词汇组织研究、雷勒（Rainer）的词汇客观知识、意义和意象研究等，这些研究成果显示离建立认知词汇学的时刻越来越近了。

以往，国内语言学理论研究总比国外语言学理论研究慢一拍，但在这波语言学理论研究认知转向中，国内语言学者几乎与国外学者同步，在某些方面还走在前面。熊学亮先生出版了国内第一本认知语用学方面的专著——《认知语用学概论》，赵艳芳女士出版了国内第一本认知语言学方面的专著——《认知语言学概论》，王寅先生出版了国内第一本认知语法方面的专著——《认知语法概论》，束定芳先生出版了国内第一本认知语义方面的专著——《认知语义学》，陈建生先生出版了国内第一本认知词汇学方面的专著——《认知词汇学概论》。20世纪90年代成长起来的一批学者，在前辈的指导下，积极投身认知词汇学研究，已开始取得初步的成果。这种呈梯队的研究队伍，保证了英语词汇研究的连续性和持久性，也使学者们看到了认知词汇学研究的光明未来。

第三节　认知词汇学的哲学基础

认知词汇学是认知语言学的一个分支，是认知语言学大家庭中的一员。它根据人们对人类心智的理解来解释语言中的词汇特征，以及在自然语言中词汇的使用规律。对自然语言中的词汇理解，不能像传统词汇学那样排除人的因素，必须从人们的内在认知心理过程入手，以人的知识状态为参照点，把语言词汇认知作为人的整体认知过程的一部分来把握。认知词汇学具体研究词汇与构式、隐喻和转喻机制、一词多义的形成机理、词汇组织、词义范畴化、词义非范畴化、词汇意象意义、词汇逻辑意义、语法化、词汇化等内容。认知词汇学与传统词汇学是一个硬币的两个方面，二者相辅相成，相得益彰。传统词汇学研究的内容不在认知词汇学中出现，认知词汇学研究传统词汇学不研究的内容，研究传统词汇学研究内容背后的内容，比传统词汇学研究更深入一步。概括起来说，传统词汇学研究词汇结构和客观意义，而认知词汇研究词汇意义的形成过程和主观意义。

《认知词汇学概论》（陈建生，2008）与《认知词汇学新视野》是姊妹篇，一脉相承。前者是对理论问题的阐释多于具体问题的解决，实际举例不多；后者是对前者理论的运用，解释具体的语言问题，实践多于理论，举例说明很多。《认知词汇学新视野》是对《认知词汇学概论》一书中理论的运用，因此，两书的理论基础是相同的。

认知词汇学的哲学基础是洛克（Locke，1632～1704年）的认识论。认识论是关于人类认识的来源、内容和认识发展过程的哲学学说。在认识论问题上，存在着唯心主义和唯物主义、形而上学和辩证法的根本对立，这是马克思主义认识论。根据这一观点，唯心主义认识论是先验论，它根本否定物质世界的客观实在性，否认认识是客观世界的反映。人只能认识自己的感觉，感觉是认识的唯一对象，事物就是"感觉的集合"。思想和概念是独立存在于人们头脑之外的唯一实在，是第一性的，人的认识不是对客观世界的反映，而是思想的自我认识。唯物主义认识论的基本前提是承认物质世界的客观实在性，客观世界及其规律是可以认识的，人的思想、认识就是物质世界的反映。这种把认识论进行两分的方法过于简单，人们认识世界并非非此即彼，处于中间状态的情况更多。人类语言词汇十分复杂，是人类各种认识活动的结果，以上两种认识论中的任何一种都无法作为认知词汇学的哲学基础。洛克的认识论内容十分广泛，既包括唯心主义认识论的内容，也包括唯物主义认识论的内容①。其实，洛克是唯心主义认识论和唯物主义认识论的始祖。洛克把人类经验分为内部经验和外部经验以后，在此基础上才产生后来的唯心主义认识论和唯物主义认识论。洛克的认识论博大精深，解释能力强，不排斥人类的任何认识理论，作为阐释认知词汇学问题的哲学基础十分妥当。

洛克是17世纪英国唯物主义哲学家。他出生于乡村律师家庭，牛津大学毕业后从事过教学工作和外交工作。因同情辉格党的反复辟活动，在荷兰逃亡六年，直到1688年政变后才回国。《马克思恩格斯选集》485页上说："洛克是1688年的阶级妥协的产儿。"在政治上反对君主专制，主张资产阶级的民主主义。他接受当时流行的"社会契约"论为自己的政治思想进行论证，同时提出了资产阶级分权学说的国家理论。他是一个非常了不起的学者，他的研究涉及政治、经济、科技等许多领域。

在哲学上，洛克着重研究了认识论，提出了许多耐人深思的问题，启发后人进行探索，对认识学说的发展起了非常积极的作用。他继承培根、霍布斯的唯物主义，批判笛卡尔等人的天赋论，论证了认识来源于感觉的经验论原则，提出了著名的白板论。他指出人心如同一张白纸，上面没有任何字迹，一切观念和认识都是从后天的经验而来。他把经验分成外部经验（感觉）和内部经验（反省）两种。他认为前者是人心直接观察外界事物产生的观念，后者是人心转向内部考察自己的心理活动而产生的观念，而人心中所有的观念都是经由这两条途径获得的。他认为心理活动发源某种精神实体，这一说法则没有摆脱笛卡尔二元论影响的表现。这也是洛克认识论的独到之处，既有唯物主义认识论的成分，又有唯心主义认识论的成分。

洛克在论述感觉观念的实际发展过程时，系统地论述了"两种性质"学说，指出事物的第一性质是指疑性、广延、形相、数目、运动和静止等。事物不论发生什么变化，这些性质都始终存在于事物自身之中。人们关于第一性质的感觉观念，在客观世界中有与之相似的原型存在，是对第一性质的映像。第二性质是第一性质的变状，即物质微粒的不同运动、空间排列、数量组合，能在感官上引起感觉观念的一种能力。人们关于第二性质的感觉观念，如色、声、味、冷、热、软、硬等，虽然在形态上不与第二性质相似，但它与后者存在一种相对应、相契合的因果关系。洛克看到反映过程的复杂性，认为感觉的实际发生是客体—主体相互作用的结果。与前人对这一问题的认识相比较，他的观点进

---

① 陈建生：《认知词汇学概论》，复旦大学出版社2008年，第19页。

了一大步。但是，由于当时自然科学还未能精细地解决感觉发生的生理机制问题，他有时又不得不把这一问题的解释归之于上帝的"神恩"。

洛克在论述认识过程时，提出了简单观念和复杂观念学说，指出简单观念是心经由上述感觉和反省两条途径得来的，是一切知识的原始素材。复杂观念是人心经过连接、比较、抽象等积极活动从简单观念中构造出来的，这些复杂观念可以分为实体、情状、关系三种观念。他认为任何复杂观念不外是简单观念的分合，而复杂观念不论如何抽象、如何深奥，都来源于简单观念。经过精细的分析，洛克论证了"凡在理智中的，无一不是感觉中的"经验论原则，这是他对唯物主义经验论的贡献。但是，经验论的狭隘性质，使他在解释一般概念和认识事物的本质问题上陷入了思维混乱。他把复杂的情状观念和关系观念说成是人心的产品，认为实体观念中所包含的物的实在本质是不可知的。

洛克关于知识的性质，一方面认为知识是由外界事物作用于感官引起的，因而肯定知识的真理性在于它与外物相契合。但是，他又认为，思想的直接对象又是观念，因此主张知识不外是对观念间彼此相契合或矛盾的一种知觉。他还把知识分成直觉的、解证的、感觉的三种，并且强调直接的和解证的知识的确实性，这就使他的认识论又具有了较多的理性主义倾向。洛克从他对知识的理解出发，限定了知识的范围。他认为知识既然是对观念间相契合或矛盾的一种知觉，它就不能超出观念的范围，而且比观念的范围还要狭窄，因为人的感官有限而又不大敏锐。人们不能超出感官当下所提供的东西，也不能认识所有观念之间的契合和矛盾。洛克由于把知识紧紧地限制在观念以内，就为唯心主义和不可知论留了下可乘之隙。洛克的哲学后来遭到来自两个方面的批判，朝唯物主义认识论和唯心主义认识论两个方面发展。因此，洛克是两种对立认识论的始祖。

通过以上对洛克认识论的分析，我们对他的整体哲学思想有了一个大概的了解。我们把洛克的认识论作为《认知词汇学新视野》的哲学基础有如下几点理由：一是认识论是关于人类认识来源、内容和过程的学说，认知词汇学是研究词汇的认知来源、内容和过程，"认识"与"认知"两者在一定程度上相吻合；二是洛克认识论既包括了唯物主义认识论内容，也没有放弃唯心主义认识论的内容，克服了两分法认识论的不足，与认知词汇学中的原型理论相一致，原型理论跳出了以往对语言研究实行两分法的藩篱；三是洛克认识论强调知识来源于经验，把经验分为外部经验和内部经验，包括了唯物经验主义和唯心经验主义两个方面的内容，这与认知词汇学强调的心理表征以现实表征为基础，语言表征又以心理表征为前提的理念相契合，既强调客观世界的作用，又不忽略主观意识的参与;四是洛克认识论特别重视认识过程的阐述,认知词汇学也重视认知过程的作用,两者都重视过程的研究;五是洛克认识论的最大特点是妥协、折中,不排除任何一种理论,吸收长处,为我所用,这非常符合后面要阐述的认知词汇学方法论的宗旨,两者体现了承前启后的逻辑关系。

第四节 认知词汇学的方法论

认知词汇学的方法论是折中主义方法论。方法论与方法不同,方法是人们认识,改造世界所应用的方法和手段。人们认识、改造世界,必然要进行一系列的思维和实践活动。这些活动所采用的各种方式,统称为方法。方法论是关于人们认识世界、改造世界的一般方式、方法的学说和理论体系。方法论同世界观是统一的。人们对世界的基本观点和总的看法就是世界观,而拿这种观念做指导,转过来研究和解决世界上的问题,就是方法论。一般说来,有什么样的世界观,就有什么样的方法论,既没有离开世界观的单独方法论,也没有不是方法论的单独的世界观。在以往方法论研究中,学者们认为只有两种方法论,要么是辩证法方法论,要么是形而上学方法论,两者是根本对立的。我们认为世界上不只两种方法论,在两个极端的中间还有多种[1]。它们既不是完全的辩证法方法论,也不是完全的形而上学方法论,是一种折中主义的方法论。

折中主义的主要代表人物是马赫（Ernst Mach. 1838—1916 年）,他出生在波希米亚布拉格北部的雷伯奥镇。其祖父约翰·约瑟夫·马赫是个农民,父亲约翰·尼波姆·马赫受过高等教育,后来成了家庭教师。马赫是奥地利著名的物理学家、生理学家、心理学家、科学史家和科学哲学家。无论从哪方面讲,马赫都是一位众所周知的、注定不会被历史忘记的人物。作为科学家,他在物理学、生物学和心理学诸领域都进行了精湛的研究,并取得了丰硕的成果。作为科学史家和科学哲学家,他发表了一系列影响深远的论著,提出了许多独到的见解。马赫哲学属于经验论范畴,这种经验论既有对传统经验论的继承,也有超越、突破和创造,从而具有较为丰富的内涵。马赫的经验论是感觉经验论,它虽然激进和彻底,但并不极端和狭隘,体现出折中的本质。

"要素"一词是马赫的要素一元论的核心概念。在马赫看来,构成世界的要素并不是完全独立的,但是为了分析和研究的方便,可以将它分为三组。第一

---

[1] 陈建生:《认知词汇学概论》,复旦大学出版社 2008 年,第 22 页。

组是外部要素或物理要素，指由颜色、声音等组成的复合体；第二组是内部要素或生理要素，包括我们身体的，在前一类复合中以某些特点为优异标志的一部分复合体；第三组内部要素或心理要素，它们是由意志、记忆印象等构成的复合体。按照马赫的观点，要素是构成物理和心理世界的最简单的基石，到目前为止人类不能再做分解的成分，即最后的组成部分。虽然要素依照联系的方式，时而表现为物理要素，时而表现为心理要素。然而这些要素是一样的，是一个种类的，一切要素都是等价的。从形式上看，马赫的要素概念与原子假设有某种共同之处。但是，从实质上看，马赫的要素比原子更广泛，实在论者或唯物论者是在本体论的意义上使用原子概念的，而马赫提出的要素概念并无本体论的含义。马赫虽然暂定地赋予要素以终极的基元地位，但他并没有陷入独断论，没有把要素视为至高无上的、神圣不可侵犯的宝物。马赫进而强调要素不是最终的，它们正如炼金术的要素和今日化学的元素一样，是尝试性和初步的，没有必要把研究的每一个片段都归功于它们。从这些论述可以看出，要素既像本体论中的原子，又不是本体论中的原子，充分体现了马赫的折中主义方法论。

马赫的要素说与笛卡尔的广延和思维对立的二元论，莱布尼兹的单子论和多元论以及后来的亨普尔的理论面和观察面的两面论格格不入，他在要素的基础上建构了一元论的世界观，即要素一元论。马赫认为谁想把各种科学集合成为一个整体，谁就必须寻找一种在所有科学领域内部能坚持的概念。如果人们将整个物质世界分解成要素，它们同时也是心理世界的要素，即感觉的要素。如果更进一步将一切科学领域内同类要素的结合、联系和相互依存关系的研究当作科学的唯一任务，那么人们就有理由在这种概念的基础上形成一种统一的、一元的宇宙结构，同时摆脱恼火的、引起思想紊乱的二元论。

马赫意识到他的要素一元论陈述不够明确这一缺点，他相信完全可以克服。他坚持反对把自我与世界、精神与物质、主体与客体、属性与实体绝对对立的二元世界观。按照马赫的观点，心物二元论是人为的、不必要的，主体与客体对立并不存在。马赫给感觉在认识论中以很高的地位，他的简单与基本的感觉仿佛是"经验原子"。他认为感觉比形式逻辑或数学定理和假定更可靠，他并不把分析真理看作神圣不可侵犯的。马赫的经验论不仅把感觉置于科学认识的起点（唯一源泉）和终点（最后检验），而且把科学认识的对象限制于感觉世界，否认感觉以外或之后的形而上学的"物自体"之类的东西。他还站在经验论的立场上，以当时的科学成果为背景，以语义分析和句法分析相结合的办法为工具，通过感觉要素的内在结构分析，揭示感觉的认识功能，消除形而上学哲学家们在感觉概念解释上的歧义和对立。马赫这一探索，在对感觉这一重要概念的哲学解释中，无疑具有不可忽视的"划时代"意义，对那种仅仅将感觉作"唯物的"或"唯心的"机械语义分析哲学家来说无疑是具有意义的矫正。

作为哲学科学家的马赫，既不愿意盲目地追随某个有体系的哲学家，而是博采众家之长，也不想自己构造庞大的哲学体系，而是面对现实问题随机应变地做"折中主义"处理。因此，他的哲学内涵丰富、外延广泛，几乎包容了经验论的主要变种成分，也融进了非经验论的诸多因素。马赫这种折中主义方法论非常有利于语言词汇研究，语言是世界上最复杂的事物，语言词汇更是反复无常，很难用一种理论全面准确地解释词汇。语言词汇的形成与使用，既有客观成分，也有主观成分，是二者统一的结果。语言是折中的产生，用折中主义方法正好与语言实质相一致，是阐释语言词汇认知的最佳方法论。

折中主义在中国曾受到不公正的对待，认为折中主义是把各种不同的思想理论机械地拼凑在一起的一种形而上学的思想方法。在哲学上，折中主义者企图把唯心主义和唯物主义混合在一起，建立一种超乎二者之上的哲学体系。大规模地批判马赫主义，认为马赫主义就是"折中主义杂拌"的典型。这是对马赫主义的一种误解，他并不是机械地拼凑各种理论，而是灵活地吸收各种理论的特点，否则他怎么能在物理、生理、心理上取得那么大的、被世界公认的科学成就。马赫主义是基于他的科学成就而延伸出来的哲学思想，是基于自然科学研究成果，而不是空想而来的。马赫主义的特点就是从现实需要出发，吸收唯物主义辩证法和唯心主义辩证法的优点，形成一种一元要素辩证法。通过求同存异的方法，调和两者的根本对立，使两种根本不相容的东西结合起来，这就是马赫对社会科学的最大贡献。马赫主义在中国已经重新得到了认可，建设和谐社会就是调节好各种矛盾，集中力量实现社会主义现代化，充分体现了马赫主义和中庸之道。

折中主义方法论是与中庸之道相近的方法理论。中庸之道是儒家的伦理思想和方法论。孔子说："中庸之为德也，甚至矣乎，民鲜久矣。"（《论语·雍也》）他把"中庸"说成是一种最高的道德。"中庸"也叫作"中道""中行"，意为"无过"与"不及"，即对立两端之间的调和、折中。《中庸》指出："执其两端，用其中于民。"这种所谓"执两用中"之说，亦即中庸之道。朱熹说："中庸者，不偏不倚，无过不及而平常之理。"（《四书集注·中庸》）儒家提倡中庸之道，目的在于调和矛盾，反对所谓无所忌惮的过火行为，以消除人与人之间的矛盾。孔子说："人而不仁，疾之已甚，乱也。"（《论语·泰伯》）对于不仁的人，过分地痛恨，会引起祸乱。因此，孟子赞成孔子"不为己甚者"，具有中庸之德，从不做过火的事情。孔子提出的"过犹不及"的中庸思想，作为一种方法论，与马赫的折中主义方法论有异曲同工之妙，具有很多的合理因素。把这些合理因素用在社会建设中，可以形成和谐社会，造福广大民众。把这些合理因素用在词汇认知研究中，可以解决以往语言理论争论不休的问题，达到更深地认识语言词汇的真正目的。

认知心理学和格式塔心理学是认知词汇学的心理基础。认知心理学是探索人们如何获取知识和使用知识的一门学问，是20世纪50年代中期在西方兴起的一种心理学思潮。它是随着信息论和计算机科学与技术、语言学、神经科学等的迅速发展而兴起的，并成为发展最快的心理学分支之一。认知心理学研究人的高级心理过程，主要是认知过程，例如注意、知觉、表象、记忆、思维和语言等。认知心理学与行为主义心理学家相反，研究那些不能直接观察到的内部机制和过程，既具有难度，又令人神往。

第五节 认知词汇学的心理学基础

认知心理学家关心的是作为人类行为基础的心理机制，其核心是输入与输出之间发生的内部心理过程，即行为主义心理学家们丢弃的"黑箱子"。人们不能直接具体地观察内部心理过程，只有通过观察输入的内容和输出的结果加以推测。认知心理学家所使用的研究方法就是从观察到的两端推测出中间发生的心理过程。认知心理学家就好像是一位间谍，他不能进入飞机制造厂自由行走，到实地观察制造飞机的过程；他只能看到在飞机制造厂的一端送进了一些什么原材料，还能看到在飞机制造厂的另一端输出什么样子的已经制造好的飞机。于是，这位间谍便通过他从输入和输出端得到的信息分析而推论出工厂内部所发生的事情和飞机的质量、性能等。人们通常把这种方法叫作会聚性证明法，即把不同性质的数据会集到一起，而得出相关结论。随着自然科学的进一步发展，现在的认知心理学研究要通过实验、认知神经科学、认知神经心理学、计算机模拟等多种手段，得到多方面证据的支持，这种多方位研究的立体方法受到越来越多学者的青睐。认知心理学家们通过研究人脑自身，想揭示认知活动的本质过程，而非仅仅推测其过程。认知心理学的这些特点，与认知词汇学的特点都有异曲同工之妙，都是研究那些看不见的东西。传统词汇学以行为主义心理学为心理学基础，研究能直接观察得到的词汇现象。认知词汇学以认知心理学为心理学基础，研究传统词汇学不研究和无法研究的内容，研究那些无法直接观察的词汇内容。

  人们所获得的知识，有时要比提供给他们的知识要多，人们会创造出新的知识，这通常是以一个人的问题解决的方式或理论性活动的形式表现出来。知识被传播与交流，但是传播与交流的知识具有在被另一个人重新建构以后，才能得到理解和解释，才能在某种情况下加以运用。只有在这种运用的情况下，知识才能有用，才能称之为知识的获得。人们知识的获得包含着重新建构的过程，随着一个人获得的知识越多，这时不仅知识的数量在增加，而且所存储在长时记忆中的知识体系也在被重新组织。重构过程要比概念获得过程涉及更加精细、更加细微的形式和水平的变化。人们知识获得过程是要受制约的，有些知识很容易获得，有些知识的获得非常困难。在一些领域内的知识建构，以及对其后的修正或者修改，都是在相同、具有制约性条件下进行的，人们大多数知识是一个领域一个领域地逐个获得的。由于每个领域的知识均处在不同制约条件下，一个人要获得每个领域的知识，就会涉及该领域的概念内涵、概念之间的内在联系，这些概念的发展以及它们在该领域时间、空间条件下所发生的变化。一个人的知识，在很大程度上是通过参与这个领域的活动，并以其独特的活动方式逐渐获得的。

  人们知识的建构是刺激信息在人脑中的存储与组织的过程。知识在人脑中的存储形式和呈现方式，称作知识的心理表征，心理表征是认知心理学研究的核心问题之一。知识的心理表征既是人脑对客观事物及其相互关系的反映，也是被人脑加工处理的对象。同一事物，其心理表征不同，对它的加工处理也会不同。对刺激信息的编码、存储和组织，有形象性的表征，称作表象表征，也有抽象性的表征，称作命题表征。知识的心理表征是以抽象概念为形式来存储和组织信息的具有内在联系的符号活动。人们知识的建构包括了词汇的（lexical）和概念的（conceptual）两个部分，两者之间具有紧密的联系。

  认知心理学关于人们知识建构的论述对认知词汇学的研究非常有价值。现实表征是现实的类似物，对现实表征的加工类似于在知觉真实物体时的信息加工，现实表征是一种重要形式的知识再现，它使人们可能在现实并不存在的时候，再现该现实的物理属性并对它进行加工。心理表征以现实表征为基础，是现实表征在人脑中的内化。心理表征不仅能再现静态的现实表征，而且也能再现动态的过程。语言表征与心理表征的关系是双向的、互补的、相辅相成的。一方面，语言表征实现说话人的心理表征，所以心理表征决定语言表征。另一方面，语言表征激活并再现听话人的心理表征，所以语言表征也在一定程度上决定心理表征。现实表征、心理表征和语言表征三者的关系是前者决定后者，后者实现前者,这种关系是一种辩证的关系,一种依次实现的关系①。三者关系如此紧密,认知词汇学所研究的内容既涉及现实表征,也涉及心理表征,更多的是语言表征。认知词汇学所要研究的内容与认知心理学有所重叠,以认知心理学为心理学论基础,能更好地揭指示词汇认知规律。

认知心理学是心理学发展的结果,它与西方传统哲学有一定联系。其主要特点是强调知识的作用,认为知识是决定人们行为的主要因素。这个思想可以追溯到英国经验主义哲学家培根、洛克等人的哲学思想,这与认知词汇学以洛克认识论为哲学基础是一致的,认知词汇学的哲学基础和心理学基础相互接应。笛卡尔强调演绎法的作用,认知心理学重视假设演绎法,在方法论上吸收了笛卡尔的心理论。康德提出的图示理论也被认知心理学接受,已成为认知心理学的主要概念之一。认知心理学也继承了早期试验心理学的传统,吸收了19世纪赫尔姆霍茨等提出的反应时研究法。认知心理学广泛采用此种方法,并且有了新的发展。

冯特是现代试验心理学的奠基人,认知心理学对心理的对象和方法的看法与他的观点很接近。他认为心理学的对象是经验,是意识的内容,方法是控制条件下的内省。有些心理学家认为,认知心理学又回到了冯特的意识心理学上去了,所不同的是方法更加可靠、更加精确了。詹姆斯关于两种记忆,即初级记忆和次级记忆的提法,今天已经成为认知心理学记忆研究的基础。

格式塔心理学对认知心理学的影响十分明显。它以知觉和高级心理过程而著称,强调格式塔的组织、结构等原则,反对行为主义心理学把人看成是被动的刺激反应器。这些观点对认知心理学有重大影响,例如:认知心理学把知觉定义为对感觉信息的组织和解释,强调信息加工的主动性;等等。在方法上,格式塔心理学主张研究直接的生活经验,主张把直接的生活经验材料与实验资料结合起来。例如:重视观察者对自己知觉内容的直接描述,并把这个方法称为现象学方法。这种观点,既不同于冯特等只承认经过严格训练的被试的内省,也不同于行为主义只重视实验室实验的做法。认知心理学吸收了格式塔的做法,在这一点上两者十分一致。格式塔心理学对认知心理学有相当的影响,认知心理学中有关与格式塔理论相一致的内容,对认知词汇学有着特殊的作用。因此,根据认知词汇学的学科特点,格式塔心理学也是认知词汇学的心理学基础。

早在1923年,一位著名的德国心理学家,格式塔心理学流派的创造人之一的M. 魏特墨(Werthtimer)就注意到图形与背景的关系,知觉决定着图形和背

---

① 陈建生:《认知词汇学概论》,复旦大学出版社2008年,第46页。

景的凸显。他提出了人对图形的知觉由一些一般性原则决定，俗称格式塔原则。主要有五条原则：一是接近性原则，人们在知觉图形背景时，靠近在一起的成分倾向于组成知觉单位；二是相似性原则，人们在知觉图形背景时，看起来象似的物体倾向于被知觉在一起；三是良好连续性原则，人们在知觉图形背景时，有着更好连续性的单位会产生更好的知觉效果；四是闭合性原则，人们在知觉图形背景时，倾向于把它知觉为一个圆遮住另一个圆，尽管被盖住的部分不是圆；五是对称性原则，人们在知觉图形背景时，对称的、规范的模式更容易被知觉。这些原则对认知词汇学的研究具有非常现实的意义，它能像一位老中医一样，通过对脉搏的诊断就能知道身体内部出现的问题，找到病因。认知词汇学研究的内容有相当一部分不是显现的内容，要借助于格式塔的上述五条原则进行研究，找到认知词汇学主观意义的规律。

第六节 认知词汇学的语言观

认知词汇学的语言观是共性基础上的百科知识语言观。认知词汇学语言观有两个特点：一是语言共性；二是百科知识。就语言共性而言，认知词汇学语言观吸收了乔姆斯基（Chomsky）转换生成语言学的观点。20世纪50年代后期，乔姆斯基的转换生成语言学诞生，在语言学界引起了一场革命，给长期占据统治地位的结构语言学致命的一击。结构语言学强调语言的个性，而转换生成语言学强调语言的共性，从此语言共性论占据了上风。人类语言尽管多种多样，各不相同，但是世界上各种不同的语言共同表现出一些普通的特征。转换生成语言学认为这种普遍特征才是语言中的本质内容，它们构成了语言中的所谓普遍语法。转换生成语言学又提出了另外一个假说：代表人类语言本质方面的普遍语法是一人个人天生就有的，就好像一个人天生就具有走路的能力一样，飞鸟天生就有飞的能力一样，普遍语法是人类遗传基因所决定的。小孩一生下来，他的头脑中就已经有了一套普遍语法，然后在一定的外部语言环境中，在经验的作用下，普遍语法转变为一种具体语言的语法，这种语法称之为个别语法。由普遍语法转变个别语法是以普遍语法为内因，以经验为条件的。

共性（universality）用来指所有语言所共有的特性，而证明这种共同的有效性是共性论语言学理论的主要目的。有人认为语言学的最终目标是精确地说明人类语法的可能形式，特别要说明这种语法形式上的限制，这样的语法就是乔姆斯基的普遍语法（universal grammar）。因此，在最广泛的含义上，语言共性

(language universals) 相当于人类语言的设计特征，有的语言学家认为这些特征包括双层性、创造性、自反性、移置性等。从这一意义上讲，共性论提供了关于人类语言本能的理论，即揭示生物学上必需的那些语言特征，揭示共性被认为是理解人类智能这项任务的重要一步。

转换生成语言学文献中区分了两大类共性，即形式共性（formal universals）和实体共性（substantive universals）。形式共性是为了使各种语法能够运作而必须施加于语法结构上的条件。这些条件包括语法组成方面部分的数目、规则的各种类型、序次规约、转换的各种类型等概念。实体共性则是一部语法的基元成分，是分析语言数据所必需的，例如 NP、VP、［+钝音］、［+抽象］等等。按其出现的语法组成部分，共性可分别称之"音系共性""语义共性""句法共性"等。这些范畴中有一些可能实际见于每一种语言，但对实体共性而言这一点并不十分重要。需要满足的条件是，它们是为做出跨语言的概括而需要由语言理论加以定义的概念。换言之，它们不是只为分析某一种语言而建立的概念，而是有一般的适用性。转换生成语言学中的普遍基础（universal base）假说是指，所有语言都可以用一套基本规则生成，但是这些规则是视作基础句法部分的规则，还是语义构成规则，这要取决于采纳哪一种理论。认知词汇学采纳乔姆斯基的共性论语言观，因此，只论述汉语和英语两种词汇。认知词汇学通过对两种语言词汇的论述，达到揭示人类语言词汇的认知规律的目的。

当代哲学发生语言转向之后，语言研究也发生了认知转向，语言学家们对语言的认识发生了前所未有的转变。在他们看来，语言不仅仅是表达思想的交际工具或手段，语言就是思想本身，在语言的背后并不存在任何隐藏的思想需要表达。人们对思想的理解正是在使用语言的过程中形成的，人们理解思想的过程就是理解语言的过程。语言不仅构成了人们的思想，而且构成了人们的生存方式。无论把语言看作思想本身，还是把语言理解为生存的方式，这都是对语言性质的全新认识，与传统语言学对语言的理解有了很大区别。如果仅仅从单一的层面观察，语言的工具性质似乎占据了主导地位。只要稍微进一步分析就会发现，人们所观察到的语言活动绝不仅仅是表达或传递某种其他的东西，语言本身其实就是人类的一种活动，是一种经过社会化改造的本能活动。语言结构直接构成和影响着思维的结构，日常语言结构呈现出人们的一般思维结构。人们说出的话要得到理解，首先就需要符合语法要求和逻辑要求，而这种语法的和逻辑的要求正是人们思维结构的组成部分。与此同时，语法和逻辑也是思维结构的直接体现，对思维结构的形成和变化有着直接的作用。语言学和相关认知学科的研究表明，有什么样的语法形式，就有什么样的语言逻辑，也就会有什么样的思维方式。语言结构的变化，意味着思维结构的变化，甚至词语上的变化也直接反映着人们思维模式的变化。以上这些观点，反映了对语言的最新认识，语言不仅仅是交际工具，它还是思想、是人们赖以生存的环境。语言如此复杂，功能如此复杂，与人类生存关系如此重大，以往各种语言理论的语言观无法真实地反映语言面貌。认知词汇学采用百科知识语言观，符合了对语言的最新认识，语言既是人类认识活动的最后结果，也是人类认识活动的对象。百科知识语言观与以往的各种语言观不同，它是一种综合语言观，把语言看作是人类共同的、客观的东西，真正揭示语言的性质和作用。

通过对大量语言的研究，学者们发现在差异性背后有很多相近或者相同的特性存在，语言具有共性，而共性就意味着语言具有有理性[①]。在语言的某些层次上，人们会发现语言之间的共性特点十分明显。霍柯特（Hockett）在1966年指出，如果以动物的交际系统为参照点的话，所有人类语言都有如下共同特征：（1）发音—听觉渠道，所有语言都有发音和听觉两个渠道；（2）散射传播和有向接收，说话人是发散的，听话人是定向的；（3）快速消失，所有的口头语稍纵即逝；（4）互换性，所有人都同时是语言信号的传播者和接受者；（5）反馈性，语言信号的传播者本人接收到语言信号；（6）专门性，语言有特定的功能；（7）语义性，所有语言都有意义；（8）任意性，所有语言都有任意性成分，有自己的特点；（9）离散性，所有语言都有意义的不确定性；（10）移置性，语言信息可以指在时间、空间上远离交际地点的事物；（11）继承性，所有语言都有承前启后的功能；（12）开放性，所有语言都不是封闭的，时刻吸收新的成分，特别是新词汇；（13）双重性，所有语言既有形式子系统，又有意义子系统；（14）可伪性，语言信息有虚假的成分，可以欺骗他人；（15）反身性，人们可以通过交际而交际，通过语言而语言；（16）可学性，任何人都可以学会一种语言（无语言能力者除外），说某种语言的人可以学会另外一种语言。这只是霍柯特的观点，他并没有完全罗列人类语言的共性，但有一点是明确的，人类语言具有共性，语言具有有理性。

汉字是象形文字，是很有规律的，能充分体现文字的有理性。西方哲学家罗素（Rusell）说过世界文明起源于"性"，世界文明是生殖文明。中国学者也有类似的综述，2009年9月18日《潇湘晨报》以《百余甲骨文来源于性》为题，阐明了这方面的内容。"吉"上为男性生殖器，下为女性生殖器，两者结合，就快乐、顺遂、吉利。"身"是一个女子隆起的腹部，怀有身孕。双喜临门

[①] 陈建生：《认知词汇学概论》，复旦大学出版社2008年，第31页。

的"囍"字由两个"吉"和两个"古"字组成，在古代"吉"是男子的赞美，"古"字代表女子。如果认真考察下去，人们会发现代表男性的"♂"与女性的"♀"与"吉"字和"古"字也很相似。另外，"疲软""坚挺""吊（屌）儿郎当"等，都有性的含义。汉语学者纵观千古，在此基础上进行了综合研究，明确指出了汉语的基本规律：汉字基础字与字根发展演变规律、汉字偏旁部首的规律、汉字的读音法则和异体字、通假字的规律，等等。

汉字发展变化规律集中体现在基础字上，基础字也叫字根。因为它是汉字结构的主体部分，是组成汉字的基础，也就相当于英语中的字母，它是汉语中的字母。它既表音，是人们通常说的声符，又是一个字的基本形体。字根结构的多重变化，是汉字系列化"形声"造字法的一种自然现象，也是汉字系列加长的一种必然结果。以"古"为例：

古→沽、酤、咕、估、牯、鸪、钴、诂、罟、故、姑、辜、鲴、轱、詀、姑→菇、固。

固→锢、崮、痼、堌、涸、箇、枯、苦、祜、怙、胡、鈷、骷。

胡→葫、湖、糊、蝴、瑚、煳、鹕、猢、醐、楜、翻。

字根结构这种发展变化的结果，其优点是加长了汉字的系列，给按系列学、写、用、传汉字以方便。但是，事物总是一分为二的，它也有缺点，使字体结构半身臃肿、庞杂。

汉字是有部首偏旁的，在汉代，人们就发现这一规律，并在编纂字书时，把它作为汉字的一种归类与查检手段，一直运用至今。汉字的意符就是汉字的真正部首偏旁，文字本身的部首偏旁是表示字义的部分。这种部首偏旁可以是构成字的部件，也可以是独立完整的字。汉字在长期使用的过程中，部首偏旁在不同的方位上形成了不同的形体，形体是适应方位的要求而变来的。这种形体在今天的汉字中已经定型，成为一套表示意符特征及其方位规律的固定标志，因此人们见到形体标志，就能察知具体方位。

一是缩身为盖。例如，"草，竹，雨"等字，它们作意符时，形体就变成了"艹、竹、雨"，这就是汉字意符形体的变化。

芥、芬、苍、苊、芭、苹、芽、茹、荠、茗、荫、药、莎、莞、莘、苘、莉、荷、萌、草、落、萑、葡等。

竺、竿、竽、笃、笔、笑、筛、筒、答、简、筋、筷、筠、签、筱、管、篮、篓、箭、篇、箱、篱等。

雩、雪、雯、雾、霹、雳、雷、電、零、雹、霁、需、霆、霖、震、霄、霉、霖、霍、霜、霞、露、霓等。

二是侧身左立。例如，"金、食、心"等字，它们作偏旁时，形体就变成"钅、饣、忄"，这就是汉字意符形体的左偏旁。

针、钉、钋、钊、钍、钓、钗、钙、钛、钚、钝、钟、钢、铊、钰、钱、钾、铲、铜、锌、锐、锭、锑等。

饥、饧、饪、饭、饮、饯、饰、饱、饴、饲、饺、饵、饶、蚀、饸、饷、饻、馆、馅等。

忘、闷、志、忑、忐、忌、忍、态、怂、念、忿、忽、总、思、怎、怨、急、怒、恋、恐、恶、芯、恩、悬等。

三是变形为底，附字下。例如"火"等字，它们作字脚时，除了原形字外，形体就变成了"灬"，这就是汉字意符形体的字脚化。

杰、点、羔、烈、热、烝、烹、煮、焘、焦、然、煦、照、煞、煎、熬、熙、熏、熊、熟、燕等。

除汉字部首偏旁的规律外，汉字的读音与注音也有规律。世界各国的文字都有读音规则和注音法，没有规则的文字是没有的。它们所不同的是，各有各的规律，各有自己的程序与特点罢了。汉字是以字根表音、声调符号标音的，在书面形式上，调号并不标出。因此，见字根读字音，就是汉字的最基本、最直接的读音法则。汉字的注音法，概括起来有四种：一是声符注音法；二是直音注音法；三是切音法；四是拼音注音法。用现在的汉语拼音注音是拼音注音法，传统的切音法也是一种拼音注音法。汉字的声符（字根）就是汉字的字母，字母也就是声符（字根），所以它本身的读音就像拼音文字的字母一样，是要给以"专门的规定"，是需要人们预先学习的。但是，它又不同于拼音文字的字母，拼音文字的字母往往是构成音节的音素。人们在规定拼音字母的读音之后，还要规定一套拼读规则，最后才能正确地拼读字音，而且还有种种例外，是读音规则所不能包括的，必须用国际音标给以注音，汉字则不需要。汉字是字母、字根、声符、字的基本四种语言要素合成的，是四位一体的文字。

除汉字读音与注音有规律以外，汉字还有通假字、异体字的规律。通假字是同音互用或借字表音现象，它有多种规律。一是同系列通假，例如：女→钕→奴→努等；二是不同系列的同音通假，例如：蚤→早，惠→慧等；三是口语中有话，书面无字的通假，例如，"虽然"的"虽"是口中有话，书面无字，于是人们就用已有的虫名"虽"来替代。汉字的总数有五万多，这些字中有相当一部分是异体字。异体字有五个方面的表现：部首偏旁异、字根形体异、方位异、字根形体和部首偏旁都异、繁简之异。总之，异体字的"异"尽管多种多样，然而不管他们如何之"异"，读音和字义总是要相同的，这也是异体字的

21

基本规律。

英语同汉语一样，也是一种理据性极强的语言。从英语的发展史看，英语可以分为三个发展阶段：第一阶段是公元450年至1150年，称为古英语阶段；第二阶段是公元1151年至1500年，称为中世纪英语阶段；第三阶段是1501年到现在，称为现代英语阶段。古英语起源于古希腊语和古拉丁语，从古英语进化到中世纪英语十分有规律。例如，cild（古英语）→child（中世纪英语）、cwen（古英语）→queen（中世纪英语）等。古英语中的c都变成ch，古英语中的cw都变成了qu，从古英语的本源和变化规律可知，英语的有理性不比任何语言差。中世纪英语是英语历史上发展十分重要的时期，由于法国人的入侵，使法语大量进入英语之中，英语的曲折变化逐渐掉失。beef、pork、bacon、air、beauty、music、brown、painting、colour、administer、govern等都来自法语，法语对英语的影响在中世纪尤其突出。现代英语中所产生的新词汇没有一个是无理据的，都是通过派生、合成、转换、缩略等方法形成的。

社会不断发展，新生事物不断出现，人们必然给它们命名。一个新生儿来到这个世界上，父母给他命名时，不是随意的，给新生儿任何一个名字都是有理据的。《红楼梦》中贾宝玉因生下来时口中含有块通灵玉而得名，元春是因为生在正月初一而得此名。名字是能指，对象是所指，尽量使指代有所依据是人们普遍的心理状态，正是这种心理状态使词义有了理据性。人们通常用两种方式来形成词语的理据性，即逻辑定义和心理联系。

逻辑定义就是用属差加种概念的公式，把要表达的对象同与之相似的其他对象区分开来。这种命名方法可能是最科学、最严密、理据最充分的方法。例如：high energy physics 中 physics 是种概念，high energy 是属差，在 high energy 这个直接成分中 energy 是种概念，high 是属差。采用这种方法构成的科技新词汇很多，identity crisis、information science 等都是由逻辑定义法生成。逻辑定义法生成的词语也不都是复合词，新概念的命名往往要经历从词组到词、从复合词到单词或缩略词等简化过程。起初甚至要整整一段或者整篇科学论文对某个新概念下定义，以后逐步缩短。例如，最早用 binary units of information，后来缩成 binits，再后来简化为 bits。常常在使用一个阶段以后，把定义中的种概念省略，只保留属差。例如，copper coin→copper、return ticket→return、cuba cigar→cuba 等。有时甚至可以省略属差，只保留种概念。例如，quality 这个词本来应该是中性词，既可以说 superior quality，也可以说 inferior quality，但是只用 quality 往往代表 superior quality，quality ice cream 指高档冰激凌。

心理联想法的范围很广，一般所说的词义引申和比喻就是以心理联想为基础的。通过比喻、转义构成的词汇有多种类型，与文体学中各种修辞格相对应。以下是最常见的几种方式。

第一种方法是隐喻。例如：clover leaf 以苜蓿叶的形状来比喻立体公路的交叉点；rabbit ear 用兔子的耳朵来比喻 V 字形的电视天线。本体与喻体之间的关系是修饰与被修饰的关系，用 of 来联系，有时本体与 of 连用作为修饰语来修饰喻体。例如：a web of our life、the food of love，这里的 of our life 和 of love 分别修饰 web 和 food。有时喻体与 of 连用作为修饰语来修饰本体，例如：a sea of trouble、a rain of bullet、a shower of stones 等，以上例子中的 of 都含有 like 的含义。修饰性隐喻还包括一些用作转义的形容词，例如：fruitful 一词原用作与 tree 搭配使用。现在可用作转义，与 work 连用，fruitful work。blooming 原表示"开花"的意思，与 rose 一类花的名词连用，现在可以与 health 搭配使用，blooming health 为身体很好，精力充沛之意。这类词很多，leapfrog 原义为蛙跳，现在可作"越过"用；nosedive 原义指飞机垂直俯冲，现在可用作"骤然下降"；prune 原义为剪树枝，现在引申为"紧缩"；handwagon 原义指游行队伍前面的音乐车队，现在转义为"潮流、浪头"；等等。

第二种方法是借代。当甲事物与乙事物不相类似，但有密切关系时，可以利用这种关系，以乙事物的名称来取代甲事物。例如：Spagetti Western 指意大利拍摄的西部片，Spagetti 是意大利面条，是一种驰名全球的空心粉，可以用 Spagetti 指代 Italian。Kettle 喻指 water，the crown 喻指 royal affairs，Czechoslovakia 喻指 1968 年苏联入侵捷克斯洛伐克，Uncle Sam 喻指美国政府，John Bull 喻指英国人，Lu Xun 喻指鲁迅的著作，等等。

第三种方法是提喻。以部分替代整体，或以整体替代部分。例如：sail 替代 ship，以 the smiling year 代表 spring。属概念与种概念相互喻指，也是提喻的一种，a creature 代替 a man，用 cut-throat 代表 assassin。英语中不少词原来表示物质材料的概念，后来用以喻指用该物质材料制成的东西，willow 原指柳树，可用来指棒球或板球的球棒 bat。这类用法很普遍，如 warm or cold voice、loud colurs、sweet sound、piercing sound、acute sound、grave news、stormy quarrel、golden opportunity、stony heart、dirty night、bitter enemy、murderous heat、iron courage、a ray of hope、a grain of truth、a shadow of doubt、a flight of fancy 等。

第四种方法是类比。类比造词的特点是仿照原有的同类词创造出其对应或近似的词，例如 telethon 指马拉松式电视广播节目；talkthon 指马拉松式的座谈节目，以上两词均与 marathon 一词类比而成。类比有色彩类比、数字类比、地点空间类比、近似类比、反义类比等类比方式：色彩类比主要通过表示不同颜色的词类比新词语，例如 black list、white list 和 gray list、blue-collar、white-collar 和 gray-collar 等；由数字类比构成的词，有的数字不变，只变动修饰语，例如 First Mother、First Family、First Lady，有的被修饰语不变，只变动数字，例如 second-strike capacity、first-strike capacity 等；由地点空间类比构成的新词语多半与外层空间技术发展有密切关系，例如 landscape、moonscape、marscape 等；近似类比指类比词之间要有一个近似点，根据这个近似点，推此及彼。gap 最早与 missile 搭配，指美国与苏联在导弹发展上的差距，后来就有了 development gap、generating gap、production gap 等；反义类比利用现有的反义词构成新的复合反义词，例如 moonlight 与 daylight、high-rise 与 low-rise 等。掌握类比法的特点有助于识别和理解现代英美报刊上涌现出来的大量新词语。

　　词是否都应该有理据？这个问题在古希腊时代就有过争论，古希腊人研究语言最初就是由哲学家研究思想与词的关系、事物与名称的关系推动的。在这场旷日持久的争论中，由于科学技术不发达，无法给出使人信服的答案。随着认知科学的发展，现在人们可以比较有把握地回答以上问题，词是有理据性的。

第二章

词汇理据性研究

在查阅语言学文献时，我们经常可以看到"任意性"（arbitrariness）、"理据性"（motivation）、"有理据的"（motivated）这些概念。到底什么是"任意性"和"理据性"？两者之间存在何种区别和联系？本书的姊妹篇，即《认知语言学概论》中的第三章，我们对该问题进行了详细探讨。语言是人类对客观世界体验的产物，其哲学基础为经验主义，采用折中主义的方法论，所有的语言都是具有理据性的，语言是共性为主、个性为辅的产物[①]。因此，我们认为词汇的形式与意义之间的联系并非绝对任意的，而是具有理据性，是任意性和理据性的统一体。这是认知语言学与传统语言学的一个重要分歧，也是认知词汇学的一个根本概念。

简而言之，何为词的"任意性"和"理据性"？理据性是如何产生的？人们怎么样认知词汇？本章将简要介绍认知词汇学的理据观，提出词语理据性产生的认知机制，并详细例释理据性在词汇的产生和发展中的各种表现，探究理据性在词汇研究中的重要意义。

第一节 认知词汇学理据观

语言的产生和发展到底是"任意的"还是"有理据的"，是长期以来学术界讨论的、最具争议性的问题之一，中外学者一直争论不休。最早提出语言是否具有"理据性"的是语言学界的权威学者——费迪南·索绪尔（Ferdiand de Saussure）。他在1959年出版的《普通语言学教程》中谈到语言的"理据"指的是语言符号与所表述的事物（即所谓"能指"与"所指"）之间存在的自然的联系。他认为大多数词语具有任意性，即"无理据的"，语言符号与外部世界之

[①] 陈建生：《认知词汇学概论》，复旦大学出版社2008年，第30页。

间缺乏必然联系。同时，索绪尔又指出，法语中的复合词 dix-neuf（十九）与 vingt（二十）相比，"有相对的理据"。显然，这一观点又与上文所提的外部世界无关，而是承认语言符号内部之间存在联系。索绪尔提出的语言符号任意性假说本身内容不一致，两次提到的"理据性"并非同一所指，前者是指语言符号与外部世界之间缺乏理据性，后者承认语言内部具有相对理据性。

这一假说在某种程度上忽略了客观事物及语言符号间的客观联系和人的主观能动性，并没有充分解释语言起源及发展的理据性问题，引起了众多学者的思考，争论焦点主要集中在三个方面。

其一，语言符号的根本属性问题。

讨论语言符号的本质问题，简而言之就是讨论孰先孰后的问题。任意论者则认为，语言从一开始就是任意的，符号与所指之间没有自然的联系，词语的音义组合是偶然的，因此语言符号的根本属性是任意的。但是当语言发展到一定的程度，形、音、义之间的联系开始出现，任意性与理据性并存，但强调任意性是第一性，理据性是第二性。理据论者认为，语言符号的根本属性是有理的，即语言的内部形式与外部世界之间存在着必然的、可论证的联系，任何词语的产生和发展都有理可循，理据性是语言的本质联系。

其二，任意性和理据性的研究方法。

任意性和理据性的研究方法无外乎两种，共时研究法和历时研究法。任意论者认为共时是语言符号任意性的根本属性，语言符号的理据跟历时的词源无关。理据论者认为，语言符号的理据跟词源密切相关，任何词语的产生都可以追根溯源到其出现时的客观现实。音义的结合、语义的转变、新词的增加都与人类社会发展的历史、经验、文化等因素息息相关。

其三，语言符号理据性的程度和范围。

任意论者认为，语言符号的本质是任意的，除了象形文字、拟声词、感叹词、联觉音组词、联觉对应词等音义联系明显可以看出有理据之外，大部分的词汇都是无理性的，就单个符号而言，任意性是普遍的；理据论者认为，无论是单个语言符号还是合成符号都是有理据的，语言结构与所指意义之间的自然联系是普遍存在的，可论证的。

对于以上三个观点，语言学界一直有不同的看法。到底谁决定谁，谁为第一性，语言的理据性是否普遍存在，在给出明确解释之前，我们首先得弄清楚任意性和理据性的概念问题。

依据索绪尔的观点，任意性（arbitrariness）可理解为词的语言符号与所表述的是事物（即所谓"能指"（signifier）与"所指"（signified））之间没有任何自然的联系。所谓"自然的"也就是非人为的，跟人的主观理解和客观现实不相关的。从语言系统与环境的关系来看，就是指词语的形式结构与事物之间既不存在由语词的发出者所决定的生理上、心理上的主观必然联系，也不存在由事物所决定的物理上的客观必然联系，二者的联系是任意的。主要的表现形式为：代表同一意义的词在不同的语音中具有不同意义，代表不同意义的词可以具有相同的语音外壳。这既是语言差异的基础，也是语言符号任意性的有力证明。

针对任意性，人们提出了"象似性"和"理据性"。认知语言学认为，"象似性"是指人们在对客观世界体验的基础上加以认知形成语言，语言符号在音、义、形或者结构上与其所指之间有映照的相似现象。"象似性"与"理据性"很相似，主要解释语言符号与外部世界的联系，可以理解为广义的"理据性"，而狭义的"理据性"是对象似性的发展和延伸，侧重于指语言内部结构和音义的相关性，两者都是对任意性假说的重新思考。"象似性"属于广义"理据性"的研究范畴。

基于学者们对这几个问题的讨论，认知词汇学从体验主义的哲学基础出发，采用折中主义的方法论，可以归纳为以下几点。

首先，词汇是理据性和任意性的统一体，理据性和任意性都是语言的根本属性，两者不可分割，相互依存。任意性是贯穿语言发展变化始终的变量，支持着语言的差异性、选择性和多样性；理据性是语言发展变化的动因，支持着语言的有序性、机制性和可论证性。

其次，词汇理据性的研究方法以历时研究为主，共时为辅。语言符号与外部客观世界的联系是词汇的外部理据，在探讨语言中某一共时系统的词和它的词源的联系时，不可否认共时研究法的作用。但是，词语的理据性不仅来自语言外部的世界，而且主要产生于作为符号系统的语言本身。语言的理据最初源于语言表达的现实世界本身，应以历时研究为主。

第三，词语的理据性存在于语言系统的各个范畴和层面。英语中只有少量的词汇是完全任意的，语言的语音、语义和形态的产生和变化在很大程度上是有据可循的。

在语言从无序到有序的变化过程当中，理据是语言生命的基因，促使语言不断地变化发展，是词之所以形成的一种思想动因。那么该动因具有什么特点？是否可以被人类所认知、概念化，从而实现词汇范畴化？这归结于对其认知机制的探索。

第二节　词汇理据性的认知机制

认知词汇学认为，词汇的理据性是语言发展的内因，语言符号与客观现实之间的联系是建立在人对世界的体验基础之上，人类通过不断整合知识，推动语言系统向更高更复杂的层面发展，因此，词汇理据性具有三大特点。

体验性——词汇理据具有体验性主要表现为语言符号与外部客观世界之间的直观联系。各民族在创立之初，用各自的语言创造了词，这些词汇最初都以原生词，如拟声词、拟象词的形式存在，因为是单音节，结构简单，能指与所指之间的联系很明显。原生词的出现是人类体验世界的最初产物，是人类在认识世界过程中所形成的经验在语言中映射，如：baa——绵羊的叫声，bowwow——（狗）汪汪声，buzz——（蜜蜂、蚊子）嗡嗡声，cackle——（母鸡下蛋后）咯咯声。

关联性——由于原生词结构和语义的单一，无法满足人类交流的需要，人们便在其基础上进行加工，整合成各类派生词和复合词，这些词语的形态、意义和逻辑关系都与"词源"或者"词根"相关联。每一个词都是复杂的语言世界中的一个结点，通过概念激活、意象图示、转喻、隐喻等模式与其他词汇"搭桥"，建立新的关联，从而创造新词或者新的语义网络。如词根"slave"可以扩展出"slavery""slaver""slaveholding""slaveholder""slaveocracy""de-slavery"等词，都与"奴隶"相关。

创造性——随着人类对世界认知的深入，新的物质被发现、新的概念被创造，新的范畴成员出现都需要更多的词语表达，新词、引申义、一词多义等语言现象成为非常强有力的手段，推动词汇体系的发展，语言表现出极大的创造性。语言的发展和变化并非纯自然的进化过程，而是充分体现了人类认知世界的特点。人类借用隐喻和转喻两大认知机制赋予词汇新的构成形式、语言意义和语法功能。其中创造性在语义的扩展方面体现得最为明显和直观。如在"gate"一词的基础上，人们创造了"watergate"（水门事件）、"zipgate"（拉链门事件），甚至网络上流传的火爆的"photogate"（艳照门事件）。"gate"的原始义"门"经过隐喻被投射到与"丑闻"相关的认知域上，创造了很多类似的词语，丰富了人类语言。

针对这些特点，认知语言学中的理想化认知模型理论具有较强的解释力。理想化认知模型（Idealized Cognitive Model，简称 ICM）是莱可夫（Lakoff. G）在《女人、火和危险的事物》 *Women, Fire, and Dangerous Things*：*What Catego-*

ries Reveal about the Mind 中提出的认知理论术语。莱可夫认为，ICM 是特定文化背景中说话人对某领域中的经验和知识所做出的抽象的、统一的、理想化的理解，是建立在许多认知模型上的一种复杂的、整合的完型结构，具有格式塔形性质①。它的哲学基础为体验主义，其产生以人的身体经验为基础，通过概念化升华成民俗理论（folk theory），是当代体验哲学的主要内容，也是对传统客观主义哲学在一定程度上的扬弃。词汇理据性的认知机制可以从四个角度进行考虑。

一、命题激活机制

在莱可夫看来，命题结构模型可以详细解释认知模型（CM）中所涉及的概念、特性及概念间的关系，具有判断性的特点，是外界事物在心智中事实性映射，不需要运用任何想象手段②。任何一个 CM 都是由命题和结构组成，命题即本体，属于基本的概念层次，我们的知识就存在于本体之中。这些命题不是毫无关联的，而是存在一定的逻辑关系，即结构。语言词汇是概念与结构的统一体，按照索绪尔的观点，能指与所指合二为一。词汇的认知理据观认为，外部世界在人脑中的映射通过语言符号表现出来，人类在体验世界的过程中，创造了最初的语言形式——原生词，这些词语的产生动因、形式和结构有相似的模型，该模型存在于人类的心智之中，可以被视为一个理想化认知模型（ICM），具有典型效应。人类不断认识世界，积累越来越多的经验，发展出新的认知模型，在莱可夫看来表现为：

$$ICM = CM_1 + CM_2 + CM_3 + CM_4 + \cdots + CM_n$$

各个 CM 与 ICM 之间的联系并非偶然，而是具有家族相似性，且有理据的，其关联性可以通过认知体验、概念激活的方式完成，如图 2–1。

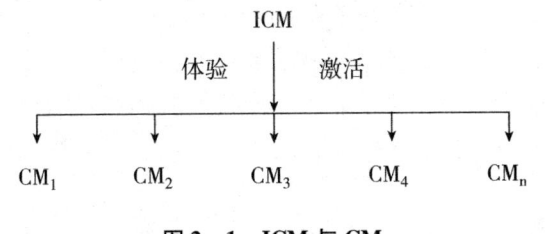

图 2–1　ICM 与 CM

---

① 熊沐清：《语言学与文学研究的新接面——两本认知诗学著作述评》，《外语教学与研究》2008 年第 4 期，第 16 页。
② 刘立华，刘世生：《语言·认知·诗学——〈认知诗学实践〉评介》，《外语教学与研究》2006 第 1 期，第 73 页。

该模式在外部和内部理据层面都有很强的解释力,例如人类在进行社会群体生活时,模仿自然界动物之声,或者从事某项活动时发出的声音,形成具有该语音或者类似语音的单词。这种字词创造模式可以描述为:

ICM:自然界和人类行为发出的声音→模仿→拟声词。

这在汉语中很常见。我国早在《木兰词》中就有"唧唧复唧唧,木兰当户织",通过摹拟织布机来回穿梭的声音,给"唧"字命名,音即象"织"之声。咕噜——圆转声、咻溜——滑动声、咯兹——扭转声、铿锵——金石敲击声等都是人类劳作时发出的声响,是经验的最初产物。英语中 cheep 表(小鸡)唧唧声、(鸟等)啁啾声,coo 表(鸽子、斑鸠等)咕咕声,crow/cockadoodledoo 表(公鸡)喔喔声,hiss 表(蛇)发嘶嘶声等。

二、意象图式机制

莱可夫认为意象图式是在对现实世界体验的基础上通过互动所形成的前概念意象,比表象更为概念和抽象。在同一语言社区中,不同的成员对同一语言形式会有不同感知,在不同语言社区中,这种感知差异会扩大。为了实现信息传递和交流的顺畅,人类在创造和发展词汇时,会将具有事物的外部意象映射到语言符号中,形成很强的关联,搭建"外部事物"→"符号形式"→"词汇意义"之间的桥梁。这一模型在外部拟象理据和形式理据方面凸显解释力。

汉语中的象形字就是从最初的外部事物引申而来,文字摹拟事物形象,如:

育——甲骨文"育"字由"人"和"云"构成。"云"字有刚出生的婴儿的含义,整个字的意思是人生孩子,由此产生"生育"的含义。生孩子后要养活,要教育,由此产生养育和教育的引申义。以后字形用"肉"代替"人"。意思是从肉中产出的婴儿,由此也能形成上述含义。

交——甲骨文"交"字是一个人两腿相交的象形,由此产生"相交"的含义。引申表示"结交""付给""一齐"和"互相联系"等。

欠——甲骨文"欠"字是一个人张嘴的象形。它是"打哈欠"的意思,由此产生精力不足和身体稍稍移动的含义。引申表示"短少",再引申表示"财物没归还"。

老——甲骨文"老"字是头发披散、弯腰驼背、手拄拐杖的老人的象形。本义是"老人"。引申表示"年岁大""经历长""陈旧""长久""经常"和"极端"等。

长——甲骨文"长"字是头发披散、驼背弯腰、手拄拐杖的老人的象形。本义是"老人"。引申表示辈分高、长者、首长和排行第一。人老是生长的结果，由此产生生长的含义。孩子生长个头增高，由此产生"长度"的引申义。

英语中的 26 个字母也表示一定的意象图式，可以激活人们心智中的基本形象，形成相关的概念。例如字母"o"可以形成"嘴型""圆形"等意象，激活相关的语义。

ICM：O→○，圆形意象，表示"圆""圈""环""卷""滚""转"等意思，如：

ov -	卵状
ovoid	卵形体，蛋形体
ovary	子房，卵巢
orb -	（词根）圆圈
orbicular	圆形的，环状的
dot	圆点
dome	圆形屋顶，圆丘
roll	面包卷，转动
rot	（词根）转

三、隐喻映射机制

莱可夫认为，隐喻模型是 ICM 中最基本的一个模型，表现为一个意象图式或者命题模型可以从一个认知域映射到另一个认知域中相应的结构上。在认知语言学看来，任何一个隐喻模型都包括两个部分：一个始源域和一个目标域，隐喻的认知力量就在于将始源域的图式结构映射到目标域之上。[①] 因此，我们可以认为，词义的引申和扩展依赖于图式结构在两个域之间的映射，这可以很好地解释一词多义、旧词新义、新词新义等语言现象的理据性。

如物理学家牛顿（I. Newton）通过研究声音的传播方式建立了光学理论，最后模仿 sound wave（声波）的造词模式，将其研究过程中的重要物理现象冠以 light wave（光波）之名。sound wave（声波）源自 wave（水"波"），Newton 又通过与 sound wave（声波）进行概念类比，即隐喻思维，从而"诞生"了 light wave（光波）这个新词组。在电子信息技术发达的现代，由 wave 一词引发的科技新词比比皆是，如 radio wave（无线电波）、electromagnetic wave（电磁波）、microwave（微波）以及 ultra-sonic wave（超声波）等，都是隐喻映射的产物，见图 2-2。

[①] 蓝纯：《认知语言学与隐喻研究》，外语教学与研究出版社 2005 年，第 113 页。

```
                                                              radio-wave
                     az                                       (无线电波)
                          能量源                Sound wave
          Wave   :验                 结构隐喻     (声波)
                          涟漪状                              Microwave
          水波                                                (微波)
                          辐射向外     映射      light wave
                                                (光波)        ultra-sonic wave
                                                              (超声波)
                                                              ……
```

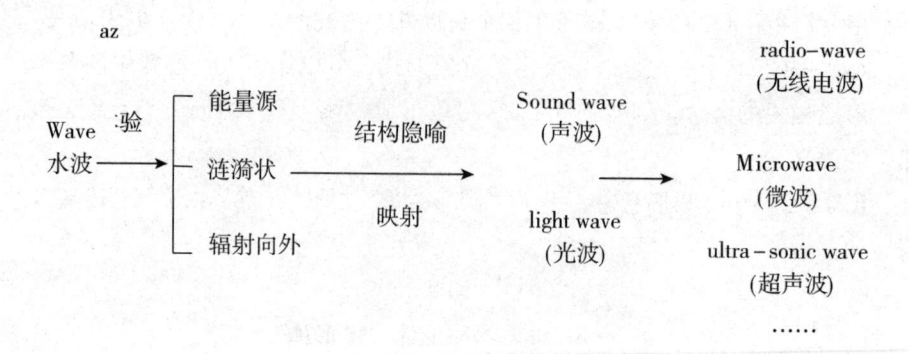

图 2-2 "wave" 隐喻映射模型

四、转喻映射机制

经验主义认为，我们通过理想化认知模型来构建知识，在范畴内部结构中所观察到的原型结构和各种原型效应都是理想化认知模型的产物。莱可夫提出的转喻相邻性就是通过理想化认知模型实现的。和隐喻映射一样，转喻映射也是强调将概念从一个域投射到另一个域，进行不同域间的"搭桥"，只是映射范围不同。隐喻是跨不同认知域的映射，具有认知域外部的特征，转喻则是同一认知域之内的概念映现，具有认知域内部的特征。转喻的作用不仅仅限于指代，它还是意义扩展的最基本的方法之一。如：部分——喻整 ICM，主要指用内容材料喻生产者或者产品等。英语 wool 本义是羊毛，但在 a ball of wool put on his new wool 中分别是"毛线"和"羊毛服装"。这是典型的材料喻产品，羊毛→毛线→羊毛装。再如 head 的基本意义是"头"，但它通过转喻映射形成了以下义项，如 mind or brain（容器喻内容）、a person（部分喻整体）、headache（感知事物喻感知行为）、life（原因喻结果）、ability（实体喻功能）。

在转喻认知机制作用下，通过强调或突显同一认知域或同一框架结构中的一个成分实现意义扩展。比如"电视"是一个整体系统，但"电视"作为一个名词在不同的语境中会突显这个系统的不同部分从而获得不同的意义。比如：

a. 他买了一台电视。
b. 他打开电视。

可以看出在以上 2 个例子中，"电视"分别突显并指称不同的内容。一些基本概念意义，如 a 句中电视机开关显示画面、电路和元件，已经概念化了，形成了 b 中抽象电视节目的概念，但是 b 依然是建立在 a 的认知域上，"电视节目"与"电视机"是部分与整体的关系。

第三节　词汇理据性的表现

理据性（motivation），又称词语的理据，按王艾录、司富珍的说法是："最为广义的理据指语言系统自组织过程中促动或激发某一语言现象、语言实体产生、发展或消亡的动因，其涉及范围可以包括语言各级单位以及篇章、文字等各个层面。所谓语词理据，狭义的来讲，是指语言自组织过程中语词发生、发展的某种内在的、可论证的必然联系[①]。"该观点强调理据性的"内在性""可论证性"和"必然性"特点。对于理据性的研究也涉及语言范畴的各个层面。因此，我们将词汇的理据性分为内部和外部两项。外部理据即广义的理据性，主要指语言符号与外部客观世界的非自然联系，包括拟声理据和拟象理据。内部理据即狭义的理据性，主要指语言内部结构与语义的联系，在这个范畴内进行细分，包括语音理据、形态理据和语义理据，如图2-3。

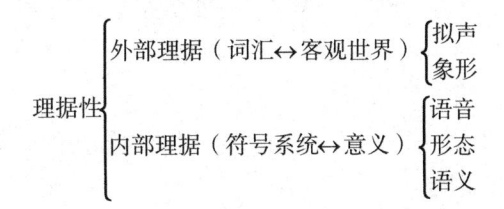

$$
\text{理据性}\begin{cases} \text{外部理据（词汇}\leftrightarrow\text{客观世界）}\begin{cases}\text{拟声}\\ \text{象形}\end{cases}\\ \text{内部理据（符号系统}\leftrightarrow\text{意义）}\begin{cases}\text{语音}\\ \text{形态}\\ \text{语义}\end{cases}\end{cases}
$$

图2-3

一、拟声理据

英语和汉语中的许多单词（原创单词）音与义（原始义）有密切的联系。词汇的产生以及最初阶段的发展都是以拟声为理据的，拟声词是人类对世界体验的产物，在语言范畴中具有典型的认知模型，可以归纳为两种。

（一）以声拟声ICM

人类在进行社会群体生活时，模仿自然界动物之声，或者从事某项活动时发出的声音，形成具有该语音或者类似语音的单词。这种字词创造模式可以描述为：

ICM：自然界和人类行为发出的声音→模仿→拟声词。

[①] 王艾录，司富珍：《语言理据研究》，中国社会科学出版社2002年，第15页。

通过命题激活的方式，构建其他的认知模型：

CM₁：自然界动物之声→模仿→基本拟声词；

CM₂：人类劳作之声→模仿→基本拟声词；

CM₃：呼吸声→模仿→次要拟声词；

CM₄：动作迅速分离和移动声→模仿→次要拟声词；

CM₅：爬行声→模仿→次要拟声词；

CM……

模仿自然界的动物之声，我国早在《诗经》中就有"伐木丁丁，鸟鸣嘤嘤"之说，"丁丁"拟伐木之音，"嘤嘤"鸟鸣之声。"嘎嘎""呱呱""啾啾""叽叽喳喳"也是对动物声音的模仿而来。《木兰词》中"唧唧复唧唧，木兰当户织"，通过摹拟织布机来回穿梭的声音，给"唧"字命名，音即象"织"之声。咕噜——圆转声、哧溜——滑动声、咯兹——扭转声、铿锵——金石敲击声等都是人类劳作时发出的声响，是经验的最初产物，都是基本拟声词。

次要拟声词也很常见，例如：

呼吸声：呼哧、呼啦、呼呼、噗嗤、哼儿哈儿；

动作分离声：崩蹦、邦、哧溜、刺啦、咔嚓；

动物爬行声：嘶嘶（蛇）、嗷。

英语中这种现象同样存在，例如由 CM₁ 创造的最初的音义结合体，英语中模仿鸟兽之音就属于此类。

baa：绵羊的叫声；owwow：（狗）汪汪声；

buzz：（蜜蜂、蚊子）嗡嗡声；cackle：（母鸡下蛋后）咯咯声；

cheep：（小鸡）唧唧声，（鸟等）啁啾声；coo：（鸽子、斑鸠等）咕咕声；

crow/cockadoodledoo（公鸡）喔喔声；hiss：蛇发嘶嘶声。

其他的三个模型来源于 Bloomfield 对拟声词的分类。CM₃ 表示通过模拟呼吸声创造字词，如 sniff、snuff、snore、snort 等；CM₄ 表示通过模拟动作迅速分离或移动创造字词，如 snip、snap、snatch 等；CM₅ 表示爬行，如 snake、snail、sneak、snoop 等。还有许多其他的方式，如模拟自然界物理变化声音、人类欢笑声等，都是依据以声拟声的模型扩展词汇。

（二）以型拟声 ICM

人类在创造字词的时候，根据语言符号"型"摹拟声音，产生音与某种象征性意义的联想。此处的"型"主要指发音时的口型、舌位、唇型等，而非语言符号的外部形式。这种现在汉语中很常见。如 [p] [b] [m] 都是双唇音，发音时嘴型、唇形和气息的变化可以进一步概念化，构建一个以双唇音为原型的理想化认知模型。人类在体验世界的同时，外界经验不断积累，对事物的认识不断增强，该模型中双唇有意识地闭拢与分开可以激活事物在人脑中的映像，表现为事物相合或者相分的行为和动作，激活覆盖、包裹、包藏等的状态或动作行为等，这样就造出了一系列音义相关的唇音声母词。如袁庆德在汉语词汇理据性新谈中所例①：

贝［pɑt］　典型的贝类的外形是由两半对称的介壳合成的，所以造词的时候古人将双唇闭拢来摹拟它的外部形状，这就决定了所造成的词的声母为双唇音。

蚌［beʔŋ］　蚌是一种体型较大的贝类，所以给它命名时，先将双唇闭拢以摹拟它的外部形状，发音时，双唇用力堵塞气流的通道，引起声带的紧张和轻微振动，形成浊辅音声母，为了充分摹拟蚌壳闭合的状态，开始时口腔的开口度较小，发出元音［e］，随后使舌头后退，开口度逐渐增大，使口腔中的空间也逐渐增大，并使气流从口腔和鼻腔同时通过，形成较响亮的共鸣声，以突出它的形体之大。

胞［pəu］　"胞"的本义是胎衣、胞衣，字原来写作"包"。在为这个事物造词的时候，古人先将双唇闭拢，再使舌头后退、下沉，使口腔形成较大的空间，摹拟胞衣包裹胎儿的状态，发音时双唇逐渐聚拢成圆形，来摹拟胞衣的形状，便造出了"胞"这个词。

此外，如破、匍匐、拍、门、簸、抱等词也具有相似的理据性，不再列举。

对于英语而言，把舌放在高和前的位置发出的元音和小的意思似乎存在某种联系，特别是 wee（极小的）和 teeny（极小的）中的那个元音，而那些由舌处在低的位置发出的元音总是表示大的意义。这种联系不论在哪种语言中都是存在的，口腔的大小在发 ee 音时口腔的开口度最小，跟它表达的意义是对称的。这反映了人们在对世界体验时，对于事物产生的普遍认知心理，人类对语言符号的"型"进行概念化，构建了 ee 音的认知模型，激活心智中有关于"小""细微"等命题，从而搭建起发音时的"型"与所指事物之间关联性的桥梁，赋予语言符号理据，例如：wee、teeny、fly sheet（小册子）、eelworm（小线虫）、lees（小残渣）。

二、拟象理据

最简单、原始的造字手段除了"拟声"之外，"象形"也是一种非常重要

---

① 袁庆德：《汉语词汇的理据性新谈》，《殷都学刊》2003 年第 1 期，第 92~96 页。

的方式。作为词汇外部理据的表现形式之一，"象形"主要是指语言符号的形式与所指的事物及其意义之间具有相似性，例如：

人——甲骨文"人"字是侧面人形，它突出了人直立行走和有手的特点。本义是人类。引申表示别人、人品和人体等。

手——金文"手"是五个指头的手抽象画。本义是人手。引申表示拿着、技能和新手等。

力——甲骨文"力"字是弯曲的胳膊的象形。弯曲的胳膊中蕴含着力量，由此产生力量的含义。

九——甲骨文"九"是胳膊的象形。胳膊包括五个手指、手掌、小臂和肩膀九个部分，由此产生九个的含义。引申表示多数。

止——甲骨文"止"字是脚的象形，上面部分表示脚指头，外侧突出部分表示大拇指。本义是脚。引申表示脚不动，由此产生停业的含义。再引申表示拦阻、截止和仅有等。

首——甲骨文"首"字是牛头的象形，以后字形是人头的象形。本义是脑袋。引申表示带头、最高、最先等。

争——甲骨文"争"字是两个人的手向不同方向拽牛头的象形，由此产生争执、争夺的含义。

目——甲骨文和金文"目"字是眼睛的象形。本义是眼睛。引申表示看和像眼睛的东西。

耳——甲骨文"耳"字是耳朵的象形。本义是耳朵。

心——甲骨文"心"字是人心的象形。本义是心脏。心脏在人体的中心，由此产生中心的含义。

自——甲骨文"自"字是鼻子的象形，上边的一笔强调它是突出的东西。本义是鼻子。人们说自己的时候常指自己的鼻子，由此产生自己的含义。

口——甲骨文"口"字是口张开的象形。本义是嘴。引申表示窗口通外边的部分、出入通过的地方、破裂的地方、锋刃、骡马的年龄等。

也——《说文解字》中说"也，女阴也。象形。"金文"也"字是女性生殖器的外形，旁边字符表示阴唇。人都是由女性生殖器中生出来的，由此产生形成、生成和肯定的含义。女人可生出很多孩子，由此产生同样的含义。

乙——它是脐带的象形。本义是脐带。引申成为天干序位第二位的位号。

子——甲骨文"子"字是婴儿身体被包住，头和手露在外边的象形。本义是婴儿。引申表示儿女、幼小、植物的种子和动物的卵子等。引申成为地支序位第一位的位号。婴儿头脑中没有杂念，因此由它表示道德高尚的人。

云——甲骨文"云"字是刚从产门中生出来，头朝下的婴儿的象形。本义是刚出生的婴儿。

女——甲骨文"女"字是坐着的人双手交叉的象形。双手交叉表示没做任何事，有听从吩咐的意思，由此产生顺从者的含义。女人是顺从的人，因此用它表示女人。引申表示女儿。用它称呼对方则表示对方是顺从自己的人，是和种亲切的称呼为了与"女"字其他含义区别开，做第二人称代词用时后来又加了个"水"字旁，由此形成"汝"字。

汉字是象形文字不难理解，但如果说英语也是象形文字，很多人一定会以为纯是无稽之谈。其实，追根溯源，英语的26个字母确实来自象形文字。这26个字母最初起源于埃及象形文字，后由腓尼基人改进发明了腓尼基字母，希腊人对腓尼基字母加以改革后创造了希腊字母，古罗马人对希腊字母加以改革进而发明了拉丁字母，英文字母就属于拉丁字母。如：

A——牛头；B——房子，C——鸟嘴；D——门；E——举着双手的人；F——沙粒；G——房角；H—— 荷花；I——手；K——皇帝；L——鞭子；M——水 or 波浪；N——鼻子；O——圆的东西；P——嘴；Q，R——人头；S——太阳，沙丘；T——十字架；V——龙；X——十字架；Z——闪电。

我们可以发现，每一个字母都是源于生活中很常见或者人们谈论多、信仰的事物，这些事物映射到人脑中产生意象，人们根据对这些意象，发明创造了具有相似结构的字母。

如字母A，约在3000年前，在腓尼基字母表中字母A读如aleph，写起来形似字母V，中间再加一横，给人的意象是"牛头"或"牛角"。以后希腊人将它倒过来写。对于古代腓尼基人来说，"牛"的意象就意味着财富，吃、穿、耕作都少不了它。这就成了字母A被列为第一个字母的缘故。

字母B和A一样，也可以追溯到古代腓尼基。在腓尼基字母表中B叫beth，代表房屋，在希伯来语中B也叫beth，也含房屋之意。字母B原来形似原始社会的两室房屋，小写字母b是后来从大写字母B衍变出来的。在今约旦河西岸有一犹太教，基督教圣地叫Bethlehem。该词中至今还包含着beth这一成分。B在字母表中之所以排在第二位也许是因为对人类的生存来说，意象"房屋"的重要性仅次于衣食。

经过几千年的变迁，古代字母和现代字母的发音已经有很大的区别，但其基本的象形含义仍或多或少地保存下来。每个字母的原始意义又渗透到各种词根之中，最终在现代词汇中留下了明显的痕迹。英文中的26个字母的造型也映射到人脑中，形成最基本的意象，并携带这些本质性的意象信息，从而左右该单词的词义。比如大写 O 的字形给人的意象就是个圆球或者圆环，主要用来描写圆形、球形、环状、圆盘状、圆胖等事物形状，让人顺理成章地联想起描写"滚动""卷起"等有关动态词。如：

ICM$_1$：O→○，圆形意象，表示"圆""圈""环""卷""滚""转"等意思，如：

ov -	卵状
ovoid	卵形体，蛋形体
ovary	子房，卵巢
orb -	（词根）圆圈
orbicular	圆形的，环状的
dot	圆点
dome	圆形屋顶，圆丘
roll	面包卷，转动
rot	（词根）转

ICM$_2$：O→●，"满""多"的意象，表示"胖""丰"，如：

Obese	肥大的人
Omni	总、遍及
Opulent	富裕的
Rotundity	圆胖的，声音圆润的

ICM$_3$：O→□，o 的字形又像我们的"口"型，又像"眼"珠，有"口"才能说，有"眼"才能视，形成"口"的意象，与洞、口等词关联，表示"孔""口""洞"。如：

Orifice	孔、洞、通气口
Ostiole	孔、口
Ostiany	看门人
Overture	开幕，开端
Aoth	誓约
Ocular	眼睛的
Ogle	媚眼，（送）秋波
Orbit	眼眶

此外，大写 Y 的字形，很像一株"成长"中的小树，"树"的意象 Y→yield（出产）；也像一艘"游艇"的俯瞰图，如 Y→yacht 快艇、Y→yawl 小帆船。古人伐木造舟，固有"舟航"之义，如 Y→yaw 偏航。树木欣欣向荣，象征着一

种青春的气息，故又有"青春"之义，如 Y→youth。当一个人"渴望"什么，他便会举起双臂问天，向天求告，一如 Y 的形相，因此，便有了 Y→yearn，Y→yen 等词。

三、语音理据

语音理据包括拟声理据，但是此处的语音理据是探究词汇内部结构的问题，有别于乌尔曼所说的语音理据，而是指人类拼读词汇的有理性，具体表现在语音学中对正音法和正字法的研究。任何一种语言，正音法和正字法越是规范的拼音文字，越有较高的语音理据。正音法的任务是树立读音标准和一种行为规范。人类通过认知世界，积累了一定的经验，对语音概念化，从某些词的几种歧异的读音中选择具有典型的、格式塔性质的标准音作为语音系统中的典型成员。随着对世界认识的加深，人类对典型模型进行修改、变更、增加，出现一些新的正音标准，进一步完善读音法。

例如，作为汉语标准音的北京语音是 600 多年前北京成为中国政治文化中心之后逐渐形成，并于 1955 年汉语规范化会议上最后加以确定的。该标准音的发音方式、音标、音调、重音等成为汉语中语音的典型成员，比较稳定地作为读音标准，各地方言都在一定程度上与其具有相似性。随着语音的演变，该标准音也缓慢地发生变化，出现一些新的读音标准，消除一些旧的读音标准。在普通话审音委员会于 1957～1962 年分 3 次发表的《普通话异读词审音表初稿》中，"波"的两个读法 b 和 p 被统一为 b，因为"po"音很容易与"破"音相混淆；"剥削"的两个读法"bxu"和"baxio"被统一为"bxu"，避免与"削皮"中的音混淆。1985 年 12 月国家语言文字工作委员会又进行修改，定名为《普通话异读词审音表》予以公布。语音的规约、发展和变化也是可被论证的，与人类历史、经济、文化发展息息相关，而非任意的。

从历时范畴上看，汉字曾发展出甲骨文、金文、大篆、六国古文、小篆、隶书、楷书等多种字体；从共时范畴上看，在某种历时性字体中，往往还包括正规体、草写体以及欧、柳、颜、赵等个人风格性字体等；印刷术出现以后，汉字还出现了手写体和印刷体等的分别。同一个字，在不同的字体里，其笔画的具体造型往往不尽相同。这种差异性可以被理解为语言的任意性，但是也并非完全任意，而是受到理据性的制约。比如"原来"这个词最初的形式是"元来"，明朝皇帝朱元璋认为这个词有"元朝"卷土重来之意，所有执意换成"原"字，并通过颁布法令将其规约下来，它受到当时统治者思想的影响。在历史不同时期，为了适应书写方便和意义表述清晰，都有不同程度的简化写法产生。例如,"汉"字的演变主要就以三种字体为主,如下图所示。

$$漢 → 漢 → 汉$$

其变化受到字词发展内部动因的约束。其一是词汇的发展由繁至简的规律,符合当时政治、经济、文化发展的需要;其二是人类认知具有完型性的特点,继续保留原有的左右结构,偏旁部首也是按照正字法的规定,"水"旁在简化时用"氵"代替。

英语的标准音是国际音标,该音标可看作具有典型效应的范畴成员,对英语的元音、辅音、发音方法和发音部位都进行了规约,成为语音形成的内部理据。同时,人类对语音进一步概念化、范畴化,出现音位变体、同化、音系变化和顺序规则,新的语音范畴出现,理想化认知模型开始细化,在不同的范畴中表现出不同形式,语音的标准更加完善。

例如,英语复数后缀在书写形式上是-(e)s,根据胡壮麟[1]所述,英语复数中的三种变体按照以下方式起作用:

/s/出现在清音之后;
/z/出现在浊音之后;
/əz/出现在咝擦音之后。

在多数情况下/z/是基础形式,可以被视为该范畴中的典型成员,其他两种形式/s//əz/都是由它派生来的。/s/是一种清化现象,/əz/是增音现象,规定增音发生在清化之前。清化和增音都与发音方式和发音特点相关。

ICM:z/浊音____

CM_1:z→s / [-浊音,辅音] ____(清音化)

CM_2:θ→ə /咝擦音____z(浊音化)

CM_1 和 CM_2 都是人类行为动作在语言符号中的映射,其概念与 ICM 密切相关,由 ICM 激活,具有可论证性。

内部语音理据进一步保证了词汇的有序发展,因此,我们可以进一步确定,词汇的任意性受到理据性的约束,只能在理据约定的范围内变化,而非完全偶然。

四、形态理据

形态理据是指词的理据性与其形态结构密切相关,可以通过分析词语的

---

[1] 胡壮麟:《语言学教程》北京大学出版社 2002 年,第 47 页。

形态结构获得词义。人类对世界认知的过程中，基于体验和感知形成了各种经验，并概念化形成语词形态结构的认知模型，该模型在很大程度上约束并影响词汇形态的变化和发展。语言中的单纯词、派生词和复合词都具有形态理据。

（一）单纯词

单纯词就是不可分割的单语素构成的词语，分为原生单纯词与派生单纯词。一部分原生单纯词可以通过拟声和象形等方式发现理据，另一部分如 rose、dog、cat、boat 等，从声音或者形式上来看，所指与能指之间确实没有太大的联系，这些词是否也具有理据性？

任意论者认为，单纯词是绝对任意的，如在不同语言中，对同一所指"玫瑰花"，英文和中文的语言符号完全不同，但是我们认为，取不同语言中的词来证明任意性和理据性是没有太大意义的。人类的语言系统跟当时社会的文化、历史、心理发展、认知水平密切相关，该民族的人在创造语言符号的时候，用一个符号而不用另外一个符号是会受到认知模型的影响的。洪堡特曾指出，就一般单纯词来讲，其指称概念的三种方式都表明能指和所指之间直接或者间接的关系。如汉语中"大"字声音洪亮，形状大，而"小"字声音低，音调转曲，字形小，视觉与听觉感知与事物带来的心理印象很相似，因此，原始的单纯词还是具有理据性的，只是程度问题。

与单纯原生词相对，派生原生词是指由旧词派生的新词，如由"卓"直接派生出"桌"，其理据性不难理解。王、司曾提出，词根是原生词衍生派生词的基础，人们依据原生词、词根和派生词之间音近义通的关系，来确定他们的同源关系，而根据同源关系，来判断理据①。桌子这一事物出现之后，在人们心智中就映射了一个命题模型，该模型以"桌子"这一事物为原型，包括"高度""材质""颜色"等概念。人们根据"高度"——"桌高于几"的特点，径直将此物命名为"卓"。"卓"字成了该范畴中的典型成员。后来为了区分"卓"（高）和"桌子"，也是为了凸显桌子的木制义类，就在"卓"的旁边加了个"木"，形成"槕"，后才改写成"桌"。加个"火"字，凸显用火照亮的意思，形成"焯"字，表示"明显""明白"。为了凸显人的卓越和伟大，在旁边加个"人"字，形成"倬"，表示"显著""伟大"。和"日"相关，形成"晫"，表示"明亮"；与"水"相关，形成"淖"，《通俗文》中有"和泥曰淖"，表示木制品遇水腐烂后成泥，意味着"烂泥"。

---

① 王艾录，司富珍：《语言理据研究》，中国社会科学出版社2002年，第10页。

"卓"（高于几）→体验、关联 $\begin{cases} CM_1：木制义类→"棹"→"桌"（基本义） \\ CM_2：火→"焯"（明显） \\ CM_3：人→"倬"（伟大） \\ CM_4：太阳→"晫"（照亮） \\ CM_5：水→"淖"（烂泥） \end{cases}$

同样地，"枯、涸、竭、渴"音近义通，词源是发/he/音，表示"缺水"的认知模型，但是由于认知模型具有体验性和关联性，于是人们在对自然界植物体验的基础上，赋予"木"旁，曰"枯"，河海缺水赋予"水"旁，曰"涸"或者"竭"，人缺水赋予"水"旁曰"渴"。先民习惯采用类别的方法命名，抓住反映对象与已知事物在"象"上的某种相似性，作为新事物命名的根据。如把山之顶、木之顶、人之顶引为同类，分布派生出"颠""稹""滇""巅"等词。

从共时角度看，英语中的单纯派生词也具有高度的理据性。如"spect"这个词的认知模型在做"看"解时，可以作为这一范畴词的典型，具有原型效应。在此基础上，人们通过体验和激活构建新的命题和结构模式，创造新词，词根"-duce"也如此。如：

"-spect-"（看）→→	$\begin{cases} CM_1：-or（实施者）→"spectator"→"看的人"→"看客" \\ CM_2：intro-（朝里）→"introspect"→"朝里看"→"检查" \\ CM_3：pro-（朝前）→"prospect"→"朝前看"→"前景" \\ CM_4：retro-（往后）→"retrospect"→"朝后看"→"回顾" \end{cases}$
"-duce-"（引）→→	$\begin{cases} CM_1：E-（出）→"educe"→"引出"→"演绎" \\ CM_2：in-（进）→"induce"→"引进"→"引诱" \\ CM_3：pro-（出）→"produce"→"引出"→"生产" \\ CM_4：intro-（内部）→"introduce"→"引入内"→"介绍" \\ C_5：de-（下）→"deduce"→"引下去"→"推断" \\ CM_5：re-（回）→"reduce"→"引回"→"减少" \end{cases}$

在词汇发展史中，每一次新词的出现都是对旧词的革命与突破，人们在对社会认知的基础上，利用更加便利的造词手段，开发更加能产的造词资源，传递新的信息。由此可见，单纯符号也是有理可循的。

(二) 派生词

派生词分为派生单纯词和派生合成词。上文我们列举了派生单纯词的理据，派生合成词的理据显而易见。派生合成词是指由词根和词缀构成的"附加式合成词"，如"镜子""椅子"。这类词汇认知模型的命题结构可以被描述为：

ICM 派生词 = 词根 + 词缀

在现代汉语里古代的单音节词通过派生和复合演变为多音节词，使得现代汉语的理据性得到增强，这些词汇的命题结构多为中心语 + 词缀。词缀主要有语音、语法和语用三种。

词缀类型	词缀	例子
语音词缀	阿 -	阿姨、阿爸、阿妈、阿飞、阿 Q、阿斗
	老 -	老王、老鼠、老鹰、老鳖、老鸦、老虎、老兄、老弟、老师、老婆、老天
语音词缀	- 子	胡子、瓶子、刨子、梳子、摊子、本子疯子、瞎子、秃子、聋子、矮子、瘦子、胖子、傻子、混子
	- 儿	猫儿、狗儿、鸟儿、兔儿、锅儿、碗儿、瓢儿、盆儿、歌儿、曲儿、车儿、马儿、面条儿、眼镜儿
	- 头…	石头、骨头、锄头、镢头花头、苦头、甜头、苗头
语法词缀	- 们	同志们、朋友们、乡亲们、工人们、农民们、我们、你们、他们
	初 -	初一、初二、初三、初四
	第 -	第一、第二、第三、第十
	老 -	老大、老 Z -、老三、老四
	所 -	所爱、所恨、所说、所想、所盼、所买、所有、所在、所喜欢、所讨厌、所批评、所表扬
	- 然	忽然、突然、猛然、骤然
	- 乎	几乎、确乎、合乎、在乎
	- 地	蓦地、忽地、霍地、猛地
	- 而	俄而、反而、时而、忽而
	- 于	忠于、对于、终于、由于
	- 其…	何其、尤其、极其、更其

43

续表

词缀类型	词缀	例子
语用词缀	-腾	捣腾、闹腾、摇腾、倒腾、翻腾、扑腾、折腾
	-溜溜	直溜溜、圆溜溜、细溜溜、匀溜溜、酸溜溜、甜溜溜、滑溜溜
	-巴巴…	皱巴巴、可怜巴巴、瘦巴巴

英语属于表音文字，有大量的派生词和复合词，这些词的语义在很大程度上能从结构形态上得到启发，其形态理据性大大强于汉语。如：

care + -ful→careful（Verb→adjective）；
slow + -ly→slowly（adjective→adverb）；
en- + large→enlarge（adjective→verb）；
strength + -en→strengthen（noun→verb）。

词性发生改变，但是意义具有相似性。

im- + possible→impossible（adjective→adjective）；
music + -ia→musician（noun→noun）。

有些词性没有发生变化，依然具有高度理据性。汉语中的双音节词词缀要比英语少，某些成对的派生词所表达的意义在汉语中要用不同的词来表达，如 appear 出现，-disappear 消失，bind 捆扎，unbind 解开，这使汉语的派生形态理据比英语的弱。

（三）复合词

词汇发展的历史过程中，由最初的单纯词发展到派生词是造词手段的一次革命和突破，人们在原有的单音节语音表达和独立的词形基础上创造和开发更加丰富的造词资源。单音节的大量增加使语言负荷加大时，造字手段开始了第二次飞跃，人们利用语言中大量的单纯词，组成结构比较复杂的大一级的语言单位——词组来表达概念。此时，词汇的构造的命题模式变成了：

ICM 复合词 = 单音词 + 单音词

由两个单音词的意义衍生出命题意义，结构为词组的形式。双音复合词的出现势必大大加强了语言作为交际工具的作用，是表达新事物、新概念的一种有效方法。根据刘叔新《汉语描写词汇学》汉语造字法分为三大类：词汇材料式、语音材料式和混合材料式，英语的构词也与这类似。混合材料式是对外来词的处理，包括音译、借用等方法，跟词形关系不大，我们探究词汇形态理据，只考虑第一种。词汇材料是指将各种语素、单音节的词组合在一起，形成新的词汇，根据这种造字法，在 ICM 的基础上，我们归纳出四种认知模型，可以将其视为与 ICM 具有家族相似性的新的成员。

1. 结合模式——A + B

这个认知模式是指把两个或者三个单音节词汇材料直接组合在一起，形成新的词汇形态。如：英语中有：

Blackboard（黑板）＝black（黑色的）＋board（木板）
Classroom（教室）＝class（班）＋room（房间）
Football（足球）＝foot（脚）＋ball（球）
Microphone（声音放大器）＝micro（放大的）＋phone（声音）
Basketball（篮球）＝basket（篮子）＋ball（球）
Air force（空军）＝air（空气）＋force（力量）
Railway（铁路）＝rail（铁条）＋way（路）

俄语中有：

Пароход（燃气轮船）＝Паро（煤气）＋ход（开动）
Авиапочта（航空信）＝Авиакомпания（航空）＋Письмо（信）
Пассажирпоезд（旅客列车）＝Пассажир（旅客）＋поезд（火车，列车）
Бомбадержатепь（炸弹架）＝Бомба（炸弹）＋держатепь（架子）

德语中有：

Netz-software（网络软件）＝Netz（网络）＋software（软件）
Internet-Seite（因特网网页）＝Internet（因特网）＋Seite（网页）
Finanzkrise（金融危机）＝Finanz（金融）＋Krise（危机）
Wirtschaftsbau（经济建设）＝Wirtschaft（经济）＋bau（建设）

法语中有：

Wagon-restaurant（餐车）＝wagon（马车，火车）＋restaurant（饭馆）
Ciel-bleu（天蓝）＝（天）＋（蓝）
Sourd-muet（聋哑人）＝Sourd（聋）＋muet（哑）
Gratte-ciel（摩天大楼）＝Gratte（刮，擦）＋ciel（天）
Demi-heure（半小时）＝Demi（半）＋heure（小时）
Porte-monnaie（钱包）＝Porte（拿，携带）＋monnaie（钱）
Grand-mere（祖母）＝Grand（隔一代的）＋mere（母亲）

但是有一个现象不能忽略，汉语中有些复合词所对应的英语却是单纯词。例如，奔跑—run, 源头—source, 检验—check, 展览—show, 信心—confidence, 跳舞—dance, 手指—finger, 女孩—gir, 聪明—clever, 耽搁—delay, 呼吸—

45

breath 等。同样，英语中有一些词虽说是复合词，但其理据不明显，见词无法知其意。如：eggplant 不是蛋 + 植物，pineapple 也不是松树 + 苹果，hamburger 中根本没有火腿（ham）；还有从 peanut（花生）、badminton（羽毛球）frankfuter（小熏肠）中我们也看不出其语源的意义。对此，认知词汇学认为，这些词汇在最初创造时是肯定是有理据的，只是随着语言的发展和变迁，理据被湮没了，进入日常文体，成为隐性词，很难猜测出它的含义。

2. 叠连模式——AA，AAB，ABB，AABB

这种方法是使用几个单音节的词汇材料重复出现并先后连接起来，表示一种新的义。这是汉语中常用而较有特色的造词方法，既可以采用语素的 AA 式连接，也可以是 AAB、ABB 或者 AABB 式等，其理据都是鲜明的。

①AA 式：天天、看看、样样、红红、爸爸、妈妈、爷爷等；

②AAB 式：毛毛雨、洗洗手、刷刷牙、写写字、睡睡觉；

③ABB 式：眼巴巴、水汪汪、亮晶晶、绿油油；

④AABB 式：寻寻觅觅、冷冷清清、凄凄惨惨、条条框框、沟沟坎坎、方方面面。

英语中这样的构词尽管也有，但数量很少，如：

AA 式："quack-quack"，"tick-tick"，"puff-puff"，"zip-zip"，"flick-flick"，"go-go"，"dum-dum"，"yo-yo"，etc.

元音叠连："tip-top"，"glitter-clatter"，"ping-pong"，"tick-tack"，"dilly-dally"，"wishy-washy"，"shiny-shally"，"zig-zag"，"fiddle-faddle"，etc.

辅音叠连："ran-down"，"bow-wow"，"hurdy-gurdy"，"willy-nilly"，"teeny-weeny"，"hocus-pocus"，"hurry-skurry"，"topsy-turvy"，etc.

3. 改造模式

改造法是对一个现成的词或固定语的构成成分或形式进行改变，形成新词。这种方法可分为换素型、倒序型、缩略型、变调型、合音型等五种。前三种用得最多。

（1）换素型

用一个单音语素替换某个复合词中意义相反或相类比的单音语素就是换素型造词法。如"奴"字在复合词范畴中的典型成员是"奴隶"，原指旧社会受压迫、剥削、没有人生自由的人，现在与各种新事物相结合，构成不同的命题意义。

$$\text{"奴"（奴隶）}\rightarrow\rightarrow\begin{cases}CM_1：房\rightarrow\text{"房奴"}\rightarrow\text{"承受买房压力的人"}\\ CM_2：孩\rightarrow\text{"孩奴"}\rightarrow\text{"承受孩子养育费压力的人"}\\ CM_3：卡\rightarrow\text{"卡奴"}\rightarrow\text{"被信用卡消费束缚的人"}\\ CM_4：车\rightarrow\text{"车奴"}\rightarrow\text{"承受养车压力的人"}\\ CM_5：证\rightarrow\text{"证奴"}\rightarrow\text{"面临就业压力疯狂考证的人"}\\ CM_6：白\rightarrow\text{"白奴"}\rightarrow\text{"面临收入少，入不敷出境况的白领"}\\ CM_7：礼\rightarrow\text{"礼奴"}\rightarrow\text{"承受人情礼节压力的人"}\end{cases}$$

（2）倒序型

倒序型就是把复合词的词语先后顺序颠倒过来，形成新词。如，变质、质变，白雪、雪白，流水、水流等。其意义与词性也随着词素顺序的改变而产生了些许差异。英语的转换法（conversion）里的左分枝结构（1eft branching）就与之类似，如 flow in（流入）→inflow（流入量），to put in（输入）→input（输入量），to out put（输出）→output（输出量）。

（3）略缩型

这种方法在英汉语中都使用得比较多。如"寒促"代替"冬季促销"，"交强险"代替"机动车交通事故责任强制保险"，"三限房"代替"限户型、限房价、限销售对象的商品房"。又如，infomercial（adj.）→information + commercial，internaut（n.）→Internet + astronaut，psywar（n.）→psychological + warfare，dancercise（n.）→dance + exercise 等。

4. 转化模式

这也是一种英语汉语都经常使用的造词方法，即在原有词汇材料的基础上仅对其意义的性质或组成稍加改变。例如：玫瑰花、雪花、浪花、腰花、爆米花与花销、花费、花时间中的"花"词形相同但词义相差很多，而且词性也有改变。英语中也有如 headline（n. →v.）、smoke（v. →n.）、nasty（a. →n.）、better（adj. →v.）、up（adj. →v.）等这样大量的转化。不同的是，汉语侧重词义的转化，英语则更加侧重词性的转化。

此外，Croft & Cruse 曾将 Johnson 和 Lackoff 所论述的意象图式概括为七大类[①]，与词汇内部形式理据性相关，特别是对于汉语中单纯词的形式理据具有解释力。具体情况如下表所示。

[①] Croft William，D. A. Cruse：*Cognitive Linguistics*，Cambridge：Cambridge University Press. 2004.

身体体验	意象—图式	语言符号	词汇意义
男性是在田地扛锄头卖力劳动的人	空间上—下图式	男	跟"女"相对，强壮、刚强如"男人"
草木开花	空间上—下图式	荣	草木茂盛、人被冠以美名如"欣欣向荣""光荣"
人靠在树旁边	空间左—右图式	休	小憩，如"休息"
女人年岁高，老了	空间左—右图式	姥	外祖母如"姥姥"
女人成家后，整天拿着扫帚做家务	空间左—右图式	妇	如"妇女""妇人"
尴尬无奈时，人会两眼无神，眉头紧皱，嘴张开	容器表面图式	囧	心情沉重
心中有事不能发泄	容器内容图式	闷	心烦、不透气如"沉闷"
四周围起来，中间有人为王，且需食物、财物为实力象征	封闭空间图式	国	区域上和行政上的"国家"
两棵树并列放在一起，互不干扰	力量平衡图式	林	树木众多，依次排列如"树林""林立"
两个人的力量托起另一个人	力量平衡图式	众	人多，力量大，如"众多""众口一词"

英语单词没有上下结构，看似不具备意象图式模型，但是仔细观察，发现部分单词还是存在这类现象（如下表所示）。

身体体验	意象图式	语言符号	词汇意义
用物品从上面盖住某样东西	空间上—下结构→左—右结构	Over→Cover	从上覆盖
仅仅一个人	空间左—右结构	L + one→lone	单独，孤独
通过耳朵听	空间左—右结构	H + ear→hear	听见，听说
人的眼睛两边对称分布	力量平衡结构	e + Y + e→eye	眼睛
木板两头各有一块挡板，中间蜷缩一个人	力量平衡结构	b + e + d→bed	床

续表

身体体验	意象图式	语言符号	词汇意义
对称性部分 相加得整体	整体— 多样重复结构	orro→tomorrow abba→cabbage to…to→tomato otto→cotton ch…ch→church mu-um→museum ollo→follow	明天 洋白菜 西红柿 棉花 教堂 博物馆 跟随

五、语义理据

语义理据是一种心理联想，指词义的引申和比喻。语言中的一词多义，词义缩小、扩大、转变，旧词新义以及习语、俗语现象的出现，其语义都来自词汇意义的引申和扩展。人们在体验世界的过程中，发现不同事物之间具有关联，从而趋向于在性质相近的事物之间建立语言联系。如用对时间的看法来解释生命，如英文有"Life is a short summer"，汉语中有"生命转瞬即逝"等。词义的关联性推动语言体系的衍生发展，而发展的动因源于语义理据的两大认知机制——隐喻认知模型和转喻认知模型。

（一）多义

词汇的语义与概念功能、人类的知识是紧密相连的。语义形成的过程是概念化的过程，而概念化的过程是基于人类身体体验的过程。在人类社会的早期，因为人类的思维能力是有限的，对大自然和自身社会的理解和熟悉程度也很有限，所以他们所使用的词汇大都是体现自身熟悉的具体事物的词汇，但是随着人类的抽象思维的发展，人类会借助那些表示具体事物的词汇来表达抽象的概念，拓宽词汇符号的概念含义，一词多义现象出现。表面上看，一个基本词所具有引申义或者比喻义相互之间没有太大关联，但是从认知词汇学来讲，语义系统的扩大，词汇意义的增加都是有理据的，其中一部分就在于隐喻映射以一种与目标域的内在结构相吻合的方式，保留了始源域的意象图式结构，搭建"基本义"与"引申义"之间的桥梁，从而形成词义扩展网络。

表达我们最熟悉的身体部位的词汇在其中心义项之下还有很多隐喻意义。Face 除本意"脸"之外，至少还有 8 个隐喻意义，如"面部表情""表面""正面""情绪""胆量""鬼脸""覆盖""指控"等；他们具有跟"脸"相似的图式结构。

FACE：所指的意象图式有两种。

（1）上—下结构，人的头部从上额到下巴的部分，是覆盖于整个头部表面的皮肤组织，与头相对，具有上下结构。

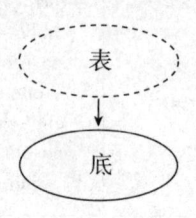

图 2 – 3

始源域	映射	目标域
脸上的各项器官、肌肉运动	→	面部表情、情绪、鬼脸，如 a sad face（悲伤的表情）；her face fell down（情绪低落）；make a face（扮鬼脸）
事物的最上面那一层	→	表面，如 On the face of it, she told the truth.（从表面上看，她说了实话。）The diamond has been cut into many faces.（钻石被切割成很多面。）
在事物表面覆盖一层	→	覆盖，涂层，如 face a wall with plaster（用灰泥涂墙）

（2）内—外结构，与外部世界其他物质相对。

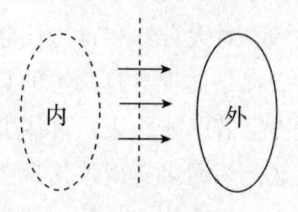

图 2 – 4

始源域	映射	目标域
人或物与外部世界相对	→	面对，正对 face to face 面对面
面部表情所表现的内心与外界相对	→	胆量 have face to do sth（胆敢做某事）承认 face the truth（承认事实）
面部器官运动发出的言语与外界相对	→	反对、指控 set one's face against

head 除了本意"头"之外,也至少还有 14 个隐喻意义,如"头状物""上端、顶部、前端、前部""首脑、首领、头儿、主任""领导地位、领头地位、首位""人、个人"等。人类在认知客观世界时,总是遵循一条普遍规律,即从近到远、从具体到抽象的过程,根据隐喻映射,将具有相似结构的意象结合,从而完成词义范畴化的过程。同样,英语中很多小品词词义的发展反映了这一规律,如 over、in、at、within、beyond 等。它们除了反映空间含义的本义之外,也同时蕴涵时间、程度等方面的隐喻意义,不再一一描述。

(二) 新词

随着人类世界认识的加深,新事物不断引进,新概念层出不穷,科技用语、商标名称、专有名词等加快了进入语言词汇领域的步伐,出现了语义系统的新视野。外来词、旧词新义和新词等语言现象的出现,构建了一个崭新的词汇层。以科技新词为例,21 世纪,科学技术领域的发展突飞猛进,科学技术领域的新事物、新思想、新概念诞生,科学家们在使用语言词汇去称谓这些新生事物时,并不趋向于为其"发明"一个新词项,却通常利用借助于旧词新用或新旧组合的方法,用原有的词项为科学概念命名。这些科技新词的"诞生"过程就是科学家们借助"概念隐喻"思维的造词过程,主要有两种表现形式。

一方面,用始源域的一个概念去表述目标域中的一个概念,两个概念之间具有相似的意象结构或者意象图式,主要表现在不同领域词汇意义的互通和构建。具体情形如下表。

始源域	映射	目标域	新词
建筑学(建筑)	层级结构→	计算机结构	architecture
心理学(记忆)	吸收,存储→	存储器	memory
管理学(资源管理)	合理配置和利用→	操作系统对许多大型的多道程序设计计算机系统负有的责任	Resource management
电学(电力输入)	终端或者终点站→	信号如入端	input
生物学	侵蚀、破坏→	计算机病毒	virus

另一方面,将具有相似结构的概念进行类比,衍推出新词结构。科学家们用原有的科学概念去喻指另一个崭新的科学概念,并用原有相关或相似词项为全新科学现象立名,从而使原有词项具有了新词义。

如:channel 在日常生活中是指"水渠或渠道";计算机领域借用 channel 喻指

51

"把 I/O 设备和辅助存储器联入计算机系统中的设备"。library 的日常含义是"图书馆";科学家将 library 应用到计算机领域喻指"相关文件或程序的集合",一般译作"库"。queuing 是"排队"queue 的动名词形式;计算机领域把"将应用程序排序,然后依次装入主存"的过程称作 queuing。port 在计算机领域是指"通信线路进入计算机系统的端口",其源域实际上就是日常生活中的"港口"。interpreter 在计算机范围的意义是"解释程序",即该程序能够读出源语句并译成机器语言,并能过执行这些机器指令;"解释程序"源于 interpreter 的日常原意——口译者。此外还有 zip(压缩文件格式)、user(用户)、register(寄存器)、motherboard(底板)、local(本地终端)、command language(命令语言)、data flow(数据流程)、snail mail(蜗牛邮件,即传统邮件)等。

电学专业的相关专业术语有 track(磁道)、line(线路)、electronic smog(电子雾)、electron cloud(电子云)、rabbit ears(V 形电视天线)、power source(电源);生物学有 airway(气管)、colony(菌群)、conception(怀孕)、crossbreeding(杂交);动力设备功率单位称 horse power(马力),这显然由"horse(马儿)"类推而来;海洋学中的 jet streams(西风急流)显然借喻了 jet(喷气机)的"迅捷"之意。

除了科技领域,其他领域新词的发展也遵循以上机制和变化模式,如:

始源域	映射	目标域	新词
族	近似类比→	社会群体域	月光族、啃老族、御宅族、奔奔族……
门	近似类比→	丑闻域	拉链门、电话门、艳照门、骷髅门……
奴	近似类比→	社会群体域	房奴、卡奴、孩奴、车奴、白奴……
客	近似类比→	社会群体域 网络域	换客、晒客、拼客、博客、播客
裸	近似类比→	社会现象域	裸考、裸替……
black list(黑名单)	色彩类比→	颜色域	White list(准许上演的话剧名单) Gray list(非文明查禁但不合法的人或物)
First lady(第一夫人)	数字类比→	专有名词域	First family(第一家庭)
scape(花茎、柱身)	地点类比→	空间域,地理域	Lamdscape(陆地表面) Moonscape(月球表面) Marscapes(火星表面)

以上实例说明：许多新词的产生源泉是日常生活的物质经验，其间的援引关系正是以"概念隐喻"思维为纽带的。这些词汇的建构都参照同一认知模式，即都基于同一喻源域概念，隐喻映射是贯穿其中的红线。

（三）转类

词类转换也是扩充语义的方式之一，主要依靠转喻机制。隐喻是跨不同认知域的映射，具有认知域外部的特征，转喻则是同一认知域之内的概念映现，具有认知域内部的特征。转喻的作用不仅仅限于指代，它还是意义扩展的最基本的方法之一。如：部分喻整 ICM，主要指用内容材料喻生产者或者产品等。英语 wool 本义是羊毛，但在 a ball of wool put on his new wool 中分别是"毛线"和"羊毛服装"。这是典型的材料喻产品，羊毛→毛线→羊毛装。再如 head 的基本意义是"头"，但它通过转喻映射形成了以下义项，如 mind or brain（容器喻内容）；a person（部分喻整体）；headache（感知事物喻感知行为）；life（原因喻结果）；ability（实体喻功能）。

在转喻认知机制作用下，转类主要表现为名词与动词之间的相互转换。

（1）名词转类为动词

动作主体表示动作：to author a new book；

动作工具表示动作：to ski；to hammer；

动作对象表示动作：to blanker the bed；to dust the bin；

动作结果表示动作：to landscape the garden；

动作方式表示动作：to tiptoe into the room；

动作时间表示动作：to summer in Paris。

（2）动词转类为名词

动作表示动作对象：the best bites；the flight is waiting to depart；动作表示动作结果：the product，the construct。

转喻扩展意义的另一途径是通过强调 highlight 或突显 profiling 同一认知域或同一框架结构中的一个成分实现的。比如电视是一个整体系统，但电视作为一个名词在不同的语境中会突显这个系统的不同部分从而获得不同的意义。

　　a. 他买了一台电视。（电视机）
　　b. 他打开电视。（开关）
　　c. 他在看电视。（节目）
　　d. 他在修电视。（元件、配件、电距等）
　　e. 他主修电视专业。（专业学科）
　　f. 他是电视名人。（影视）

可以看出在以上 6 个例子中,"电视"分别突显并指称不同的内容。一些基本概念意义,如电视机、开关显示画面、电路和元件,已经概念化了。Cruse 把这种现象叫作语义调节,Tylor 把它叫作视角化。通过转喻映射,同一概念结构中不同成分的视角化形成一词多义,这是语义的理据来源之一。例如,lackoff 认为"mother"一词的意义至少建立在五个认知域 domain 上:

  a. 基因认知域;
  b. 生产认知域;
  c. 哺育认知域;
  d. 家系认知域;
  e. 婚姻认知域。

这样 mother 在不同的认知语境中可以从不同的视角激活不同的认知域产生多种意义,例如:

Necessity is the mother of invention. 需要是发明之母
Interest is the mother of success. 兴趣是成功之母
Ignorance is the mother of impudence. 无知是鲁莽之母
Variety is the mother of enjoyment. 变化是快乐之母
Mr. White was constantly mother by his wife, and resented it. 怀特先生一直被他妻子像母亲般地悉心照料,对此有些怨恨。

  总之,英语词汇的音、形、义之间虽然有着"任意性"的一面,但同时更存在着高度的外部理据和内部理据。正如许国璋先生也说:"如果说语言是任意的话,那也只是限于原始时期,在此之后就不是任意的了。"① 词汇的理据性是语言的本质属性,认定词汇的理据性这一主体特征,将大大有助于我们更深入地认识语言的本质,防止我们跌入不可知论的泥潭。同时,这对我们的英语学习和英语教学也有着重大的理论意义和现实意义。英语教师在词汇教学中应善于运用理据理论,经济、有效地精讲词汇,帮助学生对所学词汇"知其然,知其所以然",扩大词汇量。有的词从语音理据入手,有的词以词源知识为主,还有的词要动用形态和词义理据讲解更好。因此,肯定词汇具有的理据性、探究词汇的理据性,是完善语言共性论的前提和基础,也是未来词汇研究的主要方向之一。

---

① 许国璋:《语言符号的任意性问题》,《外语教学与研究》1988 年第 3 期,第 35 页。

第三章

词汇组织

组织一词有多种释义：（1）安排、整顿使成系统，重新组织或组织起来；（2）编制成的集体，例如：群众组织、学生组织等；（3）系统、配合关系，组织松散、组织庞大；（4）在多细胞生物体内，有一群形态和技能相同的细胞，加上细胞间物质组成的基本结构。生物体的进化程度越高，组织分化程度就越明显。由此可见，组织含有不同层次的关系，是一个系统。组织具有两个或更多的单位项，这些单位项之间具有互相对立、制约、对比、因应的关系。这些关系也体现在词汇意义上，使词汇具有结构性和体系性。

传统词汇学和语义学研究词汇意义和意义变化时，特别是语义场的研究，强调语言中的某一个词，在一个共同概念的支配下组成一个语义场。语义场就是通过不同词汇之间的对比，根据它们词义的共同特点或关系划分出来的。语义场是借用物理学中"场"的概念而来的，是指语义的类聚。语义场强调的是一个词与全体词在语义上存在着密切的联系，只有通过比较和分析词与词之间的语义关系，才能明确一个词的真正内涵。根据语义要素建立语义场，大的语义场下面可以分出小的语义场，小的语义场下面又可以分出更小的语义场。同一个语义场的词语相互依存、相互制约，一个词义范围的扩大或缩小都受到周围词语的影响。语义场理论特别强调联系性和层次性。

把词汇组织理论引入词汇意义研究中，可以克服传统语义学研究方法上的缺陷，孤立地追溯某个词在语义上的历时发展，忽略词与词之间的非相互制约的语义关系。词汇组织认同语义场理论，语言中的某一些词在一个共同概念的支配下组成一个语义场，例如：在"家畜"这一语义要素的支配下，由"牛、羊、马、猪、骡"等构成了一个语义场；在"mountains"的语义要素的控制下，"peak、summit、pass、ridge、trail、river、waterfall、cliff"等组成了一个语义场。属于同一个语义场的词，它们在语义上是相互依存和互相限制的。要确立一个词的意义，首先必须比较这个词与同一个语义场的其他词在语义上的联系，以及这个词在语义场中所占的位置。

词汇组织和语义场之间的共同点就是都强调词与词之间的语义关系，具体表现在三个方面：一强调词语在意义上的联系性、互补充性，每增加一个词，就要对内部语义重新调整；二是强调层次性，词语是带有层次结构的语义集，集下有分集；三是强调民族性，不同民族语言的词语意义不是一一对应的，同一个概念在不同语言中有的用词、熟语表达，有的用自由词组表达。词汇组织理论认为尽管语言词汇数目巨大，浩如烟海，但它们并不是杂乱无章的。相反，它们是自成体系、自成组织结构的。词汇组织拓展了语义场的内涵，不管词汇是否处于同一个语义场，只要它们有一个语义成分相同，就可以构成词汇组织。汉语修辞手法顶针就充分体现词汇组织的特点，它指用前一句结尾之字作为后一句子开头之字，使相邻分句蝉联，构成一个语言组织。例如：戒而定，定而慧，慧而悟道成师匠，当以戒为师；又如：痴则贪，贪则嗔，嗔则伤人种苦因，故知痴是苦。还有一种比较特殊的定格叫连环格，使前后形成一个循环体，更进一步体现了词汇的组织性。例如：善可亲近，近可闻，闻思修习即臻善；生有老病，病有死，死去活来再受生。又如：楼外青山，山外白云，白云天外。再如：池边绿树，树边红雨，雨落溪边等。因此，词汇组织突破了语义场之间的界限，可以使不同语义场之间的词汇有结合点，形成有机的词汇组织。

第一节　词汇对称系列

对称指图形或物体两对或两边的各个部分，在大小、形状和排列上具有一一对应的关系。在自然科学和数学上，对称意味着某种变换下的不变性。通常的形式有左右对称、双侧对称、平移对称、转动对称、伸缩对称等。在日常生活中和艺术作品中，对称有更多的含义，常代表着某种平衡、比例和谐之意，这又与优美、庄重联系在一起。对称现象是一种普遍客观现象，在自然科学和社会科学中都有所表达，这种现象也投射到了语言中。语言在表达某些特定意义的时候，常呈现出结构的对称现象。对称结构使读者感到语言的对称美，从而增加语言的感染力，达到一种强化内容意义的修辞效果。学生熟悉了这些语言特性和结构，就能帮助他们提高语言的欣赏能力与运用能力。

一、汉语中的对称结构

在现代汉语中有一种特殊的结构格式，称之为对称结合结构。从结构上看，它们多由两个并列的语法单位，包括词汇和短语等组成，这两个并列的语法单位结构相同，字数相等。从意义上看，大部分对称结构至少有一对可构成近义、反义、类义的语素或词，它们彼此之间关系密切，必须同时出现。还有少部分对称结构是转折、顺承或因果等关系。从对称结构语义性质看，有加合性对称结构和融合性对称结构两种类型。加合性对称结构的语义等于组成成分语义的相加，融合性对称结构是指结构语义不等于组成成分语义的简单相加，而是融合出了新的语义。对称结构在语用上表达的作用主要表示在四个方面：对称结构格式灵活，能产性强；对称结构表义通俗生动，自然形象；对称结构前后对称，富有节奏美和音乐美；对称结构扩展语用范围，帮助成句。英语里没有"对称结构"这个术语，但从修辞的角度看，汉语的"对称结构"与英语的修辞格（antithesis）有相同的地方。

汉语是一种意合型语言，有着特别多的对称结构，特别在诗歌里体现得淋漓尽致。早在三千年以前，就产生了大量优美的歌谣。春秋战国时期，文学家从大量的诗歌中编选了三百零五首诗编成《诗经》。汉、晋时代出现了五言、七言，开始讲究声韵。到了唐代，是我国历史诗歌的鼎盛时期，出现了大量的律诗、绝句、近体诗。到了宋朝，出现了大量的词。元、明、清时期，盛行戏曲和散曲等。1919年五四运动以后，出现了新诗，主要特点是用现代口语写诗。以上各种文体在刻画人物和描述事件中，常常驰骋着丰富的想象和强烈的情感，把实际生活加以提高，使它们比现实突显得更明显、更突出，使人读了能获得更多更高更深更美的感受。诗歌的语言不同于散文语言中的一个显著标志是它的音乐性，它们特别讲究押韵。在大多数诗歌、民谣中，每一句的音节大致均匀，字数大体整齐，读起来顺利流畅。以上提到的文体作品是对称结构的集中体现，是汉语中的对称结构典型代表。下面的三首诗便是力证。

《宿建德江》 孟浩然

移舟泊烟渚，　　　　（平平平仄仄）
日暮客愁新。　　　　（仄仄仄平平）
野旷天低树，　　　　（仄仄平平仄）
江清日近人。　　　　（平平仄仄平）

《江雪》 柳宗元

千山鸟飞绝，　　　　（仄仄平平仄）
万径人踪灭；　　　　（仄仄平平仄）
孤舟蓑笠翁，　　　　（平平仄仄平）
独钓寒江雪。　　　　（仄仄平平仄）

《送瘟神》毛泽东

绿水青山枉自多，　　（仄仄平平仄仄平）
华佗无奈小虫何；　　（平平仄仄仄平平）
千村薛荔人遗矢，　　（平平仄仄平平仄）
万户萧疏鬼唱歌。　　（仄仄平平仄仄平）
坐地日行八万里，　　（仄仄平平平仄仄）
巡天遥看一千河。　　（平平仄仄仄平平）
牛郎欲问瘟神事，　　（平平仄仄平平仄）
一样悲欢逐逝波。　　（仄仄平平仄仄平）

二、英语中的对称结构

英语是形合型语言，有它自己独特的结构，以特有的形式满足讲英语语言民族的需要。汉语中的对称结构比英语的对称结构发达，表达手法更加多样，但并不等于英语中就没有对称结构。心理表征以客观世界为基础，语言表征是心理表征的实现。因此，客观世界中的各种事物充满着对称现象，这种客观世界必然会在英语中反映。

（一）表达爱好、选择、判断方面的对称结构

prefer……to…… (At this time of day, I prefer tea to coffee.) （名词对称）

prefer……rather than…… (I prefer to work rather than remain idle.) （不定式对称）

would rather……than…… (She would rather have the small one than the large one.) （名词短语对称）

had rather……than…… (I had rather go to class tomorrow than today.) （副词对称）

rather than…… (These shoes are comfortable rather than pretty.) （形容词对称）

instead of…… (We'll have tea in the garden instead of in the house.) （介词短语对称）

either……or…… (Either you must improve your work or I shall dismiss you.) （句子对称）

neither……nor…… (He neither knows nor cares what happened.) （动词对称）

not……but…… (He is not my son, but my nephew.) （名词对称）

（二）表示比较方面的对称结构

more……than…… (John's car runs better than Mary's.) （所有格对称）

less……than…… (This book is less interesting than that book.) （名词对称）

the more……the more…… (The more you study, the smarter you will become.) （句子对称）

as……as…… (Tom sings as well as his sister.) （名词对称）

not so……as…… (Classes in the university are not so difficult as those in the college.) （介词短语对称）

the same……as…… (He speaks the same language as she.) （代词对称）

different from…… (Life today is different from life years ago.) （名词短语对称）

（三）表达并列关系的对称结构

both……and…… (Both he and she have joined the party.) （代词对称）

not only……but also…… (They write not only correctly but also neatly.) （副词对称）

as well as…… (Paul plays the piano as well as composes music.) （动词对称）

（四）表达原因、理由方面的对称结构

not because……but because…… (I recommend her not because she is beautiful, but because she has a talent for music.) （句子对称）

what with……and what with…… (What with teaching and what with writing, my time is wholly taken away.) （介词短语对称）

（五）表达态度、评论、赞成、询问方面的对称结构

这些结构除少数例外，一般为情态动词、助动词、系动词等。

You are young and so am I. （系动词对称）

You have pride and so have I. （助动词对称）

Harry can dance beautifully, and so can his sister. （情态动词对称）

（六）动词或不定式作主语与表语的对称结构

在同一个句子里，如果主语和表语同时是表示动作意义的词，一般要求讲究对称。就是说，主语是动名词时，表语也要是动名词。如果主语是不定式时，表语一般也要用不定式。

Seeing is believing. （动名词对称）

To doubt is almost to insult. （不定式对称）

（七）因修饰需要运用对称结构

The owner took a look, gave a low whistle, made a dive for the rejected clothing. （动词+名词结构对称）

Large and small, new and old, wide and narrow, fast and slow, they moved down to the shore. （反义形容词对称）

（八）谚语中的对称结构

许多谚语除了结构对称，还体现音节的对称、韵律的对称。这一点和汉语一样，使语言结构简洁、流畅、鲜明、生动、富有表现力，上口易记。

No pains, no gains.

Out of sight, out of mind.

Grasp all, lose all.

Hope for the best, prepare for the worst.

Nothing venture, nothing have.

Man proposes, God disposes.

三、词汇绝对对称系列

认知词汇学认为语言符号与概念之间具有形式象似、意义相近的关系，这种形式象似性可以从词法扩大到句法。句法象似性分为成分象似和关系象似：成分象似指句法上相同或象似的意义和功能；关系象似指句法成分之间的关系与经验结构成分之间的关系象似。认知词汇学还认为词法和句法是不能分的，词法有的语言现象句法里也有，句法里有的语言现象词法里也有。从上面论述可以看出，不管汉语还是英语都有句法对称结构，只是英语里没有对称结构的说法而已。因此，句法里有对称结构，词法里也有对称系列。

（一）汉语中的词汇绝对对称系列

词汇组织最简单的形式就是词汇绝对对称系列，是词汇组织这一范畴中的原型组织。在词汇绝对对称系列中，它由四个成分构成一个封闭的"小室"。请看下列结构图：

```
甲─────乙
│       │
│       │
丙─────丁
```

图 3-1

第三章　词汇组织

根据上图表示的内涵，词汇绝对对称系列关系表现为，甲对乙恰如丙对丁，而乙对甲亦如丁对丙。甲对丙也如乙对丁，丙对甲也同丁对乙一样。下面举例说明。

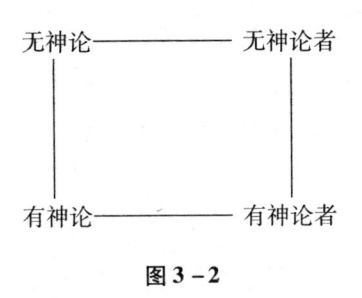

```
无神论 ————— 无神论者
  |              |
  |              |
有神论 ————— 有神论者
```
图 3-2

"无神论"对"无神论者"恰如"有神论"对"有神论者"；"无神论者"对"无神论"亦如同"有神论者"对"有神论"。"无神论"对"有神论"也如"无神论者"对"有神论者"；"有神论"对"无神论"也同"有神论者"对"无神论者"一样。这种词汇现象不是个别的现象，具有一定的普遍性，以下例子都属于此种范畴。

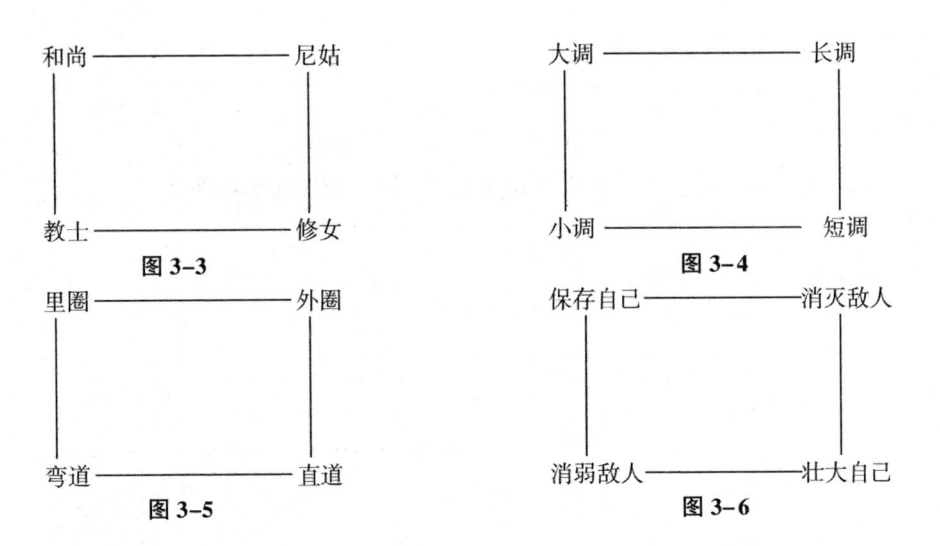

```
和尚 ——— 尼姑          大调 ——— 长调
 |        |             |        |
教士 ——— 修女          小调 ——— 短调
   图 3-3                 图 3-4

里圈 ——— 外圈          保存自己 ——— 消灭敌人
 |        |              |            |
弯道 ——— 直道          消弱敌人 ——— 壮大自己
   图 3-5                    图 3-6
```

图 3-3 是宗教方面的词汇，图 3-4 是音乐方面的词汇，图 3-5 是体育方面的词汇，图 3-6 是政治方面的词汇。这种词汇绝对对称系列在汉语的各种语域中都有，而且在成语、俗语中也有，如图 3-6。

61

（二）英语中的词汇绝对对称系列

英语中的对称语言现象可能没有汉语普遍，但是也可以随处找到，把该对称系列用英语表示，就形成了与上列汉语陈述相同的内容。

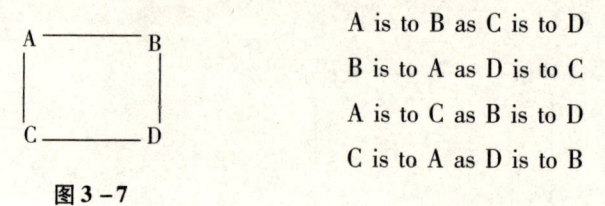

```
A ———— B        A is to B as C is to D
|      |        B is to A as D is to C
|      |        A is to C as B is to D
C ———— D        C is to A as D is to B
```

图 3-7

我们把英语词汇填入"小室"，就构成了如下词汇绝对对称系列①：

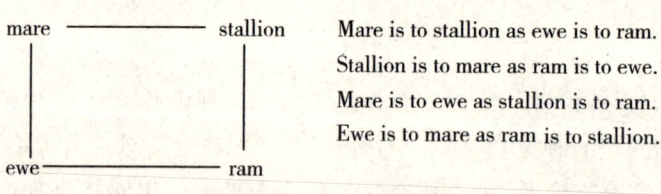

```
mare ———————— stallion      Mare is to stallion as ewe is to ram.
|            |              Stallion is to mare as ram is to ewe.
|            |              Mare is to ewe as stallion is to ram.
ewe ————————— ram           Ewe is to mare as ram is to stallion.
```

我们也可以把上列关系简单化，用公式的方式表达出来：

$$\frac{\text{mare}}{\text{ewe}} \text{（It's a ——）} = \frac{\text{stallion}}{\text{ram}} \text{（It's a ——）}$$

$$\frac{\text{mare}}{\text{stallion}} \text{（It's a ——）} = \frac{\text{ewe}}{\text{ram}} \text{（It's a ——）}$$

英语中这种词汇绝对对称原则同汉语一样，可以随手拈来。

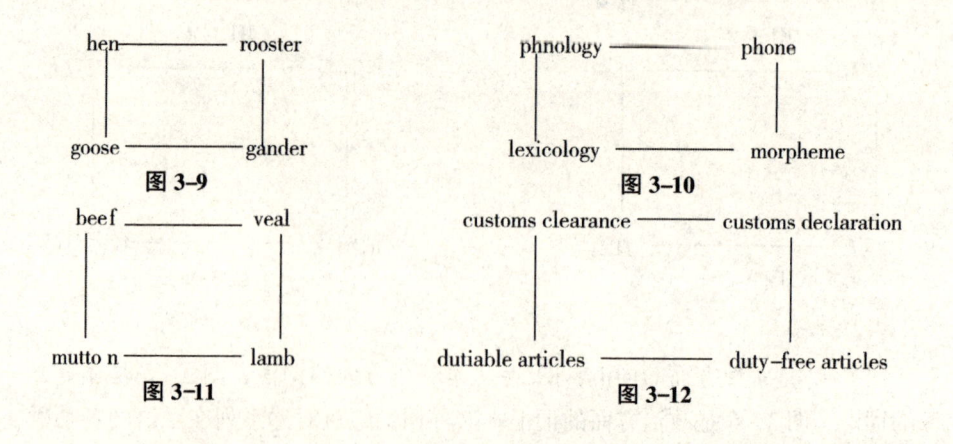

```
hen ————— rooster           phnology ————— phone
|        |                  |             |
goose ——— gander            lexicology ——— morpheme
     图 3-9                       图 3-10

beef ————— veal             customs clearance ————— customs declaration
|         |                 |                      |
mutto n —— lamb             dutiable articles ————— duty-free articles
     图 3-11                      图 3-12
```

---

① D. A. Cruse：*Lexical Semantics*，London：Unitversity of Cambridge Press，1986. pp. 100.

以上是英语中抽出的几组词汇绝对对称系列，图3-9是家禽方面的词汇；图3-10是语言学方面的词汇；图3-11是家畜方面的词汇；图3-12是海关方面的词汇。我们在前面所说的英语对称结构比汉语少是针对句法层面而言的，单就词法层面看，英语的对称系列一点也不比汉语少。

（三）词汇绝对对称系列的特点

词汇绝对对称系列作为一种语言词汇现象是有自身特点的，不是随便抓四个词汇就能够成"小室"。它的最大特点是"小室"的四个成员根据词所指事物之间在性质、作用、相互关系、所指意义等方面要对称，例如：

```
松树 ———————— 森林
 |                |
 |                ?
 |                |
跳远 ———————— 体育
```

图 3-13

上图不构成绝对对称系列，因为"松树"和"森林"的对比不重现于"跳远"和"体育"之间；"松树"和"跳远"、"森林"和"体育"也不重现一样的对比，甚至根本彼此不发生对比。再看下图：

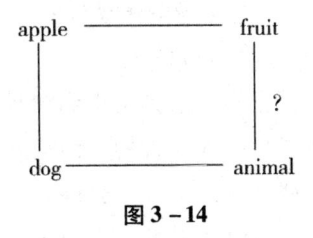

```
apple ———————— fruit
  |                |
  |                ?
  |                |
 dog ———————— animal
```

图 3-14

上图不构成词汇绝对对称系列，理由有二。一是"小室"成员的对比之间不能复现如：

$$\frac{apple}{dog}（It's\ a\ (n)）\neq \frac{fruit}{animal}（It's\ a\ (n)）$$

$$\frac{apple}{fruit}（It's\ a\ (n)）\neq \frac{dog}{animal}（It's\ a\ (n)）$$

二是不能从已知的三个词汇推出第四个词，第四个词 X 可能有多种选择。第四个词 X 只能在 a、b 两种情况下可以预测，而在 c、d 两种情况下无法推测

63

出词项。

Apple is to fruit as dog is to X.

Apple is to dog as fruit is to X.

Fruit is to apple as animal is to X.

Fruit is to animal as apple is to X.

在"小室"的某个位置上可以有多个成员的话，就属于多对一的关系，它就不属于绝对对称系列，绝对对称词汇系列是一种一对一的关系。

四、词汇相对对称系列

对称的绝对性与相对性原理是自然界与人类社会的基本规律之一。它的表现形式多种多样，例如：地球是球形，但又不是标准的球形。又如，人体器官：肺、脸、耳、眼、大脑、手、腿、肾、脚等，左右既对称，又不完全对称。再如，粒子与反粒子的性质既相同，它们又不相同。能量守恒定律是对称的绝对性的体现，但是它的某种表现形式不一定守恒，这是由对称的相对性决定的。客观世界的这种"对称"与"不对称"的矛盾，相对对称的规律同样体现在语言中，在存在词汇绝对对称系列的同时，词汇系列中也存在着很多相对对称系列。我们可以这样理解，最多的相对对称词汇系列的可能性是与绝对对称词汇系列一样的，即绝对的对称会产生最多的相对对称。

（一）词汇相对对称系列的纵向扩展

在"小室"的基础上，词汇对称系列可以纵向扩展，呈现出开放性。开放性是一个哲学概念，是相对于封闭性而言的。词汇绝对对称系列是封闭的，相对于前者，词汇相对对称系列是开放的。它允许研究者们介入，留给他们相当多的空间去思考和拓展，以达到对词汇组织更深入的阐释和理解。在给定的条件下成为一种信息源和新的词汇研究视角，通过研究者们的不断介入，向外辐射出信息，使所有词汇成为一个组织整体，如图 3-15、3-16、3-17 所示。

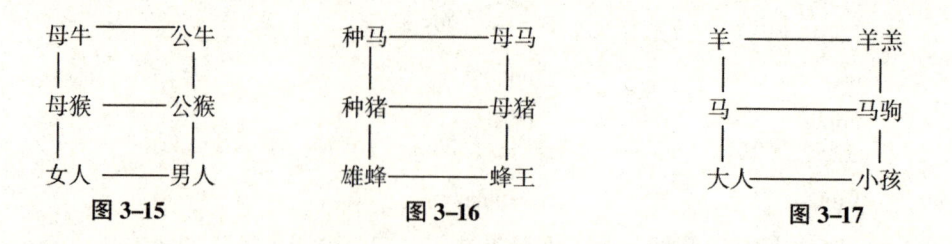

```
母牛────公牛        种马────母马        羊 ─────羊羔
 │       │           │       │          │        │
母猴────公猴        种猪────母猪        马 ─────马驹
 │       │           │       │          │        │
女人────男人        雄蜂────蜂王        大人────小孩
   图 3-15              图 3-16             图 3-17
```

人们可以看出从"种马—母马"联想到"种猪—母猪"，从"羊—羊羔"

联想到"马—马驹"。"种马—母马"和"种猪—母猪"之间，或"羊—羊羔"和"马—马驹"之间存在着明显的对称联想。"母牛"与"母猴"、"公牛"与"公猴"之间虽然没有必然的关联，在一定的条件下可以产生现实的联系，它们之间有很多的象似性。"母猴—公猴"与"男人—女人"之间、"马—马驹"与"大人—小孩"之间、"种猪—母猪"与"雄蜂—蜂王"之间从表面上看，也不存在某种必然的联系或对称关系，但是从它们的意义外延看，它们有很多的融合点。按照原型理论来看，这种开放式词汇组织可以走得更远，正是词汇项的不同构成了不同范畴词汇之间的组织。如下图所示：

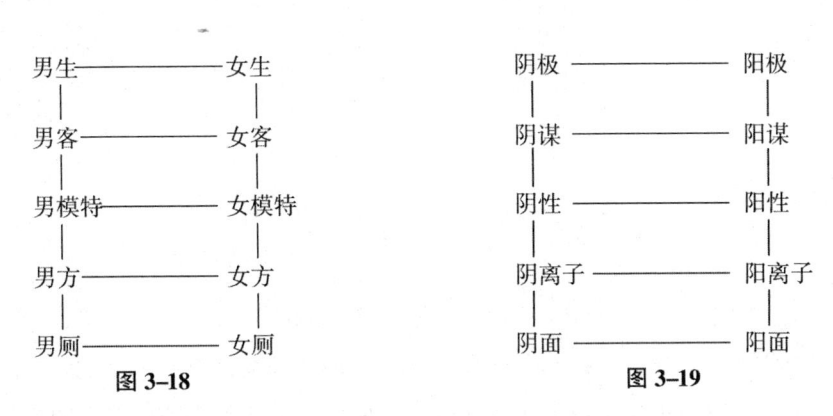

```
男生————女生          阴极————阳极
 |       |             |       |
男客————女客          阴谋————阳谋
 |       |             |       |
男模特———女模特        阴性————阳性
 |       |             |       |
男方————女方          阴离子———阳离子
 |       |             |       |
男厕————女厕          阴面————阳面
   图 3-18                图 3-19
```

这种词汇现象是所有语言的共同现象，不仅汉语里面有，英语也有，日语也有。下面以英语为例：

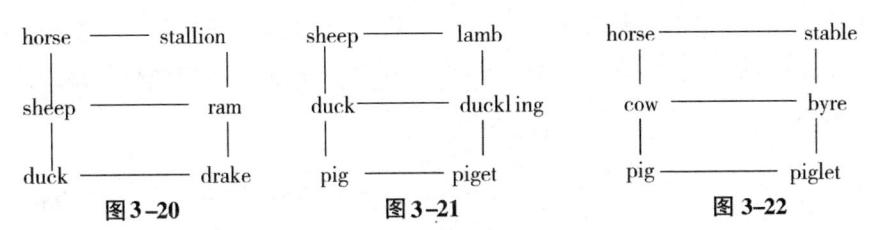

```
horse——stallion   sheep——lamb     horse——stable
 |       |         |     |         |       |
sheep——ram        duck——duckling  cow————byre
 |       |         |     |         |       |
duck——drake       pig——piget      pig————piglet
  图 3-20            图 3-21          图 3-22
```

同汉语一样，这种纵向词汇对称结构还可以进一步发展。

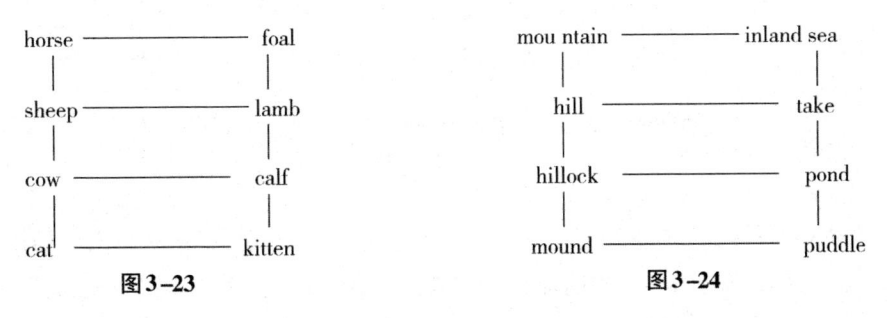

```
horse————foal         mountain————inland sea
 |       |             |           |
sheep———lamb          hill————————take
 |       |             |           |
cow————calf           hillock—————pond
 |       |             |           |
cat————kitten         mound———————puddle
   图 3-23                图 3-24
```

在英语中的这种词汇纵向扩展还有它自己的特点，有时会出现多对一的现象。

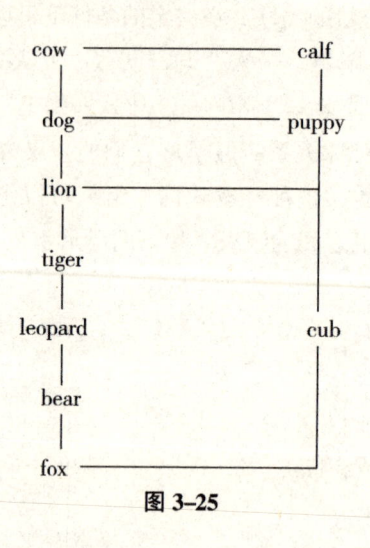

```
cow ─────────── calf
 │
dog ─────────── puppy
 │               │
lion ────────────┤
 │               │
tiger            │
 │               │
leopard ──────── cub
 │               │
bear             │
 │               │
fox ─────────────┘
```

图 3-25

（二）词汇相对对称系列横向扩展

语言学研究一直存在纵向发展和横向发展两种倾向，前者试图建立自主语言学，后者力求在不同学科之间建立跨学科联系，以便解决种种复杂的语言问题。词汇组织的可扩展性也同语言学研究一样，着眼于纵向深化和横向拓展两个方面来考察词汇系列的伸缩性能，词汇系列可以纵向扩展，也可以横向扩展。词汇系列纵向与横向扩展同语言学研究的纵向和横向发展不一样，词汇组织纵向扩展体现的是不同小类词汇之间的联系与拓展，词汇组织横向扩展是表达同一小类词汇不同等级之间的联系与拓展。如下三图所示：

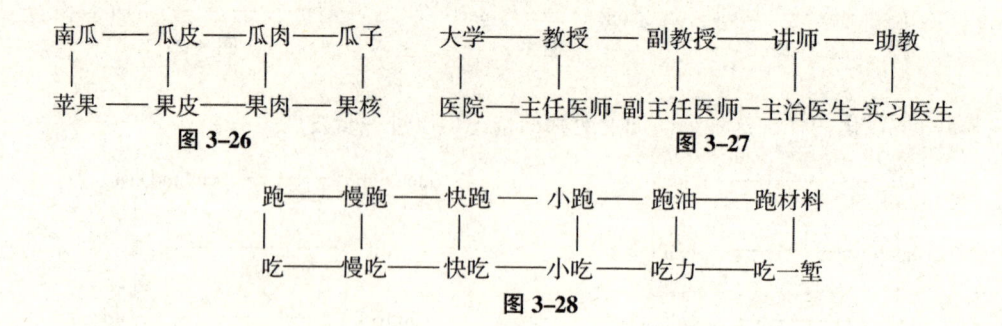

```
南瓜──瓜皮──瓜肉──瓜子       大学──教授──副教授──讲师──助教
 │     │     │     │
苹果──果皮──果肉──果核       医院──主任医师-副主任医师-主治医生-实习医生
       图 3-26                        图 3-27
```

```
跑──慢跑──快跑──小跑──跑油──跑材料
│    │     │    │    │     │
吃──慢吃──快吃──小吃──吃力──吃一堑
         图 3-28
```

图3-26中，"南瓜—瓜皮—瓜肉—瓜子"与"苹果—果皮—果肉—果核"是两组词汇系列对每一事物的加细，前者是后者的辖域，两组词汇构成词汇组

织的对称关系，这种关系一目了然。图 3-27 中的词汇相对对称系列关系与图 3-26 所体现的关系一样，所不同的是拓展的能力更强；图 3-28 中的"跑—慢跑—快跑—小跑—跑油—跑材料"和"吃—慢吃—快吃—小吃—吃力—吃一堑"与图 3-26 和图 3-27 有所不同，词汇意义在词汇组织的扩展过程中发生了变化，出现了词义的非范畴化。正是这种词义的非范畴化使两组词汇有了联系，构成了词汇相对对称系列，请看下面几例英语词汇的扩展图：

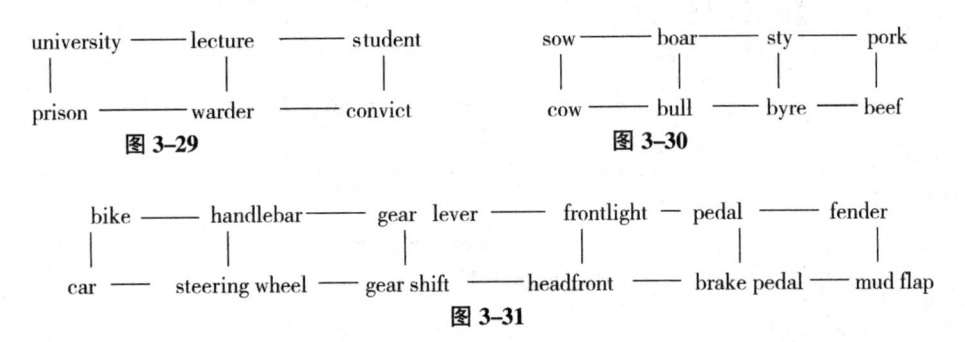

```
university —— lecture —— student        sow —— boar —— sty —— pork
    |            |            |            |         |      |       |
  prison —— warder —— convict           cow —— bull —— byre —— beef
         图 3-29                                  图 3-30
```

```
bike —— handlebar —— gear lever —— frontlight —— pedal —— fender
  |          |             |              |           |         |
  car —— steering wheel —— gear shift —— headfront —— brake pedal —— mud flap
                              图 3-31
```

这些表面看似无多大联系的词汇，在它们的背后有着一根轴。通过该轴的吸引力，把它们集合在该轴的周围，构成词汇相对的对称系列。图 3-29 系列中的名词都可以通过 This is …… 句型体现出它们的关联性。例如：

This is a university / a lecture / a student.

This is a prison / a warder / a convict.

图 3-30 可以在一定的条件下，通过 she is … 句型的比喻用法，展示它们之间的系列性。例如：

She is a sow.（如果她一次生了四胞胎）

She is a boar.（如果她很脏，又很强悍）

She is a sty.（如果把很多又脏又有味的东西往她身上放）

She is s piece of pork.（如果她很肥，又睡在那里）

She is a cow.（如果人高马大，奶水充足）

She is a bull.（如果她力气很大）

She is a byre.（如果她坐在那儿，手上抱着好几头玩具小牛）

She is a piece of beef.（如果她个子很高，又很瘦）

图 3-31 中的词可以通过 It has … 句型体现它们之间的象似性，充分证明它们同属于一个词汇组织。例如：

Bike has a handle bar / a gear lever / a front light / a pedal / a fender.

67

Car has a steering wheal / a gear shift / a head light / a brake pedal / a mud flap.

在"小室"的基础上，即在词汇绝对对称的基础上，词汇对称系列可以扩展，构成相对对称系列。在纵向扩展中，词汇对称系列体现的是类属关系；在横向扩展中，词汇对称展示的是整体与部分的关系。词汇相对对称系列可以纵向拓展，也可以横向拓展，使词汇对称系列扩大，但是一般不能在纵向和横向两个方面同时扩展。例如：

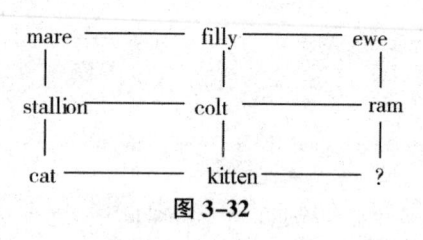

```
mare ——— filly ——— ewe
  |         |        |
stallion — colt ——— ram
  |         |        |
 cat ———— kitten ——— ?
```
图 3-32

第二节　词汇体系

从词义上讲，"体系"是一个科学术语，泛指一定范围内或同类的事物按照一定的秩序和内部联系组合而成的整体。自然界的体系遵循自然的法则，词汇体系遵循着词汇的规律，而人类社会体系则要复杂得多。影响这个体系除人性的自然发展以外，还有人类社会对自身认识的发展。因此，关于体系，往大里说，总宇宙是个体系，各个星系是个体系。往小里说，社会是个体系，人文是个体系，宗教是个体系，甚至每一个学科及其内含的各个分支均是一个体系。一个人、一株草、一个字、一微尘，也是一个体系。大体系里含有无穷无尽的小体系，小体系里含有无尽无量的、可以无穷深入的小的体系。语言是一个体系，它由语音、语法、词汇和意义四个分体系组成，词汇体系又由更小的体系组成。众多的语言小体系，构成了词汇大体系，以至于构成语言的总体系。

一、分支词汇体系

词汇体系与客观世界的其他体系一体，它是十分复杂的，又是十分有规律的。我们认为，作为词汇一类组织的"体系"，它有分支性和非分支性两种结构体系。请看分支性结构体系：

```
        A
      /   \
     B     C
    / \   / \
   D   E F   G
```
图 3-33

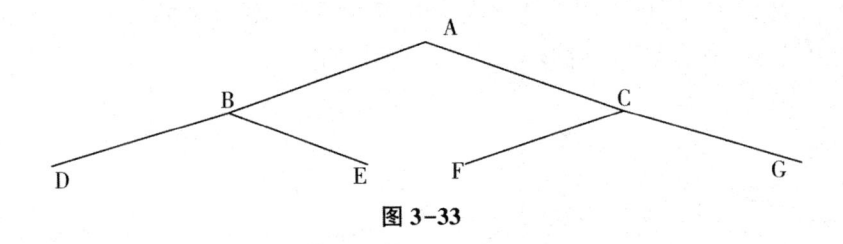

　　图 3-33 中 A 支配 B 和 C，B 和 C 又分别支配 D、E 和 F、G。分支的词汇体系结构，还必须存在差异关系以配合支配关系，即 B 异于 C，D 异于 E，F 异于 G。这种关系的基本性质是，必须具有指向性，即不对称性；另外须呈链状，即所谓原则上至少具有形成无限长的成分链条的包容力。分支词汇体系在各种语言中都有，汉语词汇中也不少，请看例图：

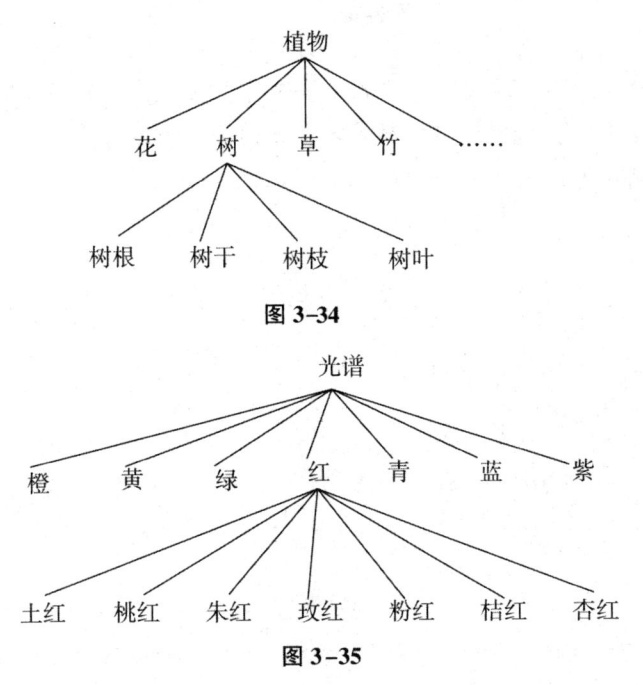

```
              植物
         /   |   |   \
        花  树  草  竹  ……
           /  |  |  \
        树根 树干 树枝 树叶
```
图 3-34

```
                  光谱
      /    |    |    |    |    |    \
     橙   黄   绿   红   青   蓝   紫
            /  |  |  |  |  |  \
         土红 桃红 朱红 玫红 粉红 桔红 杏红
```
图 3-35

　　以上图 3-34 和图 3-35 是一种属关系，上下位词之间存在着"下义关系"。从表面上看这种"属义关系"是逻辑上的种属概念间的关联，从认知上看这种关系是语言系统内词语单位间语义关系的表现。作为语言内部单位的词语意义，与作为思维材料单位的概念彼此相因应，前者表现后者，后者是前者的根本。概念的逻辑关系靠语言形式，即词语或自由词组来表达，因而从很宽泛的角度来概括和抽象，可以得出逻辑既与客观事物，也同语言、言语"同构"。

69

因此，我们可以说概念的逻辑关系就是或者相同于词语意义的关系，逻辑结构即为语义结构或词语关联所形成的结构。请看下图：

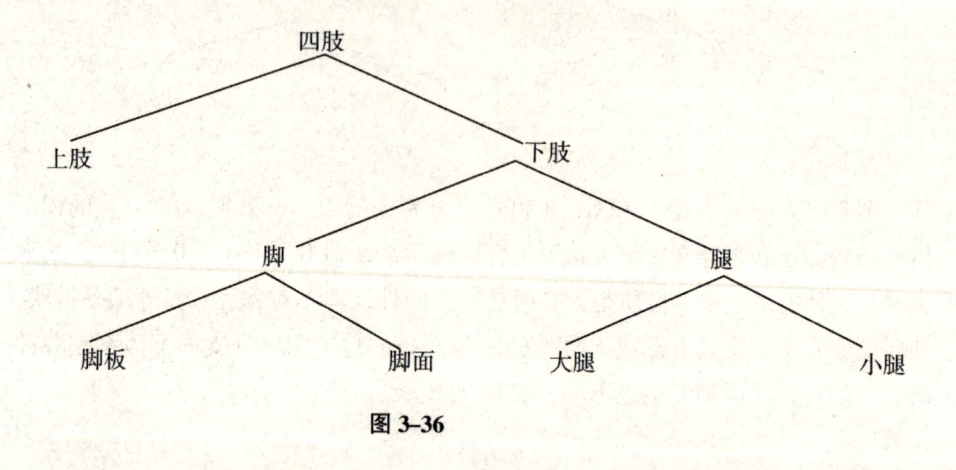

```
                    四肢
                   /    \
                上肢      下肢
                         /    \
                       脚      腿
                      /  \    /  \
                   脚板 脚面 大腿 小腿
```

图 3-36

图 3-36 和图 3-37 是一种"部分—整体"关系，它们不仅表示逻辑上的关联，还表示词语之间的语义辖域关系，体现一种意象意义。在这一点上，任何语言词汇都一样，如下图所示：

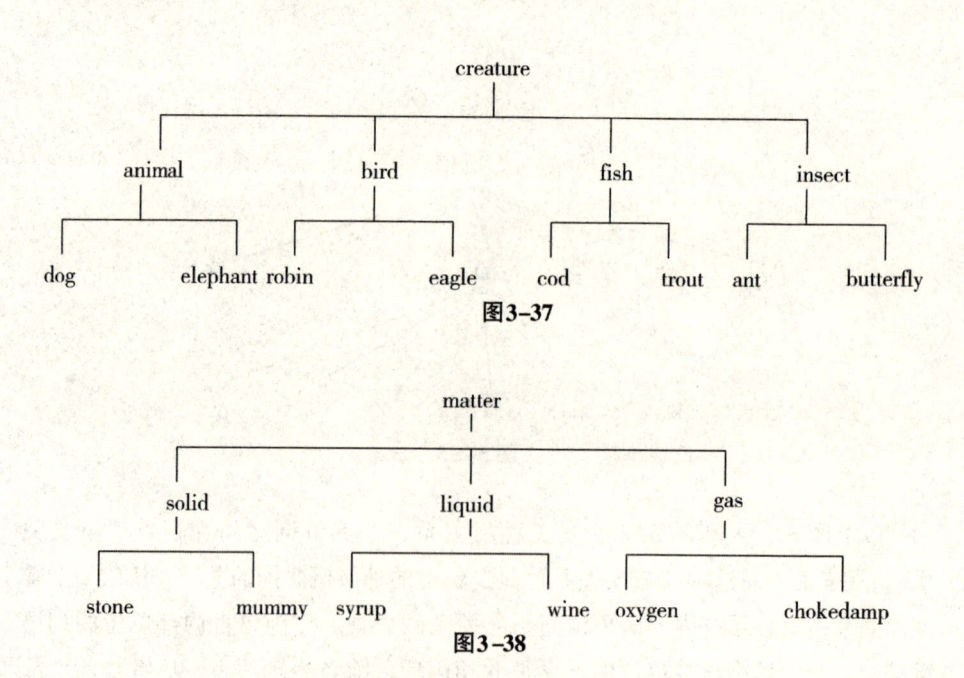

```
                         creature
              /          |         |          \
           animal      bird       fish       insect
           /   \       /   \      /   \       /    \
         dog elephant robin eagle cod trout ant butterfly
```

图 3-37

```
                    matter
               /      |       \
            solid   liquid    gas
            /  \    /   \    /    \
         stone mummy syrup wine oxygen chokedamp
```

图 3-38

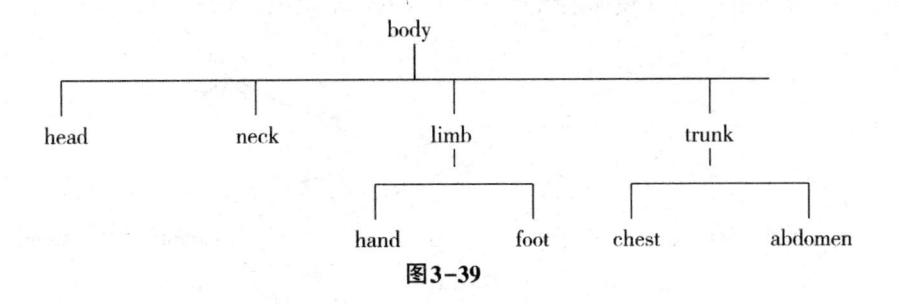

```
                        body
    ┌──────────┬─────────┼──────────────┐
   head       neck      limb          trunk
                       ┌──┴──┐       ┌───┴────┐
                      hand  foot   chest   abdomen
```
图3-39

一般地说，分支结构都能两分，也可能三分或四分或更多地切分，分支的层次上也可能出现两个或更多的差异项。但是这也不是绝对的，有的分支层次不一定都能再产生一个分支层次。如图3-39所示：head、neck、limb 和 trunk 共同分属人体 body，形成互有差异的分项。limb 可以分 head 和 foot，trunk 可以分为 chest 和 abdomen。但是，hand 和 neck 就不能再分出不同项了。

分支词汇组织除一些不能再分现象外，还有的分支词汇组织出现跳跃，并非一级管一级地切分下去。如下图所示：

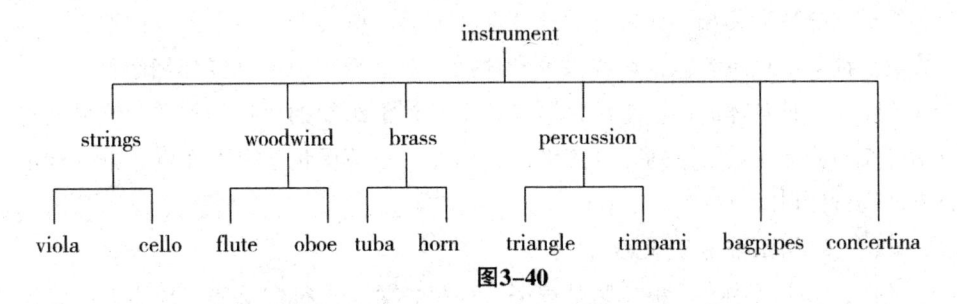

```
                        instrument
     ┌──────────┬──────────┬──────────┬──────────┬──────────┐
  strings    woodwind     brass   percussion  bagpipes  concertina
   ┌─┴─┐     ┌─┴─┐      ┌─┴─┐     ┌─┴─┐
 viola cello flute oboe tuba horn triangle timpani
```
图3-40

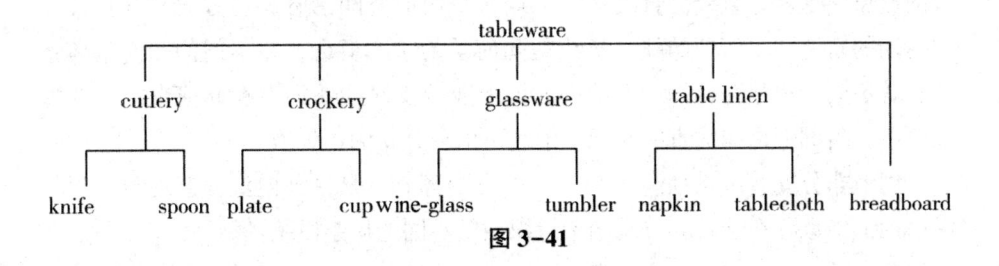

```
                         tableware
       ┌──────────┬──────────┬──────────┬──────────┐
    cutlery   crockery   glassware   table linen  breadboard
    ┌─┴─┐     ┌─┴─┐      ┌─┴─┐       ┌─┴─┐
  knife spoon plate cup wine-glass tumbler napkin tablecloth
```
图3-41

图3-40 和图3-41 体现一种分支词汇组织现象，分支之间出现空隙，没有原型词汇。在该种词汇组织体系中，可以没有中间过渡层，可以从上位词汇直接进去下位词汇。

分支词汇组织除原型层空缺外，还可以在一个分支词汇组织中容纳两个不同范畴中的词汇，从而使词汇组成一个更大的词汇组织。如图所示：

```
                building                              holy place


  office-block   cinema   pub   church   synagogue   mosque   shrine
```

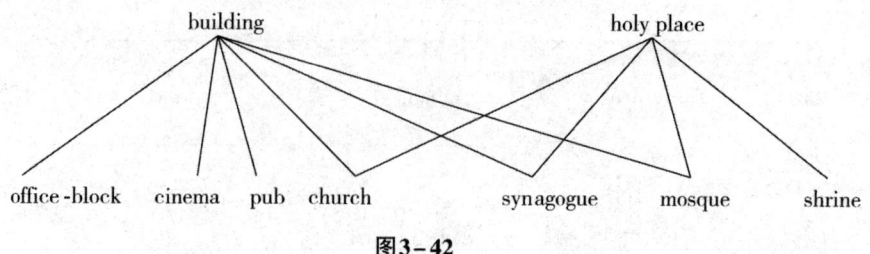

图3-42

图3-42中的词汇分支组织出现了范畴跨域，church、synagogue 和 mosque 等既可以归于 building 范畴，也可以属于 holy place 范畴。这种分支词汇组织体现了原型理论的精髓，每一个范畴中的成员之间地位并不相同，正是这种不同使范畴与范畴之间联系起来，构成了一个完整的词汇组织。

二、非分支词汇系列

词汇知识及其应用系统是一个复杂的有机整体，正像一根完整的链条一样，各组成部分环环相扣。如果有的环节存在缺陷，就会造成整个语言词汇系统的失灵。词汇组织系统包括对称系列和体系，对称系列前面已经详细阐释。体系并不指某一种具体的词汇组织，而是若干种词汇组织的概括和抽象。体系又包括分支与非分支词汇系列，分支词汇系列在上一节已论述，下面就非分支词汇系列进行探讨。

（一）词汇非分支直线系列

在日常生活中，一根拉紧的绳子、一根竹竿、人行横道线，都给人们以线段的形象，这就是直线。直线是一个点在平面或空间沿着一定方向和其相反方向运动的轨迹，不弯曲的线。直线是几何学的基本概念，在不同的几何学体系中有着不同的描述。认知词汇学中的词汇非分支直线系列没有几何中的直线那么复杂，指词汇之间的直线辖域，中途不出现分支的词汇项。

词汇非分支直线系列组织在所有语言中都有，是一种词汇普遍现象，现代汉语词汇中也存在这种与分支结构组织截然不同的体系组织。例如：

千米—米—分米—厘米—毫米；

国务院—部/办/委—司—局—处—科；

党中央—省委/直辖市委/区委—地/市委—县/市委—乡党委/镇党委—村支部；

总司令—兵团司令员—军长—师长—旅长—团长—营长—连长—排长—

班长。

上述几例中，每个居左方的词语单位都"支配"其右方的词语单位，形成分层次的链条状。前面两组都形成词汇中的级次组，而后两组是准级次组。级次组和准级次组都是典型的非分支直线系列组织，不过它们的"链条"或曰"直线"不是可以"无限地"延长的。如果链条或直线具有长度的无限性，就很难说是一个固定词汇非分支直线系列。英语同汉语一样，也有词汇分支直线系列。例如：

ton—kilogram—gram—milligram；

university—department—teaching and research room—teaching group；

field—marshal—general—lieutenant general—major general—brigadier—colonel—lieutenant colonel—major—captain—lieutenant—second lieutenant—warrant officer—staff sergeant—sergeant—corporal—lance corporal—private—recruit。

（二）词汇非分支环线系列

它与词汇非分支直线系列有少许不同，它不仅成直线状，而且最后一个词汇与第一个词项首尾相连，可以无限循环，构成一种认知上的环线。汉语词汇中的这种非分支环线系列被称之为挨连组，挨连组即挨着连着，构成一种循环。例如：

春—夏—秋—冬；

鼠—牛—虎—兔—龙—蛇—马—羊—猴—鸡—狗—猪；

宫—商—角—徵—羽。

这里每处于左方的单位不仅在意义上总是领先于其右边的单位，而且必须后者紧跟着前者，这种关系可以被认为也是一种支配。所形成的顺次而下的单向性体系，也是非分支的多层次链条状，不过这链条所包含的成分项不是无限的。另外，尾项有要求或可以使首项衔接于其后，形成一个回环的单向链条。以上举的"春—夏—秋—冬"为例，实际的形式是：

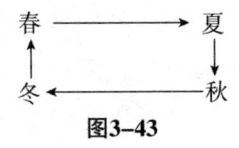

春 ⟶ 夏
↑　　　↓
冬 ⟵ 秋

图3-43

它们四者构成一个小循环，只不过一般以"春"开首罢了。同样，上述表属相的词，在末项"猪"之后又可挨连上"鼠"。例"宫—商—角—徵—羽"中最后的"羽"也可以说接上"宫"，只不过这第二个"宫"比前一个"宫"

高八度音而已。这样的循环性非分支体系，是封闭性的，不可延伸其链条。

这种关系在英语中称之为"在……与……之间"的关系，用英语表示"…stands immediately between…and…"。请看下列例子：

Sunday—Monday—Tuesday—Wednesday—Thursday—Friday—Saturday。

星期日是一周的第一天，星期一是紧挨着星期天而来，以此类推。星期六是周末，接着就是星期天——新一周的开始，产生一个循环。它们之间的关系可以用如下英语表示：

Sunday stands immediately between Saturday and Monday.
Monday stands immediately between Sunday and Tuesday.
Tuesday stands immediately between Monday and Wednesday.
Wednesday stands immediately between Tuesday and Thursday.
Thursday stands immediately between Wednesday and Friday.
Friday stands immediately between Thursday and Saturday.
Saturday stands immediately between Friday and Sunday.
Sunday stands immediately between Saturday and Monday.

这种循环关系也可以用图来使它们之间的关系更加一目了然。例如：

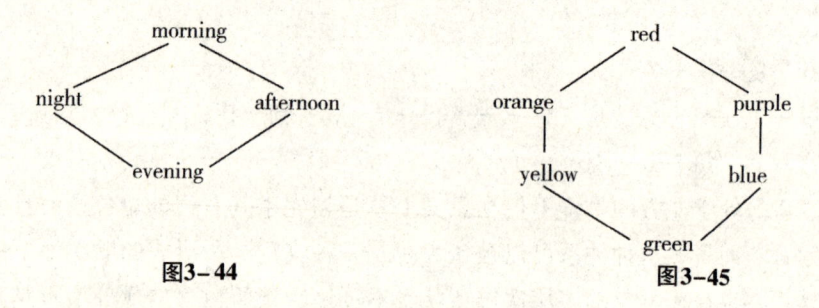

图3-44

图3-45

（三）词汇非分支簇状系列

同簇词的形成主要有两个方面，一是同一词源的词义分化，一是同一词根的派生造词。一组同簇词的各个成员，特别是词数较多的同簇词群的成员，大都不是同一时代的产物，而是词汇的历史演变中逐渐积累起来的。如果一个词历史悠久，构词能力极强，那么由它派生的同簇词，往往是个庞大词群，同簇词的数目可以多到上百。在这一点上，同簇词和同音词、同义词、反义词的情况都大不相同。

同簇词与词之间，从派生与被派生的关系来看，是有谱系性的。正是这种谱系性，使得它与分支结构有区别，把它归入非分支词汇系列。语言同簇词一

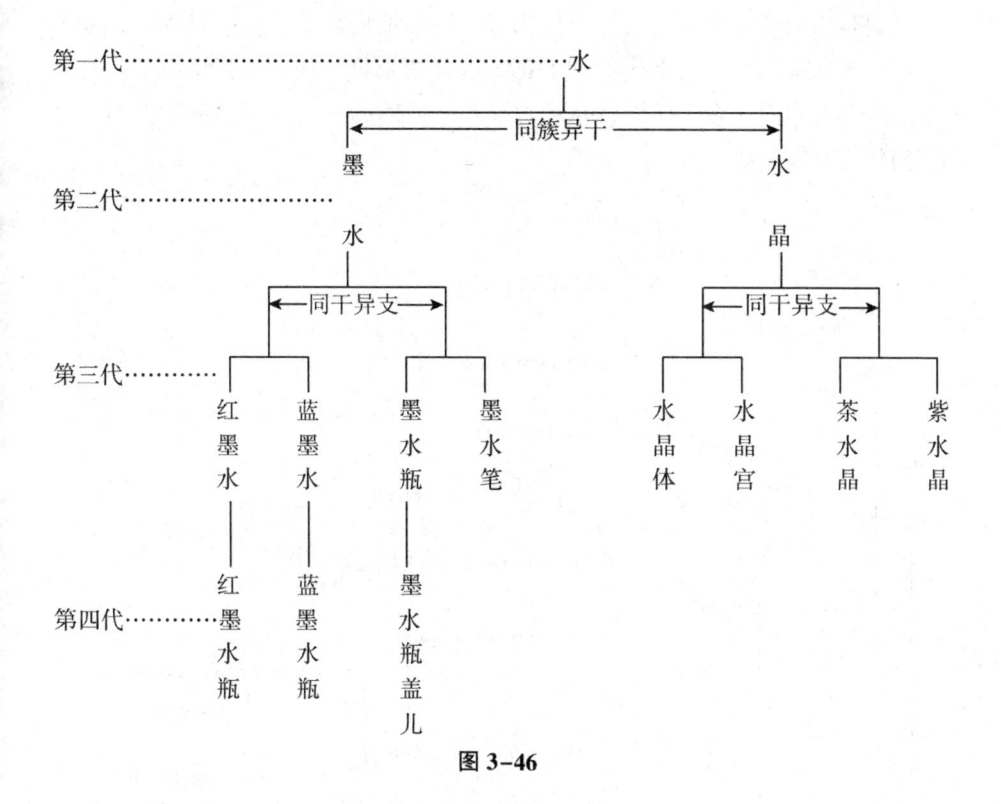

般是三代同堂,也有四代同堂的。例如:

```
第一代·············································水
                          |←——— 同簇异干 ———→|
                          墨                    水
第二代················
                     水                         晶
                |←—同干异支—→|           |←—同干异支—→|
第三代··········
              红   蓝   墨   墨          水   水   茶   紫
              墨   墨   水   水          晶   晶   水   水
              水   水   瓶   笔          体   宫   晶   晶
              |    |    |
              红   蓝   墨
第四代········墨   墨   水
              水   水   瓶
              瓶   瓶   盖
                        儿
```

图 3-46

  同簇词内部世代表关系,分"纵""横"两个方向。纵向关系是派生者和被派生者的关系,是"上代与下代"的关系。横向的关系是同代词之间的"干"与"支"的联系,例如:由"水"直接派生的"墨水""水晶"等第二代的同簇词,它们如果是"同构"(结构方式相同)"同位"(词根所在的结构部位相同)的;如"墨水""开水""井水""泉水""河水""海水""泪水""死水"等,它们都是"主从结构";同根的"水",都处于"主"的地位,这是同干联系的同簇词。如果是"异构"或"同构异位"者,就是异干的联系。"水晶"虽然也是"主从结构",但同根的"水"处于"从"的地位上,所以"水晶"和"墨水"是异干的同簇词,而和"水笔""水牛""水车""水壶""水塔""水缸""水泥""水表""水田"等是同干的同簇词。同干的同簇词,在进一步派生第二代的同簇词时,进一步出现"异构"或"同构异位"的分化,这就在第三代的同簇词之间出现了"同干同支"和"同干异支"的联系。例如:"红墨水"和"蓝墨水""墨水瓶"和"墨水笔",都是同干同支的关系,而"红墨水"和"墨水瓶",则是同干异支的关系。这是一种普遍的语言词汇

75

现象，任何一种语言中都有。下面以英语为例：

词根是构词成分中的词义主要体现者，同根的同簇词，特别是那些同簇同干或同支的同簇词，在词义或概念上都有这样或那样、或远或近的联系。比较密切的联系有同义联系、反义联系和类义关系，同簇词其成员之间因共有一个词素而相互有着因应关系。

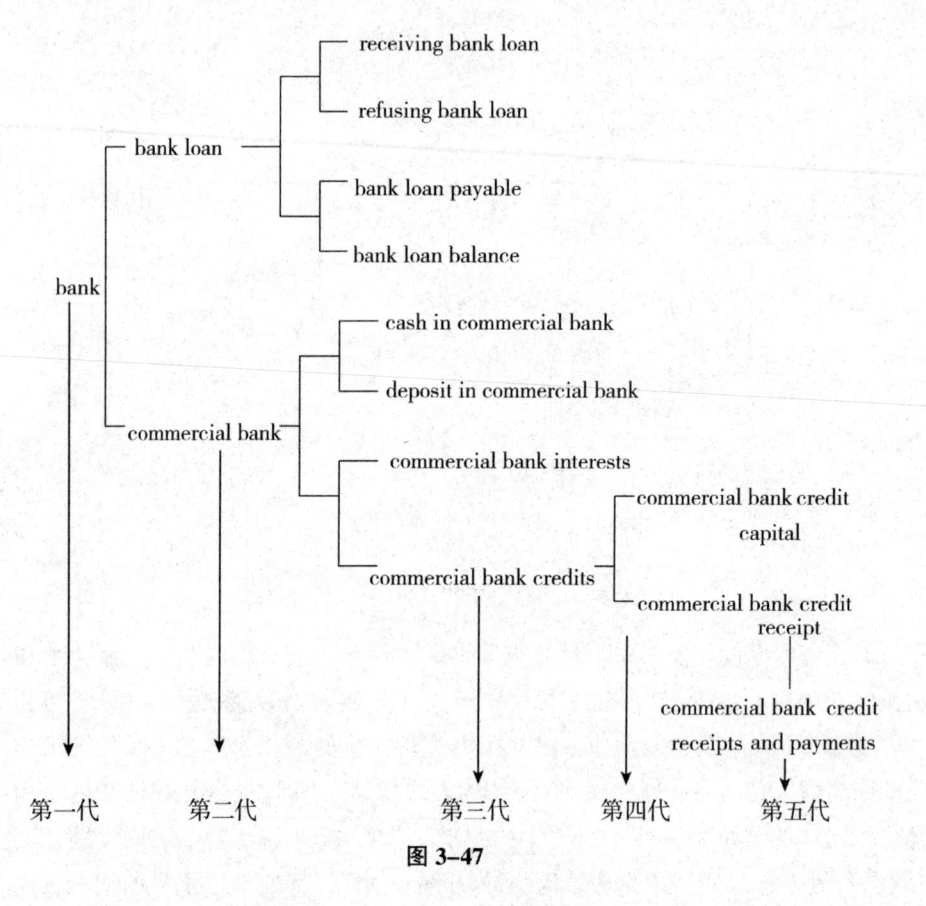

```
bank ─┬─ bank loan ──┬─ receiving bank loan
      │              ├─ refusing bank loan
      │              ├─ bank loan payable
      │              └─ bank loan balance
      │
      └─ commercial bank ──┬─ cash in commercial bank
                           ├─ deposit in commercial bank
                           ├─ commercial bank interests
                           └─ commercial bank credits ──┬─ commercial bank credit capital
                                                        ├─ commercial bank credit receipt
                                                        └─ commercial bank credit receipts and payments

    ↓            ↓                    ↓              ↓            ↓
  第一代        第二代              第三代          第四代        第五代
```

图 3-47

对称的比例式观念形象地体现了词语间的意义关系，彼此相因应，在词语之间可以建立相互联想。对称系列不仅仅是一种词汇集，它们体现了人们的认知规律，一种内部存在的结构关联组织。词汇分支与非分支体系从表面上看是体现上位与下位、部分与整体的逻辑关系，逻辑意义与思维方式是无法分开的，语言同抽象的逻辑思维具有非常密切的关系，这是以往词汇研究比较薄弱的地方。作为语言研究内容单位的词语意义，与作为思维材料单位的概念是彼此想因应的，前者一般体现后者，后者一般是前者的根本。词语意义和概念联系十分紧密，概念与概念之间的关系可以看作词语意义之间或词语单位关联结构上的关系。

第四章

词义范畴化与非范畴化

认知范畴（cognitive category）是认知语言学的一个基本概念。长期以来，许多语言学家对词汇的范畴理论颇为关注。以认知科学为依托的认知语言学认为，客观世界的事物虽然杂乱无章，但是人的认知可以赋予世界万物一定的结构、形成概念，并通过分析、判断、归纳的方法对其分类和定位，将具有相似结构的概念归属于同一范畴，这一心理过程就是范畴化。范畴化涉及人类思维、感知、行为和言语最基本的能力，是了解人类思维和认知的重要内容，也是探究人类语言发展的根本方式。王寅认为"范畴化是人类以主客观互动为出发点，对外界事物进行类属划分的心智过程，是一种基于现实对客观事物所做的主观概念及分类，并以此赋予世界以结构的理性活动"[1]。刘润清和刘正光指出，范畴化的主要作用是"给混沌的世界建立秩序，指出事物结构的关系，实现认识过程中的经济原则"[2]。由此可见，正因为范畴化这一理性活动的存在，才使得语言的发展有序地依循人类思维发展规律进行，在人与客观世界相互作用的过程中发挥了巨大的作用。

认知语言学中，范畴化与范畴两个概念相互影响，两者之间呈辩证关系：范畴化是一个认知过程，范畴则是这一过程的结果。范畴化作为一种人类高级认知活动，体现了从感知上升到概念的过程中人类所具备的认知能力，特别是语言能力。语言产生之初，处于无范畴阶段，词语只是一种表象符号，一个词就代表某个具体存在的事物，是一一对应的关系。例如"杯子"一词，开始只表示主体所见过的那个杯子，具有针对性，比较抽象，很难明示到底是一个什么样的杯子。之后人类对杯子的认识开始细化，出现了"玻璃杯""茶杯""咖

---

[1] 王寅：《体验哲学和认知语言学对词汇和词法成因的解释》，《外语学刊》2004年第2期，第1页。
[2] 刘润清，刘正光：《名词非范畴化的特征》，《语言教学与研究》2004年第3期，第1~12页。

啡杯"等更加具体的词汇。最初的"杯子"一词可以用来标志一组彼此类似和接近的事物，即可包括上述几种事物。但这还不能完全形成概念，因为仅仅只将词的音、义与某种事物表象相结合，概括了外部特征，还没有涉及事物本质及变化发展。

随着对世界认知的加深，人们开始对具有相似结构的特点的同一类事物进行概括，如根据颜色、大小、材质、用途等差别把"杯子"这个词作为具有某些相似外部属性、功能属性的同一类事物的象征。同时，选择一个拥有最多特点、最显著的"杯子"作为原型（prototype），其他成员只要在某些方面与原型具有相似特征都可以归于统一类，这个类就是"范畴"，它是范畴化的结果。判断一个物体是否属于某个范畴，不是看它是否具备该范畴成员所有的共同特性，而是看它与其类典型之间是否有足够的家族相似性（family resemblance）。由于范畴的划分是人为的，带有主观色彩，所以造成范畴边界的模糊性。词义可以从一个范畴过渡到另一个范畴，出现语义的扩大、缩小、转换等语言现象。由此我们认为，范畴化实现了人类对世界上的万事万物分类，使得语言发展更为有序和稳定，而其结果——范畴的出现，使得语言更为丰富和多变。

第一节 范畴化

在杂乱无序的客观世界中，我们之所以可以用有序的语言符号承载无序的信息世界，就在于语言的概念功能，这种功能在词汇层面主要表现为词义的关联性和创造性。在没有范畴的社会，人类的语言体系不可能有记忆，也不可能井然有序。人类在感知的基础上发现词与词之间的客观联系，构建词汇组织之间的桥梁，将具有相似特征的词汇归于同一类；同时，为了满足表达信息的需求，利用词汇意义的创造性衍生新的意义，扩展语言体系，这种"搭桥"和"分类"构建了一个巨大的词汇网络，促进客观世界从无序到有序转化，这一转化的过程的就是范畴化。范畴化先将无序语言世界中的词汇归纳为三个层面：基本层次范畴、上位词范畴和下位词范畴。由于范畴之间边界模糊性，词在不同范畴之间移动，继而出现词义变化和扩展。

一、基本范畴

范畴化首先表现在人类对事物认识的不同阶段。人类是从基本层次范畴（the basic level of categorization）开始认识事物的。在建立范畴过程中，该层次的词汇在认知和语言上都比其他两个层次更加显著，具有完整的意象图式，这一点在儿童词汇认知中显而易见。儿童最初接触小动物的时候，总是先学会基本层次的词汇，如"小狗""小猫""小白兔"等，看到汽车的时候，往往会叫出"车车"一词，而不会具体到某一品牌或者某一类型的汽车。这类层次的词汇依赖于人类对世界最基本的感知力，既不是太抽象，也不是特别具体，可以向上或者向下扩展，具有典型性、家族相似性、边缘模糊性和文化差异性。

（一）典型性

基本范畴词汇是最先感知，也是最容易被感知词汇，具有其他成员不具备的特点——典型性，具体表现为"异同平衡"和"完型感知"。一方面，人类是从与生活需要关系最密切的层级接近事物的，对范畴层级的认知根植于基础生活的需要，选择基本范畴词时要求其既与内部其他成员有足够多的相似点，同时又有足够多的相异点，即"异同平衡"。例如"狗"这个词作为该范畴的基本层次词汇，与下位词"哈巴狗""斑点狗""土狗""猎狗""警犬"相比，具有"哺乳动物，听觉嗅觉都很敏锐，善于看守门户"等共性，这个性质非常典型，所有同范畴词都直接或者间接具备该特点，使其与其他范畴词区分开。同时，它又与下位词有很大差别，表现为意象模糊，没有凸显具体特征。

另一方面，基本范畴词具有完型感知。例如我们很难依据"动物"范畴成员"猪""狗""羊"的形象轮廓勾勒一个共同的整体形状，而"狗"的范畴成员，如"警犬""狼狗""哈巴狗"之间，整体形象非常接近，能建立共同的完型。再如电视节目中经常会要求嘉宾根据表演的动作猜词，如果表演者用系鞋带、穿在脚上的动作表演，猜者多半可以猜到是"鞋"，因为"鞋"是基本范畴成员，具有完型感知，而上位词"服装"或者下位词"旅游鞋""皮鞋""拖鞋"就很难用动作表示。

（二）家族相似性

在观察同一范畴成员的特征时，我们总能看到一种错综复杂的、相互重叠交叉的相似关系网络，有时是总体相似，有时又是细节上的相似。艾奇森（Aitchison）曾画了一个动物层级的分类图，上位层面为"鸟"，中间层面为"猫头鹰"，下位层面为用复合词表示各种猫头鹰[1]。

同一范畴层面，以基本范畴词作为参照点，成员之间具有相似性。如"麻雀""燕子"与"猫头鹰"相比，具备相似的完型感知，都是"鸟"的整体图

---

[1] Aitchison Jean. *Words in the Mind: An Introduction to the Mental Lexicon*, Oxford: Basil Blackwell, 1987. pp. 56.

式，从而与上位词"鸟"保持家族相似性。同时，与"猫头鹰"相比，其下位词"Snowy owl""Screech owl""Barn owl"在细节上，如"羽毛""爪子""身型"等又具有家族相似性。

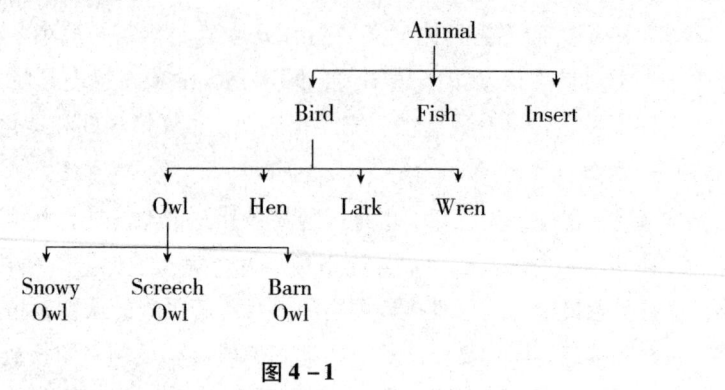

```
                      Animal
               ┌────────┼────────┐
              Bird     Fish    Insert
        ┌──────┼──────┬──────┐
       Owl    Hen    Lark   Wren
   ┌────┼────┐
 Snowy Screech Barn
  Owl   Owl   Owl
```

图 4 - 1

（三）边缘模糊性

很多基本范畴词既有 A 范畴的特点，又兼具 B 范畴的特点。例如"西红柿"到底属于"水果"还是"蔬菜"，"棕黄"到底属于"棕色"还是"黄色"，"culottes"是"裙子"还是"裤子"等。究其原因就在于人类的认知水平有限度，对于事物的认识还不够完善，在判断事物到底属于哪一类范畴时存在歧义。例如，人类在最初接触"西红柿"这一事物时，认为它仅仅是一种观赏性的植物，由于该植物与苹果很相似，味甜，无毒，于是人们把它归于"水果"。但是一般的水果都不会拿来烹调食物，但是西红柿在餐桌上又可单独成为一道美味，因此，人们开始将其认为是"蔬菜"而非"水果"。到底该词具有哪个范畴的特点多一些，对此并无定论，作为基本词汇，它所属的这两个范畴出现交叉，边缘不清晰，出现渐变的特点。

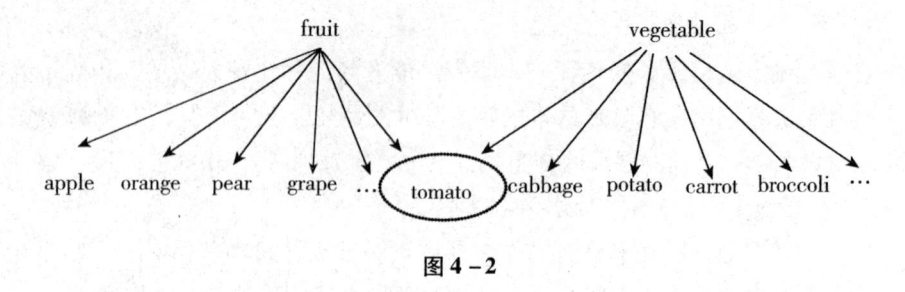

```
         fruit                              vegetable
    ┌────┬────┬────┬────┐          ┌────┬────┬────┬────┐
  apple orange pear grape ...  (tomato) cabbage potato carrot broccoli ...
```

图 4 - 2

（四）文化差异性

由于社会文化因素对人类认知能力的影响，不同文化背景的人在认知客观世界方面会有一定的差别，其结果是不同文化背景的人，即使面对相同事物，也有可能形成不同的认知范畴，进而影响到承载认知范畴的语言中的基本词汇。看似相似的基本范畴词汇，在不同文化背景的语言中，所反映的却是属于不同等级层次的认知范畴。汉语词"工人"所表达的范畴与英语"worker"所表达的范畴是不对应的，而众多中国英语学习者却把它们理解为两个等同的范畴。"My father is a worker"这个句子不仅是许多学英语的中国学生经常讲的一个句子，也频见于国内出版的各种英语教材之中。英语文化背景的人对这种表达却是不能理解的，认为它是没有意义的。原因就在于英语文化背景中的 worker 和汉语文化背景中的"工人"属于同一范畴中不同等级的词汇。worker 是上位范畴，任何有工作的人都可以被称为"worker"，而"工人"属于基本等级范畴，特指在工厂工作的人。英语学习者往往把"worker"理解为一个表达基本等级层次范畴的词。事实上，与"worker"相对应的汉语词是"工作者"。如：

英语	范畴属性	汉语
worker	上位范畴词	工作者
teacher	基本范畴词	教师
English teacher	下位范畴词	英语教师

二、上位范畴

随着人类对世界认识的加深，人们发现同一类事物具有共性，于是把这些凸显的共同属性聚合在一起，形成概念用于社会交往。这种概念范畴被称为上位范畴，具有两大基本功能：聚合功能和凸显功能。

（一）聚合功能

上位范畴词是在基本层次的基础上产生的，属性很具有概括性，不易识别，完型特征不明显，是下级范畴成员聚合而成的范畴等级。如：

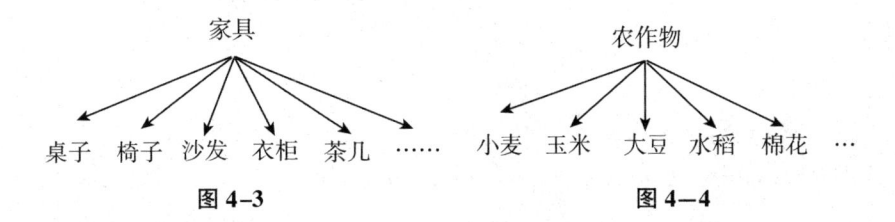

家具 → 桌子 椅子 沙发 衣柜 茶几 ……

图 4—3

农作物 → 小麦 玉米 大豆 水稻 棉花 …

图 4—4

相对于"桌子""椅子""沙发"等，上位范畴词"家具"聚合了这些词语的共同属性——居家用途的物品；"小麦""玉米""大豆"等也构建了上位词"农作物"，尽管有些民族生产和文化比较单一原始，没有"农作物"这个词，

81

但是它作为上位范畴来讲，还是存在的。同时，该词又凸显了明显的共同属性。如提到"家具"，人们头脑中马上会联想到"家""摆设""木制"等概念，提到"农作物"，不同地区和民族的人也会联想到不同的意象和图式，这都是对共同的属性的凸显。

（二）凸显功能

日益增加的商品和服务需要大量的上位范畴词描述，但是并非所有的人都会选择同一个词作为上位范畴词。比如相对于"花""草""树"等基本范畴词汇，普通人往往会将"植物"设定为上位范畴词，而植物学家倾向于用"草本植物"来概括。后者在逻辑意义上是词汇化了的。这是人类在理解同一概念时，对不同方面的认知凸显，体现了范畴层级中"逻辑层级"和"经验"层级。日常范畴化中，几乎所有的基本范畴层次的词都可以支撑多个上位范畴，如"女人"，凸显它独立使用的一面，可以属于"词"；凸显所指人，可以属于"名词"；凸显一类事物特征，可以做"修饰语"。

此外，同一上位范畴词所能概括的词义范围不同也凸显了人类的文化认知。比如 intellectual（知识分子）一词，在美、欧英语国家是指一类在学术方面特别有见地的人，只包括教授和学者，不包括大学生，但在中国人看来，知识分子是一个政治阶级，包括教授、工程师、学者，甚至大学生、中学生等，涵盖的范围也宽多了。不同语言文化的人，认知方式、视角、背景经验的差异会影响词汇的理解，由此导致上位范畴词类属的差异。这实际上也是词义扩展的一种方式，即通过增加下属范畴词扩展词义。

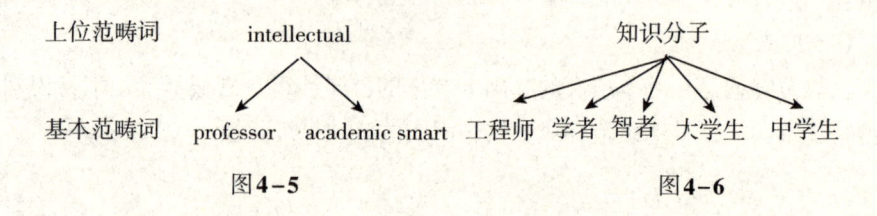

上位范畴词　　　intellectual　　　　　　　知识分子

基本范畴词　professor　academic smart　工程师　学者　智者　大学生　中学生

图 4-5　　　　　　　　　　　　图 4-6

三、下位范畴

在日常生活中，如果我们想要把一件事物表述得更为具体和细致，会使用下位范畴词。在范畴词汇中，下位范畴的使用频率很高，仅次于基本层次范畴。儿童最开始学单词的时候都是从基本词汇开始，如对各种各样的车都以"车车"统称。随着年龄的增大，认知能力慢慢加强，开始区分同一范畴中不同层级的事物，学会"小汽车""卡车""自行车"等名词。下位范畴词是基本范畴词基础上的切分，与基本范畴词的结构相似，下位词多是由基本范畴词构成的，以复合词的形式存在，表现为修饰语和中心词构成的定中结构，修饰语赋予中心语特点属性，如"白菜""粉笔""笔记本""blackboard""swimming pool"等。修饰语可以为名词、形容词、动词等。例如，基本范畴词汇"黄色"的下位词就体现了形容词+名词、名词+名词的结构：

基本范畴词：黄色。

下位范畴词：蜡黄、焦黄、苍黄、枯黄、鹅黄、杏黄、米黄、金黄。

英语中相对应的单词也体现了上下位范畴关系，例如：

基本范畴词：yellow。

下位范畴词：wax yellow, brown sallow, greenish yellow, light yellow, apricot yellow, cream yellow, golden yellow。

下位范畴词中的修饰语都赋予了基本范畴词"黄色"特定属性，将其与其他下位范畴词区分，但是又兼具"黄色"的基本属性。

但是有些词，如名词+名词结构、动词+名词结构的复合词并非简单赋予属于基本范畴词的属性，而是与人们的认知域和视角相关。例如汉语中"镜框""雨衣""饭碗"等词，镜框和框的共同属性很多，但是和镜子的共同属性反而少一些。同样，雨衣并没有被赋予太多跟"天气""雨水"的属性，而是跟"衣服"的属性接近；"饭碗"也属于"碗"的基本范畴，与"饭"这一事物的属性并无太大相关，只是体现了两者之间的容器——内涵关系。这也就是说将这些下位范畴词进行范畴化时，人们并非依赖于源范畴中的基本范畴，而是依赖于人们的视角。如果两个源范畴都是基本范畴，则更依赖于结构更丰富、更突显属性的那个范畴，而不是简单归于能提供附加联想属性的那个范畴。

另外，针对部分复合词，人们并不是完全依据两个源范畴就可以得出其范畴属性，而必须通过联想。如"轮椅"的属性并非语言形式标志的两个范畴的属性相加，我们一般不会把它归于"椅子"甚至更高的"家具"层面，而是通常归于"医院"的范畴中。原因在于该词可以激活"残疾""医院""电动机""刹车"等这一复杂的认知域，从而与人类健康、事物、行为等范畴建立联系，附加的源范畴在这里起了作用，将其范畴属性具体化，从而赋予它的范畴特征既具有"椅子"的属性，又兼具"医院"范畴下的其他属性。

英语中也有类似的语言现象。例如"eggplant"一词，是"vegetable"的下位词，单纯通过"egg"和"plant"所具备的基本属性，很难推衍它的下位属性。人类的认知具有联想激活能力。"plant"首先将植物的基本属性赋予它，同时"egg"一词可以构建一个复杂的认知域或者认知模型，涉及"圆形""椭

83

形""光滑""体积小"等范畴特征,这些特征可以与"plant"的基本属性"搭桥",激活其中"vegetable"的概念,因为"vegetable"也是"plant"的下位词。由此一来,通过联想激活,人们将该词与所指事物的特征联系在一起,很自然地将其归为"vegetable"的下位范畴。

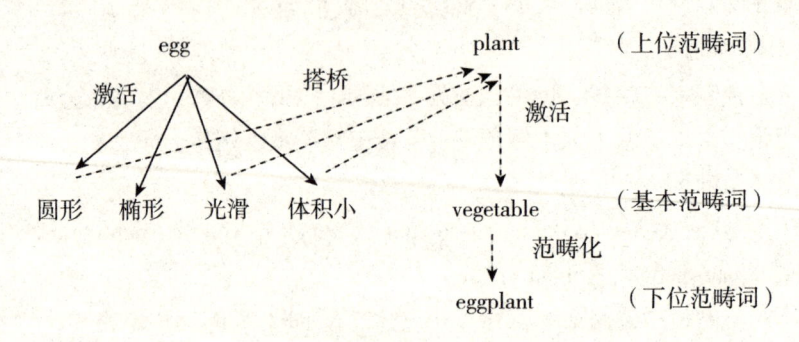

```
                egg                    plant       (上位范畴词)
         激活         搭桥
                                        激活
        ↓  ↓   ↓    ↓
       圆形 椭圆 光滑 体积小          vegetable    (基本范畴词)
                                        范畴化
                                       eggplant   (下位范畴词)
```

图 4-7

那么为什么不归为"plant"的范畴中呢?这与人类认知的辖域原则有关。我们可以理解 fingernail 而不懂 hand-nail,就在于词汇在所处范畴中具有辖域管约性质。手指与手相关,手又是手臂或者身体的一部分,是"身体部位"的下属范畴,但是手指与手的共同属性远远大于与身体的共同属性。下位词涉及的范畴往往只会归到离他最近的上一级,而非更具概况力和抽象性的上上级,尽管它或多或少会具备与上上级范畴词相似的性质。单个范畴在认知中的属性毕竟有限,一般会与最详细但是又最具有概况力的范畴词发生联系,从而确定范畴地位。

正是由于拥有多个源范畴,单个认知范畴慢慢会失去与表面范畴和附加范畴的联系,维持稳定的范畴特点,渐渐脱离下位范畴词的地位,取得基本范畴层次的地位。如"黑板"可以是白的、灰的,但仍然叫"黑板",进入基本范畴词汇。英语中 newspaper、aircraft、motorcar 也进入基本范畴层次。同样的,一些单音节词如 rose、jeans、jet 等由于具有容易辨认的原型和丰富的属性清单也渐渐取得基本范畴地位,这很好地解释了词汇变化的替代原则[1]。

四、词义扩展

语言是以认知为基础的,人类所具备的范畴化能力也充分体现在语言中。

---

[1] 陈君:《认知范畴与范畴化》,《信阳师范学院学报》2007 年第 2 期,第 99~101 页。

从认知角度来讲，所有范畴都具有边缘模糊性，每个成员地位不相等，由此出现了典型成员，即基本范畴层次成员，它是人类认知的重要参照点和基点。同时它又可以与其他范畴成员发生联系，衍生上下位范畴成员，并随着成员典型性递减特点向外扩展。这种扩展的过程体现了人类事物认识和范畴化的能力。语言世界中，词义的改变就是不同层面范畴化的结果，主要体现在词义的扩大、缩小和词义转移三方面。

（一）词义扩大

词义存在于一个动态的社会环境中，随着环境的变化而发生改变。一方面，词汇的内涵在增加，外延不断扩大，如"乘火车"一词不仅仅限于描述"乘坐"曾经的"蒸汽火车"或者随后的"动力火车"，还可以涵盖"电力机车""动车""轻轨列车"等。人具有类比能力，在认知过程中，倾向于将已经形成的概念结构附加于新认识的事物之上。但是人们不会随意或者强行附加，而是先选择具有相似结构模型的概念，比较其中的异同，找到共性，然后进行投射。两种概念结构模型之所以有差异，就在于其分属不同的认知域，或者同一认知域的不同层面；而之所以能将具体、有形的实体进行量化、类比，就在于概念结构映射过程中，人们会不自觉地调动心智中最基本的认知方式——隐喻和转喻。例如：

"睡"：古义专指坐着打瞌睡、打盹，现为"睡眠"；

"焚"：古义放火烧农田，现指一切焚烧活动；

"色"：古义指脸色，现指一切色彩；

"吧"原是语气词，现在由英语"bar"音译转变出现了酒吧、网吧；

"秋"本义为四季中的"秋季"，后扩大为一年的意思，例如"一日不见，如隔三秋"。

有些词组也经历了词义扩大的过程，如："审美疲劳"原本是美学术语。具体表现为对审美对象的兴奋减弱，不再产生较强的美感，甚至对对象表示厌弃，现指在生活中对任何人或任何事物失去兴趣，甚至产生厌烦、厌倦或麻木不仁的感觉。随着中国导演冯小刚2003年底在贺岁片《手机》中的点睛妙用，"审美疲劳"迅速成为2004年不少人嘴里时髦的口头禅和流行语的。随后，词义被进一步扩大化，在生活中对某一件东西失去兴趣，或是被什么弄烦了，都可以宣布遭遇"审美疲劳"。

英语中，词义扩大的现象也很常见，例如：

bribery一词原指"残羹剩饭"或者"赏给乞丐的面包片"。不难想象，在惜"食"如金、饿殍遍野的社会，如果能把自己的事物留出一部分，赠予需要的人，就可以不费吹灰之力实现自己的目的。现代社会中，商人或者下属员工往往为了满足自己私欲，将自己的所得拿出一部分，赠予上级或者政府高官等对其事业有帮助的人，实现目的，即"受贿"或者"行贿"。两个事件看似没有太大关系，属于不同的范畴，却具有相似的概念结构：赠予→实现目的。通过结构隐喻，"残羹剩饭"的概念结构可以构造"受贿"这一概念，两种概念相叠加，将谈论前者的词汇用于谈论后者就不难理解了。

net 一词原指"渔网"，属于"捕鱼"这一行为范畴，看似与计算机没有任何联系。然而随着科技的进步，围绕计算机的新兴事物不断出现，如"网络"。两种概念分属不同的范畴，却具有相似的命题结构，即"网状，有结点，广泛链接"等。通过隐喻，实体"渔网"的认知结构可以投射到虚拟的"网络"认知结构上来，"net"一词的语义范畴扩大。

再如"tube"一词，原义指"管子"，通过隐喻机制，将命题结构投射到物理电子范畴词和交通工具范畴词，因为他们都具有相似的外形和功能，因此，"tube"的意义扩展。

$$\text{tube 管子（基本范畴词）} \rightarrow \begin{cases} \text{电子管} \\ \text{真空管} \\ \text{显像管} \\ \text{地铁} \\ \text{水管} \end{cases} \text{（下位范畴词）}$$

束定芳指出"隐喻是基于相似性的概念结构投射，往往涉及两类不同种类的事物，是对事物的一种重新分类（categorization）"[1]。实际上，词义的扩大就是把原本不属于该范畴的词义纳入范畴体系中，增加新的范畴成员，并与其他范畴交叉重叠。这种"纳入""增加"和"重叠"就可以被认为是事物的重新分类，是范畴化的必然结果。如上文的三个例子，分别是对"bribery""net"和"tube"的重新分类，使其既保持原范畴的地位，又增加进入新的范畴。例如：

bribery 原范畴：食物 →新增范畴：犯罪行为
net 原范畴：日常工具 →新增范畴：计算机
tube 原范畴：建筑工具 →新增范畴：物理、交通工具

命题结构除了在不同认知域之间投射之外，还可以在同一认知域内投射，具体表现为借助转喻机制在同一范畴不同层面投射。由于同一范畴成员具有家

---

[1] 束定芳：《隐喻学研究》，上海外语教育出版社 2000 年，第 30 页。

族相似性，概念结构模型也很接近，因此在范畴化过程中，人类认知会将基本范畴词、下位范畴词的概念结构投射到上位范畴词义中，或者下位范畴词的结构投射到基本范畴词，本为基本范畴或者下位范畴词，具有特指意义的词语可以表达上位范畴词更为抽象和泛化的意义，词义从特指域扩展到泛指域。如果将下位范畴词视为上位范畴词的一部分，那么这种语义投射很明显地代表了转喻机制中的部分—整体模式。如：

"寒冬腊月"　原义：农历十二月最冷的时候（下位范畴词）→ 寒冷的冬季（基本范畴词）；

"轸"〈书〉　原义：车后横木（下位范畴词）→ 车（基本范畴词）；

"菜"　原义：素菜（下位范畴词）→ 包含素菜和荤菜（基本范畴词）；

"网"　原义：有孔的编织物，像渔网、蜘蛛网等（下位范畴词）→包含了电脑网络等多重含义（基本范畴词）；

"吧"　原义：语气词→由英语"bar"音译转变出现了酒吧、网吧（基本范畴词）；

holiday　原义：宗教节日（基本范畴词）→ 一切节日（上位范畴词）

lady　原义：女主人（下位范畴词）→ 女人（基本范畴词）

journal　原义：日报（下位范畴词）→ 一切期刊（基本范畴词）

picture　原义：彩色图片（下位范畴词）→ 一切图片（基本范畴词）

我们在认知和把握世界时，总有这样的感觉：事物不管是具体的还是抽象的，其本身都是静止的，易于理解；而行为动作则凸显了事物之间的动态变化过程，较难把握。因此对于动词词义的扩大，我们习惯于通过它之后的名词来理解。如：

"保驾"　原义：保卫皇帝（下位范畴词）→保护人（基本范畴词）；

park　原义：停放炮车（下位范畴词）→停车（基本范畴词）

"park"一词原意指停放炮车，"炮车"是"车"的下位范畴词，但是现在社会"炮车"已经很少出现在老百姓的视野中，反而普通的车辆增多，"停车"这一单词从特指变成泛指。通过转喻机制，下位范畴词（部分）指上位范畴词或者基本范畴词（整体）。同样，"保驾"一词也经历了相似的转变，不再一一详述。

（二）词义缩小

认知语言学持百科知识语义观，词义是人们根据不同的理解和背景知识，从不同的维度对事物认识的结果，因此带有强烈的主观色彩。对词义范畴的划分、范畴内部成员地位的划分都是人为和任意的。因此，在不同的语境下，人

87

们对同一事物的理解会有差异，比如人们往往会倾向于用上位词来表述基本范畴词的指称意义，或者用基本范畴词汇来表述下位词的指称意义，从而造成词义的缩小。如上位范畴词"植物"具有高度抽象和概括的范畴属性，其指称意义是指对各种树木花草的概括，具有"花""草""树""木"等基本范畴词汇共性："生物的一大类""细胞多具有细胞壁""一般有叶绿素，多以无机物为养料""没有神经，没有感觉"。然而，在下列句子中，"植物"一词并没有表达抽象概念，而是细化到基本范畴词汇的意义。

  a. 他退休了喜欢在家养养植物。（花草）
  b. 热带雨林中的植物比其他地方生长更加茂密。（树木）
  c. 听说在电脑桌上放一盆植物可以吸收电脑辐射。（盆栽的花草）

  这三句中的"植物"一词，分别受到人们客观经验语境信息的制约，导致意义缩小。第一句中的"家"一词首先限定了这个词的语义范畴，即"适合家养的"，它可以激活人们头脑中关于"适合家养的植物"的范畴特点，即"观赏性强""不占空间""易栽培"等，词义限定在"花""草"等小型植物的范畴之内。第二句中"热带雨林"激活"参天大树""茂密""原始""生命力顽强"等概念，由此形成"树木"的下位意义。第三句中的"电脑桌"一词同样激活人脑中"小型""观赏""绿色"的概念范畴，形成"小盆栽"的下位意义。这样一来，"植物"这一具有泛指意义的词，在不同的语境中，由于语境的约束，及激活的不同的概念，出现意义细化缩小的情况，这也是人类认知能力的体现。

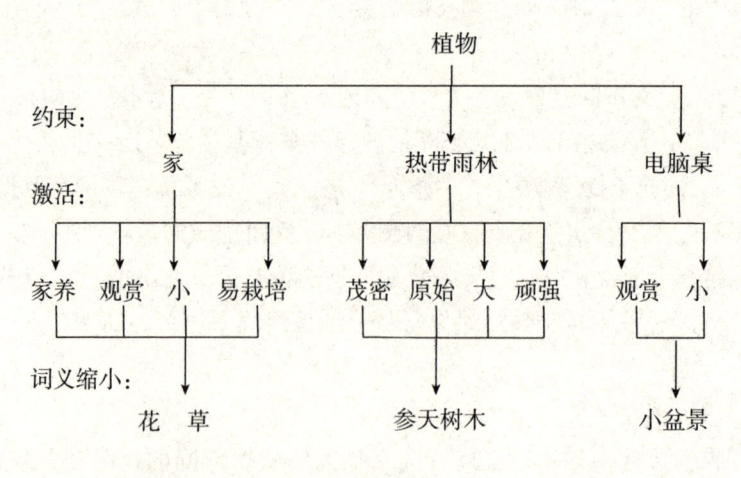

图 4-8

  词义缩小后，所指的概念往往成为下位范畴词成员，如果将下位范畴成员视为上位范畴成员的部分,那么其中的转喻机制就显而易见了。如上例中,"花""草""树木""盆景"都是"植物"的下位范畴词,以"部分—整体"认知模式完成上位词的词义缩小功能。同样的还有:

"臭":古义"一切气味",现指"难闻的气味";

"坟":古义"高地",现指"掩埋尸体的土堆";

"丈夫":古义"男子",现指"配偶";

"wife"一词,从古英语的"女人"缩小到现在的"妻子";

"deer"在中古英语时指"野兽",现在已缩小到"鹿"了;

"liquor"原来泛指"任何液体",现在指"通过蒸馏或发酵制成的酒精饮料";

"success"在16世纪时泛指"结果,效果",现在表示良好的结果;

"meat"一词在17世纪泛指"食物",现在却仅限于指"可食用的肉";

"girl"在中古英语中指"年轻人",在现代英语中只能指"女孩";

"poison"原指"饮料",现缩小为"毒药";

"cattle"原指"家畜",现在指一种动物"牛";

"knight"原指"少年",现在指(欧洲中世纪的)骑士、爵士。

根据下图可知,这种词义变化现象实际是一种"用整体表示部分"的现象。如果以图式的方式表现出来,我们可以发现,词义缩小是范畴整体下移的结果,是范畴化过程中的产物。

wife:	女人	deer:	野兽	liquor	液体		
	↓		↓		↓		
	妻子		鹿		酒精饮料		
success	结果	meat	食物	girl	年轻人		
	↓		↓		↓		
	好结果		可食用的肉				女孩
poison	饮料	cattle	家畜	knight	少年		
	↓		↓		↓		
	毒药		牛		骑士,爵士		

(三) 词义转移

词义的转移是指词汇放弃原义转而表示另一事物，词义转移包括词义扬升与词义贬降，这种变化多由人类的认知活动引起，有两种途径：(1) 如果是在同一个语义域中，也就是一个整体之中，可视为是转喻机制发挥作用；(2) 如发生于两个语义域中，也就是两个整体或两个概念之间，可视为隐喻机制发挥作用。

例如，"脚"本义是指"小腿"，后来所指范围向下延伸，用来指胫骨以下的部分"足"。如果以"腿"为出发点，则"小腿"和"足"都是这个整体中的两个部分，则可视为转喻。如将"小腿"和"足"视为两部分，则这种词义引申可视为隐喻性引申。

又如，"走"本义为速度较快的"跑"，在《释名·释姿容》中："徐行曰步，疾步曰趋，疾趋曰走。"后引申指慢慢步行。我们如果从"运动"这个语义域出发，"走"和"跑"都是它的下义词，从"快走"到"慢行"的词义变化则可视为转喻，在一个整体中用一个部分来代替另一个部分，且两个动作具有连续性。如果将"走"与"跑"视为两个不同的概念，这种词义变化被视为隐喻也未尝不可。可见，隐喻和转喻的划分具有一定的相对性。例如："狱"原为"案件"，现指"监狱"；"诛"原为"责求"，现指"杀"；"货"原为"财物"，现指"商品"。

此外，词义的转移还包括词语色彩的改变。如"ambitious"原指"抱负"，是褒义词，现往往用于表示"野心"，归于贬义词。"抱负"与"野心"同属于"心理学"这一大范畴之下，因为两者都是表示人与世界的互动。但两者又归属于不同下位范畴。通常来说，"野心"属于负面的心理范畴词汇，表现为"在实现过程中会伤害到很多人的利益，并且采取非常规的手段和竞争方式，具有反社会的特征"。而"抱负"属于正面的心理范畴词汇，是指"一个所树立的一个客观的目标，并且考虑到自己的各种因素，具有更好的竞争性、成长性等理性特征"。由于范畴的成员之间具备家族相似性，并且每一个范畴的边界并不明确，而是具有模糊性，词义可以从一个范畴转到另一个范畴。在实际使用中，人们渐渐抛弃了原有的意义，而将其归于另一类，体现了人类认知能力的改变。与此相似的还有"landlord""capitalist"。"landlord""capitalist"，原义为中性词"土地拥有者"，现在指"剥削阶级"。

此外，不同的文化也会对词义的感情色彩有影响，从而将其归入不同范畴。如："individualism"在英语中指"经济独立，强调人的主动性和兴趣"，然而中国人通常理解为"自私主义、利己主义"，这与两个民族所经历的历史相关。英国在历经文艺复兴之后,强调恢复个性,该词应运而生。而中国经历了"文化大革命"等一系列变革之后,"自私主义"出现在汉语词典中。人们在选择对应的英文单词时,一时并未找寻到意义完全对等的词,于是选择关联性和相似度最强的"individualism"一词,这体现了人的主观能动性在范畴化过程中的重要性,也证明了范畴化过程中出现的词义改变具有动态性、主观性和理据性。

通过范畴化,一个词在最初可能只有一个意义,随着社会的发展,可能会出现词义的扩大、缩小或转移,就可能导致一个词有几个义项,这几个义项就可组成一个范畴。兰盖克曾指出:一个典型的词项代表了一个复杂的范畴,它不是仅有一义,而有多个相关的意义……这些意义通过范畴化关系联系起来,构成了一个网络①。正是由于该网络的存在,我们才可以认识到词汇之间的差别与联系,更好地使用词语进行表达。词义的范畴化在人与客观世界相互作用的过程中发挥了巨大的作用,促进语言更加有序地发展。

第二节　非范畴化

随着人类认知的发展,对世界认识加深,无数的事件、现象、新生事物会进入人类的认知系统,需要语言来进行表达。而如果语言系统中没有现存的符号表达,怎么办呢?海固(Heine)指出,在此情况下,人们一般会有五种选择②:

1. 发明新的标记符号;
2. 从其他语言或方言中借鉴;
3. 创造类似拟声词的象征性表达式;
4. 从现有词汇和语法形式中构成或衍生新的表达式;
5. 扩展原有表达形式的用途来表达新的概念,如通过类比、转喻、隐喻等。

海固等同时指出,选择 1 和 3 几乎不用,而一般采用选择 2、4 和 5,依赖已有的语言形式和结构来表达新的概念。通常情况下,当新的概念并不属于原本的范畴时,无论是借鉴方言、衍生新表达或者扩展原有表达式都可以看作词语脱离原范畴,进入新范畴的过程。在这一过程中,曾经范畴化了的词语会由于某些因素丧失其原有的范畴特征,带上特殊的含义,获得新的意义和功能,

---

① 王寅:《认知语言学》,上海外语教育出版社 2007 年,第 95 页。
② Bernd Heine, Ulrike Claudi, Friederike Hünnemeyer. *Gramaticalization*: *A Conceptual Framework*. Chicago: University of Chicago Press, 1991. p. 27.

实现非范畴化过程。在语言研究层次，非范畴化是指在一定条件下范畴成员逐渐失去范畴中典型特征的过程①。例如现在年轻人承受着比老一辈更大的压力，这些压力来自就业、买房、养车、小孩等诸多方面，于是一系列新的名词，如"白奴""房奴""车奴""孩奴"产生了。各种媒体为了不断吸引观众的注意力，故意打破语言规则，出现了诸如"非常+名词"结构，如"非常男女""非常职业"等。"房奴"中的"房"，"非常+名词"中的名词已经丧失名词的许多特征。这种丧失原有范畴特征的过程就被称为"非范畴化过程"或者"非范畴化"。如果说范畴化将万万千千的词汇按照相似性来分类，是寻找共性的过程，那么非范畴化就是促进词汇独立意义的形成，是寻找个性的过程。非范畴化作用下的词义转变具有以下几种动因。

一、新事物的出现

由于历史的发展，新生事物层出不穷，需要语言表达，人们可以从现有词汇和语法形式中构成或衍生新的表达式。例如现在各种汽车展销会都会邀请一些靓丽的女生作为形象代言人或者模特，于是一个新的名词"车模"产生。网络购物越来越流行，需要网络模特利用空闲时间给一些小店拍服饰、首饰等照片，然后传到网上的网店里，"网模"一词出现。此外还有拍摄广告时所需要的"手模""腿模"等。"车模"这一行业早在20年前的汽车业就有了，但是并没有形成此概念，只作"汽车模特"解释。直到最近几年，随着汽车行业的大力发展，越来越多的人开始关注到这一行业，于是借助已有的"汽车模特"这一表达，通过语言中的经济原则，省略修饰词，产生"车模"。人类认知具有类比能力，能将具有相似结构的概念进行类推，于是"网模""手模""腿模"等词相继出现。其实，这些词语中"车""网""手""腿"等词在原范畴中都是名词，表示事物的基本概念，而在这些词当中却脱离了原有的名词范畴，成为形容词，描述事物的特征。从名词转化成形容词，并通过类比衍生相似的词汇，既满足了人类表达的需求，又对语言进行了创新，突出了非范畴化的意义所在。

此类词汇主要是基于类比，比如：
"客"：换壳、晒客、掘客；
"族"：装嫩族、奔奔族、背包族、捧车族、追星族；
"门"：监控门、电话门、艳照门；
"男"：宅男、凤凰男、经济适用男；

---

① 刘正光：《语言的非范畴化工作机制》，《外语研究》2005年第1期，第9～15页。

list：black list, white list, grey lis；

pollution：environment pollution, noise pollution, eye pollution, cultural pollution, graffiti pollution；

collar：white-collar, blue-collar, grey-collar, gold-collar, pink-collar。

二、词语感情色彩改变

有时词义的非范畴化是由语言禁忌及感情因素引起的。词是一种符号，其意义本身并无好坏之分，但如果某词所指对象在该语言文化中被认为是"坏"的事物，那么，这一个词也就被染上"坏"的意义。即使原来有"好"或"中性"意义的词，一旦被用于"坏"的事物，其原来"好"或"中性"的意义，也会慢慢被挤掉，最后成为一个需要避讳的字眼，此时该词符便经历了非范畴化①。例如古汉语中的"爪牙"一词原为中性词，表示"助手"，自从被赋予了"帮凶"的意思之后，"助手"的义项消失了，现在只相当于"走狗""帮凶"等贬义词。例如英文里的 gay 原来的意思是 happy，但自从有了"同性恋"的意思后，happy 的义项就只存在像 happy and gay 这样的固定搭配中。中文里的"小姐"也是一样，原来是指有钱人家里知书达理的女儿或是对年轻的女子或未出嫁女子的称呼，后来又被用在饭店等餐饮行业里，专指女性服务生。但自从有了"妓女"的意思后，人们现在就很少使用这个字眼，即使是在饭店里也尽量避免使用，以减少不必要的误会。

三、模糊和精确的转化

人类认知在某种程度上会将部分模糊的概念进一步精确化，表达特定的概念。

如金文当中就已经出现了"用"大""中""小""上"这些模糊词素构词的现象，如"大丰""大宝""大庙""大左""大师""大史""大亚""大祝""大池""中史""中廷""小子""小臣""小宫""小辅""小学""上帝"等。其中有些已变成精确词，实现了非范畴化的过程，如"大师"指在某个领域造诣较高的人；"上帝"指人们信仰系统中能为人类带来福音且掌管一切的那个无所不能的神。这里的"大""中""小""上"已经失去了其原有的范畴特征，在这些特定的词组里表达的是特定的概念。

有时模糊的词和其他词搭配后，受到搭配词义的影响，也会变成了精确词，

---

① 陈建生：《词义的范畴化与非范畴化》，《长沙理工大学学报》2006 年第 3 期，第 143~148 页。

经历非范畴化。如汉语的"冷、热"是模糊的词义，但是"冷战""冷盘""冷笑话""热狗"却是精确的，与"冷"的原型意义不相关，"冷战"并不是指"寒冷的战役"，而"冷盘"和"热狗"也不是指"冰冷的盘子"和"温度高的狗"；"软、硬"是模糊词，而"软卧""硬卧"则表达的是精确概念，也不与"软""硬"的基本特质相关。这些情况都是当然还有一些其他因素，比如法律的规定、特定的语境和时代背景等原因，都会促使模糊词义向精确的一面转化，如"前排"和"后排"本是模糊的，但是一旦放在只有两排凳子的语境下就变成精确的了。

同样的道理中，精确也可以向模糊转化，比如在英语里"couple"是"一对、一双、夫妇"的精确意义，但是在"in a couple of days"中指的是"在两三天内"，这样词义就变得模糊了。汉语中的例子就更多了，有很多成语，像"退避三舍""千钧一发"等，其中的长度单位—"舍"是30里，一"钧"是30斤，这些在古代都有精确含义的词在现代看来已经变成模糊成语了，脱离了原范畴，被赋予新的范畴特点。

此外，意义模糊的普通名词向专有名词转化也经历了非范畴化过程。例如"后"字自古以来作为一个方位词，范畴意义是表示"后面""后方"的相对意义，然而在"后海"中的"后"不是指位于"海的后方"，而是北京的一个地名，与方位没有关系，经历了范畴化。同样，在上古汉语中，"河"原本是专名，指黄河，"江"原本专指长江，然而在"黄山""里海""黑海""地中海""北海""黄海""长城""长陵""黄河""长江"等词中，"黄""长"等词素已经失去了其原有的范畴特征，而作为模糊词素构成的专有名词。

四、句法功能转变

在句法功能方面，词义非范畴化也有诸多体现，就名词而言，可以是在原范畴内进行，也可以跨范畴进行，如上文所列举的"车模"一词就经历名词转化成形容词的非范畴化过程。

在原范畴中，名词的非范畴化主要表现为次类的转化，如类名词、分类量词、关系名词、连接性名词。有些词在某些语境下具有指称意义，而在另外的语境当中却没有具体所指，表示泛化的语言意义。

（1） a. 这场大火烧毁了大量的历史资料。
　　　 b. 莲心可以去心火。
（2） a. 他的头很大。
　　　 b. 他染了一头黄发。

(3) a. 他笑容满面地进了来。
　　b. 地板很滑。
(4) a. 时候不早了，回家吧。
　　b. 我参加工作的时候，你还在读小学呢。

在（1）到（4）中的 a 句加着重号的名词都有指称意义，而在 b 中却没有指称意义。（1）b 中表示非常泛化的类指意义；（2）b 中陈述一定的量；（3）b 中泛指物体的表面，作为关系名词已经具有了某种词缀的功能了；（4）b 中表示两个行为之间的关系①。

名词非范畴化在跨范畴中表现得更加突出，主要包括名词形容词化、名词动词化、名词介词化。

当名词转化成形容词使用时，它所代表的形容词往往属于该名词的概念领域，可以通过转喻机制激活添加。比如：

(1) 这个地方很奥运。
(2) 你真的很 man.

这句话里的"奥运"的句法功能相当于形容词，但作者为什么不直接用"现代"或"真实"或"丰富"或"动感"等形容词呢？因为这里任何一个形容词都无法表达"奥运"在上例中那么丰富的意义。也就是说，概念内容与语言表达式之间是不对称的。于是，作者在特定的语用环境中给"奥运"临时附加了更多的含义。其内在认知操作方式是转喻。以上意义都属于"奥运"这个概念领域，在转喻的作用下，可以随时被激活而添加到话语中。"奥运"的意义变得与平常不同了，因此我们说这里的"奥运"一词非范畴化了。

第二句是媒体节目当中经常爆出的语料，主持人调侃嘉宾时会借用"man"，这里的"man"也由名词变为了形容词。它涵盖了"handsome""cool""strong""gentle"等词义，这些词都属于"man"的概念范畴，利用转喻机制，范畴中的整体概念的词汇可以指代部分概念词汇，即抽象的上位或者基本范畴词可以用来表述下位范畴词义，这些词脱离了上位的基本特征，词性和词义都发生改变，如果只用其中一个下位范畴词语，则无法表述这么全面的意义。再如：

(1) 浪莎丝袜真的很女人。
(2) 你看，这个主持人说话真是女人得不行。
(3) 麻烦你做事情不要这么女人好不好？

---

① 刘正光：《语言的非范畴化工作机制》，《外语研究》2005 年第 1 期，第 9~15 页。

这三句中"女人"一词都失去了其基本义,即"女性"的含义,而是被赋予新的意义。如(1)中广告词"很女人"完全可以换成"柔滑、细腻、舒适、漂亮、时尚"等,为观众留下无限遐想的空间;(2)中表示"阴阳怪气,娘娘腔、发嗲"等主持风格,很不讨人喜欢;(3)中则表示所描述的对象做事情"拖拖拉拉、斤斤计较"等。该词的三个意义都发生了变化,脱离原有范畴,被赋予新的范畴特征。

名词动词化主要体现在名词转变为表示状态意义的词汇,当英语中找不到这样一个单词能够表达作者的意图时,借用名词来进行描述。如:

(1) to *paper* the goods(用纸包……);

(2) to *bottle* the fruit(用瓶子装……);

(3) to *bandage* up a wound(用绑带包扎……);

(4) to *oil* a machine(用油……);

(5) to *position* a factory near the town(将……置于某位置);

(6) to *pressure* him to do so(用压力……);

(7) to *blanket* the bed(用毯子将……盖上);

(8) to *carpet* the floor(用地毯……)。

原型意义上的名词表示事物(THING),具有所指功能,动词表示事件的发生,体现动作的形态特征,在句中充当谓语。这六个句子中的名词都失去了原型意义,充当谓语动词,描述动作的状态。在这种情况下,名词和它所转化的动词之间具有相似的概念结构,此处的谓语动词都表示用"……"工具完成,可以用"to do with…"表示,如第一句的 paper 可以表示为"to do something paper",其他也类似,因此,可以借助隐喻投射,实现两者之间的搭桥,激活读者头脑中的概念,完成了名词的非范畴化。如图:

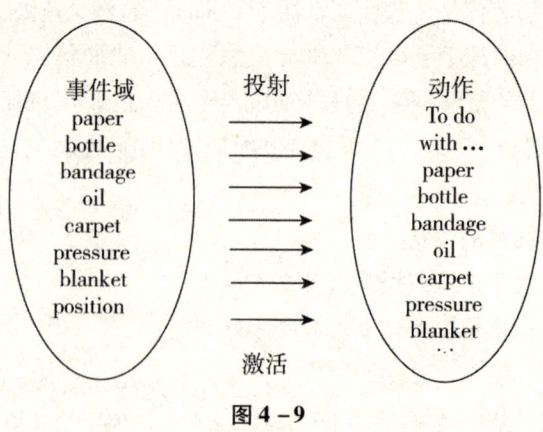

事件域: paper, bottle, bandage, oil, carpet, pressure, blanket, position

投射 → 激活

动作: To do with… paper, bottle, bandage, oil, carpet, pressure, blanket, …

图 4-9

然而，名词动词化也并不是所有情况下都适用，而只是找不到合适的动词的时候才用，如果动词本身就可以表达意思，那么也不需要利用名词来进行转化。如利用"to message"代替"send message"就没有意义，因为"send"一词本身就可以完成。同理，我们也没有必要将"bill"非范畴化，指代"to charge a bill"。

由于名词转化成动词的非范畴化过程能够使语义更加地生动、形象、简洁，符合语言的经济原则，现在有日益上升的趋势，英美报刊中很常见。如：

（1）Tom has his car serviced regularly.（maintained）

（2）Mr. Smith has authored a book on AIDS.（written）

（3）Her dress is patterned upon a Paris model.（made from）

（4）Dick is the man who used to partner Mary.（accompany）

（5）We shall book through Hong Kong.（know…from book）

五个句子中的名词都充当谓语动词，表示事物的动作过程和状态，但又与名词的特点相关，进行了结构上的投射，经历非范畴化。

名词作介词可以表示处所或时间状态，如古汉语中经常出现的名词表处所：相如廷叱之（司马迁《史记·廉颇蔺相如列传》）"廷"本意是指"朝廷"，名词，在句中指"在朝廷上"，表示地点，经历非范畴化。"相邻之生日蹙"（柳宗元《捕蛇者说》）"日"是指"一天一天地"，表示时间状态，脱离本来的名词属性。

根据（范畴属性特征）原则，状态动词比行为动词的范畴属性低，因为行为动词报告事件的发生意味着在语义上动词非范畴化的初期是转变为表示状态意义。这种状态意义既可是物理状态，也可是心理状态；既可是真实状态，也可是非真实状态。事实上，动词由报告事件的发生到表示存在的状态，也就是完成了由指称到陈述的转变。例如：

（1）a. He *broke* the world record in yesterday's match.

b. The *broken* record was created in the Olympic Games.

（2）a. He *gave* out all his money to the needy.

b. If he had *given* all his money to the needy, he would have nothing more to offer to the foundation now.

（1）a 和（2）a 中的斜体动词指称一个具体事件的发生，而在 b 中表示状态；（1）b 中表示实际存在的状态，（2）b 中表示非真实的状态。动词出现在主宾语位置上时，就由陈述转变为了表示指称意义。这一转换过程称为名物化，在英语中，名物化由形态句法特征体现出来，而在汉语中由句法位置体现出来。

97

(1) a. 他们用这笔经费出版了三部学术著作。
　　b. 这三部学术著作的出版花了他们一大笔经费。
(2) a. We have *planted* a lot of grass to keep the city green.
　　b. *Planting* grass is a way to keep the city green.

第三节　再范畴化

　　语言从最开始的无范畴状态发展到有范畴状态，打破平衡，构建新的词汇意义和语法功能，逐步失去基本义而建立新的语义联系，经历范畴化过程。在这一认知规律的作用下，词义经历扩大、缩小、新增、消失等变化，不断产生新的内容，脱离原有的意义和功能，实现非范畴化。当这一过程反复被使用之后，词语从次范畴又过渡成为一种具有稳定特点和持久范畴身份的词语，这一过程被称为重新范畴化或者次范畴化。

　　如鸭嘴兽既有卵生动物的特点又有哺乳动物的特征，人们刚开始认识这种动物的时候，发现很难把它简单地纳入这两种范畴体系中，于是就不可避免地面临着对其进行范畴化的问题，而这一范畴化的结果就是赋予其范畴名称"platypus"。该范畴的词源义是平足动物，突出的是这种动物的"平足"这个特征。这种动物也被称作duckbill或duckbill platypus，前者突出的是其"鸭嘴"这个特点，后者使"鸭嘴"和"平足"这两个特点在英语这个范畴名称中都得到了突出。但是，当它需要被纳入汉语与其相应的范畴体系中时，保留了"鸭嘴"这个特征而没有保留"平足"这个特点，同时用"兽"表明它是一种哺乳类动物。这样，汉语中对这种动物的译名在范畴内容上发生了变化，这种变化就是由翻译中再范畴化认知带来的结果。

　　如hunt一词，作"打猎"解释是最本质的，就是这个单词在人脑中储存的词汇表达虽是基本的概念，即基本范畴，但是随着人类社会的发展，这个单词不断处于人类的认知进化当中，基本范畴在非范畴化过程中逐渐带上了特殊的含义，获得新的意义与功能。如，"Hunt for a book"中"hunt"一词就是泛化了，并没有指称具体事务，原来是描述对猎物的获取这一具体行为的基本词义，此处更为抽象，衍生到了日常生活中用以描述对某事物或者某人的搜寻获取，经历了非范畴化过程。千百年来，当人们已经习惯了把这个概念泛化后，此词义也就完成了一个非范畴化到范畴化的过程循环。

　　如：hunt the neighbor's cats out of the garden，把邻居家的猫赶走；

hunt down a crime，追捕犯罪。

　　在这两处中，单词 hunt 是在人类社会发展中逐步衍生和定型的，都经历了词义非范畴化和范畴化的过程．尤其是词义更为抽象，更为泛化。词汇的意义泛化更加凸现词义的主观化，即说话人为了达到交流信息的目的，不断借助一些表达实在意义或用作客观描述的词语，再加上自己对客观事实的主观理解，从而把说话的目的和动机传给对方。hunt 的词义第一次从"打猎，猎取禽兽"衍生到"找出自己想要的物品"，再被其他人不断模仿。直到整个社会都予以认同，予以规约，被载入字典，被重新范畴化。

　　总之，非范畴化与范畴化过程是变与不变的辩证关系，是一件事情的两个方面。二者共同构成一个有机的整体、一个完整的发展过程。范畴化的过程是动态的、永不停止的，只有这样才符合认知进化和不断向前发展的客观事实。范畴化包括无范畴、范畴化、非范畴化和重新范畴化四个阶段。实体从无范畴状态到有范畴状态，然后又逐步失去原范畴的某些特征，开始非范畴化过程，经多次反复使用之后，词语从一种中间状态逐渐过渡成为一种具有稳定范畴身份的词语，完成了重新范畴化的过程。在无范畴——范畴化——非范畴化——再范畴化的这一动态、持续、无限循环的过程中，人类的认知系统得以完善和高级，社会发展不断进步。

　　这一循环反复的过程对英语教学有着积极的意义。首先，教师必须意识到语言学习是在学习一种文化。这样，在词汇教学中，则能把词汇融入文章之中。具有上下文语境的文章是最自然的语言，这种语境会使学生头脑中形成概念的原形。然后，教师必须引导学生不断进行英汉对比，尤其从表面看，汉语与英语词汇具有同样含义的，更要区分它们的原形，通过原形来更深刻地理解词的含义。从学生角度来看，英语词汇学习，不单单是死记硬背字典，需要大量的阅读，以阅读为载体，体会两种语言的不同语境，从而区分概念的原形。另外，除了阅读之外，要通过视听、口语交流、背诵来增加语感，来接触最自然、最真实的语言。认知语言学的范畴化理论为英语教学提供了新的思路，一方面这一理论有助于分析英语词汇学习中词汇混用的原因，更重要的是，它也为英语词汇教学提供了一些可行性的方略。

第五章

词汇的多义性

学习任何一门语言都离不开词汇的学习，英语学习也不例外。作为语言四要素（语音、词汇、语法、语义）之一的词汇一向被认为是语言理论和语言教学中一项十分重要的内容，许多学者甚至把词汇问题看作是语言的核心问题、瓶颈问题。词汇的多义现象的存在是导致词汇学习复杂的原因之一。多义聚合的词称为多义词，指那些包含几个相互有联系的意义的词。有的词包含的义项较多，如 get 一词在《牛津英语词典》中的义项高达 150 多项；有的词义项相对较少，如 cut 一词在《新英汉词典》中归纳为 32 个义项。不管义项的划分多少，这些义项之间总保持着一定的联系。认知语言学认为人们通过概念化能力构成概念体系，从而决定了语言的意义。概念体系以来自人的生理活动以及与外部世界相互作用的基本范畴和意象图式为基础，通过人的隐喻认知能力而获得，这就有可能将语义和理性置于生理功能与物质基础之上，为我们从认知角度探讨语言现象提供依据；也充分说明语义不是客观存在于我们思维以外，不能完全独立于人，它的形成是客观现实、生理基础、认知能力等多种因素共同作用的结果。

作为语言词汇中极其普遍的现象，一词多义是历史发展的必然结果。根据其历史演变，词义可分为本义和扩展义（或延伸义）。前者指的是词汇的原义，一般来说是具体的、人类最初认识事物的意义；后者指的是从原义派生出来的词义。现代认知语言学认为隐喻是人类认知世界的主要的和基本的方式，可以说人们时时处处无不在进行隐喻思维，而描述变化莫测的真实世界的语言也是以隐喻的形式体现的。词汇意义的拓展和延伸就体现着人类认知的隐喻性。根据认知语义学对多义现象的分析，描述变幻莫测的真实世界的语言是以隐喻的形式体现的，这些语言现象可归纳在意象图式中。各种意义之间的关系不是任意的，而是系统的、自然的，各义项之间的关系呈竹筒状①，即维特根斯坦所说的 AB、BC、CD、DE … 模式，后一个义项以前一个义项为基础。莱可夫用辐射范畴（radial category）来描述词义延伸的另一种模式。辐射范畴的结构就像是一个容器，它的次范畴就是容器里的各个小容器。每一个次范畴又可形成一个新的中心范畴，其周围又形成它的次范畴，这样，词义就光芒四射般地扩散开来。认知词汇学将这种词义延伸模式称为涟漪式词义延伸，就像石头掉进水中所产生的一圈圈波纹，多义词的各义项以原型义为中心向四周扩散，也即 AB、AC、AD、AE … 模式。除了以上两种最基本的词义延伸模式，还有一种将竹筒式和涟漪式融为一体的综合式词义延伸模式，在这种词义延伸过程中，即存在竹筒式延伸模式，又具有涟漪式延伸模式。竹筒式、涟漪式和综合式词义延伸都具有认知理据，其词义延伸主要通过隐喻等认知思维方式得以实现。

第一节 一词多义现象

一词多义是人类语言的普遍现象，它展现了人类语言的经济性原则，通过赋予同一词形以更多的词义来减少词的数量，减轻了人们记忆词汇的负担。试想，如果我们像原始人那样用单独的词汇来分别表示"洗身子""洗脸""洗头""帮别人洗身子""帮别人洗脸""帮别人洗头"等，而没有一个通用的词来表达简单动作"洗"的话，我们的境况会有多复杂。多义化是满足人们进一步认知世界的简便、有效的途径，优于造词、构词和借词等手段。人类历史上未曾有过任何一种自然语言只存在一词一义，一词多义现象是词义历时发展中的必经阶段，原义与延伸词义共存，便形成了一词多义现象。

词义的历时发展大致经历四个阶段：发起（initiation）、认同（agreement）、传播（spread）、规约（conventionalization）。延伸的词义首先得由某个说话者（speaker）在特定的情况下因为某种原因发起。如在打字机发明后不久，人们还没有词汇来表达打印的文稿。这时有两种选择：创造新词或用旧词表达新义。用旧词表达新义是更简单、方便、经济的途径。于是便有一名发起者用 manuscript 来表示"打印文稿"。听话者（hearer）会根据与 manuscript 相联系的原义"手写稿"，结合新的语境（打印机打出的）推断出单词 manuscript 的延伸义"打印稿、原稿（未印刷成书的稿件）"。当听话者接受了这一延伸词义，说话

---

① 陈建生：《认知词汇学概论》，复旦大学出版社 2008 年第一版，第 151 页。

者和听话者之间便达成了共识。这种共识很快在语言社团内传播，越来越多的社团成员接受这个新词义。一旦新词义获得进入词汇（lexicon）的权利，拥有自身的地位并在语言社团内固化下来，即词汇化和规约化了，词义的历时发展便获得成功。

人们把多义聚合的词称为多义词，指的是包含几个相互有联系的意义的词。有的词包含的义项较多，如"get"一词在《牛津英语词典》中的义项高达150多个；有的词义项相对而言较少一些，如"cut"一词在《新英汉词典》中归纳为32个义项。不管义项划分是多是少，这些义项之间总保持着一定的联系。一个多义词有多种意义，由中心意义通过词义的扩大、缩小、类比、转义等方式引申出不少次要意义。例如：spring 作名词使用时，具有以下词义：

(1) an elastic device；
(2) an actuating force；
(3) the quality of elasticity；
(4) a. the act of springing, esp. a jump or leap；
    b. the distance covered by a leap；
(5) a flock of teal；
(6) recoil；
(7) a natural fountain or flow of water；
(8) a source, origin, or beginning；
(9) the season of the year。

在这九个义项中，义项（1）为 sping 的中心意义，其余都为次要意义。次要意义并不是孤立、凭空产生的，而是与中心意义密切相连，是围绕中心意义演变和发展起来的。spring 的中心意义是"弹簧"，由"弹簧"派生出第二个意义"驱动力"（因弹簧反弹产生的冲力）；从"弹力"派生出第三个意义"弹性"；从"弹性"再派生出第四组的两个子义项"弹跳"和"弹跳的距离"；诸如此类。我们仔细观察第七个意思"泉源"与第一个意义"弹簧"，两者之间已经看不出有什么紧密的语义联系了。这字里行间的逻辑关系并非一条直白的线索。而且，在诸义项中，哪个是本义，哪个是转义，有时难以找到一条客观的标准。

一、词义的认知性

每个词都有其独有的意义，叫词汇意义。关于什么是词义，语言学界也有各种说法。有的说词义"实际上就是表明该词联系的是何种对象"；有的说"词汇意义是客观事物或现象的某种反映，这种反映是通过概念来表现的"。这两种说法都有一些道理，但又只说明了问题的一部分。概念是反映客观世界的思维形式之一，概念把同类事物所共有的本质特征概括起来，以区别于其他事物。概念在概括的过程中把同类范围内个别事物的特有特征排除在外。因此，受概念作用的词义所反映的不只是个别事物，而是一大批同类事物，它所反映的不是个别事物特有的特征，而是同类事物所共有的本质特征。如"马"（horse），不仅可以指某匹具体的马，而且可以指所有称之为"马"（horse）的同类动物。"马"（horse）是纯白的、深黑的、或棕黄的，是用来骑着玩的、用来驮东西的，还是用来耍马戏的，这些都不重要。重要的是它的范畴特征：它有四条腿、它吃草、有很长的马尾、跑起来很快等。可以看出，词义既反映客观世界的事物，又表示认识这类客观事物的概念。词义指的不仅是个别事物，而且指一批同类事物，词义表示的是事物共有的本质特征。

词义与概念有密切联系，但词义并不等于概念。概念是反映客观事物的思维形式，它反映事物最一般、最本质的特征。随着科学技术的发展、文化教育和生活水平的提高，概念的内容在不断深化、不断丰富。但作为语言要素的词义却有着相对的稳定性。它不一定反映事物最本质的特征，它只求反映同类事物的某些本质特征，足以区别其他事物，以便达到交际的目的。有的语言学家把作为词义基础的这类概念称之为日常概念，从而区别于科学概念。如"人"就其本质特征来说，"是能制造工具并使用工具进行劳动的动物"。这是人不同于其他动物的根本区别，是从猿到人转变过程中具有本质意义的飞跃，是对"人"下的科学概念。但是，人们在使用"人"这个词时不一定能联想到这一概念，不少人甚至并不具有这样的深刻认识。这种认识上的差异并不影响人们的交际，并不妨碍人们对"人"有共同的理解。这是因为"人"有自己的词义，它所反映的日常概念是"直立行走的、会说话、有思想的高等动物"。这一词义对于掌握汉语的人来说是共同的，是操汉语的人在交际中共同使用的。由于人们文化教育水平不同，所处的岗位、从事的职业不同，人们对同一个词所指的事物的认识深度也不尽相同。尽管人们对客观事物的认识深度不同，但作为语言现象的词义，以及作为词义基础的日常概念是共同的，这就保证了交际的正常进行。

从内容上看词义也不等于概念，词义除了以日常概念作为它的基础之外，还包含外思维意识的内容，如感情、意志、语体、美感等。语言中不少词除了表达一定的概念外，还含有褒贬的色彩。有些词给人生动活泼的语感，有些词给人以庄重、典雅的意味。这都是包含在词义里的附加色彩造成的印象，而概念本身无所谓褒贬，也不带感情色彩。语言中还有些词，它们不表示概念，只是表示感情和意志等。如汉语中的"啊""噢""唉"等，英语中的"oh""hurrah""alas"等，它们的词义只表示感情和意志。以上分析可以看出，词义和概念密切相关，彼此依存。词义以概念为基础，概念与一定的词义有联系。概念是认识客观事物的成果，而词义是具有名称功能的词的内容。概念只反映对客观事物的理性认识，而词义还包括感情、意志、美感等思维意识的内容。确定词义内容的因素除了非语言现象的事物与概念之外，语言现象，具体地说，某一词义与其他词义的关系，也是举足轻重的一个方面。语言中的词与词、词义与词义都处于各种各样的联系之中，这种联系进一步规定词义的内容和词义的价值。

索绪尔认为绝对意义的符号是最理想的符号。语言形式与其所指的外界实体之间没有任何自然的对应关系，音和义之间的联系是任意的，符号的读音和意义的最初形成具有任意性。但随着社会文化的不断发展进步，新生事物层出不穷，人们对世界万物的进一步认识以已知事物词汇为基础，这就导致了符号意义的拓展或延伸，即产生了一词多义现象或多义词。由于多义词是在认知的基础上产生的，词义的拓展就不再具有任意性的特征，正如法国人类学家李维·施特劳斯（Levi Strauss）所说："从先于经验的角度看，语言符号是任意性的，从后于经验的角度看，它不再是任意的了。"因此，词汇的延伸义与人类认识世界和人类与外界互动是密切相关的，是人类认知的结果，它受到社会、文化、经济、科技等多方面的影响，也是语言发展的必然。从共时的角度看，词汇义项较为稳定，人们很难明显感受到词义的变化，然而从历时的角度分析，词汇意义又是不断演变的，因此，词汇意义的延伸从某种程度上讲具有相对的无限性。人们通过对已知事物的理解，发现新事物与已知事物之间存在客观上的相关性或相似性，或人们在理解这些相关事物时具有主观上的相似性。当人们在运用已知的词汇对新事物、新观念或新经验命名时，这种命名运用了语言经济性原则，填补了词汇的空白，使词汇意义得到了扩展。英国著名人类学家爱德华·B. 泰勒曾指出："语言的产生不是一种在很久之前某个时候就全部产生，而后就完全终止的现象。相反，迄今为止，人只要需要，他就有能力并运用这种能力，通过选择适合于思想并为这种思想所特具的声音来创造新的独特的词汇。但是在现代，他并不经常去严肃地运用这种能力，其主要的原因是，人类所说的任何语言都有词汇的储备，这种储备几乎能够满足表现人类头脑中出现的一切新思想的需要。"事实上，人类迄今为止并没有停止运用已知的词汇创造新义。由此可见，词义的延伸表明了人类智慧从无知识到有知识所走过的一条道路。这些观点为我们从认知的角度研究一词多义现象奠定了基础。

二、词义的有理性

词义的有理性是指词语的构成形式与意义之间存在某种内在的必然联系，它是语义学的一个重要而又复杂的问题。词语的理据主要有三类：语音理据、形态理据和词义理据。从词汇语义学的角度观察，一个词会从字面意义转移到比喻意义，所指的事物类别发生了变化，词义也发生了转移。也就是说，隐喻在词义理据上发挥着重要作用。目前国内外学者普遍认为，理据性的词汇大多是通过隐喻方式获得的。认知语义学认为，新的词汇意义的获得不是任意的，其依据是使各种意义以有理据的方式联系起来的"认知结构"，隐喻使某一语义结构与另一语义结构映合，使词汇在原有意义的基础上产生既有区别又相互联系的新义。

在人类社会发展的原始阶段，人们创造并使用的第一批词汇多表示具体事物和直观行为，随着社会和人类认知能力的发展，现有的词汇系统中不能表达新的概念时，就会出现"语言贫困"或"语言空缺"，这时人们往往需要借用已有的词汇，将一个领域映射到另一个领域。但这种隐喻映射不是主观随意的，而是把始源域的形状、外表或功能等方面的特征投射到与之相似的目标域之上。例如：branch（树枝→支流，分支），the branch of a river（河的支流），a branch of a company（分公司）。有时，始源域和目标域之间尽管没有这种物理相似性，但是由于文化传统或心理因素的影响，语言使用者在心理感受和主观联想上认为它们之间存在相似性，也会创造隐喻投射。比如：He is a fox.（他很狡猾）这种心理相似性对推动词义拓展所起的作用更大。人类就是以这种相似性为基础，以隐喻认知为工具，把熟悉的、已知的、具体的范畴概念投射到陌生的、未知的、抽象的范畴概念中去，以隐喻为链条，串起了浩如烟海的词汇之珠。词义范畴拓展是词义发展的最普遍最重要的规律之一。它是根据语言的经济原则运用的一种特殊的、以不造词为造词的命名方式。多义范畴的出现是范畴扩展的结果，但范畴的扩展不是一蹴而就，而是存在一个过程。多义范畴起始于言语中语境调节的语义变化，规约化过程使范畴的某些新义项不断固定，不断从语言向言语转化，最后进入语言系统，范畴便成为多义范畴。隐喻是多义范畴形成的机制之一，它通过相似性将两个属于不同范畴的事物联系起来，通过跨范畴的语义特征转移，实现对语义本体的重新分类，重新概念化，从而产生出新的词义变体，增加多义范畴的内部成员。词义的隐喻性拓展方式在英语词汇中相当普遍，例如：

(1) He has a fiery temper.（fiery：烈火→脾气暴躁）

(2) The machine-gun mowed down the enemy.（mow：割草→用机枪扫射）

(3) the bridge of the nose （bridge：桥梁→鼻梁）

(4) the coat of paint （coat：外套→覆盖涂层）

(5) head of an arrow （head：人体头部→箭头）

隐喻表达无处不在。这些隐喻表达在最初使用时很新颖，但反复使用使他们规约化为语言词汇的一部分，在词典中找到了自己的栖息之地，被记录下来。正如威廉姆·艾普森（William Empson）所说：一切语言均由消亡了的隐喻构成，而后者的尸骸为其提供了生长的土壤。依据隐喻表达规约化的程度，安德鲁·果特里从词源学的角度把隐喻划分为死隐喻（死且埋葬的）、不活跃的隐喻（休眠和倦怠的）和活跃的隐喻。沃尔德伦也把"死隐喻"称为"睡眠中的或褪色的隐喻"。语言犹如一棵大树，荣荣枯枯、生生死死，在自然轮回之中生长和发展，留下的唯有词典中的年轮。所以有人说：词典是认知语义学的眼睛。理据性是词义历时发展的根本依据，是人类思维特点的具体反映。从历时的角度看，衍生词义与其源词义（source meaning）之间存在着理据性关系，这种理据性关系，主要是通过隐喻等认知手段实现的。例如，warm 一词的中心词义（1）为"温暖的；暖和的"，词义（2）"热情的；热心的"是其通过竹筒式词义扩展衍生而来的词义；词义（3）"同情的；示爱的"又是词义（2）通过竹筒式词义扩展衍生而来的词义。与此同时，warm 的中心词义还通过涟漪式词义扩展衍生出多种词义：词义（4）为"（指人）体温正常的；（因运动、气温或激动）皮肤发热的"；词义（5）为"（指衣物）保暖的"；词义（6）"（指工作、运动等）使人感到热的"等，如下图。需要指出的是，有些多义词词义之间的衍生关系及理据性从现时来看已不那么明朗；但从语源的角度来讲，这种衍生关系及理据性是客观存在的。

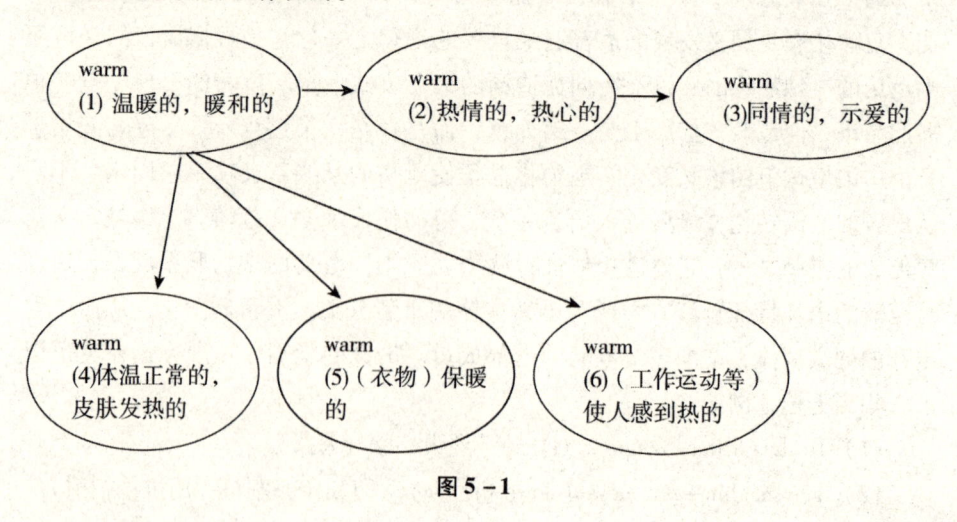

图 5-1

三、一词多义现象产生的原因

传统上认为一词多义现象是词义的概括性和词义演变的结果。由于词义高度的概括性，在词义的演变过程中原来的词义可能出现分化，形成新的词义。传统语义学认为人们在认识世界，在对世界的认识进行范畴化时，希望传递的交际信息尽可能具体明确，这就使得词的语义结构进一步分化，导致多义词的产生和更进一步的分化。近年来，随着认知语言学的兴起和发展，对词的认知语义框架的研究被认为可以对一词多义现象的产生提供更加充分的解释。词的复合的认知语义结构被认为是一词多义现象产生的基本框架。

多义化是满足人们进一步认识世界的需求的简便而又有效的途径，然而，多义词的多种意义之间的联系不是随意的，词汇含义的产生和变化都与人的认知有关。认知语言学指出语义的扩展是以语义原型为基础，通过隐喻等认知方式，派生出很多的扩展意义。莱可夫与约翰逊指出，隐喻通常是从一个比较熟悉、较易理解的始源域映射到一个不太熟悉、较难理解的目标域，如：

（1）I feel up/down.

（2）He is full of anger/fear.

概念映射都是从"方位"和"容器"这种我们比较熟悉的始源域映射到"情感"这种不太熟悉的目标域。隐喻是建立在人类经验和想象力基础之上的基本认知能力之一。它与其他基本认知能力之间有着必然的内在联系，人们倾向于把相近或相似的事物归为一类。多义词的各个义项之间必然存在某种联系，这是产生内在认知的基础。人类的认知过程常常表现为由人及物、从自身到身外、从熟知到未知、从有形到无形、从具体到抽象、从容易定义的概念和事物到难以定义的概念和事物等，往往表现为人→物→事→空间→时间→性质的顺序。例如 heart 一词的最初意义是指人的身体器官心脏。心脏来源于人的自身，后来从自身到身外，由人及物，指重要性等同于心脏的人或形状似心脏的事物，最重要、最有影响的部分，最中心的地方。后来引申出抽象意义，指最深刻的情感之所在，如爱、勇气和快乐之类的美好情感，心脏是情感的源泉，而后指感觉器官、思维器官、思想的容器，进而心脏是体内可以上下移动的物体。语义的扩展从有形到无形、从具体到抽象、从容易定义的概念和事物到难以定义的概念和事物。试看下列各句：

（1）the heart of our culture（heart 指最重要、最有影响的部分）

（2）My heart aches.（heart 指感觉器官）

（3）This advice comes from the heart.（heart 指思维器官）

107

(4) She knew it deep in her heart. （heart 指思想的容器）

(5) to give one's heart to somebody （heart 指情感的源泉）

(6) have one's heart in one's mouth （heart 是体内可以上下移动的物体）

(7) have got a good heart （heart 用来描述人的性格及其对别人的态度）

(8) lose one's heart （heart 指勇气和决心）

(9) put more heart into learning （heart 指热情）

学习者在学习了基本含义后，就能按照认知的规律，推导出在不同的语境下该词的确切含义，这些都源于人的认知能力。词义的范畴扩大了，但这种扩大不是任意的，是建立在人的隐喻等认知方式之上的，对事物的认知方式是语义变化的内在因素。

第二节 一词多义的形成机制

认知语言学强调人的认知对概念形成的作用，认为多义现象是一个词语具有多种相关意义的语言现象，其研究表明多义现象是通过人类认知手段由一个词的中心意义或基本意义向其他意义延伸的过程，是人类认知范畴和概念化的结果。从同一单词的不同意义之间的相关性可以看出：多义词不仅仅是语言经济原则的结果，更是隐喻认知的产物，换言之，隐喻认知对多义词的形成起着无可替代的作用。语义的变化不是任意的，而是受到"以身喻心"的隐喻的影响而变化的。也就是说人类的身体在多义词的历史发展中产生了重要的影响。隐喻以一种有理有据的方式，作为一种认知结构促使了词汇的变化，为我们提供了理解一词多义和词义变化现象的钥匙。也就是说隐喻以一种概念的结构来构建另一种概念，使两种概念相叠加，将谈论一种概念的各方面的词语用于谈论另一概念，于是就产生了一词多义现象。在英语中这些感觉动词 see、smell、taste、hear 就是多义词 see（看）的两层意思，最基本的一层意思是"用眼睛观察"；第二层隐喻意思是"理解"。如：I see what you mean.（我明白你的意思）眼睛看到了，就知道是什么，对看到的东西就会有判断、辨别，有了判断辨别就会产生想法和看法，有了自己的想法就知道该怎么做，从眼睛看到脑子想，用一种具体的、身体的经验来理解一种抽象的概念。再如，smell（闻）也是一个多义词，最基本的身体的意思是"用鼻子闻"，第二层隐喻意思是"觉察出"。用鼻子闻就能闻出气味的香、甜、苦、辣来。根据气味的不同，辨别出气味来自哪里，是什么东西发出的气味。如果食品是香甜味，那一定是令人引起食欲的食品；如果发出的是臭味，那这食品一定是坏了，不能吃。所以根据你的身体经验，你就能觉察出哪些食品能吃哪些食品不能吃。因此 smell 产生了由"闻"到"觉察出"的多层意思。例如：The reporter began to smell a good story（记者开始觉察到一则有趣的传闻）。同理 taste（尝），因为用舌头尝了，你就知道哪些好吃，哪些不好吃，有了品尝的经验，下次你就可以挑选你自己喜欢的东西吃，所以尝就有了挑选、决定或表达个人喜好的意思。如：He has a taste for music（他喜欢音乐）。hear（听）听到了，就理解了。如果别人说的是正确的就按别人说的去做，所以听就有了服从的意思。从以上几个感觉动词所产生的一词多义的分析，以及从这些最基本的隐喻里，我们能看出多义词语义变化的路径。

一、认知隐喻理论

传统的隐喻理论将隐喻看作一种语言现象，认为它是一种用于修饰话语的现象，是一种修辞格。然而隐喻不仅仅是一种语言现象，一种修辞格，它更重要的是人类普遍的一种思维方式和认知手段，它是人类用某一领域的经验来说明或理解另一领域的经验的一种认知活动；也就是说隐喻是人类借助较为具体的事物谈论较为抽象的事物，利用已知的事物来理解未知的事物。隐喻的结构由始源（source）和目标源（target）两项构成，把始源域（domain）的图式结构投射到目标域上，通过始源域的结构来构建和理解目标域，便形成了隐喻。隐喻映射（mapping）不是随意产生的，而是通过我们的身体经验出现的。

（一）隐喻的产生

作为一种认知现象，隐喻与人类的思维方式和思维发展过程有密切的关系。隐喻的最初使用者因为思维能力的局限，把两种实际上不一样的事物当作了同一种事物，因而产生了隐喻。这样的隐喻主要产生于语言的初创期间，这个时期人类思维能力处于较低的水平，这就是所谓的"思维贫困假说"。后来随着人类社会的发展及人们的经验逐渐扩大，发现了事物的相似性，依据这种相似性把一个词延伸使用到另一个词上。当人的思维发展到一定阶段时，他已不满足于对具体事物的认识与表达，而是要认识、思考、表达一些抽象的概念与思想，这时，人们将新认知的抽象概念与已认知的事物相联系，找到它们之间的关联性，从而用对已有事物的认识来处理、对待、思考、表达新事物，于是产生了两个认知域之间的投射，这种创造性的隐喻思维发展了语义范畴的抽象意义。从科学思维的角度来看，黑格尔认为：因为人们需要利用"感觉"现象来表达"精神"现象，所以产生了隐喻。隐喻同时又是一种语言现象，我们可以在语言的规律中发现隐喻的作用。隐喻在日常生活中无处不在，不但在语言中，而且在思维和行动中。据统计，普通语言中大约70%的表达源于隐喻概念。

（二）隐喻的本质

传统语言研究中隐喻仅仅被认为是对常规语言的一种变异，是一种用于修辞话语的修辞现象，直至20世纪末，人们才开始认识到它对研究人类语言和认知的重要意义。现代隐喻研究则明确地把隐喻看作是一种认知现象。隐喻不但是一种语言现象，而且在本质上是人类理解周围世界，感知和形成概念的工具。在隐喻的形成过程中，两种看似没有联系的事物之所以被相提并论，是因为人们在认知领域对他们产生了相似的联想。在日常生活中，人们常常用一些能够直接体验到的知识来理解较为抽象的、复杂的事物，参照他们熟知的、有形的、具体的概念来认识、思维、经历无形的、难以定义的概念，形成了一个不同概念之间相互关联的认知方式。

在语言的最初使用过程中，人们创造并使用的第一批词汇都是表示具体的事物，当人类从这些具体概念中逐步获得了抽象思维能力的时候，往往会借助于表达具体事物的词汇表达抽象的概念。在人类认知的发展中，人们首先认识和熟悉的是自己的身体，其次才是他们身边的事物以及后来更为抽象的概念。于是人们习惯于把他们所熟悉的用来指人体部位的词语在认知作用下逐渐引申或投射到与之外形相似或所处部位相似等一些抽象的概念上来。在英汉两种语言中，此类隐喻式的语言比比皆是，如汉语中的"针眼""山脚""椅背""床腿""笔帽""首领"等词汇；英语中的类似隐喻有：the eye of a needle, bottleneck, the mouth of a river, the leg of a table, footnote, the head of a department 等。这些语言形式已经被人们接受，成为普普通通的语言，隐喻式的思维方式也成为人们认识世界的基本方式。

（三）隐喻的类型

莱可夫和约翰逊根据始源域的不同在《人们赖以生存的隐喻》一书中把隐喻分为三大类。

1. 结构隐喻（Structural metaphor）

结构隐喻指通过一个结构清晰、界定分明的概念去构建一个结构模糊、界定含混或完全缺乏内部结构的概念。例如："Time is money"（时间就是金钱）。把时间比作金钱这一隐喻方式在现代西方高度工业化的文化中很普遍，而且这一隐喻概念影响了人类生活的方方面面。如：

（1）You are wasting my time.（你在浪费我的时间。）

（2）How do you spend your time these days?（这些天你是怎么度过的?）

(3) That flat tire cost me an hour. （那次轮胎爆胎费了我一个小时。）

2. 方位隐喻（Orientational metaphor）

方位隐喻也叫空间隐喻，指将空间结构投射到非空间隐喻上，赋予该非空间概念一个空间方位，也就是说参照空间方位而组建的一系列隐喻概念。这类隐喻基于人类的身体经历，如：躺下、站起以及由此对知觉、健康、权力产生的种种联想，换言之，人的身体直立的经验是这类隐喻的基础。方位概念是产生较早、人们可以直接理解的概念，在此基础上，人们将其他抽象的概念如情绪、身体状况、数量、社会地位等投射于这些具体的方位概念上，形成了用表示方位的词语表达抽象概念的语言。例如概念隐喻：HAPPT IS UP；SAD IS DOWN.（幸福为向上；悲哀为向下）

(1) My spirits rose at the news. （我听到那消息异常兴奋。）

(2) You're in high spirits. （你情绪高。）

(3) I'm feeling down. （我感觉不好。）

(4) He's really low these days. （他这些天情绪低落。）

(5) She is at the peak of her career. （她正处于事业的高峰。）

3. 本体隐喻（Ontological metaphor）

本体隐喻又可分为"实体和物质隐喻"（entity and substance metaphor）和"容器隐喻"（container metaphor）。"实体和物质隐喻"即通过物体和物质来理解我们的有关经验，这就使得我们能把一部分经历作为一种同类的、可分离的物质来对待。人们将抽象的和模糊的思想、感情、心理活动、事件状态等无形的概念看作是具体的、物质的有形实体，因而可以对其进行指称、量化、识别，并对它们做理论的讨论。如：

(1) Inflation is lowering our standard of living. （指称）

通货膨胀正在降低我们的生活水平。

(2) It will take a lot of patience to finish this book. （量化）

完成这工作需要很大的耐心。

(3) The ugly side of his personality comes out under pressure. （识别）

由于压力，他个性丑陋的一面暴露了出来。

在容器隐喻里，人是独立于周围世界以外的实体，每个人本身就是一个容器，身体分界面、里外等。人们将这种概念投射于人体以外的其他物体，如房子、土地、丛林、地区，甚至将一些无形的、抽象的事件、行为活动、状态也看作是一个容器，这样它们就可以有疆界，可以量化。例如：

(4) There is a lot of land in Kansas. （土地作为容器）

堪萨斯州有许多土地。
(5) He is out of sight now. （视野作为容器）
他现在消失在视线之外。
(6) He is in love. （感情状况作为容器）
他正沐浴在爱河中。
(7) Are you in the race on Sunday? （比赛作为容器）
你参加星期天的比赛吗？

二、一词多义的隐喻形成机制

无论从词义的历时衍化，还是从词义范畴中非典型成员的衍生以及典型成员的分裂来看，新词义与其源词义之间都存在着直接的理据性关系。多义词的词义之间之所以存在着理据性关系，是因为词义的扩展从主观上来说主要是通过人的隐喻思维来完成的。隐喻不仅构建我们的语言，还构建我们的思想、态度和行为。人们可以毫不费力地运用隐喻来进行思考、交流和理解。与此同时，人们还可以用隐喻思维来进行推理和判断。隐喻建立在相似性（resemblance）原则基础之上，涉及两个认知域，强调从始源域向目标域的映射，始源域是理解目标域的基础，多义化与人类的隐喻性思维有着内在的必然关系。隐喻涉及的是两个认知域之间的映射关系，这种映射不是无序的，而是通过类比、象似关系或邻近关系来体现映射的理据性。通过隐喻思维来扩展词义是人的普遍认知能力。儿童语言习得研究表明，儿童扩展已知词汇的词义主要是通过隐喻思维完成的。

自然语言中语符的多义性大多是从隐喻表达式派生的，也就是说大部分多义性的语符可以看作是隐喻化的结果，其主要的方法就是使用隐喻手段，即发现始源域和目标域的相似性，从而以始源域之名代指目标域之实。对语言的隐喻模式进行发掘和研究是近20年才发展起来的认知语言学对语言理论的重大贡献之一。这项研究从认知的角度观察隐喻，把隐喻的认知观引入自然语言应用这个更广泛的范畴。隐喻不再仅仅是一种对词语起修饰和美化作用的语言表层变异现象，更是一种反映人们深层思维方式与认知过程的语言常规现象，其实质就是通过某一类事物来理解和体验另一类事物。隐喻认知的实质就是借助具体的为人们所熟知的概念来表述抽象的、陌生的概念，使概念从一个认知域投射到另一个认知域，所以隐喻的表达方式必定要利用不同认知域概念之间存在的某种"相似性"来启动人们的联想，因此概念之间的相似性是隐喻的基础和灵魂。以hand为例，除中心意义外，其他义项利用"手"这一中心意义与（钟表、仪器、天平等的）指针或其他指示物的相同形象相联系，以 hand 的名称分别取代 pointer or indicator or the dial of a watch, clock or other instrument 。借助"手"这一具体的为人们所熟知的概念来表达抽象的概念，又由于两种概念相似性的存在使它们相互产生了联系，使几个义项有序地固定在了同一个语音形式"hand"之下。

又如，在人类的认知发展过程中，空间概念的形成往往先于其他概念。方位词的空间概念意义是基本义，由基本义逐渐拓展到其他引申意义。例如空间方位词 up 表现为一种空间意象图式，表示射体在某一时间内沿纵坐标的运动轨迹和所处的位置。也就是说，up 既可以表示动态意义"向上"，也可以表示静态意义"处于较高的位置"。随着时间的推移，up 从表示空间概念的基本义扩展为包含社会域、数量域和状态域的诸多词条。例如：

（1）The prices are still going up. （up 由空间意义的上升引申为"量的上升"）

（2）Things are looking up. （up 由空间意义的上升引申为"状态的上升"）

（3）He has come up a long way since he was a little boy—from shoemaker to manager of a very big company. （up 由空间意义的上升引申为"社会地位的提升"）

在以上几句中，up 所表示的空间关系被映射到社会域、数量域和状态域等抽象领域，形成了隐喻意义，实现了语义扩展。这种隐喻映射的产生不是凭空的，而是有一定的经验基础。如果往一堆物品中再加一堆物品，这堆物品的高度会随之上升。在我们的日常生活中，已经把"向上"与"量的增长"联系在一起了。空间意义被映射到状态域，表示状态的转好，是因为昂首挺胸常与快乐、兴奋等积极的情感相连。空间意义被映射到社会域表示社会地位的提升或处于较高的社会地位，也源于生活。在社会的层级系统中，每一个层次或等级都根据它们的地位在纵向上占据一定的位置。人们习惯地将高的层次或等级放在整个结构中比较高的部分。因此，一个人地位的提高被视为沿着整个结构的一种向上运动，处于社会层级中较高位置的被描述为"the upper class"或"the upper society"。

从以上 up 语义的扩展过程可以看出隐喻认知对多义词的形成有着无可替代的作用。也就是说，我们首先有了以一种概念的结构来构建另一种概念的认知方式，才有了将谈论一种概念的各方面词语用于谈论另一概念的一词多义现象。上文所列举和分析的只是 up 的一部分意义，但至少说明了多义词的意义拓展是有理据的，意义之间不是孤立的。在汉语中，与 up 对应的"上"也有类似的语

113

义拓展。例如地位较高的被称为"皇上、上级、上司,上流社会"。"上"也用来表达好的状态,如我们的国家"蒸蒸日上"。尽管汉语和英语分别属于没有"血缘"关系的汉藏语系和印欧语系,而且汉英民族拥有大相径庭的传统文化和哲学思想,生活的地域也相距甚远,但是两个民族却有着相似的隐喻联想。因为"近取诸身,远取诸物"不是中国人独特的思维方式,而是各个民族在认识世界时基本的思维方式。因为我们的身体有许多共同之处:我们有相同的器官,有相似的身体经验,因而各个民族在体悟世界时有共性。这就导致了许多一致的隐喻概念系统。这说明隐喻是人类一种基本的认知、思维和概念化的方式。例如,《新英汉词典》给"hot"列出的形容词义项有:

(1) 热的;烫的;温度高的

(2) 热情的;热切的

(3) 激动的;急躁的,发火的;激烈的,猛烈的

(4) 刚做好的;刚到达的;(公债等)刚发行的;内部得来的

(5) 热门的;轰动一时的;受欢迎的

(6) (味道)刺激的,辣的;(臭迹)强烈的

(7) (红、黄等颜色)给人热感的,暖(色)的

(8) 紧随的;紧迫的

(9) (爵士音乐)速度快节奏强的

(10) 通电的,带高压电的

(11) 强发射性的

(12) 杰出的,极好的

(13) 〈口〉运气好的;极有利的

(14) (体育比赛中)竞技状态极好的

(15) (车辆等)飞快的

(16) 违禁的,非法的

(17) 被警察通缉的;(物品)刚刚偷来的,最近非法搞到的;(所窃物品)因易于识别而难脱手的

(18) 荒诞的,不可信的

(19) 性感的;性欲强的;淫秽的

该词典给出的义项有 19 条。其中义项(1)是该词最基本的词义,是对人们身边具体事物(水、空气、物体、身体等)的基本属性之一——"温度"的一种具体和典型特征的表达,即"温度高的"。其他 18 个义项就可看成是后来逐渐扩展的意义。义项(2)、(3)含有隐喻认知的思维结构。人们凭经验认识

到,当自身有了"热切、激动、急躁、或生气发火"等情绪时,身体就会"发热、发烫",体温会升高。这种基于自身身体的感觉和经验促使人们发生相似性联想,将以上不同的情绪或心情(emotion or mood)与"hot"一词联系起来,并在表达这些心绪时用"hot"很直观且直接地表示。从现代隐喻理论的角度分析,就是把具体概念域(事物)的特征投射到抽象概念域(情绪或心情)上,使抽象概念具体化了。这是隐喻思维的体现,也印证了认知语言学经验主义的哲学基础,即映射的基础是人体的体验,它"不是任意的,而是根置于人体、人的日常经验及知识"。同理,义项(9)、(10)、(11)和(15)也体现和验证了这种体验主义。同时,词汇的延伸义受社会、文化、经济、科技等多方面的影响,"hot"的这几个词义得以延伸跟科技文化的发展分不开,是人们知识积累的结果。因为,随着科学的进步,新技术不断出现,"电""电压""汽车""放射性的核能"等新事物新概念进入了人们的认知领域。在认识并使用这些新事物时,人们发现"加快节奏或速度""通电或加压""加强(核能的)放射"等都会造成物体"升温、变热",与"hot"具有相似性特征。所以,跟(2)、(3)一样,这几个词义也是源于"hot"本义——"温度高;热"的直接引申。义项(6)、(7)则是一种特殊的隐喻,即概念在不同的感觉域之间相互投射。由于词汇各义项之间的关系有时是呈竹筒状的,后一个义项是前一个义项基础上的延伸。义项(19)就可以看成是"hot"在义项(6)、(7)基础上延伸而来。经验主义重视人类身体和感觉运动神经在认知和语言方面的作用。凭经验,人们认识某些嗅觉、味觉和视觉的感受不仅能给人"热"的感觉,而且还能刺激人类自身的性本能,从而使人心跳加快,感觉更热,也更冲动。所以"hot"用于表示"性感的"等一组词义就没什么奇怪的了。另外,由于词义在隐喻性延伸的过程中不是单线的延伸,而是以多个中心范畴向外呈现涟漪式的扩展。具体到"hot"中,可以想象事物的温度最高、感觉最热(the hottest)的时候应该是其自身或外界作用力达到顶点的时候。从一个侧面来说,它是某些事物状态最好的时候(如汤水等刚刚烧好,是"最火热的"时候)(newly or just prepared)。这层语义就是义项(4)、(5)和(12)、(13)、(14)这几组词义得以延伸的原因。它们分别突显了"hot"概念中所涵盖的"刚刚(做好)""最新""最火"和"极好"这些次范畴特征,并以这些次范畴为中心分别向不同认知域投射,形成越来越多的词义,如"刚到达(发行)的"等。而从另一个侧面来看,根据物极必反的客观规律,事物温度最高的时候也是感觉最烫、最棘手、最不好处理的时候,有了"不好"的一面。这就解释了义项(8)和(16)、(17)、(18)所包含的"hot"词义。我们可以从"(物品)刚刚偷来的"出发来探讨一下它们的延伸脉络。首先,与义项

(4)等相同,它们是"hot"的"刚刚"和"最新"这些含义的再拓展;其次,在这几组词义中,"hot"所涵盖的"极好"的概念特征不再被突显,相反,其不好一面——"棘手、不好处理"的概念特征突显出来,隐喻为"紧迫"等词义;投射到法律这个领域,就延伸出了"被通缉的""违禁非法的""荒诞、不可信的"等。

第三节 一词多义的途径

一、隐喻与一词多义的关系

当一个词的词义确定之后,就为今后词义的扩展或缩小奠定了基础。随着科学技术的发展,随着社会的变化,随着人类知识的增加,一个词义会变成几个,甚至几十个,因而使词义越来越丰富。在产生新词、新语、新意的过程中,由于语言中构词材料太少,如英语里只有26个字母,汉语中的构词材料点、横、竖、撇、捺就更少,再加上语言经济性原则的指导,一词异读(汉语中的"露"有"lou""lu"二音;英语中的"graduate"有[ˋgrædueit]、[ˋgrædjuit]二音,前者是动词读音,后者是名词读音)和一词多义,是词汇里并存的现象。词音和词义关系的假定性,使这种多音和多义现象的存在有了可能。受人类发音器官的限制,词的语音形式异化的条件是有限的。作为人类思维活动成果的词义,随着人们思维认识的发展,具有了无限性。以有限的词音表达无限纷繁多变的词义,自然有相当大的困难。因此,一词多义,一词多音,势在必行。另外,词语新义的形成总是以既有的词义为基础,往往是既有词的派生物。人们常常刻意寻找强调新旧语境间的相似性词语,也就是说常常使用隐喻。通过隐喻,人们可以用已有的词语来谈论新的、尚未有名称的事物。同时,通过隐喻,人们可以表达一些事物细微的差别,更加形象地反映事物的本质与特征。这一过程为多义词的产生提供了可能,为丰富语言找到了一个行之有效的方法。

把本义和派生义统一在同一的语音形式里,不仅是表达上的经济性,也便于人们了解和记住这一派生的新义。因为人们在认知事物时,总是由旧及新、由已知到新知,不断调动人们大脑中的已有知识结构。有了这种可能性、必然性和必要性,词在长期流传的历史过程中,不同时代、不同人群,基于语言实践的不同需要,灵活运用各种词语,就使一些生命力强、应用范围广、运用频率高的词语在本义基础上派生出一些新义。这些派生出来的新义和本义,仍保持着同一的语音形式，在人们的语感上也存在着义近或义反的关系，从而造成了一词多义现象。如果日常语言中缺少表达某一概念的相应词汇，人们往往会从已有的词汇中借用描述同样形状和功能的词汇来做临时替代，如在英语中，人们用"crane"（本义是鹤，由于起重机长长的吊臂像鹤的脖子）指代起重机，用"mouse"（本义是老鼠，由于鼠标的外形像老鼠）指代电脑用的鼠标。如果临时替代的词义得到了其他语言使用者的默认，并广泛流传开来，那很可能这一用法就成为该词的一个新的义项，该词就成了一个多义词。日常语言词汇有个很有意思的特点，即某个词越是使用频率高，其义项就可能越多，其中许多义项是通过隐喻的方式来增加的。为什么会这样呢？因为词越常用，人们对它的了解就越深，由它产生的派生词就越有利于人们快速理解和普及推广。

绝大多数多义词都是词义历时演变分化来的，义项间的历时联系就是本义和派生义的问题。本义是指词的有史可查的最早的意义，派生义是指词由本义滋生出来的意义。本义是和派生义相对而言的，不一定都是词源上的初义。一般说来，多义词的若干义项里，本义和派生义总是并存的。而且词义的扩展与派生基于人们的隐喻思维，人们在认识新事物的过程中，总喜欢在新旧事物之间寻找相似点，因而就用那个现有词来表示新生事物。在人们利用隐喻思维扩大词义的过程中，总是遵守由具体到抽象的规律，以汉语的"浅"和"打"以及英语中的"shady"和"beat"为例：

浅 {
 (1) 深度小：水浅……（本义——具体）
 (2) 时间短：年代浅……（派生义——没有 (1) 具体）
 (3) 程度不深：道理浅……（派生义——比 (2) 更抽象）
}

打 {
 (1) 击打：打鼓……（本义——具体）
 (2) 制造：打一把刀……（派生义——没有 (1) 具体）
 (3) 编织：打一件毛衣……（派生义——比 (2) 更抽象）
}

shady {
 (1) 树荫：a shady path（绿荫小道）……（本义——具体）
 (2) 令人怀疑的：a shady person（一个令人猜疑的人）……（派生义——没有 (1) 具体）
 (3) 隐匿的：keep shady（躲藏）……（派生义——比 (2) 更抽象）
}

beat {
 (1) 打：beating him with a stick（用棍子打他）……（本义——具体）
 (2) 击败：beating me in English（英语比我强）……（派生义——没有 (1) 具体）
 (3) 音乐：beating time（打拍子）……（派生义——比 (2) 更抽象）
}

如前所述，多义词的义项在现实语言生活中存在着义近、义类、义反的关系，在历史形成的关系上，存在着派生者与被派生者的关系，这纵、横两个方面的联系，使多义词的义项形成一个网络，其核心枢纽是本义。词典里排列多义词义项的序列，领先的义项往往就是本义，掌握本义是了解多义词的基础。例如，"后台"一词的原型义是"演出舞台的后面部分"（如"演员正在后台化妆"中的"后台"），由于它具有在幕后的性质，因此便产生出有关隐喻用法，出现了"在幕后操纵，支持的人或集团"的隐喻义（如"他靠父亲作后台"中的"后台"）。"出台"一词的原型义是"演员上场"，因含有公开露面的性质，便产生出"在大众中公开"的隐喻用法并成为隐喻义（如"人事聘用方案已经出台"中的"出台"）。以上两个例子都是由原型产生出非原型义，即隐喻义的情况，这两个词的原型义都是具体的、非隐喻性的。形象词的情况与之有所不同，它们是用隐喻方法造的词，原型义就是隐喻义。例如，"鸡眼"是指脚掌部位增生的小圆硬块。由于这种皮肤病症外形特征像鸡的眼睛，便直接用"鸡眼"命名。这样"鸡眼"一词的本义就具有隐喻性，它属于形象词。"蚕食"也是直接用隐喻方式构造的形象词。因为蚕吃桑叶具有很形象地逐渐吞掉的性质，因此用"蚕食"表示"逐渐侵吞"的意义，而"逐渐侵吞"就是"蚕食"这个词的本义。"炒鱿鱼"作为动宾短语使用，意思很具体，从字面上就能理解，即烹饪鱿鱼。但当它凝固成一个新词时，就属于用隐喻方式构造的形象词。因为生鱿鱼片一经热油炒，便卷成圆筒形，而卷铺盖的形状就像鱿鱼被炒过的形状，所以"炒鱿鱼"就成了"解雇"的形象用词。这个词虽源于作短语用的"炒鱿鱼"，但两者不在一个层次上，一个是形象词，一个是短语。据此，"解雇"就是"炒鱿鱼"一词的本义和基本义。再如"炒冷饭""背黑锅""敲边鼓"等也属类似情况，作为词使用，它们属形象词，其本义具有隐喻性。

形象词语从语义结构上可分三种，第一种是借喻式，用某一点像某物的特点，给另一物命名。例如："鸡胸"是指人们胸骨突出的一种病症，由于这种病症的胸骨形状像鸡的胸脯，因此就用"鸡胸"命名。"鸡胸"一般不代表"鸡胸脯"的意义，"鸡胸脯"的意义用"鸡脯"表示。有的商店在出售鸡脯时写出售"鸡胸"，与病症的"鸡胸"成了同音词，这似乎应该看作是一种不规范的用法。"鸡眼""龙眼""喉头""驼背"等也属于借喻式命名。

第二种是"隐喻语素"加"类别语素"的描写式。"金钱豹"这种动物是黄色的，上面有许多圆形或椭圆形黑褐色斑点、花纹，状似古钱，因此人们构词时使用"豹"作类别语素，用"金钱"作隐喻语素，描写这种动物的外观特征并作为它的名称。此类构词形式具有能产性，所以描写词的形象词很多，其中包括生活中各种类属的词语。如食品类有"马蹄酥""牛舌饼""榴莲火烧""龙须面"等；花木类有"喇叭花""鸡冠花""狗尾草""铁树""凤凰松"等；山川类有"象鼻山""天烛峰""扇子峰""猴子石""月牙泉""眼镜湖"等；鱼类有"带鱼""黄花鱼""娃娃鱼""凤尾鱼"等；五金工具类有"老虎钳""鲤鱼钳""扁嘴钳""螺丝钉"等；服装鞋帽类有"鸭舌帽""瓜皮帽"

"筒裤""萝卜裤""船鞋"等；人体五官类有"杏仁眼""柳叶眉""瓜子脸""蒜头鼻"等。以上形象词语都是隐喻语素修饰类别语素的描写式。

第三种是"类别语素"加"隐喻语素"的配合式。"雪花"是指空中飘下来形状像花一样的雪，类别语素"雪"在前，隐喻语素"花"在后；"钢花"是指下溅的钢水；"油花"是指汤或带汤食物表面浮着的油；"葱花"是指切碎的用来调味的葱；"泪花"是指含在眼里要流还未流出的眼泪，它们都是隐喻语素"花"在类别语素之后的配合式形象词。"雪花"等词中的"花"与"喇叭花"等词中的"花"语义不同，区别在于前者的"花"具有隐喻性，后者的"花"具有类别性。比如，像"火海""泪珠""铁丝"等也属类别语素在前，隐喻语素在后的配合式形象词。

用隐喻的方式构造形象词，有时根据形状，有时根据颜色，有时根据性质和作用，有时根据人们的想象和联想。因此，又可以把形象词分成若干类。

其一是形状形象词。"狮子头"是一种在形状上像狮子脑袋的肉丸子；"木耳"是一种长在腐朽树干上，形如人耳，可供食用的菌；"驼背"是指人的脊背因变形而向后拱起的症状。它们都是因形状像某物而借用某物喻指所产生的词语。

其二是颜色形象词。黄山的"翡翠池"因池水碧如翡翠而得名；芜湖市的"镜湖"因湖水清澈见底、透明如镜得名。它们是因颜色像某物而借用某物构造产生的；"草绿"是类似青草的绿颜色，它是在"绿"字前加了"草"这个隐喻语素构造的；"葱绿""墨绿""天蓝""宝蓝""橘红""枣红""金黄""杏黄""雪白""银白"等也是类似的颜色形象词。

其三是形色形象词。"银耳"因其晶莹透白、色如银，形似耳朵得名；"银河"是因看起来像是一条银白色的空中河流而得名；"樱桃肉"是一种江苏名菜，用猪肉焖制而成，因形、色都像樱桃而得名。它们是既根据形状又根据颜色命名的形象词。

其四是性质形象词。"绊脚石"就其字面意思的性质而言，是阻碍迈步前进的障碍物，因此用来代表阻碍进步的人或物；"纽带"从字面上看是纽扣和带子，从性质上看它们能起连接作用，因此用来表示能够起联系作用的人或物。它们都是根据性质和作用命名的形象词。

其五是想象形象词。"斑秃"俗称"鬼剃头"，当弄不清局部头发突然脱落的原因时，相信鬼神的人便想象它与鬼有关而为之命名；黄山上的"飞来石"因根部与山峰截然分离，孤耸峰头，人们便想象它为天外飞来之物而加以命名。类似的形象词语是人们凭主观上的想象和联想构造出来的。

由于构造形象词时的联想角度不同，相同的隐喻语素在不同的形象词语中的表义作用不一定相同。例如，"虎"本身具有"勇猛、凶恶、健壮"等特点，由此构造的形象词便有"虎劲"（勇猛有劲）、"虎将"（勇将）、"虎臣"（勇武之臣）、"虎势"（健壮）、"虎穴"（危险的境地）等。"牛"本身既有能吃苦耐劳的一面，又有倔强的一面（表达固执、不服劝导之义的"犟"字就是由此引发创造的会意字），因此人们一方面用"老黄牛"喻指老老实实努力工作的人，另一方面又用"牛脾气"喻人的脾气倔强。

　　中国是龙的故乡，在形象词中用"龙"作隐喻成分的情况很多，而且是从多角度隐喻构词："龙眼山""龙首崖""龙嘴洞""龙爪槐"等是以龙的身体或身体部位形状作比构造的形象词；"一条龙"是由龙身体长的特点联想产生的形象词，喻指一个紧密连接的行列，例如："产供销一条龙"，意思是生产、供应、销售三个环节紧密衔接，不脱节；"提供一条龙服务"也就是从头到尾提供全面服务。古代中国人把龙想象得无比神奇和强大，"龙"在中国远祖曾是华夏民族的图腾，在封建时代被作为帝王的象征，因此"龙颜"曾指帝王的面容，"龙孙"曾指帝王的后裔，"龙床"曾指帝王用的床。中国古代传说的龙能兴风降雨，因此当出现了能把大树拔起，令人捉摸不定的强大旋风时，人们便想象与龙有关，构造了"龙卷风"这一形象词。

　　在世界诸语言中，汉语词汇的形象性十分突出，颇具特色，诸如"佛手""龙头""龟头""盲目""头目""心腹""鲸吞""枢纽""眼中钉""敲边鼓""炒冷饭"等，每一个形象词都是一个形象生动的隐喻。其特点是，用他事物的形象相似点来指称本事物，是用隐喻方式构造出来的。不了解汉语词汇中这一形象造词的奥妙，就难免望文生义。

二、一词多义的隐喻延伸途径

　　多义词义项大致可以分为本义和引申义，词义的引申过程是再次对事物进行范畴化或概念化的过程。从单义词的一个中心结构变为多义词的多中心结构。多义词的词义存在于两个语义框架内：一个是词语在概念形成时的概念式，一个是词语在动态意义建构过程中所依赖的语言使用场合，即语境。例如对 hand 概念的改变是从两方面进行的：一是从本义的邻近性关系在本概念域内进行拓展，这是认知转喻的思维结构；二是从本义的相似性关系考虑，即延伸义向不同概念域映射拓展，这不仅把它看成是一个有生命的能活动的，人类胳膊的末端，前臂以下的部分，用来拿或握持，由腕手掌四指头和一个与之相对的拇指组成。此外还可以看成是无生命的一种指针，这就是认知隐喻的思维结构。重新概念化保持了事物内在的特征和外表的相似性特征,使许多不同类型的事物可用相同的词汇表示。这种概念化过程与人类认知过程密切相关,当名词被重新概念化后它所覆盖的事物就更多。词语,特别是多义词,只有在实际运用中才实现其真正价值,词义随语境而变,语境(包括语言物质认知话语类型、交际双方和交际关系等内容)决定和影响词义,词义和概念域随语境变化。以"hand"为例,牛津词典给该词列出的名词义项有:

(1) end part of the human arm below the wrist(手)

(2) pointer on a clock, dial, etc.(〈时钟仪表等的〉指针)

(3) a hand: active help(积极的帮助)

(4) manned worker on a farm or in a factory dockyard, etc.(〈农场或工厂、船坞等的〉从事体力劳动的个人、劳工、船员)

(5) skill in using the hands(手艺,技能)

(6) a. set of cards dealt to a player in a card-game(〈纸牌戏中拿到的〉一手牌)

b. one round in a game of cards(〈纸牌戏的〉一局)

(7) style of handwriting(书法)

(8) promise to marry(许婚)

(9) unit of measurement about four inches(10.16cm)used for measuring the height of a horse 一手之宽(约四英尺即10.16厘米,用以量马的度)

该词典给出的义项有9项,其中义项(1)是"hand"的本义,其他8项可以看成是后来随着历史演变逐渐扩展的意义即延伸义。义项(2)、(3)、(4)、(5)、(7)与本义具有相似的特征,具有隐喻性思维模式,因为这些义项中的各实体引起了"手"向不同认知域的映射。如(2)中的指针,(3)中的积极帮助,(4)中的从事体力劳动的个人和劳工、船员,(5)中的手艺、技能,(6)中的手牌与(7)中的书法这5个义项之间没有任何联系,但是它们都分别与义项(1)具有相似的特征,是在相似基础上产生的联想。语义范畴大,类型多,既有具体意义又有抽象意义。由于这些隐喻性较强的义项的长期运用,其意义已储存在人们的头脑中并成为字面意义,已感受不到隐喻性的存在了。人们在使用时可以不假思索,不经过任何隐喻思维就能从头脑中提取。哲学家戴维森(Davidson)认为,当隐喻变为死喻,其隐喻意义就成了死喻的字面意义。

由此可见,词义范畴表现出不同程度的原型义项身份,即并不是每个义项都可以具有同等的地位代表该词义范畴,只有原型义项最能代表该词义范畴。

在一词多义的平面上，一个词构成一个词义范畴，其所指成员具有家族相似性，而一词多义现象与同一意义所指之间的界限不是绝对的。多义现象是原型范畴的一种延伸，这种延伸有三种常见的方式：涟漪式、竹筒式和综合式。

（一）涟漪式词义延伸

涟漪式词义延伸，就像石头掉进水中所产生的一圈圈波纹，多义词的各义项以原型义为中心向四周扩散，也即 AB、AC、AD、AE … 模式。以汉语"手"和英语"table"为例，如下图：

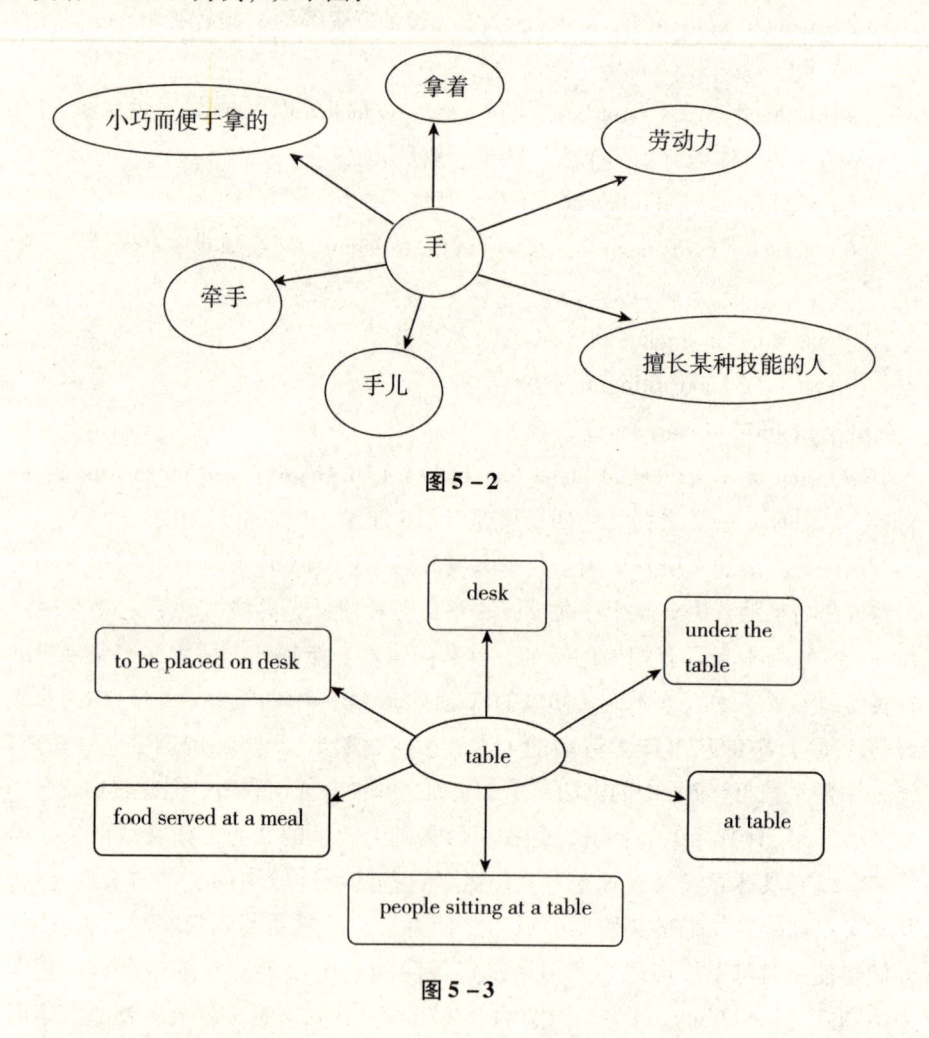

图 5-2

图 5-3

（二）竹筒式词义延伸

竹筒式词义延伸，就像竹子生长一样，笔直向上，不分叉，也即维特根斯坦所说的 AB、BC、CD、DE … 模式。竹筒式词义延伸的特点是：在一个多义词的几个不同词义中，有一个"原义"，这个"原义"也就是最早的意义。如同铁链一环扣一环那样，原义派生出第二个词义，第二个词义又派生出第三个词义，这样一直派生下去，直到最后的那个词义。属于竹筒式的词，我们可以看出它的第一个意义和紧接着的第二个意义之间的语义联系，也可以看出第二个意义与第三个意义之间的语义联系，但也许很难看出第八或第九个意义与第一个意义之间的语义联系了。英语中"board"词义的扩展是一个能说明竹筒式语义延伸的很好的例证，其义项有：

（1）a piece of timber
（2）table
（3）a. dining table——food served at table, esp. meals supplied by the week or month (e. g. board and lodging)
　　b. council table
（4）councilors
（5）committee
（6）directors at a company

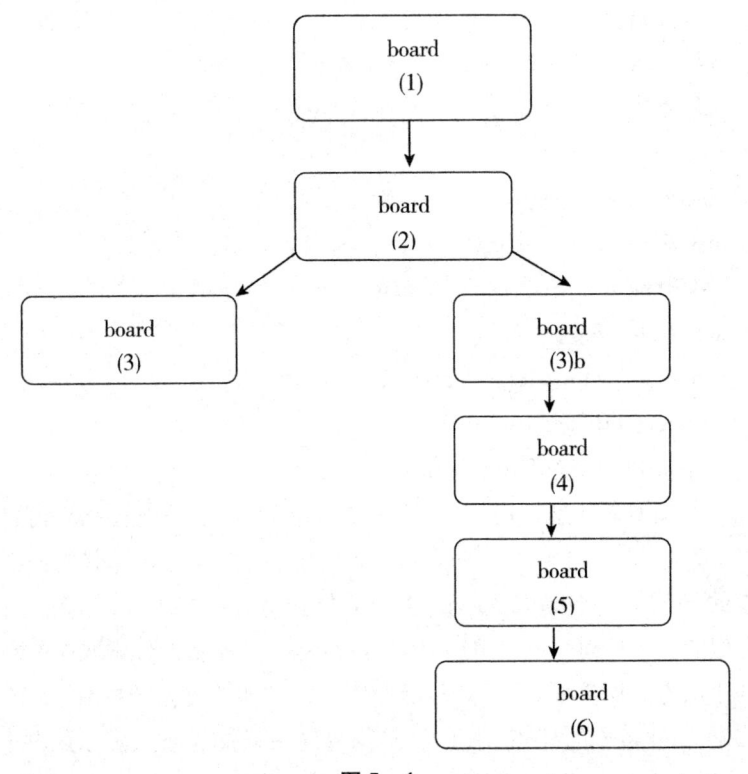

图 5-4

board 起初是指木板（1），后来人们用它指桌子（2），因为木板可以做桌子用。再后来，一方面，人们用 board 指餐桌（3）a，因为桌子可以用来吃饭；进而人们又用它指饭食，因为吃饭时饭食要摆在餐桌上；另一方面，又因为人们可以坐在桌子周围开会，所以人们用 board 指开会用的桌子（3）b；进而人们又用它指开会的人（4）（如：评议员）；因为围在桌子周围开会的是一伙人，所以人们又用 board 指委员会（5）（如：董事会）；后来人们进一步用 board 指全体委员（6）（如：董事会成员）。在 board 词义的扩展过程中，人们依据的是事物之间的替代关系。board 词义的延伸是一环接一环进行的，是一个竹筒式的词义延伸过程。（如图 5-4）

（三）综合式词义延伸

隐喻认知对多义词的形成起着不可取代的作用，而词义的延伸往往不是朝一个单一的方向发展，也不是以一种单一的方式进行，往往是在竹筒式的词义延伸过程中交织着涟漪式延伸方式，在涟漪式词义延伸过程中又交叉着竹筒式延伸方式，呈现出你中有我、我中有你的发展态势。如 The New Oxford Dictionary of English 给 sponge 一词列出如下义项：

(1) a sea animal

(2) substance of texture similar to a sponge

(3) cake

(4) metal in a porous form

(5) absorbent material

(6) material used in surgery

(7) absorbing in a sponge-like manner

(8) act of cleaning or wiping

(9) wiping off debts without payment

(10) a heavy drinker

(11) a parasite living like a sponge

sponge 的基本义项是（1）"一种海洋动物"。通过仔细研究，我们便会发现，词义（2）、（5）和（11）是以 sponge 的中心意义通过涟漪式的词义延伸方式所产生的；（2）因具备与 sponge 类似的材料组织结构生成，（5）因具备与 sponge 类似的吸水性而生成，（11）因具备与 sponge 相似的仅索取而不奉献的寄生虫式的生活方式而生成。从（1）延伸出（5）"吸水性强的材料"；又从（5）隐喻出（6）"外科用的纱布"、（7）"像海绵一样能吸收大量东西"和（10）"大量饮酒的人"；从（7）隐喻出（8）"擦、揩"和（9）"骗取"。可见，

(5)、(6)、(7)、(10)、(8) 和 (9) 都是围绕 sponge 这一始源域的概念场为中心通过竹筒式词义延伸方式而产生的。同理，(3) 和 (4) 是词义 (2) 涟漪式词义延伸的结果；(6)、(7) 和 (10) 是词义 (5) 涟漪式词义延伸的结果；而 (8)、(9) 又是词义 (7) 涟漪式词义延伸的结果。由此可见，sponge 所有这些隐喻性词义明显表现出竹筒式和涟漪式词义延伸的结合，是一种综合式的词义延伸模式。如下图：

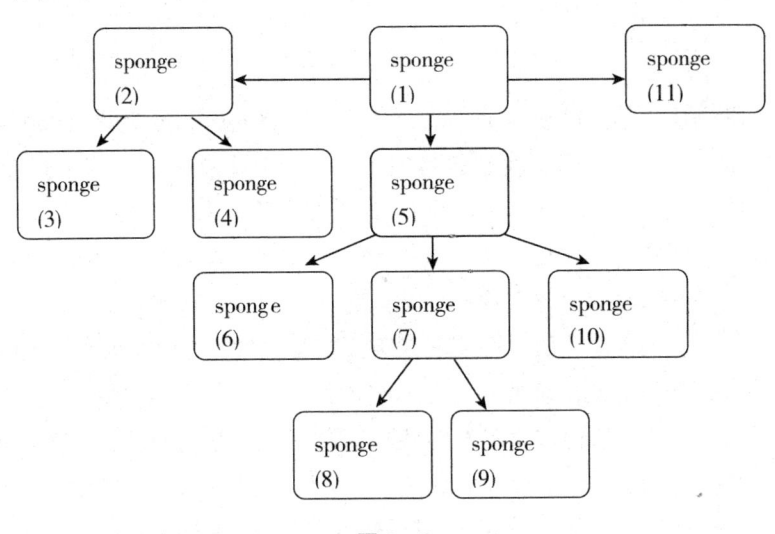

图 5-5

一词多义是语言词汇中极其普遍的现象，它是历史发展的必然结果。根据其历史演变，词义可分为本义和延伸义。前者指的是词汇的原义，一般来说是具体的、人类最初认识事物的意义；后者指的是从原义派生出来的词义。现代认知语言学认为隐喻是人类认知世界的主要的和基本的方式，可以说人们时时处处无不在进行隐喻思维，而描述变化莫测的真实世界的语言也是以隐喻的形式体现的，词汇意义的拓展和延伸就体现着人类认知的隐喻性。竹筒式、涟漪式和综合式词义延伸是多义词词义延伸的三大主要模式，其词义延伸都具有认知理据，并且主要通过隐喻等认知思维方式得以实现。

第六章

语法化

语法化是语言演变的重要方面。语法化具有普遍性，所有语言都要经历这个过程，而且这种演变可发生在语言的各个层面，涉及语音、词法、句法、语义、语用等①。最早提出语法化的是 1912 年法国学者梅利（Meillet）的《语法形式的演化》一书，该书用语法化来描写一个词汇形式如何演化成一个语法标记，引起国外学界的普遍重视。后又被美国功能主义认知语言学派进一步发展，成为一门新兴理论。认知语言学认为语言是认知机制和外界客观因素共同作用的产物。换句话说，语言是人类将感知到的外在现实加以概念化，并将其编码的结果。如果认知语言学派在语法化问题上有较强的解释力，不但可以有力地反驳生成学派有关语言是自足系统的观点，而且为认知语言学派的理论基石找到了有力的证据。另一方面，根据认知心理学的理论来寻找语言形式的内在认知机制，并从语言形式上寻找系统的而不是孤立的证据，研究语言与认知的规律也正是认知语言学的使命所在。因此，语法化一直是认知语言学派研究的主要范畴之一。认知词汇学认为，语法化是指具有实在意义的词项或结构在某些因素——主要是语义因素和语用因素——的作用下逐渐"化"为语法内容和语法形式的过程和结果。

第一节 语法化的来源

一、语法化理论的兴起

"语法化"（grammaticalization）这一术语最初是由法国语言学家梅利提出来

---

① Fischer, O. "On the Role Played by Iconicity in Grammaticalization Processes", *Form Miming Meaning — Iconicity in Language and Literature*, Amsterdam: John Benjamins, 1999, p. 348.

的，而语法化这一概念中国人在 13 世纪就已经提出来了。元朝的周伯琦在《六书证［言为]》中说："大抵古人制字，皆从事物起。今之虚字，皆古之实字。"因此，中国传统的语言学称语法化为"实词虚化"。语言学家们对语法化有不同的定义，如沈家煊指出，语法化通常指语言中意义实在的词转化为无实在意义、标记语法功能的成分这样一种过程或现象。霍珀和特劳戈特（Hopper & Traugott）的看法是，语法化是词汇单位和结构形式在一定环境中来表示语法功能的过程，语法化之后，继续发展出新的语法功能①。海姆（Hyman）认为语法化是语用经过约定俗成变为语法的过程，梅利认为语法化是研究自主词向语法成分作用的演化。牛保义、徐盛桓也指出，语法化是指形成语法的各种因素——主要是语义因素和语用因素——逐渐"化"为语法内容和语法形式的过程和结果。总之，语法化是一种语言演变，属于历史语法学的范围。近年来，语法化成为国内外研究的热点，语法化研究有着特别重要的意义。语法化研究实现了语言共时研究和历时研究的结合，解决了一些长期不能解决的理论问题，如 I see the cat on the mat 和 I see what you mean 中，建立在真值条件上的语义学无法对两个 see 做出令人满意的解释。"看见"是视觉神经的反应，"懂"不一定用视觉。两者的联系只能从语义的虚化或引申中找到答案。语法化研究的定位给语言研究提供了一个新视角。拜比（Bybee）指出，所有语言学理论都是为阐明人类语言的语法实质。语法化理论也不例外，通过研究语法形式的来源和固化问题，探讨语法得以建立的过程，了解语言是如何获得语法，从而回答什么是语法的实质。语法化研究使我们了解语法不是静态的、封闭的或自足的，它与语言外因素，如人的认知方式、语言运用密不可分。语法化过程一般从两个方面进行研究，一是从人的认知规律探讨语法化的原因，着重研究实词如何虚化为语法成分。二是从语用和信息交流的规律探讨语法化的原因，着重考察章法（discourse）成分如何转化为句法成分或构词成分。当代语法化研究可分为狭义（词汇层面，所研究的对象是语言中实词演变成语法标记、语法范畴、语法构造或惯用表达的过程或现象）、广义（涉及语篇和语用层面）、最广义（包括典型的概念结构、事件结构等如何演变为语法手段或构块〈construction〉）三大层次。

二、语法化理论在中国的引进和发展

正如语义研究、隐喻研究不是西方学者的特权一样，语法化研究也不是西

---

① Hopper, Paul J. and Elizabeth Closs Traugott., *Grammaticalization*, Cambridge: Cambridge University Press, 2003, p. 2.

方学者的特有领地。我国学者很早就研究了"实词虚化"现象,元朝周伯琦在《六书证言为》中说:"大抵古人制字,皆从事物上起。今之虚字,皆古之实词。"这或许就是对这一研究的最好注解。赵振铎曾指出:"在西方的语言学著作里把词分为实词和虚词两大类,这种二分法是受到汉语语言结构研究的影响而形成发展起来。尽管他们不一定就是直接受到孔颖达的影响,但孔颖达最早而完整地提出这个看法则应该充分肯定。"按照这一观点,西方的语法化研究似乎受到了中国学者的影响,因此外语界学者研究语法化问题也就应当了解中国学者的有关观点。何九盈认为汉魏时期就有人研究虚词,汉代的《毛传》和《说文解字》都对"名"(或字,即实词)和"辞"(或词,即虚词)做了区分,他们使用了"叹词""禁词""语已词""别事词""语助词""语辞"等术语来分析虚词。刘勰、孔颖达、柳宗元等大学者对这类现象也都有论述。宋末元初的戴侗在《六书故》(刊于1320年)中论述假借现象时区分出两种情况:实词和虚词,认为虚词大都属于假借,并对虚词做了进一步分类。元代的卢以纬受到上述学者的影响,早在600多年前就写成了第一本研究文言虚词的专著《语助》(刊于1342),深化了虚词研究,将130多个虚词作为研究对象,进行分类,阐释其义,而且还述及了虚词在句子内部和句子之间的结构关系,很有启发性。他在汉语的虚词研究上可谓是空前的,也对后世这方面的研究产生了深远的影响。清代还出版了20多部虚词词典,如刘淇的《助字辨略》(共收虚词467个)、王引之的《经传释词》(共收虚词254个)、袁仁林的《虚字说》等。汉语中所说的实词虚化,相当于英语的术语"Lexical Item to Morpheme Perspective",其主要内容是关于词汇意义由实而虚的变化,而西方所说的"Grammaticalization"则侧重于研究语法范畴和语法成分是如何从实义词语产生的,因此比汉语的"实词虚化"范围要广。而且,当今的语法化理论除了研究词汇层面的虚化现象之外,还要研究句法、语篇和语用等层面的虚化现象。语法化理论使语言学家们从一个新的角度看待语言,语法不再被看作一个不受外界因素影响的、自足的系统,而是一个受到认知和语用因素制约的过程。

三、广义和狭义的语法化

梅利于1912年首先创造使用了"grammaticalization"这一术语,用来指早先的独立词慢慢演变成语法形式的过程,自此语法化研究就被局限于词语层面,持这一观点的认知语言学家有:斯威第(Sweetser)、泰勒(Taylor)、兰盖克等,这可从他们对语法化所做的描写或定义中可见。而霍珀和特劳戈特则明确指出"语法化"这一术语有两层意思:(1)研究语法形式和构造是如何出现的(how grammatical forms and constructions arise），它们是如何被使用的，又是如何影响语言形成的。（2）研究词项如何随着时间的推移成为语法形式的过程（items become more grammatical）①。根据这一论述，语法化可以描述为从认知角度阐述语言中原来实义性词语和表达式（以及典型概念结构）在语言发展过程中逐渐演变虚化（或显性）成为稳定的语法标记或手段、抽象语法构造或惯用表达的过程和结果②。据此我们可将语法化研究的主要内容大致分出三个层次：

（1）狭义的语法化，主要指"实词虚化"，侧重研究词义由实到虚的变化，词汇以及词组如何变成词法和句法中的范畴和成分的过程，例如词类语法化和构词语法化。

（2）广义的语法化，指将词汇层面的研究扩展到语篇和语用层面，如语篇语法化和语用功能语法化。

（3）最广义的语法化。除上述内容外，语法化还可包括典型的概念结构、事体结构等如何显性成为语法手段和句式构造，如命题图式与时体标记、句式构造语法化等。

前两层次的语法化研究主要是关于语言中原来实义性词语和表达式（包括原可作为独立词、词组或分句的非语法形式、篇章成分和结构等）如何演变虚化成为语法标记，深入解释语言中的虚词（如冠词、介词、连接词等），以及时、体、态、式、情态、词类、主语、宾语等语法标记是如何从实词、句法和章法演变而来的，系统阐述与语法化相关的因素，这也是国内外许多学者所论述的语法化主要内容。而第三层次的研究则是最广义上的语法化，涉及典型的概念结构或事体结构等如何被显性化为语法构造，而语言结构又是如何体现出典型的概念结构或事体结构的。根据兰盖克的观点，人们在体验的基础上形成了许多概念基型（Conceptual Archetypes），在其之上又形成了几个"典型事件模型"（如弹子球模型和舞台模型），语言中的语法构造和基本句型就是在这个基础上形成的，这也是一种广义的语法化现象。这一层次的内容一般不被学者们视为语法化的主要研究对象，这可从他们对语法化的定义和论述可见，就连兰盖克本人也没有明确指出他所论述的这一内容为语法化现象。正如兰盖克本人所说："语法化即词项演变成一个语法成分的过程。"但从"语法化"这一术语本身的广义来说，就应包括语言在进化过程中能够形成各种语法手段以及表达

---

① Hopper, P. J. & E. C. Traugott.：*Grammaticalization*, Cambridge：CUP, 1993, p.1.
② 王寅：《狭义与广义语法化研究》，《四川外语学院学报》2005 年第 5 期，第 68~73 页。

方式的内容，这是从更高层次上来全面理解"语法化"①。昂格雷尔和施密德（Ungerer & Schmid）也曾指出："对语法化过程作出认知解释的关键性步骤就是：假设词汇现象、词法现象以及句法现象都是基于常见概念结构产生的，并假设突显这一常见概念结构的不同方面，也就产生了这些现象之间的差异。"②可见他们极力倡导语法化研究应与概念结构紧密结合起来考虑，或换句话说，从人类的典型概念结构角度来深入分析语法化现象，是对语法化研究的一个重要发展和贡献。由于篇幅关系，本章中所讨论的语法化主要指前两个层次的语法化。

四、语法化的动因

语言意义和形式的演变是"有理可据的"，即有各种动因。这种变化有的源于语言之间的接触，有的来自交际中说话者和听话者双方的互动，有的形成于创新用法，也有的产生于对语言的误解和误用③。然而不管是哪种原因，作为一种语言演变形式，语法化的发生必然是高频率重复和惯常化的结果。拜比曾强调了语法化最重要的一个特征就是重复，促使一个词语语法化进程必要条件就是它具有足够高的使用频率。使用频率越高的实词，就越容易作为语法化的始源，也就越易被虚化为语法标记，其结果反过来又提高了该形式的使用频率。如英语中使用频率最高的150多个功能词，大多是用来表示语法关系的。此外，一个语言表达序列会因为重复逐渐被紧缩处理为一个单位，其中的组成成分就可能简化，逐步丧失独立性。这样的例子如英语中的"as regards""let alone""maybe""could be"（正在形成中），汉语中的"可见""不过"等。

（一）语言接触

语言接触是语法化的动因之一。这种接触包括语言与语言或一种语言内部各方言的接触。语言接触可丰富语言的表达方式，如汉语中的后缀"化""者""性""度"等就是在西方语言的影响下产生的；再如从英语 taxi 到汉语中的"打的"，以及英语中词缀 -burger 的产生都与语言接触相联系。

---

① Langacker, R. W., *Grammar and Conceptualization*, Berlin: Mouton de Gruyter, 2000, p. 297.
② Ungerer, F. & Schmid, H. J., *An Introduction to Cognitive Linguistics*, London: Longman, 1996, p. 256.
③ 王寅，严辰松：《语法化的特征、动因和机制》，《解放军外国语学院学报》2005年第4期，第1~5页。

(二) 创新用法

为了丰富语言的表达手段，人们会创造性地使用语言，新词语和新结构的产生往往始于某些人的创新用法，然后被众人接受，推而广之，从而催生语言的语法化。比如英语中的后缀"-gate"，始自"Watergate"（"水门事件"），现在常用在名词后面表示"欲掩盖错误行为的丑闻"，例如"Irangate"。在语言的交际过程中，词缀"-gate"的这一用法逐步扩展到其他语言，汉语中有关词缀"门"的例子不乏其数，如"拉链门""电话门""艳照门""诈捐门"等。再如汉语中的"秀"，原来来自英语的"show"（表演），现已成为构词能力极强的一个语素，合成各种词汇如"走秀""时装秀"。汉语"表演"一词原有"装腔作势、玩花样蒙人"的意思，"秀"也继承了这个贬义，于是有"做秀/作秀"，甚至"跳楼秀"等。第一个夸张地说"我累死了"或"我饿死了"的人恐怕不会想到"死"从当初的实义动词几乎演变成今天一个表达"极度"意义的副词性语素。"非常"这一副词眼下正在产生形容词的用法，例如"非常男女""非常时期"。

(三) 语用理据

语法化的理据包括语用理据。海姆把"语法化"限定为语用法凝固为语法的过程，尽管语法的来源可能不仅仅是语用法。语言中一些广泛使用并反复出现的语用现象会逐渐固定下来，约定俗成，变成构词造句的语法规则。海因（Heine）认为："语法化可被解释成以解决问题为主要目标的过程，它也是寻求调节交际，协调讲话人与听话人之间互动方法的结果。"① 经常提到的例子是，原先表示询问能力的问句"Can/Could you⋯?"现在已具有建议的功能，同样，汉语中"你能不能⋯⋯?"似乎也是。可以说，它们几乎已经演变成功能词。当初人们在提出建议前总是先询问对方有无能力履行建议，这样的句式重复多了，听话人一听到就会立刻理解为建议，说话人无须多说，这一现象也表明省力原则在起作用。

五、语法化的特征

(一) 历时和共时

语法化研究的对象决定了它属于语言的历时研究，且被认为是历时语言学中最重要的内容之一。各个共时截面的语言，其词汇和语法富含历史的积淀，

---

① Heine, B., *Auxiliaries: Cognitive Forces and Grammaticalization*, Oxford: OUP, 1993, pp. 150—151.

是语言在历史发展的长河中不断演变的结果。大部分语法化过程是渐进的，布雷亚（Bréal）认为，有些语法化过程可能需要好几个世纪。如汉语中的"过"这一词，在现代汉语中已经衍生出用于语篇连贯的"不过"（意为"但是"），其中的"过"字与原先表示"空间跨越"意义的"过"已相去甚远，这种词义和用法演变的过程不做历时的研究是无法发现的。然而也有学者认为语法化过程可能很短。马蒂索夫（Matisoff）指出："我们能够看到，语法化现象在我们所选的任何语言中会在我们眼前迅速出现。"如克里奥尔语（Creole）常在很短的时间内产生新的语法形式。再如汉语从"的士"到"打的""面的"的发展。"的士"本来是英语 taxi 的音译词，经过"重新分析"这一过程产生了"的"这一词缀。语法化研究包括对语言共时的描述和历时的追溯，目的是推导出语言形式的演变和形成过程。共时的变异或许是历时演变的浓缩和写照，可用于推断历时演变，或预测语言将要发展的方向。语法化的结果是，有的实词虚化后还能保持原来实词的用法和意义；此外，有的语法功能可能会同时用几种语法形式来表示，它们可能经过了不同的途径而且虚化自不同的实词。这些变化的过程都应该从历时和共时两个角度来考察才能得到较为满意的答案①。

（二）有序性和单向性

语法化的一般过程是从实变虚，从虚变为更虚。这一演变序列如下：实词＞虚词＞附着形式＞屈折形式（词缀）②。然而，无论从历时还是从共时的角度，我们都很难对这一连续体做出截然的划分，确定它们各自的阶段和分化的时间。语法化不是一个新形式完全代替旧形式，一个意义突然代替另外一个意义的过程，常见的是两者或多者并存的现象：A →AB →B…。以下是 have 的语法化过程，其语法化程度从上到下逐步增高：

(1) I have a book.

(2) Do you have a bank account?

(3) The house has three bedrooms.

(4) This device has high quality.

(5) We have a lot of crime in this city.

(6) I have some work to do.

(7) I have to do some work.

(8) The students have come.

---

① Hopper, P. J. & E. C. Traugott.: *Grammaticalization*, Cambridge: CUP, 1993, p. 2.
② 同上，p. 7.

由此可见，原来表示"所有"这个实义的 have，随着语言表达的需要，逐步语法化，从而表示"义务""先于""关联"等意义。一般认为，词语等语言结构的语法化具有明显单向性（unidirectionality）。单向性包括以下三项内容：第一，总是从独立实体向非独立实体演化，可能会成为不可独立运用的附着词缀形式；第二，总是从复杂表达向简单表达方向演化；第三，总是从较为具体的向较为抽象的、概括的方向演化。很多学者认为，可在语法化进程的各要素中寻找出一般的发展规律。

海因（Heine）等曾将人类认识世界的认知域排列成一个由具体到抽象的序列，认知域之间映射的一般顺序为：人＞物＞过程＞空间＞时间＞性质。我们认为这个序列既符合一词多义发展的规律，也符合实词虚化为语法成分的一般规律。在这个序列的前半部分从人到空间中，是由实变虚的过程，后半部分从空间到性质是由虚到更虚的过程。霍珀和特戈劳特还认为语法化往往伴随着词类范畴的降类特征（decategorization）①，其顺序为：主要范畴＞（形容词/副词）＞次要范畴。主要范畴指开放类的名词和动词（名词应排在动词前，因为英语中几乎所用名词都可用作动词），次要范畴指封闭类的介词、连接词、助动词、代词和指示词。形容词和副词（有学者认为副词可排在形容词前）是一个可有可无的中间阶段，因此置于括号中。如英语中 while 原是名词，表示"一段时间"，后虚化成表时间的连接词，在古英语中还可用作介词，未经历形容词或副词的阶段。汉语的实词虚化大致也经历了这个过程，名词、动词可经历或不经历形容词或副词阶段虚化为介词、连词等。如"被"字原是名词，指盖在身上的"棉被"，用作动词时就有了"覆盖"之义，又从其延伸出"遭受、蒙受、被动"之义，可用作副词，如"被压迫、被剥削"，进而可用作介词，就有了表示"施事"的意思，如"书被人借走了"。

（三）抽象化和专门化

一般来说，语法化是对具体的语言形式、语义内容和语用现象的抽象过程。对这种变化，学界有诸多的说法：空化（emptying、emptification、evacuation）、淡化（bleaching）、弱化（weakening）、减化（reduction）、简化（compacting）、缩化（condensation）等。一个语法项目的抽象化程度越高，其语法化程度也就越高。不同语言中相同、相似或相关的语法范畴会表现出不同的语法化程度，如人称代词在各语言中的语法化程度是不同的。一般说来代词有单数、复数、双数之分，还有主格、宾格、所有格之分，阴性和阳性之分，简称和尊称之分，

---

① Hopper, P. J. & E. C. Traugott.: *Grammaticalization*, Cambridge: CUP, 1993, p.104

各语言对这一语法范畴要素的体现是不同的，如现代英语人称代词只有单复数之分，没有双数这个范畴，"性"体现不完整，也没有简称和尊称之分（法语有 tu / vous，德语有 du / sie，汉语有你/ 您），第二人称没有单复数之分，也没有主格宾格之分。在语法化过程中，有的词项或表达式演变成了发音和意义相对应的语法标记。在传统语法中，这些语法形式被视为助词，没有实在的意义。而认知语法认为，只要是语法形式就都表示了一定的意义，如上文在句（8）中构成现在完成体的助动词 have 就保留了一定的意义；再如汉语实词"在"的部分意义依旧保留在虚词中，这就是霍珀等人所说的"滞留"（persistence）特征。

一个实词会经历多个不同的虚化过程，每增加一个过程，就增加一个新义，因而一个形式就可有多重意义，如"从"原为会意字，指两人相随，表示"跟随、听从、依照"等实在意义，后来虚化为介词，既可指地点，又可指时间，还可用于其他抽象概念，表示"顺着"的意思。可见，演变所产生的多种意义之间大都存在种种关联。另外一种情形是，在历史上的某一时期某一功能会用多种语法形式来表示，但随着语法化的进展，人们会有选择地运用某一或某些形式，这就是霍珀等人所说的"专门化"（specialization）。

第二节　语法化的认知机制

一、语法化过程

语法化过程是一个词义由具体到抽象的演变过程。从认知语言学角度看，词汇、形态和句法现象都是建立在共同的概念结构的基础上，它们的不同之处仅仅在于各自突显概念结构的不同方面。语法形式或单位与实词范畴一样，都是多义范畴，语法化本质上涉及的是多义现象。人类语言的演变是一个持续进行的过程，在语言的任何一个阶段都不会结束或完成。从这一角度观察，语法化不仅是语言历时演变的过程或结果，而且同样存在并发生于共时的平面之上。在语法化框架内对于语言现象进行共时研究，能够提供更符合语言实际情况的描写与解释。语法化研究中的一个著名例子可以说明这一问题。英语中常常使用 be going to 来表达将来时态，而这一形式是从实义动词 go 演变而来的。尽管助动词 be going to 从实义动词 go 转化而来的过程起源于 15 世纪或者更早时期，但这种语法化现象涉及的各个阶段在现代英语中同时存在。请看下面的例句：

（1）Susan's going to London next month.

(2) She's going to London to work at our office.

(3) She's going to work at our office.

(4) You're going to like her.

(5) You're gonna like her.

(6) You gonna like her.

句（1）中 go 被作为运动动词使用，后面跟随表示方向的状语，句（2）中 go 同样是运动动词，但是比句（1）多了一个目的状语。句（3）中不再有方向状语，所表达的意义集中在将来要实现的某种意图。句（4）又有变化，主语不再是一个进行某种行动的施事，而是某种态度或情感的体验者。这里的 be going to 不再表达某种意图，而是基于当前情况的某种预测。在最后两个句子中，be going to 的形式发生了音系上的变化，尤以句（6）中的形式最为彻底。"gonna"成为纯粹表示将来意义的功能词。这最后两个例子也表明，一个语言形式的语法化过程可能同时伴随着音系变化。

又如，汉语中"头"的原初意义指人体最重要的器官——脑袋。由于人类身体和动物身体的相似性，"头"这一范畴很自然地被用于描述各种动物的最前面的部分，上面长着口、鼻、眼等器官。"头"的意义被用于动物以后又被引申于其他无生命的事物或者抽象事物，比如"君住长江头，我住长江尾"。"头"也可以用来指称无生命事物的一端，并且被指称部分通常是比较重要，或者在认知上处于突显地位，比如"车头""船头""床头"等。由于语言中的时间范畴大都是通过空间范畴的隐喻化来构造的，"头"在现代汉语中一个重要的抽象意义就是由表示空间的范畴向表示时间的范畴延伸，表示"时间上在前的、过去的时间"，比如，"头两个小时""头胎""头半夜""头几天""头两个星期"等。然而，"头"不仅可以指事情的开始，还可以指事情的结束，这种用法同样非常普遍，如："这样的日子什么时候才能到头？"除了向表示时间的范畴延伸，"头"还向许多其他范畴延伸，比如表示等级范畴的"包工头""头等舱""头功"；表示数量范畴的"零头""粉笔头儿"以及表示程度范畴的"过头"等。

由此可见，表示空间范畴的"头"在向其他范畴延伸的过程中，它作为实词的语法功能逐渐虚化，最终实现了其由表示"脑袋"的名词向量词和词缀转化的语法化过程。"头"在现代汉语中常常作为量词使用，如"一头牛""一头猪"和"一头驴"，但其使用已经不如古代汉语中那样普遍。古汉语中的"头"可以指鱼类或昆虫，如：

潭中鱼可百许头。（唐·柳宗元《小石潭记》）

"头"在现代汉语中被语法化为词缀使用，其作用主要分为两类。一类是充当名词标记，可以出现在名词后面组成新的名词，也可以出现在动词和形容词后产生名词。另外一类作为方位词后缀，构成新的方位词。例如：

名词+"头"：老姜头、馒头、石头、火头、苗头；

动词+"头"：念头、想头、吃头、玩头；

形容词+"头"：苦头、甜头；

方位词+"头"：前头、后头、上头、里头。

作为名词后缀和方位词后缀的"头"是语法化的结果，已经失去其实词的性质，在音系结构上往往发生了变化。现代汉语中"头"作为词缀出现的时候，往往失去重音，读轻声。

二、语法化的认知模式

语法化是一种语用作用下的认知过程的结果。所以对这种过程的研究，使我们能更清楚地认识到语法化结果是如何产生的。例如，hamburger, cheeseburger, beefburger 等词汇的产生过程中就涉及认知因素。hamburger 之所以能使人创造出 cheeseburger 和 beefburger 是由于人的认知机制在起作用：首先认为 hamburger 是由 ham + burger 构成的，进而把 ham 换成 cheese 或 beef 就显得天经地义了。当然这种认知机制是建立在人们对 hamburger 这一词语的不适当解读基础之上的，其产生既具有偶然性，也具有必然性。以上只是词汇产生过程中的一种认知现象。其实这种认知现象存在于语言的各个层面，在语法化过程中广泛存在。汉语中人们见面打招呼时常说"吃（饭）了吗"，这样的句子在语言中固化下来。其实讲话者的真实目的并不是询问对方吃饭没有，而仅仅是表达一种问候。那么，人们为什么不用其他方式或者直接问候对方呢？在漫长的历史长河之中，人类一直在与大自然做斗争，能否找到食物是人类能否生存下来的重大问题，所以见面问对方吃饭没有就成为一种打招呼的方法，流传至今。当然，现在对于整个人类世界来讲，吃饭并不是一个太大的问题了，这使语言也在改变。例如汉语中打招呼的方式也在渐渐发生变化，比如经常听到人们直接说"你好"等。所以，语用功能语法化的背后也隐藏着人的认知因素。认知语言学认为，语言的表层结构直接对应于语义结构，而语义结构却不是直接和外在客观世界的结构相对应，而是与人和客观现实的互动过程中形成的概念结构相对应。语法化过程中的语义变化是一个逐步抽象的过程，其具体方式可以通过类推、隐喻、转喻、概念整合、主观化等认知过程实现。

(一) 类推模式

霍珀等人认为语法化的主要机制是重新分析和类推[①]。重新分析发生在语言横组合层面，指的是表层相同的结构，其内部构造因语用或其他原因被重新划分边界，从而从底层上改变了音位、词法、句法的结合方式。重新分析可衍生新创结构（emergent structure）。如英语中的 alcoholic，原来由"alcohol + ic"构成，近来被重新分析为"alco + holic"，holic 可被用作后缀：workaholic、chocaholic、technoholic、foodaholic、sexaholic、hostaholic 等。类推则发生在语言纵聚合层面，指的是原有结构没有发生变化，但因套用某个法则，类推出不同于原来的新结构，新结构表层不同于旧结构，但两者的底层意义不变。如英语中 cow 的复数形式原为 kine，后依据一般情况下复数（A′）只在单数形式（A）后加 s 的规则类推出 cows（B′）这个复数形式，并代替了原来的 kine（X），在这个过程中，原有的意义没有发生变化。重新分析和类推有时各自单独发挥作用，有时共同发挥作用，如 hamburger 原由"hamburg + er"构成，后来被重新分析为 ham + burger，将"burger"作为词缀，通过类推方法形成许多新单词：cheeseburger、eggburger、turkeyburger、kiwiburger 等。

(二) 隐喻模式

语法化是一种语言演变，而语言的演变远不是孤立事件的消亡兴起和替换所组成的。从语法化的事实来看，这种语言的演变是在人们日常的语言使用中发生的，是由语用的认知因素引起的，演变都是 A > A/B > B 的方式的渐变过程。霍珀等人提出了语法化的三个动因：儿童语言习得、语言接触和语用推理，并着重阐述了语用推理这一动因，隐喻和转喻是语用推理的两个过程。

认知语言学对语法化的研究非常重视，因为对语法的研究从语言历时变化来看语言共时现象，从语言演变的规律来解释语法规则，寻找语言认知动因和语言变化对现代语言的形成作用，对语言认知的关系研究非常重要。认知语言学认为语法化的隐喻认知模式就是意象图式从一个认知域映射到另一个认知域的相应结构上的过程。这种映射不是任意的，而是以其相似性为基础及抽象度的递加性为方向的，即人类的认知往往是从具体概念到抽象概念的映射。从语法化的角度来看，这一现象就表示为一个逐步抽象的虚化链条。而海因等人依据认知语言学中的"人类中心"说归纳出人们进行认知域投射的一般规律为：人（Person）> 物（Object）> 运动（Activity）> 空间（Space）> 时间（Time）> 性质（Quality）。

---

① Hopper, P. J. & E. C. Traugott. : *Grammaticalization*, Cambridge：CUP, 1993, p. 32.

因此，语法化也指一个词语的语义通过隐喻逐步抽象化的过程。例如下列词组中的 back 自上而下逐渐由具体变得抽象：

(1) lie on your back

(2) the back of the chair

(3) to play back

(4) three miles back

(5) three years back

(6) at the back of one's mind

语法化在汉语中叫作实词虚化，下例中的"在"开始的意义指场所这一认知域，隐喻后成为指向其他认知域的抽象意义：

(1) 他在北京。

(2) 他在北京出差。

(3) 他在出差。

(4) 他在上周去北京出差。

(5) 在北京出差的时候他见了老同学。

（三）转喻模式

与隐喻一样，转喻也是用具体的、有关联的事物代替抽象的事物。不同的是，转喻强调的是邻近（contiguity）和突显（salience）的关系，即相接近或相关联的不同认知域中，一个突显事物代替另一事物，如部分与整体、容器与其功能或内容之间的替代关系。由于某一语境下成分间的毗邻性，某个成分与另一个成分发生联系就形成了转喻模式。最常见的转喻模式的例子是"be going to"。"be going to"常被认为是"go"由空间域向时间域映射的隐喻化的结果。但霍珀等人认为发生语法化的不是"go"，而是"be going to"。由于与 to 邻近，"be going to"在"be going in order to V"的局部语境下发生了虚化，演变成了一个表将来的助动词。这也是为什么如果 to 后接地点状语而没有发生虚化的原因。请看下面的例子：

(1) They are having a party tonight, are you going to it?

(2) We are going to spend our summer vacation in Taiwan this year.

（四）概念整合模式

试看下列句子：

(1) Are you going to the library?

(2) I am going to have lunch.

(3) The rain is going to come.

以上句（1）中的 be going to 表示的是一个空间概念，使用的是其字面本义，在句（2）中既表示空间概念，又表示时间概念，而在句（3）中则只表示时间概念。隐喻模式把类似于 be going to 语法化为表示将来结构的这种现象看作是空间概念（始源域）向抽象的时间概念（目标域）的投射。这种双概念域模式（two-domain model）把隐喻看成是两个不同概念间的固定的、系统的联系，不能表示各概念内部结构之间的投射关系，因而不能清楚地反映出其内部机制和隐喻产生的原始过程，也就不能清楚地解释语法化的过程。为此，我们用福科尼尔（Fauconnier）和特内（Turner）提出的"概念合成理论"（conceptual blending theory）来尝试解释语法化的具体过程。福科尼尔和特纳把心理空间（mental space）看作是认知结构的基本单位（basic unit of cognitive organization），共包括四个，即两个输入空间（input space）、一个合成空间（blending space）和一个类属空间（generic space）。两个输入空间类似于始源域和目标域，其结构成分向合成空间投射，并在合成空间里相互作用，被加工、合成产生新生内容（emergent content）；类属空间中包括两个输入空间的共有概念结构（shared conceptual structure）。在词汇项通过概念整合而语法化的具体过程中，其所代表的信息与记忆中已储存的概念结构进行双向互动和复合产生格式塔现象，同时启动已储存的概念格式塔来自动填补隐含的信息，从而完成被语法化的过程。下图说明 be going to 结构是如何经空间—时间投射，形成具有规约意义的表示时间的结构的。

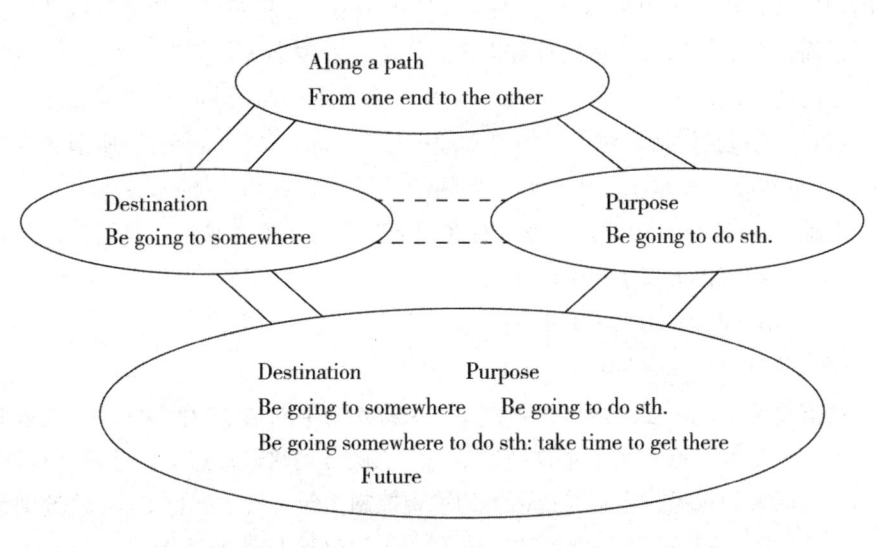

图 6-1

(五) 主观化模式

语言不仅表达命题意义，而且还透露出说话人的情感和态度。说话人会在话语中留下"自我"的印记，这就是语言的"主观性"（subjectivity）。如果这种含有说话人主观信念和态度的形式和结构逐渐衍生出可识别的语法成分，这就是主观化（subjectification）。在会话过程中，说话人总是不断地把说话的目的、动机、态度和感情传递给对方。一些常用的包含主观性的词语经过反复运用，最终凝固下来，形成主观化的表达成分，例如英语中 while 一词就经历了这样的演化：

(1) I'll call you in a while.

(2) Mary washed the clothes while Jack slept.

(3) While painting is exquisite, I still don't think it's worth the price.

在句（1）中，while 是个名词，表示实在的"一段时间"；在句（2）中，while 具有了连接词的功能，用来连接两个小句，但仍然保持了时间的意义，表示两个事件并行发生；在句（3）中，while 却表达了转折意义。这是因为，两件同时发生的事件，有时会形成对照，由此可能体现说话人的主观态度，如句（2）就反映了说话人对 Jack 的不满，而听话人可能也会觉察到这种态度。这样的对照用法多了，while 的对比和转折意义就逐渐形成。从句（1）到句（3）的变化体现了由命题功能变为话语功能，从客观意义变为主观意义的主观化过程。

跟历史语言学家特劳戈特的侧重不一样，认知语法的开创者兰盖克，从共时的角度来看待"主观化"。他主要关心的不是语言中的主观性成分形成的历史过程，而是从认知出发来观察日常语言的使用，看说话人如何出于表达的需要，从一定的视角出发来"识解"（construe）一个客观的情景。因此兰盖克定义的"主观性"还包括说话人对情景的"心理扫描"（mental scanning）。所谓主观化（subjectification）就是将主体与客体之间的关系从客观轴（objective axis）调整到主观轴（subjective axis）。语言中有些词义变化就是通过这种调整而得以实现的，如句（4）和句（5）中的 across：

(4) Lily ran across the street.

(5) There is a mailbox across the street.

兰盖克的主观化理论是这样解释 across 所含的不同意义的：句（4）表现的是射体 Lily 从某一起点跨越某物到达某一终点的运动轨迹，这一轨迹是客观的，它不以说话人为参照，也不受说话人的思维控制；句（5）表现的运动轨迹则是主观的，射体 mailbox 是一个静止实体，其运动轨迹只是说话人的一种心理扫描，是受说话人自己控制的心理轨迹，是主观的。句（4）中整个运动轨迹都得到了突显，而句（5）中只有运动终点得到了突显。主观识解一直存在于人类认知思维中，但是只有在客观弱化时才得到了突显。再看下面的例句：

(6) George is going to close the door.

在这个例子中（be）going to 的意义就很模糊，有可能是表达的是 George 走过去关门的空间意义，也有可能是表示 George 打算去关门的时间和意向意义。兰盖克同样认为时间和意向意义产生于主观化（subjectification）。说话人从时间的角度对 George 的行为进行心理扫描，心理扫描在说话人的识解过程中更加突出，因为在表达（FUTURE）的意义时，George 的行为是心理主观的，而没有物理运动。

第三节　语法化的分类

根据广义语法化的观点，本书将语法化分为以下五大类。

一、词类语法化

词类转换的语法化主要指"实词虚化"。如英语中虚词大都来自实词，有学者论证了不定冠词来自数词 one，定冠词来自指示代词 this 或 that。还有学者认为英语中语法功能词都经过词类语法化转换而来，我们依旧能从一些介词看出其虚化的历程，如：given、providing、granted、regarding、concerning、thanks to 等。情态动词和助动词也都是从实义动词演化而来的。

（一）情态动词的语法化

正如莱特富特（Lightfoot）指出："在古英语中，can、could、may、might、must、shall、should、will、would、do、did 是完全起正常动词作用的。"[①] 大多情态动词含有"想、能、义务"等意义，它们对其后实义动词的意义可产生弱化影响，往往表示了一种"不是现实存在的"，"仅有潜在可能性"的含义。在情态动词的语法化过程中，情态动词实现了从"物理力量"到"社会力量、情态力量、道义力量"的演变，也就是说，"力量"仅内在于人们的心智活动之中，因此讲话人的主观识解得到了突显。如 may 原义为 be strong，与 main 同源，如短语 with might and main，意为"全力以赴"。它从表示"物理力量"演变成

---

① Lightfoot, David. *The Language Lottery*: *Toward a Biology of Gramars*, Cambridge, MA: The M IT Press, 1982, p. 159.

"社会力量",就带上了"允诺"之义。塔尔米等学者还认为情态动词演变成表示"社会力量、情态力量、道义力量"之后,又可用在指"将来",因为"义务"总是指向将来的,如 will / shall 等①。

(二) 连接词的语法化

英汉语连接词毫无例外由实词或较实义的词演变而来,它们包括词、词组或短语。

1. 汉语连接词

词:而、和、或、既、且、然、如、若、虽、又、越、与。

词组或短语:但是、而且、反而、既然、即使、尽管、可是、如果、虽然、尚且、所以、万一、因为、以免、以致、要是、与其、于是、只要、只是、一句话、换句话说、一般说来、一般而言、这样一来、这样的话、随便说一下。

2. 英语连接词

词:that, which, who, whom, what, whether, where, when, how, why, once, now (that), immediately, directly, instantly, for, before, since, till, until…

词组:seeing (that), considering (that), providing, provided (that), given (that), supposing (that), granted (that), admitting (that), to begin with, to sum up, to come back to the fact, to speak briefly, generally speaking, the moment, the minute, the instant, the day, the year, every time, the way (that)…

固定短语:as long as, as soon as, no sooner than, hardly…when, as if, as though, in that, inasmuch as, for fear that, not that…but that, so (…) that, such (…) that, in order that, in case, on condition that, even if, even though, for all that, whether…or not, in a word, in other words…

英汉连接词的过程都是从实到虚,从虚到更虚,是一个单向的连续体,而不是双向的。连接词、词组或分句一旦语法化,就失去了其原实词的部分特征,不再作为句子的主要成分,只能作为结构间的衔接手段。语法化后的连接词改变了多分句结构,从而引出了并列关系和主从关系。与两个独立的结构成分句相比,加入连接词后,结构间的意义关系显性化或经历了变化。连接词也从原来的实词位置转移到结构间位置,也不能再受一般修饰语的修饰。

英汉语中的连接词因语法化而涉及范围扩展。原来单独使用的"而,虽,如,若,既"等,只修饰一个词的"that, which, as, for, after",单独使用的

---

① Talmy, Leonard, "Force Dynamics in Language and Cognition", *Cognitive Science*, No. 12, 1988, p. 51.

"who, where, once, now, immediately, see, provide"等，在语法化后或和另一个词或成分结合语法化后，包含的范围涉及了整个分句。语法化后的连接词已比原实词义更为抽象，退化掉了一些原具体词汇意义，如 that, which 等不再有显性指称；"而、和、又、且"等不再表示具体事物；"if（如果）"引导一个话题；"admitting, granting（假设，无论，哪怕，纵使）"等的原动词义已转为主要的连接词义；短语"despite the fact that, in a word（一句话，总而言之）"等也已起连接作用。连接词的语法化是一个漫长而逐渐变化的过程，其最终结果导致了分句形式上的结合，于是出现了各种语义关系。连接词的语法化有其语用上的认知理据：随着人类思维逻辑越来越严密，语言结构越来越紧缩，就需要越来越多的功能词为其服务，各种结构和思维就能得到更有效的表达：从简单到复杂，从具体到抽象。这就是现代语言比古代语言更富有衔接表达法的主要原因。

（三）量词（单位名词）的语法化

现代汉语的数量短语中，数词（Num）和名词（N）之间需要一个特殊的补充成分——量词（CL）。量词黏附于数词，表明中心名词明显的或规定性的特征。汉语的量词，如：个、只、张、匹、头、篇、册等已很难唤起人们的形象思维，已失去其指称意义，只表达语法关系。但从词源学角度来考察，这类词都曾是具有指称作用的具体名词或动态动词，无疑都带有隐喻性，可视作喻体。但在长期反复使用中，这类词逐渐由实词演化为抽象的语法概念，这一过程就是语法化过程。和汉语不同，英语中不存在量词，英语不可数名词可通过单位名词（Unit Noun）来划分。例如：

(1) a bar of chocolate 一条巧克力

(2) a blade of grass 一片草叶

(3) a block of ice 一块冰

(4) a ray of hope 一线希望

(5) an ounce of resolution 一丁点儿决心

(6) a cloud of dust 一片尘埃

(7) a drop of pride 一点自豪

以上这些名词短语由于反复使用，其结构及搭配已相对固定，很难引起人们的形象思维。但考察其词源，我们可以发现这类单位名词都是从普通名词转化而来的，都带有隐喻性。仔细分析，仍可感觉所含原意。例（1）把 chocolate（巧克力）比成 bar（木棒），例（2）把 grass（草叶）比成 blade（刀片），例（3）把 ice（冰）比成 block（木块）。这些显然是基于相似性原则，使不可数名词所指称的物质被赋予了确切的形体。例（4）中把抽象的 hope（希望）比作相对具体的 ray（光线）。例（5）中以原是重量单位的 ounce（盎司）来衡量抽象的决心，这显然符合以相对熟悉或相对容易把握的经验领域，来组织相对不熟悉或较难把握的领域的隐喻认知规律。

除不可数名词外，有些可数名词虽有固定形体，却仍然可以借助一些形象、生动、显明的名词作为单位名词，来描绘其群体特征。例如：

(8) a forest of chimneys 林立的烟囱

(9) a sea of people 一片人海

(10) a rain of bullets 一阵弹雨

从以上的例子中，我们可以看出，这些单位名词具备了"根据物体的内在状态为名词分类"这一量词特征，说明单位名词正处于逐渐向"质"虚化的语法化过程中。

（四）介词的语法化

介词是英语语法中的十大词类之一，英语中介词使用相当复杂，所以有人说英语是介词的语言。介词又叫前置词，表示它后面的名词或代词（或相当于名词的其他词类、短语或从句与其他句子成分的关系）。介词之后一般有名词或代词或相当于名词的其他词类，短语或从句做它的宾语。介词是虚词，一般无句子重音，也不能单独做句子成分。很多介词从词义上往往看不出是介词，如 against 的词义是"反对"，在汉语里是动词，在英语里却是介词。介词常常与动词、名词、形容词有比较固定的搭配，学习时应特别注意。介词是实词虚化的结果，是完成语法化的标志。我们以 regeading 为例，如下图：

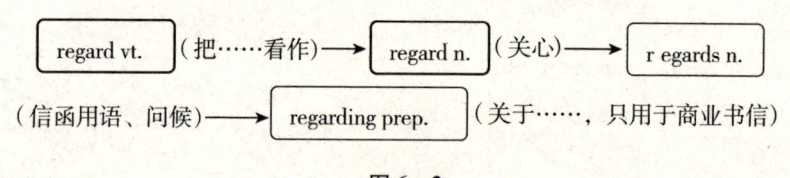

regard vt.（把……看作）→ regard n.（关心）→ regards n.（信函用语、问候）→ regarding prep.（关于……，只用于商业书信）

图 6-2

从 regard 是动词到名词，再到介词的虚化过程可以看出，语法化是一个逐步的过程，不是一晚上发生的。英语中的简单介词（如 at、in、on、out、from 等）和复合介词（如 as for、from behind、because of、due to 等）都是已完成语法化过程的介词，有的由于语法化发生的年代久远，现在已无法进行考证。分词介词，如 concerning（关于）、considering（考虑到）、including（包括）、regarding（关于）等，是一种不完全的介词，已处在语法化过程之中，还没有完成由实到虚的过程。为什么这样说，理由有三：一是它们的词义与动词词义密切相关,还有没脱离动词词义产生新的词义;二是它们的词形还是现在分词,还没有体现介词词形的精简化;第三点,也是最重要的一点,当人们在文章中第一眼看到它们时,认知上很难把它们当成真正的介词,只有那些有了一定英语基础的人才比较容易把它们看成英语介词。

虽然汉语中的介词比英语中的介词少,但介词句子相当烦人,在动词谓语句中,动词位于句子的中心位置,各种介词短语围绕着它发挥一定的句法作用。介词短语是可以分类的,动词谓语句中的谓语也是可以再分类的,这种分类依靠充当谓语的动词来分类。不同的介词短语和不同类型的谓语,由于各自的句法、语义和语用特征的不同,它们之间存在着各种不同的选择和变换关系,同一个介词短语可能选择不同类别的谓语。以介词"在"为例,"在"介词句一般选择以下类型的谓语:"置放义"类谓语、"状态义"类谓语、"寻找义"类谓语、"触及义"类谓语及一般性谓语等。不同的介词短语也可能选择同一类别的谓语动词,比如"几只鸟从树上飞下来","从树上飞下来几只鸟"。什么介词与什么动词可以选择,主要取决于介词和动词各自的语法特点和功能。夸克等在 *A Comprehensive Grammar of English Language* 中指出,一些英语单词行使介词职责,与动词和形容词关系密切,应属于介词范畴。张道真(1998)则将介词分为三类:简单介词、分词介词和成语介词,其中大多数分词介词属动词虚化的产物。根据介词的实词来源,我们可以把它们分为动词类介词(barring, concerning, considering, excluding, excepting, failing, following, including, regarding, respecting, touching, wanting, given, granted, bar, save, etc),形容词类介词(worth, pending, etc)以及数量词类介词(less, minus, times, plus, etc)。

鉴于这类介词貌似实词,实则虚词的特殊性,从词类范畴来看,它们正经历失去实词句法功能、获得介词句法功能的过程,因此它们同普通介词一样具有下列句法特点:

(1) 可作名词或名词短语的后置修饰语;
(2) 可在句中作状语;
(3) 可在不及物动词和形容词后面作补语;
(4) 不能带 that 从句;
(5) 不能跟有动词不定式;
(6) 其后的人称代词不能是主格。

这类介词处于实词向虚词转化、开放词类向封闭词类转化的中间状态,是语言历时与共时研究的交叉点,可以被看作语言演变的活化石。同时,它们生动地反映了人类认知过程中具体到抽象的等级差异,是一词多义、一词多用的最好例证。英语中这类介词数量不多,变化很大,对语境的依赖性很强,是现代英语中最游弋不定的词类,在语言交流过程中起着举足轻重的作用。

(五) 数词的语法化

在通常情况下,数字表示客观的量,在意义上具有严格的确定性,一就是一,二就是二,一与二之间不存在类属边界的不确定性和交叉性。这是数字的本义,词语中的数字有的体现了这一本义,但有的也越过了数字的本义,表示了其他意义的。比如"低三下四"意指"态度非常卑微",而非"低三次下四次"。这种数字由确指到虚指,就是语法化在数词中的体现,数字的虚指有三个方面的特点。

首先,数字虚指多数。虚指的数字在意义上,仅以某数字为引子,而实质上则以之来表示数量多、大,如"三",据许慎《说文解字》可知:"一耦二为三。"这是基本意义。但古人并没有只停留在对"三"的基本意义的理解上。"三"被古人做了哲学意义上的解释。孔子认为"发于一,成于二,备于三"。《说文解字》对此又做了更进一步发挥:"三,天地人道也。"既然可以"备于三",既然可以用以指说概括万物世界的"天地人",由此,"三"逐渐引申表示多数的意义。除了单用在单词中表示多数外,数字还可以相互搭配起来表示多数。一般说来,这相互搭配的数字在表示多数意义的程度上要比单用的数字强一些。例如:"三"和"五"可以构成诸如"三令五申、三番五次"等词,"三会五申"即"多次令多次申","三番五次"即多次,这从一个侧面反映了"三"和"五"的虚指性。

其次,数字虚指少数。"一"和"半"间隔便用可以表示少数。"一鳞半爪"指零星片段的事物;"一时半刻"即时间短;"一官半职"指官小;"一知半解"指掌握得不全面。"三"与"两"组成的"三言两语"指说话少;"三三两两"指人少。

最后,数字虚指不定数。虚化后的数字即不表示多数,也不表示少数。他是不定指,意义上大体相当于"几"。"约法三章"约等于"约法几章",意为"泛指订立简单的条约"。"三年五载"意为"几年几载",其中的"三""五"表示不太大的概数。共时地看,数字的虚指包括了虚指多数、少数和不定数三种情况。但虚指意义的产生却不外乎两种途径:一种来源于实指,由实指到虚指,只是数字意义的虚化,可以解释为实指虚指;另一种来源于虚指,现在的虚指义是历史上虚指的情况,与语法化中的实指到虚指有所不同,因此,本章不展开讨论。

二、构词语法化

构词语法化主要指从句法到词法的语法化,语言中的短语或句法构造可能会逐渐缩减固化为一个词或惯用表达。如汉语中的"上山下乡""吃饭""干活""打假"等原来是动宾词组,后来固化为一个名词。英语中的名词"hearsay(传闻)"是从动词短语"hear somebody say"演变而来的,如张其春等编写的《简明英汉词典》在"hearsay"词条下还直接提供了一个句子作为比较,以便读者加深对该词的理解:I have heard him say so.

另外,词序(当属句法范畴)变化也可能会引起语法化,如从词序变化角度(也与句式构造有关)可以解释 have 从实义动词演化为情态助动词的过程:

(1) I have my work to do.

(2) I have to do my work.

句(2)是在改变句(1)"主语 + 谓语 + 宾语 + 宾补(SVOC)"词序的基础上形成的,将宾补 to do 提前,成了 SVO 词序,此时该句中的 do 表达了最主要的意义,have 的意义就有点虚了,后来 have to 就逐步被用作一个情态助动词了。

语言中的很多词缀都是语法化的产物。英语的历史经历了三个发展阶段:古英语、中古英语和现代英语。英语词缀随着英语词汇的发展而逐渐增加,英语本族语词缀虽然数量不多,但其中多数原先是单词。例如:because 中的 be - 来自介词 by;forehead 中的 fore 至今依然有相对应的单词 fore,careful 中的 - ful 来自形容词 full,friendly 中的 - ly 就是介词 like 变来的。英语在发展过程中也吸收了数以百计的外来词缀,主要包括拉丁词缀和希腊词缀两大类。拉丁词缀进入英语并被吸收、同化的过程自中世纪开始延续了数百年之久。拉丁前缀大多是"退化"的拉丁介词、副词或形容词。它们总是依附在拉丁动词或名词的前面。拉丁后缀多是拉丁动词或名词后面表示词性或曲折关系的成分。希腊词缀多是名词性的,它们的大量输入与利用是在文艺复兴以后,且多为学术词缀,如:anthropology 中 - logy,geography 中的 - graphy,等等。词缀是有语义价值的。它对词根的语义进行限定、修饰或补充,帮助构成词性不同、词义丰富而又细致有别的一族同根词。英语前缀的前身退化为词缀之后,它们虽然失去了形体上的独立性,却依然保留着自己的语义价值。

汉语中的多数词缀也是词根虚化的产物,是语法化的结果。新的词缀化现象是由能单独用,或者不能单独用的不定位语素的语法化而引起的。原先的不定位语素,不论是能单用,还是不能单用,一旦语法化,变成了词缀,在构词的组合上，其位置就从不定位变成定位。例如：

【多……】多渠道、多品种、多层次、多功能、多角度
【高……】高效益、高速度、高竞争、高反差、高蛋白
【软……】软件、软包装、软科学、软任务、软国力
【大……】大农业、大文化、大礼拜、大气候、大排行
【老……】老张、老乡、老弟、老虎、老大
【打……】打点、打消、打搅、打扫、打磨
【可……】可爱、可观、可耻、可喜、可贵
【……热】足球热、旅游热、养花热、下海热、炒股热
【……户】钉子户、关系户、亿元户、个体户、专业户
【……感】手感、质感、失落感、紧迫感、危机感
【……族】上班族、追星族、月光族、上网族、打工族
【……盲】科盲、法盲、文盲、舞盲、电脑盲
【……坛】影坛、足坛、文坛、排坛、篮坛
【……头】石头、上头、苦头、想头、买头
【……手】水手、帮手、能手、歌手、神枪手
【……士】护士、硕士、道士、勇士、烈士
【……丁】园丁、家丁、壮丁、人丁
【……化】进化、美化、硬化、国有化、大众化
【……于】大于、高于、善于、属于、满足于
【……气】和气、小气、硬气、秀气、俗气
【……价】别价、成天价、震天价
【……生】先生、书生、后生、轻生、好生

　　新的词缀化，意义表征是语义从实到虚的转化，但是没有完全虚化，语法化是一个过程。词义实虚，虽然难有明确的规定，并且虚化程度也难个个相同，判别起来不太容易，但可以从几个方面看词义特征变化迹象。词义的限制大为缩小，趋于概括和抽象的意义。例如："多"本表示数量的形容词，如"学生很多"；又表示比原来数量有所增加的动词，如"多出了一本书"；还可以兼作副词、助词，如"水多好啊！""50多人"。"多"在专门用语、科技术语"多……"里，语言还有一定的限制，还比较实在。例如："多义词""多元论"的"多"指两个以上相对面是"单"或"一"；"多连体""多面角"的"多"指三个以上。现在的"多"已经从专门术语走向人们日常生活用语行列，原语义有限制的地方，如今都可以说了，语义仅仅表示数量大的抽象概括义了。又如"感"，

如今在"……感"里,"感"虽然还保留一定词汇意义,却趋于虚化,比如一些本身就表示情感或感觉的词"紧迫、窘迫、压抑、亲切",仍然可以再附加上"感",因为这样一来就把原先表示性状、状态的形容词性质给隐蔽起来。语义从实到虚的转化,会引起意义的泛化。例如:"高"原来是形容词,词汇意义一般与"低"相对。现在"高……"里"高风险"的"高"是"大"的意义;"高速度"的"高"是"快"的意义;"高效益"的"高"是"好"的意义;"高收入"的"高"是"多"的意义;"高竞争"的"高"是"强"的意义了;"高学历"的"高"是"级别在上"的意义;"高格调"的"高"是"品位上乘"的意义;"高蛋白"的"高"是"含量多"的意义;"高污染"的"高"是"程度深"的意义。总之,"高"已经泛化到"大、快、好、多、强、含量多、程度深、级别在上、品位上乘……"等意义。语义从实到虚的转化,常常引起语义的偏离现象。例如:"大文化、大农业、大粮食、大市场、大教育、大排行"中的"大"附在其他语言单位之前,指包括所附语言单位在内范围更广的一个大类,"大文化"不等于"文化";"大农业"不等于传统农业,却包括了"文化""农业"在内的更广范围的文化概念、农业概念。伴随词缀化现象,词语的语义多少会发生一些偏离。人类语言有无限的生成能力,任何一个新词缀的出现是语法化的结果,是语言生成能力的产物,这是词缀产生的内因。

三、语篇语法化

吉冯(Givón)(1971)说过一句名言:"今天的词法曾是昨天的句法(Today's morphology is yesterday's syntax)。"后来他又补充说:"今天的句法曾是昨天的章法(Today's syntax is yesterday's discourse)。"他将这一思想进一步总结如下(">"意义是前实后虚,语法化程度逐步增强):语篇>句法>词法>词素音位>零[1]。例如原先作为语篇连接手段的 and 逐步演化成为相对稳定的并列连词,后来又进一步语法化,可用来表示多种隐含的主从关系,如 and 还可用来表示条件、结果、让步等。句法中的"过去时"与章法中叙事过程中表示事件前后的顺序有关。语言中普遍存在的名词和动词两大范畴与叙事中所涉及的两个最基本章法功能(指称事体和相关动作)有关。还有学者认为分句的"主语"是由篇章中的话题演变而来的。语篇语法化还包括在篇章中原来独立的分

---

[1] Givón, T, "Historical Syntax and Synchronic Morphology: An Archaeologist's Field Trip", *Chicago Linguistic Society*, No. 7, 1971, p. 26.

句成为非独立的分句，或主要分句成为次要分句的虚化现象①，例如：

(1) I think that your mother will permit this.

(2) I think your mother will permit this.

(3) Your mother will permit this, I think.

它们从表面上和意义上来看区别并不是很大，但对于语法化研究却是很有意义的。句(1)具有完整的句法构造，主句为 I think，后接 that 引导的宾语从句。句(2)从表面上看仅省略了引导宾语从句的 that，使得表示宾语从句的构造简化，但经过深入思考之后，这也是一种语法化现象：省去 that，就意味着表示宾语从句与主句之间从属关系的标记丢失了，使得前者的主句身份减弱了，也就是说 I think 的主句地位被动摇了，它更像句(3)，虽说是一个在句首，一个在句末，但 I think 的意思都已经弱化为附加成分，表达了讲话人的情态含义，相当于副词的功能（亦可被称为准副词），表示 maybe 的意思，这样 I think 就经历了从主要成分到从属成分的变化。汤姆森、昂格莱尔和施密德都认为(2)、(3)两句都将原来作为主要分句的 I think 语法化成了附加成分，这种语法化现象是由语篇因素产生的。英语中有许多表示评注性的状语分句和连接性的状语分句就属于这种情况，前者除 I think 之外还有：I admit、I believe、I hope、you see、you know、they tell me、who knows、God knows、one hears、I am pleased to say、I am sorry to say、I am afraid、I'm sure、It is claimed 等；后者有：what's more、to begin with、to start with、to sum up 等。

英语中分句间的连接性词语大多是来自实义性的名词、动词、副词、代词、介词短语等，例如：

(4) He got ill the day he got home.

(5) I will tell you about it the moment you come back.

在近来英语口语中可用介词短语 on the basis (of)、in terms of 等作为分句之间的连接性词语（使得虚化词语变得更虚），如：

(6) He's asked for the special retirement package on the basis he's been with the firm for ten years.

---

① Thompson, S. A. & A. Mulac, A Quantitative Perspective on the Grammaticalization of Epistemic Parentheticals in English, In Traugott, E. C. &B. Heinel (eds.), p. 314.
Ungerer, F. & Schmid, H. J., *An Introduction to Cognitive Linguistics*, London: Longman, 1996, p. 256.

四、语用功能语法化

我们知道,语言变化总是在人们使用语言过程中产生的,在这期间必然要涉及人们的语用因素,因此研究语法化也就不可能将语用层面排除在外。如语言中很多惯用表达和固定用语,它们在长期使用中逐渐失去了其字面意义,取而代之形成了某种特定的语用功能,从而形成了某特定交际场合下规约性的惯用法。它们的含义可能会被慢慢地编入语言之中,这也是一种语法化现象。有些人喜欢说"我说""你听我说"等口头禅,已不是字面上所表达的要引述自己说的话,而仅具有吸引听话人注意的语用功能。又如"不是我说你呀"已经完全失去了字面意义,往往表示我要说你的意思。又如在科研论文中作者明明是在讲述自己个人的观点,却要用"我们认为"之类的表达形式,似乎是在淡化"我"的作用以示谦卑。汉语中有很多零主语的句子,虽然没有说出句子的主体或话题,但我们依旧能明显感受到说话人到底是谁,关于什么事情。广告语言中的祈使句表示命令和要求的含义有高低程度之分,一般说来,广告中的祈使句命令和要求的含义变得越"虚",其语法化程度也就越高。

五、命题图式与时体标记

实际生活中的时间概念(现在、过去、将来)和情景类型(状态、活动、完成等)制约了英语时体的形成[1]。根据海因的研究,语言中的时体标记主要来自三个基本命题图式:方位(派生出:等同、伴随、所有、方式)、运动(派生出:状态变化)、动作(派生出:意愿)[2]。比如:运动图式包括向前或向后的观察和运动,因而就产生了语法范畴中的将来时、过去时和完成体。另外,意愿性动作也可产生将来时,如情态助动词 will 可用来表示将来时,汉语中"将要"也有类似用法。又如,人们在认识"动作起始"的基础上,产生出语法中的初始体(Ingressive Aspect),动作的延续产生了语法中的延续体(Durative Aspect),动作的结束产生了语法中的终止体(Terminative Aspect)。另外,方位中的伴随图式可产生语法范畴中的进行体。汉语中"正在""着"原来主要是表示方位的,是表示汉语进行体的主要语法形式,"在……之中"也是构成进行体的主要形式,英语也有类似的用法: to be in the process of 能表达进行体的意思。根据(Heine)的研究成果,各语言都运用了这几个基本命题图式形成

---

[1] J. Saeed, *Semantics*, Oxford: Blackwell, 1997, p. 123.
[2] Heine, B. *Auxiliaries*, *Cognitive Forces and Grammaticalization*, Oxford: OUP, 1993, p. 267.

各自不同的时体系统,这也进一步验证了"空间概念是人类经验的最主要内容"的观点。例如:由概念隐喻 TIME IS SPACE 产生了(be) going to 的语法化过程,使其从空间运动(ALLATIVE)意义逐步衍生出更为抽象的时间将来(FUTURE)意义。

(1) Lily is going to town. (空间)

(2) Are you going to the library? (意图)(时间)(空间)

(3) George is going to do his very best to make Lily happy. (意图)(时间)

(4) It's going to rain. (时间)

句(1)中(be) going to 包含的是空间意义,而在句(4)中(be) going to 包含的是时间意义。(be) going to 在句(2)和句(3)中的含义则介乎于这两者之间。句(2)中(be) going to 不仅包含了意向意义,也伴随时间和空间意义。在句(3)中仅含有意向和时间意义,没有空间的意义。而(4)中的(be) going to 完全抽象成了一个表示将来时间的概念。

语法化是语言演变的重要方面。语法化具有普遍性,所有语言都要经历这个过程,而且这种演变可发生在语言的各个层面,涉及语音、词法、句法、语义、语用等。语法化是指具有实在意义的词项或结构在某些因素——主要是语义因素和语用因素——的作用下逐渐"化"为语法内容和语法形式的过程和结果。语法化过程中的语义变化是一个逐步抽象的过程,其具体方式可以通过类推、隐喻、转喻、概念整合、主观化等认知过程实现。当代语法化研究可分为狭义、广义和最广义三大层次。

第七章

词汇化

语言中的词汇化现象，是词汇理论研究所不能忽视的。词汇化，通常也称为"词化"。韦氏在线大词典（Merriam-Webster Online dictionary）对词汇化所下的定义如下：(1) the realization of a meaning in a single word or morpheme rather than in a grammatical construction；(2) the treatment of a formerly freely composed, grammatically regular, and semantically transparent phrase or inflected form as a formally or semantically idiomatic expression. (1) 意义表现为单个的词或语素而非语法结构的过程；(2) 把一个原来是自由组合的、具有语法规则性，并且语义明晰的短语或曲折形式看成是固定习语的过程。把这两个定义统一起来简单地表达就是："词汇化"是意义体现为词、语素或习语的过程。但是，不同的研究者由于其研究目的不同，往往对词汇化有不同的理解和定义。夸克等人从构词法的角度讨论词汇化，认为"词汇化"即是原来由一个短语或语法结构表达的概念或意义逐渐发展成由一个单词表达的过程，许多单词如 dieselization 的产生，即是经历了由一个语法结构 using engines powered by diesel oil 到短语 the use of diesel-powered engines，最后词汇化为一个单词的过程[1]。霍珀等人强调词汇化的历时过程，认为词汇化是原来由一组单词表达的概念逐渐演化成由一个单词表达的历时过程[2]。帕卡德（Packard）也是从构词的角度探讨词汇化，但他采纳霍珀等人对词汇化的定义。这两种研究虽然侧重点不同，但都强调"词汇化"是意义由短语或词组表达转为由单个单词表达的过程。利奇和莱昂斯从语义的角度探讨词汇化。利奇指出，所谓词汇化，就是指将某些语义成分"包合

---

[1] Bawer, Laurie, *English Word-formation*, Cambridge: Cambridge University Press, 1983, pp. 42—61.
Quirk, et al, *A Comprehensive Grammar of the English Language*, London: Longman Group Ltd, 1985, pp. 1525—1530.

[2] Traugott, E. C. &B. Heine, *Approaches to Grammaticalization*, Amsterdam: John Benjamins, 1991, p. 223.

(package)"在一起，使之能在句法上当作一个不可分割的整体加以使用①，如人们选择"philatelist"一词，而不是"a person who collects stamps"。莱昂斯使用了"石化（fossilization）"这一术语来探讨词汇化现象，他指出，一个词形派生于各个词位（lexemes），若其派生规则在某一语言体系的现状中不再具有能产性，那么这一词形便已石化（即固化）②，如"pick-pocket（扒手）"和"turn-coat（叛徒）"等。珀第洛斯基（Banczerowski）认为，对于同样一个在语义上较为复杂的概念，如果用一个词来表达，是综合型表达法；如果用一个短语来表达，就是分析型表达法。综合型表达法是词汇化了的表达法，体现为派生词或复合词，或形态上不可分析的单纯词。按照珀第洛斯基的观点，"词汇化"也就是概念被表达为单个单词的过程。塔尔米对词汇化的定义更为广泛，他认为词汇化是意义体现为外在形式的过程，是某一（些）意义与某一（些）语素建立固定联系的过程③。一组语义要素可以由单个语素表达，例如，"walk（走）"表达了"移动"和"方式"两个语义要素；单个语义要素也可以由一组语素来表达，例如"移动的方向"这个语义要素可由动词和副词、介词等小品词共同来表达。塔尔米（Talmy）对词汇化的定义是与他的研究角度相一致的，他不是单纯地研究词汇，而是研究意义体现为外在形式的过程，强调词汇形式对语义要素的包容方式（conflation）。塔尔米对词汇化的定义的本质，就是指意义（或概念）体现为词汇形式的过程。认知词汇学认为，"词汇化"，简单地说，就是将相关概念整合成词汇（包括单纯词、派生词或复合词）的过程。

第一节　词汇化的认知机制

词汇化和语法化一样在语言演变过程中都加入了人类的认知因素，是人类语言使用的结果。认知词汇学认为，"词汇化"就是将相关概念整合成词汇（包括单纯词、派生词或复合词）的过程。

一、词汇化的概念整合机制

词汇化的概念整合过程是人类认知普遍性的反映。人类的认知总是由具体

---

① G. Leech, *Semantics*, London: Penguin Books, 1975, p. 188.
② J. Lyons, *Semantics*, Cambridge: Cambridge University Press, 1977, p547.
③ Taylor, John, *Cognitive Grammar*, Vol. II, Oxford: OUP, 2002, pp. 22—23.

向抽象发展。语法化是具体事物抽象化的结果，但当一个抽象化的项目反复刺激人们的大脑，进入人类知识库并成为知识图式的一部分，这一部分抽象的概念就有可能被推至突显的部位而重新被激活，产生具体化的飞跃。自然语言作为人类最主要的交际工具，在本质上是人类感知、认识世界，通过心智活动将感知到的外在现实加以概念化，并将其编码的结果。概念化的过程往往伴随着概念整合的过程，词汇化概念整合的过程涉及的是感知（具体化）某一概念，通过心智活动把它与现实的外部世界联系起来并使其概念化（抽象化）。语法程度较高的表空间方位项目在词汇化的过程中首先始于我们对自身的生活经验：我们的身体与空间世界的互动关系。因此，就出现了 upper 和 downer 等与空间方位概念有关的派生词。

概念整合理论（Conceptual Blending Theory）是由美国语言学家福科尼尔提出的一种认知语言学理论，它经历了心理空间理论（Mental Space Theory）和概念整合网络理论（Conceptual Integration Network Theory）两个发展阶段，其核心思想是将概念整合看作人类思维，特别是创造性思维时的一种认知过程，认为概念整合是人类的一种基本的、普遍的认知方式[1]。心理空间是人脑中的指称结构，但它的内容却不一定与其所指的客观世界的物体完全对应，可以把它看作人脑感知、想象、记忆或者理解某一特定场景相关信息的临时"容器"。概念整合网络理论是心理空间理论的进一步发展，每个整合网络单元涉及两个或两个以上的输入空间：一个合成空间和一个可供选择的类属空间。类属空间装载网络中所有空间共同拥有的抽象结构；合成空间在网络中处于中心地位，它接受来自输入空间的语义结构投射，并生成自己的层创结构。合成空间又可以成为另一整合网络单元的输入空间，继续意义构建的进程。层创结构是其他输入空间所没有的新结构，它的生成方式有三种，即组合、完善和扩展。组合，即将两个或两个以上的输入空间投射组合起来并在输入空间之间形成以前不存在的新关系。完善或称为模式完善（pattern completion），它借助背景图式知识、认知和文化模式，在合成空间中使被激活的模式不断完善，即当部分元素投射到合成空间时，可能会激活附加概念结构模式，或者当合成空间中的结构与人的长期记忆中的信息相匹配时，一些隐性信息就会被激活。扩展是指合成空间中的结构在不同的维度上延伸，即根据它自身的层创逻辑在合成空间中进行认知运作，通过人的想象力对细节进

---

[1] Fauconnier Gills & Marker Turner, *The Way We Think: Conceptual Blending and the Mind's Hidden Complexitied*, New York: Basic books, 2002, p. 212.

行无限地扩展。这样层创结构的产生过程把意义的整个建构过程的动态特征揭示了出来,因此概念整合是一个多空间的动态模型。概念整合有三种运作方式:(1)组合(composition):溶合输入空间的相关对应元素,建立原输入空间中不存在的关系;(2)完善(completion):利用相关背景概念结构和文化知识完善所组合的结构;(3)扩展(elaboration):根据交织原则及逻辑进行持续的动态完善,由此整合可以无限进行并不断产生新的整合空间。概念整合遵循六个优化原则:(1)整合(integration):整合空间内必须是严密的场;(2)构造(typology):整合空间内各因素间的关系与输入空间内相应关系相一致;(3)网络(web):整合空间与输入空间紧密连接,输入空间中的事件可在整合空间里找到自己的对应成分;(4)解包(unpacking):整合本身应能使理解者拆解整合,重新输入空间,部分空间映射、类属空间以及所有空间之间的连接网络;(5)理据(good reason):一旦某因素出现在整合中,必有其出现的适当理由;(6)转喻紧凑(Metonymy Projection Constraint):输入空间里转喻涉及的成分投射到复合空间时,这些转喻成分之间的距离必须缩短。

例如"jailbird"一词,按照形式主义关于词法理论的推测,其意义可能是"a bird that is in jail",但其真正意思是"someone who is serving his sentence"。概念整合理论可用于分析这类词语的词汇化过程。在此例中,输入空间 1 是"PRISON frame"(监狱框架),输入空间 2 是"CAGED BIRD frame"(笼中之鸟框架),合成空间吸收了输入空间 1 的"jail"成分和输入空间 2 的"bird"成分以及两个输入空间中的"be in / lives in"关系,从而完成了"jailbird"一词的词汇化过程。

二、词汇化模式

"词汇化模式"这一概念主要是由塔尔米提出的。塔尔米认为,词汇化模式就是意义和形式之间的系统的对应关系。Talmy 在对移动事件的语言表达形式(也即移动事件的词汇化形式)的研究中发现:一种语言的外在表达形式(surface expression)与所表达的意义之间存在着系统的对应关系。这种意义和形式之间的系统的对应关系就是词汇化模式[1]。塔尔米通过对表达移动概念的动词的研究,发现世界语言中表达移动概念的动词有三种主要的词汇化模式:

---

[1] Talmy, Leonard, "Force Dynamics in Language and Cognition", *Cognitive Science*, No. 12, 1988, p. 21.

(1) 动词同时表达移动和路径，例如英语中的 enter、cross 等，以西班牙语为代表；(2) 动词同时表达移动与方式或原因，例如英语中的 run、walk、float 等，包括英语以及大多数印欧语（罗马语除外）和汉语；(3) 动词同时表达移动和移动主体，例如英语中的 spit、rain，包括北美一些印第安语言。也正是塔尔米的研究引发了语言学界对词汇化模式这一问题的重视和研究。对词汇化模式的研究，主要是研究语义或概念要素以什么样的组合表现在某一词类中。目前语言学界研究最多的是动词的词汇化模式，即研究某一类动词包容的概念要素，例如对移动动词（例如"走"类动词）、感官动词（例如"看"类动词）等类别的动词的词汇化模式研究。因为词汇化模式反映一种语言概念要素的组合方式，所以对词汇化模式的研究有助于揭示该语言或民族的概念化方式。同样，通过对不同语言词汇化模式的对比研究，找出它们所表现出的词汇化偏爱，也有助于揭示不同语言或民族之间概念化方式的共性和差异。

（一）论元结构的赋值与识解模式

论元结构是人脑认知模型向语言形式投射的中介，经常被用来描写和解释句子的语义结构。词义的构建同样是认知模型语言形式化的结果，可以看作句法结构的固化，所以吉冯才说："今天的词法是昨天的句法。"对论元结构中的谓词及其论元角色赋值是最简单、最基本的词汇化模式[①]，与句法结构构建不同的是，词汇化突显的通常只是一部分论元成分，它们将成为显性的构成成分，而另一些论元成分只是参与词汇化过程，却不会出现在词汇化结果中，它们是词汇化过程中的隐性论元成分。我们下面将以 hit lady 为例，阐释这种词汇化模式的认知机制。hit lady 词汇化概念整合网络中包含两个输入空间，其中一个为论元结构空间，另一个为等待赋值的语义元素空间。如前所述，论元结构是认知模型的反映，它是一个以谓词为中心的语义结构，包括一个谓词和其他受其支配的名词性成分，这些名词性成分称为论元角色（argument），简称论元；谓词的类型决定论元的数量和性质，它们和谓词之间存在各种各样的语义关系，如当谓词为动作动词时，论元可以表示动作的发出者、承受者、动作发生的时间、地点、方式、动作发生所凭借的工具等，按照杰肯道夫（Jackendoff）的说法，它们分别是谓词的施事格、受事格、时间格、地点格、方式格和工具格等。很明显，正是论元结构空间为合成词 hit lady 提供了词义构建的基本框架；另一空间包含 hit、lady 和 money 三个语义成分，它们分别赋值给论元结构中的谓词、

---

① 周启强：《词汇化模式的认知阐释》，《四川外语学院学报》2009 年第 1 期，第 63~66 页。

施事格和目的格，两个输入空间的信息投射至合成空间后，通过合成作用形成了新的语义结构 a lady hits somebody for the sake of money。由于 hit 和 murder 之间的意义关联，合成过程中完善和扩展作用使 hit 的语义延伸至 murder 的语义范围；与此同时，人脑对语义结构 a lady murders somebody for the sake of money 的识解在两个维度上展开：一方面，将这一结构区分为背景和图形，其中谓词 hit 和施事格 lady 突显为图形，而目的格 money 隐退为背景，因此词汇化的语言形式固化为 hit lady，而目的格 money 隐而不现；另一方面，人的识解焦点移至施事格 lady，使之成为整个语义结构的中心，它的意义随之转变为"a lady who commits murder for the sake of money"，从而完成词汇化的意义构建。

（二）修辞词汇化模式

在很多情况下，词汇化并不仅仅是论元结构成分的简单赋值与识解，在此基础上，语义元素本身的意义结构以及概念合成过程中各种认知原则都将参与词汇化的过程，并对词汇化的结果产生重要影响。这些词汇化模式可以看作基本模式的进一步拓展，它们大致分为三种类型：隐喻式、类比式和双关式。

1. 隐喻式

当论元结构赋值与识解之后，有些词汇化过程还牵涉到跨认知域的语义构建，也就是人们常说的隐喻将参与词汇化过程，这样的词汇化模式我们称为隐喻式词汇化。handicap 属于英语中的常用词，可它的字面意义却是 hand in a cap，如果不了解它的词汇化过程，恐怕很难将它的意义与"障碍、劣势"联系起来。其实，handicap 的词义是其字面意义通过先后相连两个概念整合网络构成的隐喻链词汇化的结果。第一个整合网络中有两个输入空间，其中一个包含 handicap 字面意义所反映的语义信息，另一个是人们关于赛马的认知模式。在古代欧洲，以物易物在很长一段时期内都是商品交易的主要形式，商品价值低的交易方需要给另一方给予相应的补偿，双方就此达成协议后就将手伸进帽子里抽签以决定交易是否进行，handicap 输入空间包含的语义信息就是这个词所蕴含的文化背景。17 世纪后，随着赛马运动的兴起，handicap 开始被映射到赛马认知域，赛马参照以物易物的规则来进行，即赛马时由裁判决定让更强壮一些的马额外负上一定的重量以便参赛的马匹双方都有取胜的机会。这样，在第一个整合网络中的合成空间形成了新的层创结构，即 handicap 通过在商品交易和赛马两个不同认知域的隐喻映射获得了新的词义：赛马时好马的额外负重。这一合成空间同时又成为第二个概念整合网络的一个输入空间，它所包含的语义信息又被映射到另一包含一般成功认知模式的心理空间，它们之间的隐喻映射在第二个合成空间里形成了 handicap 的现代最常用的意义，用来表示任何

"障碍、不利因素"。

从以上的分析中我们可以发现,隐喻词汇化模式的特点是:在论元结构赋值与识解的基础上,包含不同认知域语义结构的心理空间之间的隐喻映射,在合成空间里来自某一认知域的信息成为另一认知域模式的属性,从而实现词汇化过程的语义构建。

2. 类比式

类比词汇化,顾名思义,就是仿照语言中已经存在的词(当然也包括承继它的论元结构赋值与识解的方式)来构造新词,例如:moonquake、hotwar,及"待恋""苦劳"就是分别仿照 earthquake、cold war,及"待业"和"功劳"而成的,它们类比的性质可以从下面的例句清楚地看出来:

(1) Thus it is a little premature to talk about our supposed triumph in the cold war; a triumph incidentally, which will be meaningless if we cannot prevent the cold war from boiling up into a hotwar.

(2) 兽王爱怜地望着大黑猪虔诚的样子,安抚道:"听话就好,贡粮就免了吧。你没有功劳,还有苦劳和孝劳嘛!"

类比词汇化模式与基本模式不同,不再是论元结构的常规赋值,它们的概念合成网络具有非对称投射、选择性投射和类比语义结构组合的特点。具体来说,网络中的各个输入空间地位不对等,其中一个空间向合成空间投射的结构包括其论元结构赋值与识解的方式以及大部分语义信息,为新的词汇化过程提供了语义结构的基本框架,可称为中心输入空间;其余输入空间的语义元素只是将填补由于中心输入空间相关语义信息没有投射到合成空间所造成的语义空缺;合成空间里各种层创结构的生成方式将这些经过选择投射而来的语义结构重新进行赋值与识解;由于中心输入空间在词汇化过程的主要作用,形成的新词通常被视为对它所包括的语义结构仿照和类比的结果。moonquake 就是类比词汇化模式的产物,其词汇化概念整合网络有两个输入空间,分别是 earthquake 和 moon 所表征的概念结构,其中 earthquake 为中心输入空间。earthquake 意为"地震",表征的是地球上一种常见的地质现象,其论元结构的赋值过程可以概括为:quake on earth,除关系谓词 on 外,quake 和 earth 分别是主事和地点格。中心输入空间将论元结构"- on -"及主事格信息 quake 投射到合成空间,但地点格信息 earth 却没有进入合成空间而是被舍弃了,有关地点的信息来自另一输入空间 moon,在合成空间里,earth 被填充在空缺的地点格语义插槽,构成了新的语义结构"quake on moon",对这一结构仿照 earthquake 进行识解,它就凝固为新词 moonquake。

3. 双关式

双关词汇化模式最大的特点是基于语音或拼写近似在不同的心理空间建立映射形成概念整合网络。以 meach 为例，其词汇化的认知机制同样可以概括为两个先后相连的概念合成过程。第一次概念合成是论元结构赋值与识解过程，在合成空间形成语义结构：make extravagant commitment hourly。第二次概念合成是双关复合过程，其整合网络的输入空间包括结构空间，即上一整合网络的合成空间 make extravagant commitment hourly 和双关对象空间，即 Michael Meacher。Meacher 是英国工党议员，以工人代表自居，动辄在国会就改善国民福利发表长篇累牍的演说。由于 Meacher 正好与结构空间里语义结构的首字母组合相似，基于这种拼写和语音上的相似性，两个输入空间建立了映射。在合成空间里，来自结构空间的语义结构固化为首字母组合 meach，来自双关对象空间的信息在词汇化的拼写形式定型和语义构建两方面都起到了催化作用。整个词汇化过程可以理解为人名 Meacher 的有意误读，取得了一种特殊的诙谐和反讽的效果。双关词汇化模式的美学效果在"普希金"的词汇化上得到了更充分的体现。普希金是俄罗斯历史上最著名的诗人，但现在人们有意将它曲解为"普遍希望金钱"。在中国传统的观念中，诗歌是文学最高雅的表现形式，金钱则常被诗人们视为肮脏的东西，现在我们用"普希金"来表达人们对金钱的不可遏止的欲望，其强烈对比所产生的幽默和讽刺的效果给人留下了深刻的印象。

双关词汇化模式近些年来在英汉两种语言中都相当活跃，它反映了新时代下人们求新、求奇的心理，为我们带来不少生动形象、富有表现力的新词，下列中各词就是一些最常见的例子：

(1) bit < binary + digit → bit
(2) tutu < too too → tutu
(3) 新西兰 < 新疆 + 西藏 + 兰州 → 新西兰
(4) 马大嫂 < 买菜 + 洗衣裳 + 烧饭 → 马大嫂

第二节　词汇化的主要影响因素

语言认知研究观认为，语言范畴和结构在本质上是以人的经验和认知为基础的。人们在用语言表达客观世界时，并不是也不可能表达出其全部内容和细节，而是有选择性的。那些反复发生的、由人们所感知到的或者所经验的事物会在人们的头脑中形成概念，概念再进一步用语言表达出来。同样，也不是所有的概念都表现为词汇，只有那些反复发生的、人们频繁使用的概念才表现为词汇。也就是说，如果我们经常使用和提到某一概念，那么这个概念就有可能最终词汇化。

一、认知需要

词汇化模式仅从一个侧面说明了词汇化过程中的不均衡性，没有阐明词汇的发展动力因素。社会日益发展，认知范围和领域不断拓宽，新事物不断涌现，为了满足信息和思想情感交流的需要，必须不断地产生新词。新词的产生是有物质基础的，是在已有词汇的基础之上被创造出来的。新词的不断产生让语言本身呈现出勃勃生机，而词汇尤其基本词汇的能产力也与词汇化过程相关联，并统一为一体。新词的产生主要是通过以下几种形式发展的。（1）新词的创造（coinage）源自认知的发展。人们发现了新的事物或新现象，要对它进行命名或描述。人造卫星一词是个较为典型的例子。（2）认知的深入引起词义的窄化（narrowing）。例如英语词"food"原先的意思是动物身上可以供人吃的部分，现在的意思是任何可被人吃得的东西。（3）认知范围的扩大，词义也随着扩大（extension）。例如英语词"bucher"一开始词义是"one who kills goats"，但随着人类认识的动物范围的扩大和宰杀的动物的增多，其词义发展为"the one who kills animals"。（4）词义的改变（shift）。例如："silly"在古英语中的意思是"happy"；在中世纪英语的意思是"naive"；现代英语的意思是"foolish"。

二、民族文化差异

根据伯林和凯对 98 种语言的研究，并对其中的 20 种做了细致的分析发现，人们把颜色切分为 2 至 11 类不等。英语民族把各种状态的"雪"用一个简单词位"snow"来表示，而因纽特人却把不同状态的雪用五个词位表示。根据中国语言学家陈松岑的研究，阿拉伯人的"沙"和"骆驼"也用了好多种不同的词位。日本人对新年有特殊的心理，所以日本人在新年里举行的活动多用带"初"字的词表示。"初夢"是指一年中做的第一个梦，有人根据梦的内容占卜当年的吉凶祸福。商店所用的词语也多带"初"字，例如：首次出售的商品叫"初売り"，而发出的货物叫"初荷"，新年里第一次动笔写字叫"初め"。上述均反映了日本民族对新年的特殊理解。再以美国民族特点为例：其构成复杂因素有"熔化炉"（the melting pot）之称，美国英语词化特点也具有这种熔化炉的特点，因为它的词汇血液（lexical blood）是多源的（multi-original）。例如："banana"一词可以指生活在美国的亚裔人，他们的皮肤是黄的，然而他们的思维模式完全美国化了，并且 banana 的该词条意义已被很多辞典收录。汉语里就没有这样的对等词，这样美国的熔化炉民族特点在词化过程得以体现。我们通过上述例子可以看出每个民族的文化特点也在词汇化过程中不同程度得以体现。

三、语言模式的差异

词汇化过程的差异性除了受各个民族的特点影响外还受到其民族词化模式差异的影响，因此词化模式（lexicalization patterns）的差异性会体现在词汇化的过程中来。

以塔尔米论述的五类框架事件（framingevent）之一"实现"为例。语言在描述动作行为时，其中一个重要方面是表达"实现"或"完成"的程度。在他看来，"实现"作为一个语义范畴，其主要功能成分包括动词词根（verb root）和附加语（satellite）。严辰松在《英汉表达实现意义的词化模式》中，论述了英语趋向于更多地在动词中表达实现意义，汉语则在附加语中表达实现意义，这促进了动补结构词义的发展。例如：He killed a man. 汉语则是"他杀死了一个人"。英语仅用"kill"一个动词，而汉语则用"杀死"这样的动补关系的词组。

第三节　主要词汇化类型

一、音系词汇化

所谓音系词汇化，就是指借助重音、语音的变化或语音的连接等手段将语言中某些具有横组合关系的词语配列固化为特定的词汇单位。这一概念包括三个方面：第一，词汇化后的某些词语配列在词的重音方面有别于未经词汇化的词语配列，一些语言学家认为，重音（stress）可以作为鉴别词汇化后的某些词语配列的准则，其重音往往落在第一个组成部分上，比如 'hot dog（热狗，红肠面包）、'greenhouse（温室）；第二，某些词语配列中的语音在词汇化后会发生某些变化；第三，通过语音连接将语言中的某些词语配列固化为词。

词的重音属于音系学研究中的超音段特征，具有区别意义的重要功能。语言学家们普遍认为，区别词与自由配列两者之间的一个重要手段就是重音所处的位置。一般而言，若一个词语配列是一个自由词组，其重音就会落在第二个成分上；若这一配列已固化成词，其重音就会落在该表达式的第一个成分上。

如：green 'house 和 'greenhouse。除了重音的转移，词汇化后的复合词的语义在很多情况下也会发生改变，如 green house 指"绿色的房子"，词汇化后的greenhouse 却意指"温室"。

音系词汇化的另一种表现是某些自由配列中的语音变化。很多情况下，一个自由配列一旦被词汇化，其语音就会发生弱化或删除，如：two pence 和 twopence /'tʌpəns/。

音系词汇化的第三种表现是借助语音连接。元音和辅音都可能成为连接成分，其中最为常见的元音连接音为－o－和－i－，辅音连接音为－s－。如：drunkometre，handicraft 等。

二、形态词汇化

形态学的主要任务就是通过词的词素组合来研究词的结构和形式。我们所说的形态词汇化，就是指通过词素的组合达到词的固化。词素有自由词素和粘着词素，自由词素绝大部分是自由词根词素，可单独成词；而粘着词素又进一步分为非自由词根词素、派生词素和屈折词素，非自由词根词素不能单独成词，只能与其他的词、词根或派生词素结合才能成词；派生词素主要指前缀和后缀，能起到改变词义的作用；屈折词素主要是后缀，表明时、体、数、格、人称、比较级和最高级等，屈折词素一般不会改变词义，因此在词汇化过程中一般不会起多大作用。值得注意的是，在形态词汇化的书写方面，连字符（hyphen）往往是表示其构词方式的标志，但我们有时会发现有的词用连字符，比如pen-name；有的两个词连起来写，中间无连字符，比如 teacup；也有的分开来写，如 air raid。所以形态词汇化的书写并无一定的规律可循，要掌握标准的书写方式，还需要经常查阅词典。借助词素之间的组合来实现词汇化的主要途径有三种。

（一）派生法

派生法也叫词缀法，包括前缀法和后缀法。在英语、汉语中都是一种能产型的主要词汇化方式，但并不是所有的词缀都具有词汇化功能。关于词缀法，人们还发现了一个有趣的现象：用前缀法构成派生词，一般只改变词的意义，不改变词的词类属性，也就是说，构词在一种词类内部进行，如英语中的re-write（重写）、misdeed（恶行）。后缀法既可以构成同类的词，又可以构成异类的词，构词后缀不仅改变词的意义，而且起着转换词类的作用。例如：英语中的 worker（工人）、useful（有用的）。

语法学家往往根据词缀的语义特点对它们进行分类。他们将前缀分为以下10种：否定前缀（a－，dis－，in－，non－，un－）、反义前缀（de－，dis－， un-)、贬低前缀（mal-, mis-, pseudo-）、程度前缀（arch-, co-, hyper-, mini-, out-, over-, sub-, super-, ultra-, under-）、向背前缀（anti-, con-, tra-, counter-, pro-）、方位前缀（fore-, inter-, sub-, super-, trans-）、时序前缀（ex-, fore-, post-, pre-, re-）、数量前缀（bi-, di-, poly-, multi-, semi-, demi-, tri-, uni-, mono-）、其他新古典词缀（auto-, extra-, neo-, pan-, pro-, to-, tele-, vice-）和转化前缀（a-, be-, en-, em-）等。后缀的分类情况大致为：表示行为的后缀：-ion, -ing 等；表示行为者的后缀：-er, -or, -ent, -ant 等；表示行为手段与结果的后缀：-ment, -ure 等；表示事物特性的后缀：-al, -esque, -ic, -like 等；表示与某事物相关者的后缀：-an, -ese, -ist 等；表示事物多少的后缀：-ful, -less 等；表示小的后缀：-ette, -let, -ling 等；表示贬低的后缀：-ish, -ling 等。

（二）转换法

转换法指新词不改变原词的基本形式，不增加、不变换任何语素而转入另一词类，获得新的句法功能和搭配能力。例如：英语中名词变成动词：cook（厨师）变成 to cook（烹调）；动词变成名词：to mistake（弄错）变成 mistake（错误）；汉语中名词变成动词：锁（名）变成锁（动）；形容词变成动词：丰富（形）变成丰富（动）。转换法主要包括以下六种形式：

①v. → n. attempt, want, catch, cheat etc.

②a. → n. daily, final, regular, comic etc.

③n. → v. position, mask, peel, pilot, cash etc.

④a. → v. calm, lower, dry, dirty, narrow etc.

⑤n. → a. a very *Oxbridge* accent, a *brick* garage etc.

⑥其他

but（conj. → n.）; must（auxiniary v. → n.）

pros and cons（affixes → n.）

two coffees（u. → c）

（三）复合法

复合法是汉语构词中最重要、最能产的构词类型。根据词与词的关系可将汉语中的复合式合成词分为六种类型。第一，联合式。联合式复合词的构成有两种：一种由两个意义相同、相近、相关的词根构成，如朋友、功劳、离别、爱护、勇猛、身心、笔墨、手足、国家、质量、窗户；另一种则由两个意义相反的词根构成，如开关、东西、动静、好歹、忘记、迟早、日夜。第二，偏正式。偏正式是指复合式合成词的前一个词根修饰、限制后一个词根，以后一个词根的意义为主，如火车、前进、鲜红、高级、雪白。第三，动宾式。动宾式是指复合式合成词的前一个词表示动作、行为，后一个词表示动作、行为所支配、关涉的对象，如理发、洗澡、打架、睡觉。第四，主谓式。主谓式是指复合式合成词的前一个词根表示陈述的对象，后一个词根表示具体的陈述，如年轻、锋利、胆怯、地震、国营、民办。第五，附加式。附加式合成词以词根为主体，粘附词缀而成。如老师、老婆、阿姨、阿哥、第一、初一、桌子、骗子、红色、花儿等。第六，重叠式。重叠式合成词由词根重叠而成。根据重叠的特点，可将其分为：AA 式，如妈妈、娃娃、星星、仅仅、看看；ABB 式，如红彤彤、绿油油、喜洋洋、灰溜溜；AABB 式，如婆婆妈妈、形形色色、花花绿绿、条条框框。重叠式构词是汉语的构词特色，这主要是因为汉语是孤立语，语言讲究对仗、整齐。重叠式构成的词与其他类型的词相比更具有感情色彩。

英语中的复合式合成词主要包括三大类。

1. 复合名词

(1) 主谓结构（subject + verb），如：

cat call	daybreak
earthquake	headache
heartbest	nightfall
rainfall	soundchange

(2) 动宾结构（verb + object），如：

birth-control	dress-design
haircut	office management
self-control	self-destruction
suicide attempt	word-formation

(3) 动状结构（verb + adverbial），如：

diving board
drinking cup
freezing point
living room
waiting room
writing desk
adding machine
day dreaming

(4) 主补结构（subject + complement），补语有形容词和名词两种情况，如：

drummer boy	blackboard
man servant	blue print
oak tree	grey matter
tape-measure	hot-house

(5) 主宾结构（subject + objuct），如：

toy factory（The factory produces toys.）
cane sugar（The cane produces sugar.）
table leg（The table has legs.）
security officer（The officer looks after security.）

2. 复合形容词

(1) 动宾结构（verb + object），如：

breathtaking	factfinding
heartbreaing	record-breaking
self-defeating	self-justifying

(2) 动状结构（verb + adverbial），如：

fist-fighting	law-abiding
heartfelt	hard working
handmade	quick-frozen

(3) 无动词结构（verbless），如：

air sick	tax free
grass green	brick red
rockhard	grey-green

3. 复合动词

(1) 宾动结构（object + verb），如：

brain-wash	fire watch
house-keep	lip read

(2) 状谓结构（adverbial + verb），如：

bottle-feed	daydream
sleep-walk	window-shop

以上是英语中三种最常见的复合法词汇化方式，除此之外，还有复合连接词（如：however, whereas）、复合副词（whereupon, forewards, someday）、复合代词（myself, someone）和复合数词（twenty-three, one-tenths）等。

（四）缩略法

缩略法（abbreviation）指的是把词的音节加以省略或简化而产生词的方法。它是现代语言中一种主要的词汇化手段，是在不改变词语意义的基础上，把原来较长、较复杂的词或短语直接或间接地缩减成较短较简单的组合。通过这种方式完成词汇化后的新词或短语就称之为缩略词语。英语属于印欧语系，其构词是由26个字母通过组合而形成具有特定意义的词语。故为达到语言的简单明快，英语缩略语的构成，是基于一定的字母组合或其意义而形成的。主要有三种构成方式。

1. 字母缩略法（acronymy）。又可分为首字母缩略法（initialisms）和首字母拼音法（acronyms）。首字母缩略法，就是取每个词的首字母而形成一特定的名称、术语或者短语；首字母缩略词是逐一读出来的。比如说，VOA（Voice of America，美国之音），EU（European Union，欧盟）等。首字母缩略词又可分为三种构成形式：第一，所缩字母来源于每个词的首字母。比如，IOC（International Olympic Committee 国际奥林匹克委员会），WTO（World Trade Organization 世界卫生组织），D. I. Y（do it yourself 自己动手）。第二，所缩词的字母来源于某一复合词的部分元素或者是一个词的一部分。比如，ID（Identification 身份证），TB（tuberculosis 肺结核）。第三，所缩略词由两部分构成，取第一个词或第一、二两个词的首字母，而第二或第三个词不省略。比如，H-bomb（Hydrogen bomb 氢弹），e-mail（electronic mail，电子邮件）。字母缩略法的另一种形式就是首字母拼音法，即由组织机构或术语的名称的首字母组成一缩略词，与首字母缩略法不同的是，这些组合词有自己的读音。比如，NATO（the North Atlantic Treaty Organization，北大西洋公约组织），radar（radio detecting and ranging，电波监测）等。

2. 短截法（clipping）。通过省略词的音节来缩词，主要有以下四种形式。第一，首部短截法（Front Clippings）。例如：quake（earthquake 地震），plane（airplane 飞机），copter（helicopter 直升机）等。第二，尾部短截法（Back Clippings）。例如：ad（advertisement 广告），memo（memorandum 备忘录），amp（amplifier 扩音器），champ（champion 冠军），dorm（dormitory 宿舍）等。第三，首尾短截法（Front and Back Clippings）。缩略词的首尾，取中间部分。例如：flu（influenza 流行性感冒），fridge（refrigerator 冰箱）等。第四，短语短截法（Phrase Clippings）。缩略词组，提取最关键、最具代表性的字母来。例如：Fed（the Federal Government ［美］联邦政府），Med（the Mediterranean Sea 地中海），pop（popular music 流行音乐）等。短截法缩略的词有时还改变词的拼写

形态。如 business 可以是 biz，veggies 是 vegetables 的缩写，No. 是 number 的简写等。字母缩略法（acronymy）和短截法（clipping）都是缩写（shortening）的一种形式，在口语中使用较频繁，突出代表了当前英语词汇的走向精简化的趋势，也反映了现代生活的紧张性、竞争性和快节奏性。

3. 拼缀法（blending）。拼缀词是指将两个词的部分意思与发音通过拼缀而实现其词汇化。组成复合词的词中，一个词失去部分或者各个词都失去部分音节后连接成一个新词，可对原来的词组进行剪裁，将他们合成在一起，并在合成时进行缩略而构成的词。如：Hi‐Fi = high fidelity 高保真，sitcom = situation comedy 情景戏剧，faction = fact fiction 写实小说，petrodollars = petroleum dollars 石油美元。

4. 数字式缩略法（numerical acronyms）。数字式缩略法指的是把相同的结构成分或语义成分提取出来，并冠以数字而构成的表达法，或者以数字打头的词，将其缩略成阿拉伯数字加字母的格式。如：3G，全称为 3rd Generation，指第三代数字通信；price、product、promotion、placement→PPPP→4Ps 代表市场营销组合中的定价、产品、营销和布置四个环节。由于互联网的迅速发展，数字式缩略词不断增加，也是当今社会新词汇不断涌现的一个原因。

汉语缩略语的基本构成源于汉语是一种声调语言，是一种孤立语，是一种表意文字。在古文中常见人们用一个字表达含义，而现代汉语中多数事物是通过拥有两个或两个以上汉字来表达，汉语常见的缩略词至少包含两个汉字来表达多个汉字所要表达的含义。其基本缩略方式主要有四种。第一，名称缩略。主要是抽取一个名词词组或短语中有代表性的字重新组合后而形成的词语，在汉语词汇中，此类缩略词语所占比例最大。如人代会（人民代表大会）、科研（科学研究）、空姐（空中小姐）、世贸（世界贸易组织）、海归（海外留学归来）等。第二，合称缩略。这种缩略是对联合词组的缩略，如：德智体（德育、智育、体育）、老弱病残（老人、小孩、病人、残疾人）等。第三，动词缩略词语。汉语中的动词词组和短语也可以缩略，其构成一般以原词组或短语的句法结构为依据，减缩后的形式仍保留原形的结构特点。如：签约（签订合约）、创优（创造优质产品）、聘用（聘请任用）、专转本（专科学生转本科学生）、面谈（面对面地交谈）等。第四，数字缩词语。指用数词来概括几个词语中相同的部分而形成的独特的缩略词语，如"五湖四海""五谷""七窍""四书五经"，及"一国两制"（一个国家，两种制度）、"三讲"（讲学习、讲政治、讲正气）等。

三、语义词汇化

复合词往往由两个或两个以上独立的词通过词汇化而形成，而复合词的词义却不是它的几个组成部分的词义的简单相加，而是要从中引出新的特殊语义。如 ladybird（瓢虫），它既与 lady（女士）无关，又不是什么 bird（鸟）；dark-room 指的是专用于冲洗相片的暗室，而 dark room 指的是所有阴暗的房间。

从历时的角度看，单音词的发展演变较为单纯。单音词虽也有可能发生语法化，从实词变为虚词，但这还是在词这一大的范畴内的次范畴变化，而更多地只是语义的变化，不涉及范畴性质的大的变动。其形式上的替换只是在所指（signified）基本不变的情况下能指（signifier）的变化，而这些不同的能指在大的范畴上是相同的。汉语双音词在产生和发展过程中所经历的变化与单音词相比则更多更复杂，往往涉及范畴性质的大的改变，引起了词汇系统的本质性的变化，改变了词汇系统的整体面貌。很多汉语双音词在发展过程中都经历了一个从非词的分立的句法层面的单位到凝固的单一的词汇单位的词汇化过程，即由短语词或词组演变为词。词组好比混合物，不同的物质仅仅混合在一起；由词组演变而成的复合词则好比化合物，不同的元素经过化学作用，已经结合为一种新的物质。短语词或词组的语义演变包括了一个隐喻（metaphor）抽象化的过程，即语义由某一具体认知域延伸到更为抽象的认知域。这种变化符合人们从个别到一般、从具体到抽象的认知模式。在词组和短语词凝固成词的过程中，其原有词义的理据随着其结构功能的语法化而模糊化，彼此间在意义上具有更多的相似和相关性，结果导致其原有形式的句法范畴发生改变，由一个非词形式变为词①。现代汉语中的复合词大多是由词组词汇化凝固而成，如健美、热爱、史料、自愿、春花、秋雨、忧愁、可爱、月亮、凯旋等。有些词组凝固成词后词义又有所引申，如"晚会"不只是其字面义"晚间的集会"，而是"晚上举行的以文娱节目为主的集会"。又如"说唱"在表示一种连说带唱的表演艺术时，就不只是说话和按照乐律发出声音。有的则是由原词素义的修饰比喻义凝固而成，如"电脑""春心""红娘""黛眉"等。

词组词汇化反映了汉语词汇由单音节向双音节发展的趋势，双音词化可以说是汉语词汇发展的一大规律。据有关研究表明，殷商时代汉语的词汇系统本质上是单音节的，春秋战国时双音词的数量增大，成为汉语词汇双音化迅速发

---

① 徐时仪：《词组词汇化与词典释义考探》，《湖州师范学院学报》2004 年第 3 期，第 1~6 页。

展的第一个时期，东汉以后汉语词汇双音化的步伐日益加快，沿至唐代，双音词为主的词汇系统基本形成。汉语词汇从以单音词为主过渡到以双音词为主，这是汉语内部的一个发展趋势。双音化是汉语词汇发展的一个重要特点，这已成为学界的共识。双音节词的产生和发展是汉语史中关系到汉语词汇系统面貌的根本性变化。就语义而言，由单音词合成的双音词体现了一个由词组或短语词义逐渐凝固成词的变化过程。词组和短语词是双音词最主要的来源。据认知心理学的研究表明，当构成一个句法单位或者虽不构成一个句法单位但在线性顺序上邻接的两个词由于某种原因经常在一起出现时，语言使用者就有可能将其视作一个整体而不再对其做内部结构的分析，这样就使得二者之间原有的语法距离缩短或消失，最终导致原来的语法结构功能的虚化，进而由相邻接的两个词凝固为一个双音词。汉语双音词往往是由两个单音词的临时组合而逐渐固定下来的，其最初尚是一个词组，搭配灵活，单音词与单音词之间可以自由搭配，其各自所表示的词义在由其组合成的词组中有所虚化。随着两个单音词之间的搭配关系逐渐固定，这两个单音词也就由临时组合的词组凝固成一个词，由其组合成的词组义在其各自原来表示的具体义基础上进一步抽象虚化或简化，从而形成了由其所组成的复合词的词义。一般来说，单音词大多数是多义的，而由它们组成的复合词大多数是单义的，因而，单音词组合成的词组凝固成复合词，实际上也就是多义的单音词抽象虚化或简化成为单义的双音词，即由多义虚化或简化为单义的词汇意义演变，同时也可看作是由词组虚化凝固为词的一种词汇化现象。

　　语言是一个系统，这个系统中某个词语的变化常常与其他的词语相关联。词汇的发展又具有累积性的特点，共时平面上使用的词汇就其来源而言蕴涵着历时的积淀。因此，双音词替代单音词不只是简单、孤立的音节单双之变，而是一个和语义内容的衰亡、发展、重新分配紧密联系的复杂过程。现代汉语中的许多复合词在先秦本是词组，这些由单音词凝固而成的复合词一般都经历由两个构词词素独立并存同时又是紧密结合的历时演变过程。在词组凝固成词的过程中，其原有词义的理据往往随着其结构功能的语法化而模糊化，彼此间在意义上具有更多的相似和相关性，结果导致其原有形式的句法范畴发生改变，由一个非词形式变为词。如睡觉原是表"睡醒"义的词组，演变而为表示"进入睡眠状态"的复合词。又如"不成"原是表"不能""不行"义的词组，演变而为表示反诘的副词和语气助词。词典在收释这些词语时应能揭示出其历时的演变过程。

四、句法结构词汇化

吉冯（1971）提出一个著名的观点：今天的词法曾是昨天的句法。这种从句法到词法的转化现象在语言中普遍存在着。现代汉语中不少复音词的前身是自由的句法组合，这些自由的句法组合可以细分为两类：一种是全部由词汇性成分构成的短语，另一种是由语法性成分和词汇性成分组成的句法结构①。句法结构的特点是其中一个成分，即语法性成分，结合范围很广，因而形成一种能够类推的能产的模式。句法结构的词汇化是从一种能产的可类推的形式变为凝固的不能类推的形式。其内部动因多是由于句法结构中的语法性成分的功能的衰退，当一个语法性成分的用法逐渐受到局限后，原来由该语法性成分形成的自由组合就变成了词汇成分，作为已消失的句法形式的遗迹而保留在语言系统中。促成句法结构的词汇化的另一个重要原因是在语音上语法性成分都倾向于弱化。下面以汉语为例分析句法结构词汇化的过程。

（一）语法标记的词汇化

1. 名词化标记＋动词性成分→双音词

（1）"所"字名词化结构的词汇化

"所"是古汉语中的名词化标记，其作用是使一个谓词性成分转化为体词性成分，"所 VP"转指 VP 的受事。名词化标记"所"与谓词性成分组成的结构本来是很能产的，但后来"所"的名词化功能逐渐衰退了，现代汉语中"所"的名词化功能基本由"的"来实现。结果，"所"作为一个名词化标记从一个必有（obligatory）成分变成了一个可选（optional）成分。当"所"的功能衰退之后，由"所"组成的名词化结构有一部分就作为一种遗迹而凝固为词。例如，"所有"本指"拥有的东西"，"有"是一个动词，"所"加在"有"前，使其名词化。例如"所有财产"既可以理解为"所拥有的财产"，又可根据语境理解为"全部的财产"。后来，从语境中获得的"全部"的意思被融进了"所有"这个形式本身，"所有"最终词汇化为一个指代性形容词，义为"整个、全部"。同类的例子还有"所谓""所在""所以"等。

（2）"者"字名词化结构的词汇化

古汉语中除了"所"以外，还有另一个名词化标记"者"，"VP 者"一般转指 VP 的施事。"者"作为名词化标记的语法功能在发展过程中也衰落了，其功能在现代汉语中也由"的"来表示（现代汉语中的"的"涵盖了古代汉语中

---

① 董秀芳：《论句法结构的词汇化》，《语言研究》2002 年第 3 期，第 56～64 页。

"所"与"者"的功能)。包含"者"的一些双音结构演变成了词,如:作者。由于古代汉语中"作"作为一个动词有多种含义,因而"作者"作为一个名词化结构,也可以表达不同的意思,如"发起人""劳作的人""文章或艺术作品的创作者"。现代汉语中"作者"的意思却词汇化了,专指文章或艺术作品的创作者。

2. 定指标记"其"+名词性成分→双音词

一般认为古汉语中的"其"是一个代词,经常作定语,相当于"名词+之"。但是在不少情况下"其"可以看作一个定指(definite)标记,可对应为英文的定冠词the。在现代汉语中还保留有"张三其人"这样的书面语用法,意思就相当于"张三那个人",当中的"其"也可看作定指标记。随着语言的发展,"其"作为定指标记的功能逐渐弱化,与之相关的结构有的就变成了词,如"其实"。本来"其"表定指,"实"是名词,义为"本质、实际情况"。"其实"相当于英文的 the fact 或 the essence,是一个名词性结构。后来,"其实"作为一个名词性结构充当句子的主语或宾语,做主语时谓语是由名词性成分充当的,所构成的是没有系词的判断句。当"其实"前有一个分句,而其后出现的又是谓词性成分充当的谓语时,"其实"就有了被重新分析的可能,其主语地位变得不突出。加之"其实"出现在谓词性成分前,所以有被当作副词的可能性。渐渐地,"其实"词汇化为一个副词,义为"实际上",相当于英文的 in fact, actually。词汇化以后,"其实"既可以出现在主语的前面,作句首状语,如"其实他很有钱";也可以紧贴动词作状语,如"他其实明白我说的是什么意思"。同样来源的词还有"其次""其中""其余"等。

3. 后置词与其前名词性成分的词汇化

古汉语中存在着一个表方位的后置词(postposition)系统,如"边""许""间""处""所""行""下"等都有后置词的用法。这些后置词还都有虚化为格标记(case marker)的倾向。古汉语中的这些后置词曾经是非常活跃的语法性成分,但不少后置词的功能在汉语发展过程中逐渐消失了。由这些后置词参与组成的一些结构就作为一种遗迹保存下来,固化为词,比如由后置词"间"参与形成的一些结构就是这样。"间"作为后置词,可以表示方位,后来"间"作为后置词,意义逐渐虚化,还可以跟在表时间的词之后。这一点不难理解,因为从空间到时间的隐喻引申在语言演变中是很普遍的。作为一个后置词,"间"的结合面是很宽的。但当其语法功能消失之后,其结合能力就受到了很大的限制,原来的一些句法结构就从句法单位变为了词汇单位。有些表方位的"间"与它前面的成分一起发生了词汇化,如:世间、心间、夜间、晚间等。

(二) 代词结构的词汇化

汉语史上，不少包含代词的句法结构在发展过程逐渐被词汇化了。由代词参与组成的句法结构比较容易发生词汇化，可能是因为代词在语音上倾向于轻化，易于与其相邻的成分发生粘附。

1. "相" + 动词性成分→词

"相"最初是一个交互代词（reciprocal anaphor），相当于英语中的 each other。到魏晋南北朝时期，"相"从交互用法发展出一种"偏指用法"，即不再表示两个事物互为施受的关系，而表示一方对另一方的动作行为。这种偏指用法实际上是"相"作为一个不限人称的起照应作用的代词的用法，"相"的先行语可以是第一人称、第二人称或第三人称。后来"相"的句法功能逐渐衰退，作交互代词用的"相"由双音词"互相"代替；表偏指的功能即作为起照应作用的代词的功能则完全消失了。"相"字结构有些就演变成了词，例如：相信。"相信"本来指"彼此互相信任"，其中的"相"是一个交互代词。后来"相信"被词汇化为一个动词，义为"认为正确或确实，不怀疑"，其后可另带宾语。词汇化的直接源头应是表偏指的"相"字结构，因为表偏指的"相"出现的语境中主语可以是单数的，但表互指的"相"则必须出现在主语是复数的语境中。这样，表偏指的"相"字结构出现的语境与作为及物动词的"相信"出现的语境更相似，所以由前者词汇化为后者更为自然。现代汉语中保留下来的由"相"字结构词汇化而来的词还有"相继""相好""相思""相传""相应""相关""相当""相爱""相会""相比""相反""相似""相等""相间""相遇""相符""相逢""相连""相约""相宜""相向""相知"等。这些形式在词汇化中有些发生了转类，变成了名词。

2. "自" +动词性成分→双音词

"自"作为一个反身代词，在古汉语中一度是很活跃的。"自"有两种用法，一种是强调用法，即强调动作是施事者亲自发出的，充当状语；"自"的另外一种用法是照应用法，在句中作宾语，位置是在动词之前。汉代以后，"自"的代词功能逐渐为后起的双音形式"自己"所替代，作宾语时，位置也从动词前转到了动词后。"'自'+动词性成分"这样的结构变为一种历史句法的遗迹，有些在发展过程中就慢慢被词汇化了。比如："自杀"这一组合最初产生是一个作宾语的反身代词与动词的组合，相当于英文中的自由句法结构"kill himself/herself"（杀死他/她自己），该代词结构只是表明"自"是"杀"的受事，动作是不是由"自"的先行语发出的，这一点结构自身没有表明。只有当词汇化之后才有了表示一个人有意地杀死自己之意。由"自"与动词性成分组成的

173

结构粘合而词汇化的词还有：自慰、自信、自首、自励、自私、自刎、自勉、自尽、自卫、自嘲、自新、自给、自强、自称等。

（三）否定结构的词汇化

由"不""无""非"等否定词与谓词性成分组成的否定结构在发展过程中有不少发生了词汇化。

1. 由"不"参与形成的否定结构的词汇化

例如：不失。作为否定结构的"不失"，是对"失"的否定。"不"和"失"之间的句法关系很明显，并且在语言中存在一个与之对应的肯定形式"失"，发生词汇化后，"不失"成了一个副词，"不"与"失"之间原有的句法关系变得模糊，并且没有了与之相对应的肯定形式："失"在语义上不能作为词"不失"的对立面。比较下面的两个句子：

（1）这不失为一种聪明的做法。
（2）*这失为一种聪明的做法。

句（2）的不合法说明"不失"不是对"失"的简单否定，而是构成了一个意义上独立的词汇单位，"不"和"失"已经是构词成分了。

2. 由其他否定词组成的否定结构的词汇化

与"不"相类似，否定词"非""无"等也有与其中心词发生粘合的现象。如："非常""无妨"等。

（四）助动词结构的词汇化

助动词与其后动词性成分组成的句法结构也容易发生词汇化，比较常见的是助动词"可"参与组成的结构的词汇化，如："可恶"。本来，"可恶"是一个助动词与动词构成的结构。"可"是一个助动词，义为"可以，值得"；"恶"是一个动词，义为"憎恶、讨厌"。后来"可恶"被词汇化为一个形容词，义为"令人厌恶的"。在有些方言里，"可恶"甚至被进一步用为及物动词，"可"的意义完全失落了。又如"可爱""可观"等："可爱"原本指"值得爱慕"的意思，词汇化后变为形容词，义为"让人喜欢的"。"可观"是由助动词"可"与动词"观"组成的结构。"观"的意义是"看"，"可观"就是"值得看"。到现代汉语中，"可观"已词汇化为一个形容词，意义抽象化了，指"达到比较高的程度"。由助动词"可"与动词粘合而成的词还有"可笑""可怕""可贵""可惜""可叹""可悲""可爱""可靠""可疑""可耻""可信"等。

由"可"参与构成的这些词内部形式比较明显。除了那些发生了转类的如"可怜"之外，在意义上的变化似乎也不明显。从助动词结构到形容词是经过了一个范畴的改变，之所以这种范畴的改变在语义上没有明显的反映是由于在汉语中形容词和动词在句法性质上的差异不明显。形容词和动词一样可以直接作谓语，有些动词也能像形容词一样直接作定语。这样就使得一个包含"可"的形式出现在谓语或定语位置上时，既可以作为形容词来理解，也可以作为助动词结构来理解。

英语中句法结构词汇化现象也不乏其例。现举 I think、I believe 为例：

(1) I *think* that it is a good water-colour.

It, I *think*, is a good water-colour.

It is a good water-colour, I *think*.

(2) I *believe* that he has two sons.

He has, I *believe*, two sons.

He has two sons, I *believe*.

I think、I believe 等从第一句的主句地位，成为第三句中的附加评论，它们的位置可以在句子中的任何地方，非常灵活。其作用已相当于副词 maybe。英语中的名词 hearsay（传闻）从动词短语 hear somebody say 演变而来，英语中的动词 dare say 是从 I dare say 词汇化而来。这样的例子很多，如 make believe、feel like、what if、such as、I am afraid、I am sure、I suppose、you know、I mean 等也有向单词方向演变的趋势，也许有一天就会变成不可分析的隐性词。有人说，今天的词法曾经是昨天的句法，词汇的结构是来自早期的句法结构。这种说法是有理由的，从早期的句法结构，我们才能真正了解其构成的来历及认知动因。

词形成的有理性，一直是在语言符号任意性的制约下存在的，应该说，无论任何时候、任何情况下，词的形成都离不开人对客观事物的认识和与此有关的思维活动。词义永远是人们认知的结果，词汇意义、语法意义、色彩意义均不能例外。但在不同的社会发展阶段，作为造词的语言基础，却呈现为不同情况。词形成的有理性，在不同时段和不同条件下，其情况也不完全相同。但是，不管什么时段，词形成的有理性有一点是相同的，就是句法现象在词汇中的反映，即词汇化，在合成词中表现更为明显。在英语中，我们经常可以看到在句子成分之间打上一个连字符号就构成了合成词，这是典型之典型的词汇化。例如：

(3) A spirited discussion springs up between a young girl who says that women have outgrown the jumping-on-a-chair-at-the-sight-of-a-mouse era and a major who says that they haven't.

jumping-on-a-chair-at-the-sight-of-a-mouse（看到老鼠就跳到桌子上）纯粹是一个句子短语，加上连字符就成了一个合成词，把词汇化现象体现得淋漓尽致。

这种例子还不少，如 out-of-the-way，cost-volume-profit relationship（成本—数量—利润关系），once-and-for-all deposit（一次取完存款）等。

再比如英语中表示疑问兼建议的结构"Why don't you…?"在语用过程中为了解决礼貌问题，实现建议这一目的，首先使这一结构体衰变，删除直接指向受话人的人称代词 you，因为"命令 + you"更容易给对方造成面子威胁；同时，构成强语法标志的助动词 do 也随着脱落，只剩下"疑问词 + 否定词 + 建议内容?"即"Why not…?"助动词及 you 在结构体中的丢失，使否定词 not 语音加强，使得其否定的意味更加强烈。"否定的建议"表明了建议者的自谦，突出了对对方的尊重。从而实现了"Why not…?"的词汇化过程。

语言中的词汇化现象，是词汇理论研究所不能忽视的。词汇化，通常也称为"词化"。词汇化和语法化一样在语言演变过程中都加入了人类的认知因素，是人类语言使用的结果。认知词汇学认为，"词汇化"就是将相关概念整合成词汇（包括单纯词、派生词或复合词）的过程，主要包括音系词汇化、形态词汇化、语义词汇化和句法结构词汇化四大类。

第八章

词汇的逻辑意义

人们认识和反映世界的思维所采取的形式统称为思维形式,以无形的方式存在,包括三大基本类型:概念、判断和推理。在人类认识世界的过程中,无形的思维形式总是与有形的语言形式联系在一起的,思维的展现必须借助语言的形式。因此,思维形式与语言形式是互相对应的。作为思维形式发展的一种方式,逻辑在语言的形成和运用中扮演着非常重要的角色。

传统语言学家对词义的研究,往往将逻辑分析与语言分析对立起来,很少涉及词汇的逻辑意义。认知词汇学以认知心理学和完型心理学为基础,将逻辑分析融入语言形式研究当中,根据人们对人类心智的理解,解释语言中语言的词汇特征,以及在自然语言中的使用规律。在研究中,我们发现,词汇与其构成的内部语素之间,不同词汇之间,以及词汇在语篇中并非互相独立,而是存在着一定的逻辑联系。如复合词"sunset"表示"the time of sun's setting",其中的两个语素"sun"和"set"看似毫不相关,实则具有主语和谓语的逻辑语义关系,"sunset"的语义是语素"sun"和"set"合取相加的结果。同时,范畴化引起了词义的扩大、缩小和转变,在同一认知域中出现了上位范畴词、基本范畴词和下位范畴词。这些看似不相关的上下义词也具有逻辑关系。如20世纪60年代美国不少青年因为在社会上无所归属,形成一种心理病态,这种现象英语用identity crisis来表达,以示与economic crisis, spiritual crisis相区别。identity crisis, economic crisis, spiritual crisis都是crisis的下位词。crisis语义抽象,概括了三种现象的基本特征,在逻辑学上看来,是"种"的概念,"identity""economic"和"spiritual"分别表示不同现象的属性特点,是"属"概念,这些词之间具有"种—属"的逻辑蕴含关系。根据词汇在语言体系中扮演的角色不同,我们从三个方面讨论词汇的逻辑意义,构建逻辑学和认知词汇学之间的桥梁。

177

第一节　内部命题逻辑

内部命题逻辑是指词汇概念与内部语素之间所具有的逻辑语义关系。之前我们曾明确"人类语言是理据为主，任意为辅的产物"，理据性是语言发展的内部动因，词汇构成并非完全任意，而是有理的，词汇内部语素之间的具有关联性。在逻辑学看来，这种关联性是人类思维在语言上的反映。根据瑞典逻辑语言学家詹斯·奥尔伍德（Jens Allwood）① 对语言内部命题逻辑的分析，我们将词汇内部命题逻辑主要归纳为三种：合取关系、析取关系、否定关系。

一、合取关系

合取（&）很像日常语言中的"并且（and）"。对于词汇内部命题而言，表现为词义等于全部语素相加，如图 8–1。

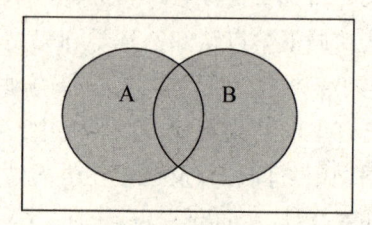

图 8–1

但是，语素意义的全部相加并非简单机械地整合，而是通过一定的逻辑联系进行，词汇本身的语素之间具有并列、限定、修饰、动状、主谓、动宾等关系，词义构建在这些关系之上，在复合词中体现最为明显，如：

并列关系：	"平分" = "平均" & "分配" "哀伤" = "悲哀" & "伤心" "父母" = "父亲" & "母亲" "尘垢" = "灰尘" & "污垢" "健美" = "健康" & "美丽" deaf-mute（又聋又哑的） = deaf and mute bitter-sweet（又苦又甜的） = bitter and sweet social-political（社会政治的） = social and political shabby-genteel（穷酸的） = shabby and genteel

---

① 詹斯·奥尔伍德：《语言学中的逻辑》，北京大学出版社 2009 年，第 1 页。

续表

主谓关系：	"地震" = "地壳" & "震动" "事变" = "事情" & "突变"（突然的政治军事行动） "牙疼" = "牙齿" & "疼痛" "核爆" = "核物质" & "爆炸" heartbeat（心跳） = the heart beats snowfall（下雪） = snow falls headache（头痛） = the head is ached sunset（日落） = sun & set
动宾关系：	"雪耻" = "洗雪" & "耻辱" "保先" = "保持" & "先进性" "抗洪" = "抗击" & "洪水" hair-cut（理发） = to cut the hair pick-pocket（扒手） = to pick one's pocket watch-making（钟表制造业） = make the watch book-keeping（记笔记） = keep the book letter-writing（写信） = write the letter
限定关系：	"反话" = "相反的" & "话语" "国画" = "中国的" & "绘画" "春小麦" = "春天播种" & "小麦" hard disk（硬盘） = hard disk，与 soft disk 区分 shoelace（鞋带） = shoe and lace science fiction（科幻小说） bar code（条形码） floating bridge（浮桥） working people（劳动人民） running water（流水） flying fish（飞鱼）
动状关系	"旁观" = "旁边" & "观察" home-made（家制的，本国产的） = made in home new-born（新生的） = be born newly
主宾关系	steam-engineer（蒸汽机） = steam powers the engine sugar-cane（甘蔗） = the cane yields sugar
同位关系	boyfriend（男朋友） = The friend is a boy

二、析取关系

析取关系（∧）等同于日常语言中的"或者（or）"，表示词汇本身意义并不等于语素义全部相加，而是取部分语素意义，另外一部分意义有变化。如

179

图8-2：

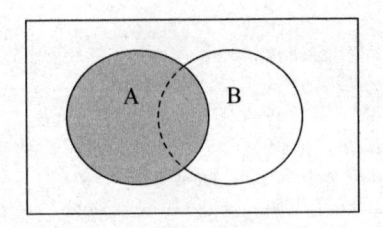

图 8-2

例如："has-been"指"a person or thing that was for merely popular or effective in past but is no longer so"，意为"过气的人或事"，在原语素的基础上增加了"past"的语义；

"also-ran"，这个词有两种意思，一是"horse that fails to finish first, second or third in a race"指赛马比赛中没有进入前三名的马；二是指"any loser in a race, competition, election, etc"，比赛、竞争和选举中的失败者，只保留了"also"的语义，另一部分的语义有所变化。

有时同一个单词构成的复合词，词汇本身与内部语素之间就存在合取或者析取的情况。如"high"一词，本意表示"高的"可以形成以下复合词：

High-court（高等法院）: the court is high and supreme;

High-fidelity（高保真）: the sound is of high quality;

Highland（高地）: the land in mountainous regions;

High-ranking（级别高的）: ranking in high position;

High-speed（高速）: operate at great speeds;

这些词汇的语素义相加，共同构成复合词义，没有变化，是合取的关系。然而，在下面的词汇中，部分语素义有所保留，"high"的语素义有所变化或者没有明显含义：

High-minded（情操高尚）: having a noble mind, "high" → "noble";

High-season（旺季）: time of year when visitors come to a resort, "high" → "hot";

High-treason（叛国罪）: treason against country, "high" → "country";

High-sounding（言过其实）: language is pretentious, "high" → "over";

High-spot（突出事件）: outstanding event or memory, "high" → "important";

High-tea（傍晚茶）: early evening meal of cooked food, "high"一词没有明显含义；

High-street（街道）：main street of a town，"high"一词没有明显含义。

三、否定关系

否定关系是指词汇本身与内部语素之间没有明显关系，词义并不完全等于语素义相加，而是发生了很大变化，其中包含历史文化因素，如图8-3。

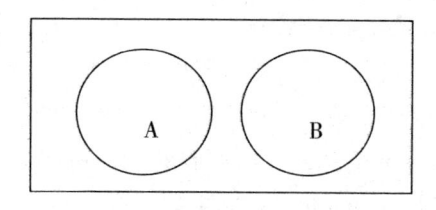

图8-3

词义的否定关系一方面会受到词语中的民族文化背景，如：

采风：搜集民间歌谣，与"风"没有必然联系；

点卯：做事敷衍，与"卯"的关系不明显，与民族文化有关。旧时官署衙门卯时（早晨5时至7时）开始办公事。官员查点人数时叫"点卯"，吏役听候点名叫"应卯"，其点名册称为"卯册"。若需签到，则称为"画卯"。有的人为应付差事，点卯后即走开，故后来用"点卯"来比喻敷衍了事、应付差事的人。

关内：山海关以西地区。古代在陕西建都的王朝，通称函谷关或潼关以西王畿附近叫"关内"，明清称山海关以西地区为"关内"。现在该词的含义与地理因素相关，在深圳，人们很习惯称"属于深圳市管辖而不属于深圳经济特区的区域"为"关外"或者"特区外"，"关"的语素义不仅仅限于"山海关"，而与"海关关口"的设立相联系。

Greenback（美钞）：US banknote，源于美元纸币不管金额大小，其背面都是绿色的。

blueblood（出身高贵）：born with nobleness，源于贵族的手洁白纤细，可以清清楚楚地看到青青的血管，"blue blood"表示贵族或上流人士，现在尤指望族或有来历的名门子弟，与"blue"关系不明显。

dog days（指七、八月里一年中最热的日子）：days in July and August 源于古代的占星学家的发现，每年南方的天气最炎热这几个星期，天狼星（Sirius）总与太阳共升共落，而天狼星的别号就是 the Dog Star。在拉丁文中人们用代表狗的词根"can"来表示天狼星"canicular"。所以这段酷热期就被称为 dies canic-ulars（天狼星的日子），英语写成了 canicular days，民间用了更通俗的说法，就

181

是 dog days，词语的意义与语素"dog"的本义没有必然联系。

另一方面，语言演变也会对词义的产生有所作用。如：救火（"救"为"止"义）、无耻（"耻"指"羞耻之心"）、若干（"这么些""个"），体现了古人的遗留及词义的演变；"惊人""恼人""正法""美容"均有使动义；又如包含虚词的"所有""所以""见怪"等，体现了汉语语法演变的痕迹。如"生前"与"死后"相对，按逻辑顺序应当是"死前"，不过为了与"生前"形成对照而说成了"死后"，体现了汉语语言连用对造词的影响。

英语当中，blackboard 黑板，一种教学工具，现在的黑板不一定是木板，也不一定是黑色的；darkroom 暗室，专供冲胶卷用的房间。wife 古代意思为"女人"，这在现代英语词汇 housewife（家庭主妇）和 midwife（接生婆）中还可看出端倪，不过现代英语 wife 的意思已经升格为"妻子"。现代英语词汇 daisy（雏菊）原来是 daegseaeage，意思是 day's eye；nostril（鼻孔）原来是由 nosu（=nose）& yrel（=hole）复合而成，语素之间的逻辑联系由显性变成了隐性。

第二节 外部概念逻辑

外部概念的逻辑语义关系是指不同词汇之间所具有的客观的、必然的联系，表现为范畴成员之间所具有的逻辑关系以及范畴化引起词义扩展的逻辑联系。外部概念逻辑语义关系主要有三种。

一、蕴含关系

蕴含关系（→）是指集合之间的完全包含或者部分包含关系。例如，在"This contract is made and signed"这一合同常用的开头句式中，常省略其中之一，译成"本合同由……签订"。这是因为 made 中包含了 signed 的含义，通常只会选用一个来表达意义。蕴含关系可细分为三类。

（一）语义互包

语义互包是指某一语义的内涵和外延包括了另一个词的含义，在日常语言中，这样的词通常不能连用，如图 8-4。

第八章 词汇的逻辑意义

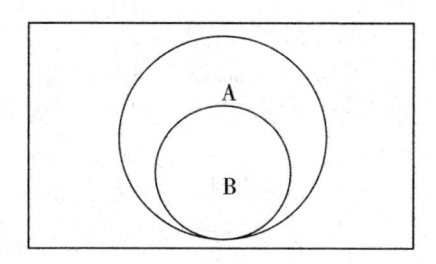

图 8-4

英语中，"repeat"与"again""return"与"back"以及"go"与"fetch"不能连用，原因就在于语义的相互包含关系。

（1）repeat（重复）

　　a. repeat the question

　　b. repeat oneself

　　c. *repeat it again

a 和 b 都是正确的，但是 c 却是错误的表达。Webster Dictionary 对"repeat"的定义为"to make, do, or perform again"，repeat 本身就有 again 的意思，不能与 again 连用。

用逻辑式表现为：repeat→again（repeat 蕴含 again 的语义），如图 8-5 所示：

图 8-5

（2）return（归还）

　　a. return to him

　　b. return the book

　　c. *return the book back to him

c 句不合常理，原因也在于 return 本身就包含 back 的意思。Webster Dictionary 对"return"的定义为"to go back or come back again"，就包含了"回"的含义。

用逻辑式表现为：return→back（return 蕴含 back 的语义），如图 8-6 所示：

183

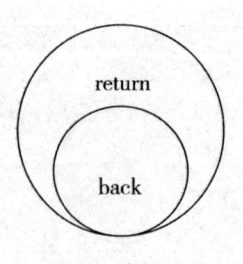

图 8-6

(3) fetch（取回）

a. I want to fetch the book.
b. *I want to go fetch the book

Webster Dictionary 对 fetch 的解释为"to go or come after and bring or take back"。由此可见，"fetch"本身就包含"go"的含义，不能与"去"搭配在一起，否则显得语义啰唆含糊，不合常理。

用逻辑式表示为：fetch→go（fetch 蕴含 go 的语义），如图 8-7 所示：

图 8-7

同样，perfect, excellent 不能与最高级连用，因为"完美""杰出"等词本身就蕴含"最好的"意思，perfect/ excellent→the most，如图 8-8 所示，不一一详述。

图 8-8 "perfect""excellent"与"the most"语义包含

此外，同一个范畴中，范畴成员地位不相等，上位词和下位词之间也具有包含关系，如：

184

(1) things that live in the sea→ octopi, porpoises①

图 8-9

(2) insects→mosquitoes ~ frogs

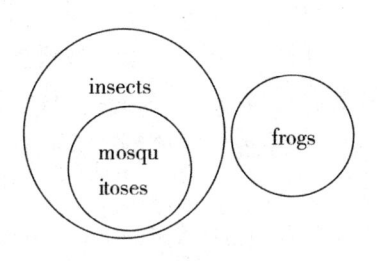

图 8-10

（二）种属内化

人类在认识世界的过程中，将各种具有相似结构的事物进行分类，在语言形式上表现为范畴和范畴成员的出现。上位范畴词和下位范畴词之间并非毫无逻辑联系，在逻辑语义上，可以理解为属差加种的内化关系。

以汉语中的"匠"字为例。"匠"原来专指木匠。《说文》："匠，木工也，从'匚''斤'。'斤'，所以作器也。""匠"是个会意字，字形像工具箱里放着一把斧子，斧子是木工工具的代表。该词现在的语义范畴扩大，人们可用于指"从事工具制造的人"，称"工匠"；可用于指"栽花种树的人"，称"花匠"；还可以指"教书育人的人"，称"教书匠"等。如果用 A 和 B 来指代词义，A 为原词义，B 为引申词义，两者的关系则属于从属关系，共中，A 是种概念，B 是属概念。B 包含着 A 的全部外延，A 则除了具有 B 的全部本质属性（内涵）外，还具有自己特有的本质属性，以此与其他的"属"区分开来。

此例中，A 是"木匠"，为种概念，B 是"工匠""花匠""教书匠"，为属概念，"匠 B"包含着"匠 A"的全部外延，如图 8-11 所示：

---

① 陆国强：《现代英语词汇学》，上海外语教育出版社 1999 年，第 287 页。

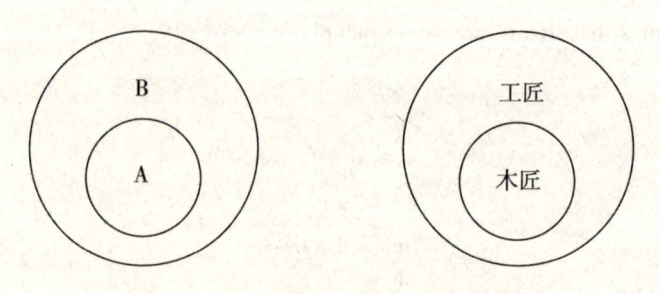

图 8–11

与此相似,"才"的本义是表示"草木刚刚萌生"。《说文》:"才,妙木之初也。从上贯一,将生枝叶也。一,地也。"随着人类认知能力的加深,人们将"才"的本义由"草木初生"引申为表示"始"的意义。现代汉语中,我们通常用"才",表示"刚刚""时间的初始阶段"等概念,如"我才吃午饭"即"刚刚"或者"在说话时间的开始阶段"。因此,"才 A"表示原始义"草木初生"是种概念,"才 B"表示"开始""刚刚"等引申义,是属概念,"才 B"包含着"才 A"的全部外延。

英语当中也不乏此类例子,如英语中"a picture"一词,原义指"图画",随着语义的扩大,被赋予越来越多的属性,picture B 包含着 A 的全部外延,如图 8–12:

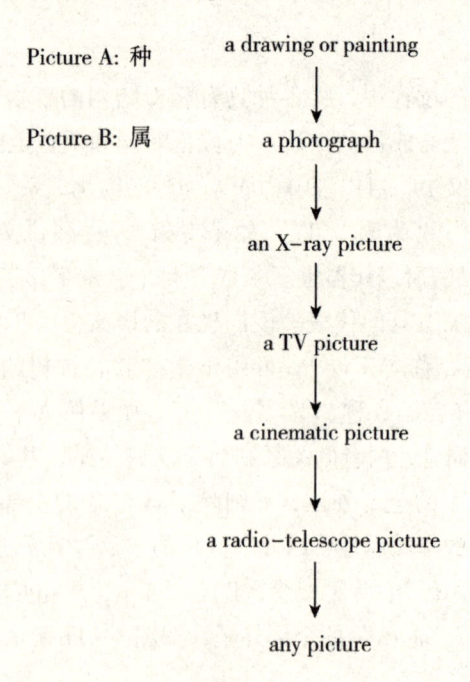

Picture A: 种   a drawing or painting
↓
Picture B: 属   a photograph
↓
an X-ray picture
↓
a TV picture
↓
a cinematic picture
↓
a radio-telescope picture
↓
any picture

图 8–12

范围缩小的词义演变，和词义范围的扩大相似，A 和 B 的关系也都是属于相容关系中的从属关系。所不同的是，在词义范围的扩大中，A 是种概念，B 是属概念，B 包含 A 的外延，而在词义范围缩小的演变中则相反，B 是种概念，A 是属概念，A 包含着 B 的全部外延。词义引申后，它所表示的概念的外延比原词义缩小了。

汉语中的"瓦"字，《说文》："瓦，土器已烧之总名。"本义当泛指所有已经烧制好的陶器。后来引申为专指覆盖房屋的瓦片，其他的陶器则不能称瓦。从概念间的逻辑关系看，"瓦 A"为属概念，"瓦 B"是种概念，"瓦 A"包含着"瓦 B"的全部外延，如图 8-13 所示：

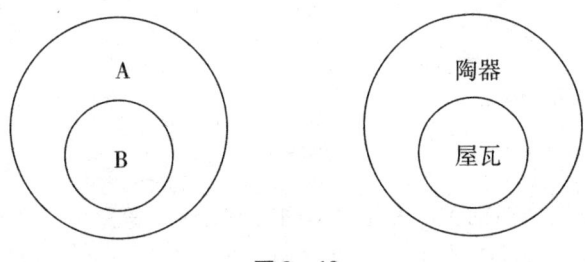

图 8-13

同样，"玺"字原义表示"印"。在先秦时期，不论尊卑贵贱，任何人的印都可称玺。现代汉语词典中，"玺"仅仅指诸侯王的印，一般人的印不能称为"玺"。从概念间的逻辑关系看，"玺 A"为属概念，"玺 B"为种概念，"玺 A"包含着"玺 B"的全部外延。

再如"丈夫"一词。古代的丈夫，是成年男子的通称，男子年满二十举行冠礼之后，就可以叫丈夫。有时"丈夫"，又是男性的通称，未成年的男性亦可以称丈夫。后来词义引申，范围缩小，"丈夫"成了"女子的配偶"的专称。同样，"丈夫 A"是属概念，"丈夫 B"是种概念，前者包含着后者的全部外延。

通过属差或种概念的节略变成单词，体现了上位和下位范畴词的逻辑关系。这一类词，语言学家 O. Jespersen 称之为省略复合词（clipped compounds），如 return ticket 中省却了种概念，保留属差，成了 return 这个单词。又如 the Berlin Wall 种省略了属差，保留种概念，成了 the Wall。再如 birth control pill 中省却了属差，保留种概念，成了 pill。节略后的单词具有种的概念，可以看成上位范畴词，具有下位范畴词所不具备的特点。下位范畴词更加细化了特点和属性，具有属的概念，其概念受到特定语境的激活。如：

I want to get my return（ticket return）for the bus delay.

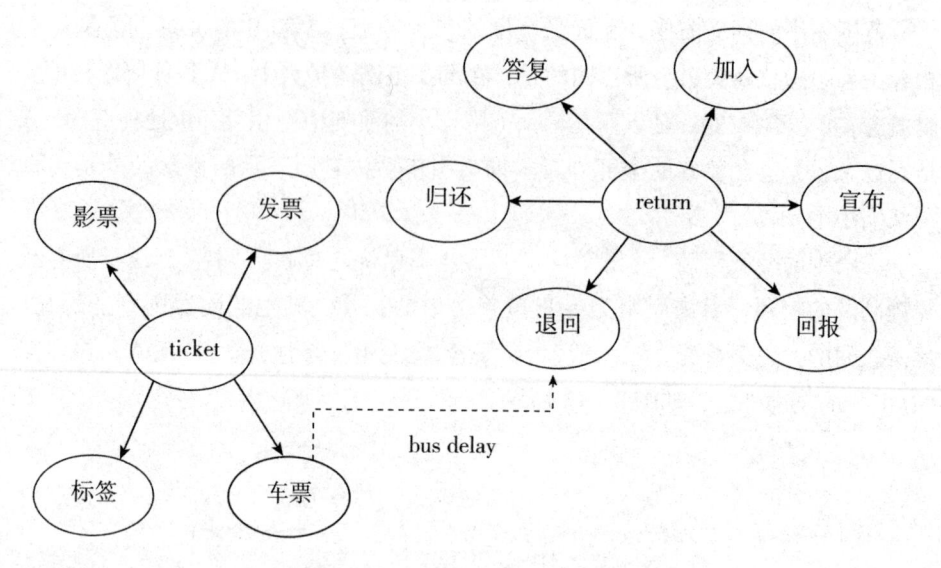

图 8-14

"return" 具有属的概念，表述"退回""归还"等意思，受到"bus delay"的语义限制，在"ticket"构建的语义场中，"车票"的概念被凸显。根据人类的认知体验，"ticket return"将"退回"与"车票"的语义联系起来，表示"退票"，这在一定程度上对"return"的概念进行了限定和修饰，表达更加确切的意识，"ticket return"具有种的概念。因此，在用"return"代替"ticket return"一词时，人们并不会有理解上的困难，因为头脑中的思维活动已经将这种逻辑语义关系内化到词汇当中了。

这种现象在现代英语中是屡见不鲜的，陆国强[①]对其进行过探讨，例如：

…having 28 to dinner next weekend, most from the Hill. （下周末将邀请 28 位来宾赴宴，其中大部分人是国会成员。这里 the Hill 指 Capitol Hill, 国会山，指美国国会。）

…research that led to his Nobel for developing a vaccine against yellow fever. （……他因为从事科研培育了一种预防黄热病的疫苗获得了诺贝尔奖奖金。这里 Noble 指 Noble Price。）

Ever since the Watergate prosecutors began investigating…and found clues that some of these companies had made suspiciously large, undisclosed payments oversea, a probe of multinationals' operations has been widening. （水门事件检察官们开始进

---

① 陆国强：《现代英语词汇学》，上海外语教育出版社 1999 年，第 69~70 页。

行调查……并发现一些线索表明这些公司中有几家曾在国外支付国一些数目大得令人生疑的秘密款项。自从那时以来，对多国公司经营活动的调查正在日益扩大中。multinational 原为 multinational corporation，现省略种概念，保留属差。）

（三）词义叠加

词义的叠加是指 A 和 B 为相容关系中的交叉关系，A 和 B 的外延有一部分重合。

"丈人"。古代的"丈人"是老年男子的尊称。《论语·微子》提到"遇丈人，以杖荷蓧。""丈"被认为是"杖"的通假，老人扶杖而行，所以被称为"丈人"。现在的"丈人"则指岳父，表示"妻子之父"。这里，"丈人 A"（老人）和"丈人 B"（岳父）在内涵上并不完全排斥，外延上有一部分重合，即，有些"丈人 A"是"丈人 B"有些"丈人 B"是"丈人 A"，它们之间的逻辑关系可以被描述为图 8-8：

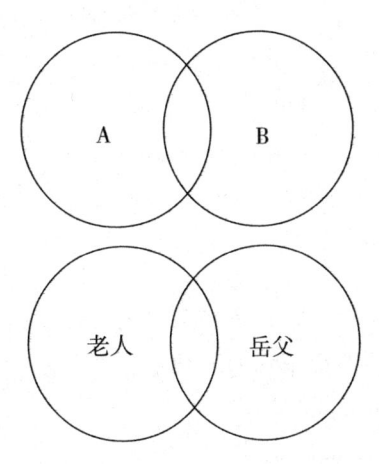

图 8-15

"穷"一开始表示"在政治上不得志、不能显贵，不得仕进"的意思，是"达""通"的反义词。《孟子·尽心上》提到"穷则独善其身，达则兼善天下"。后来，词义转移为"缺乏财物"，如"贫穷""穷苦""穷则思变"；表示"处境恶劣"，如"穷困""穷蹙""穷窘"等。这些词义在外延上都跟原始义"不得志"有部分重合，如"穷困""穷苦"等词在当今社会依然与"地位低下""不能显贵"相联系。因此，"穷 A"和"穷 B"在外延上有词义叠加的逻辑关系。

除了在词义扩展过程中会出现这种逻辑关系之外，上下义词也能体现该关系，例如：

189

(1) varsity athletes, seniors, members of student government.

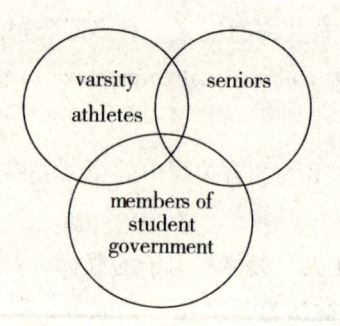

图 8-16

(2) painters, artists, baseball fans

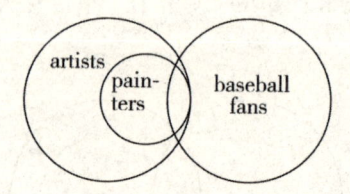

图 8-17 词义叠加

二、等值关系

等值关系是指词汇的意义的内涵或者外延完全相等或者相似。完全相等的情况在英语中很少见，只有极个别词汇具有这种关系，如：

word-formation ≡ word-building

compounding ≡ composition

mal-nutrition ≡ under-nourishment

多少情况下的等值只能是约等于，因为近义词之间具有细微的差别，如：

(1) 语义强弱：decline（婉言谢绝）—refuse（拒绝，不愿意）—reject（排斥，拒绝），尽管都是表示拒绝，但是语义由弱到强。

(2) 文体风格：die（书面）—pass away（口头）—kick the bucket（俚语）

queer（书面）—mad（口头）

conflagration（书面语）—fire（口头）

(3) 内涵意思：

look：stare, gaze, eye, peep, glance

laugh：chortle, chuckle, giggle, guffaw, snicker/snigger, titter make one's way: thread one's way, dig one's way, break one's way, push one's way, shoulder one's way, elbow one's way, worm one's way.

（4）搭配差异：empty（box, street, room），vacant（seat, chair, apartment），blank（check, a blank sheet of paper）

a large（not big）amount/number/quantity of…

great courage/confidence/wisdom

make efforts, take measures

accuse…of, charge…with, rebuke…for, reproach…with/for

a lump of sugar, a sheet of paper, a slice of meat/bread, a cake of soap, a chunk of wood

a flock of sheep/goats/birds, a herb of cows/elephants/zebras/antelopes, a school of fish/whales/dolphins, a swarm of ants/bees/wasps/locusts, a stable of horses, a pride of lions

相对近义词之间具有差异，他们之间只是大体上的等值，而非完全等值。

三、衍推关系

衍推关系主要表现为词汇的类比关系（analogy），即由一个已有的词汇衍推出具有相似结构的概念，用">"表示。

与色彩相关的：

黑哨＞灰哨、红哨、金哨

白色收入＞黑色收入、灰色收入

红客＞灰客、蓝客

黑帮＞黑社会、黑道、黑店、黑户、黑话、黑货、黑幕、黑钱、黑枪、黑手、黑心、黑车、黑金、黑客、黑哨、黑箱

绿色农业＞白色农业、蓝色农业绿色产品、绿色科技、绿色能源、绿色企业、绿色农业、绿色银行、绿色食品、绿色电脑、绿色通道

black list（黑名单）＞white list, gray list

blue-color workers（蓝领）＞white-collar workers, gray-collar workers, pink-collar workers, gold-collar workers

与数字相关的：

the First World（第一世界）—the Second World, the Third world, the Fourth World

与地点相关的：landscape（地球表面）＞moonscape, marscape

Sunrise（日出）＞earthrise

spaceman（宇航员）＞earthman, moonman

missile gap（导弹差距）＞generation gap, development gap, income gap, credibility gap

意义相反：

hot line ＞ cold line

baby boom ＞ baby bust

nightmare ＞ daymare

cold-war ＞ hot war

high-rise ＞ low-rise

第三节 语篇连贯逻辑

一、小句语义关系

曾经有人对基督徒的信仰——"God is omnipotent（上帝是万能的）"这句话表示怀疑时，他就会问这样的问题："If God is omnipotent, he create a stone which is so heavy that he cannot lift up?"（如果上帝是万能的，他能制造出一个重得连他自己也无法举起的石头吗?）。"他能"或者"他不能"的回答都会得出同样的结论，即"上帝并非是万能的"。该例句表明人们在思维和说话时，应该符合逻辑并且思维要具有连贯性。句子意义的表达，首先建立在构建句子的小句的逻辑语义关系上，而该关系又需要借助词义的逻辑语义。人们在对世界认知的基础上，通过选择合适的词汇，构建小句之间的联系，检查和纠正思维活动中的错误，方能达到很好的交际效果。我们可以通过两个例子阐述：

（1）公民年满十八岁，有选举权。

（2）物体摩擦，发热。

这两个例子中的分句之间并没有词汇衔接，因此两个认识对象之间的关系呈现出多元性。要确定它们之间的关系，选用一个或一套最合适的关联词加进去，都可以改变语义的本质属性关系。

如例（1）中，我们可以加入很多关联词，构成如下的语义关系：

a. 如果公民年满十八岁，则有选举权。

b. 因为公民年满十八岁，所以有选举权。

c. 只有公民年满十八岁,才有选举权。
d. 既然公民年满十八岁,就有选举权。

　　逻辑学把复句中可以换动的联接词叫作变项,分句的实际内容叫作常项。变项不同,常项之间的关系特征也随之变化,如上例中加着重号的关联词是变项,例(1)内部两个分句间的关系,随着关联词语的变换,显示出的逻辑意义大相径庭。

　　a 关系表明,两个分句之间是一种假设关系,逻辑形式为充分条件假言判断。其逻辑意义为,第一分句(年满十八岁)是第二分句(有选举权)的充分条件,即有了第一分句(条件),必定有第二分句(结果);没有第一分句(条件),可能有也可能没有第二分句(结果)。

　　b 关系与 d 关系原理相似,都表示事物运动、变化、发展过程中必然性因果关系,不同的是 d 关系的逻辑意义表现为一种理论上的因果关系推断。

　　c 关系表明,两个分句之间是一种条件关系,逻辑形式和必要条件假言判断。其逻辑意义为,第一分句(年满十八岁)是第二分句的必要条件,即没有第一分句(条件),必定无第二分句(结果);有了第一分句(条件),可能有也可能无第二分句(结果)。

　　通过以上分析,我们看到一个单层次复句内的两个分句即两个事物在不同方面呈现出相关的多样性。复句作为一种语言形态,确定它的类属,必须以二者之间的本质属性为依据。(1)内部两个分句间众多关系经过普遍性客观实践检验都能成立,经过比较分析,还是 d 关系(逻辑形式为必要条件假言判断)体现了复句内部分句间关系的本质属性。道理很简单:不具备"年满十八岁"的条件,无"有选举权"的结果;有了"年满十八岁"的条件可能有也可能无"有选举权"的结果,比如那些被剥夺政治权利者,还有主观意识混乱或不清楚者(如精神病人)都无"有选举权"的结果。

　　再看例(2):物体摩擦,发热。

　　(2)和(1)一样,没有关联词,同样呈现出多元性。选择关联词就是确定两个分句关系的本质属性。

　　a. 物体摩擦,于是发热。
　　b. 如果物体摩擦,就发热。
　　c. 因为物体摩擦,所以发热。
　　d. 物体只有摩擦,才发热。

　　以上 4 个句子,关联词不同,分句间的关系迥异。

　　a 关系表明,第一分句和第二分句表明的两个事物是时间上的先后关系,至于二者之间运动、变化和发展的内在联系却未能体现。

b 关系表明，两个分句之间是一种假设关系，逻辑形式为充分条件假言判断。其逻辑意义为，第一分句（物体摩擦）是第二分句（发热）的充分条件，即有了第一分句（条件），必然有第二分句（结果），没有第一分句（条件），可能有也可能无第二分句（结果）。

c 关系表明，两个分句之间是一种因果关系，表明的是事物运动、变化、发展的因果必然性。其逻辑意义为，第一分句（物体摩擦）成立，并以此为因，必然会出现第二分句（发热）的结果。

d 关系表明，两个分句之间是一种条件关系，逻辑形式为必要条件假言判断。其逻辑意义为，第一分句（物体摩擦）是第二分句（发热）的必要条件，即无第一分句（条件），必定没有第二分句（结果），有了第一分句（条件），可能有也可能无第二分句（结果）。

通过普遍性客观实践检验和分析比较，可以发现 a 关系、c 关系和 d 关系在某些方面表现了复句内分句间的关系特征，但是 b 关系强调了复句内两个事物（分句）运动变化过程中发展的必然性。其逻辑特征为：有了第一分句（物体摩擦）的条件，必然有第二分句（发热）的结果；没有第一分句（物体摩擦）的条件，可能有也可能无（发热）的结果。这才是二者之间关系的本质属性。

二、小句的语义连贯

此外，词语在语篇中也常常充当逻辑纽带的角色。

a. The generator is very large. It is exceptionally heavy.

b. The generator is very large and it is exceptionally heavy.

c. Since the generator is very large, it is exceptionally heavy.

d. The generator is very large. Moreover it is exceptionally heavy.

a 句没有用任何连接手段，其语义关系需借助句子的先后次序体现，这种连接是隐性的，不太明显。b 句借用了"and"一词，表示并列的关系。c 句用"since"作为过渡词来连接句子的两大部分，因果逻辑关系非常明显。d 句借助过渡词"moreover"，连接句子与句子，体现了小句的递进语义关系。

当论及小句和复句中的逻辑—语义关系时，功能语法的代表人物韩礼德[1]认为可以从两方面进行探究：相互依赖关系（interdependency）和逻辑—语义关

---

[1] Halliday, M. A. K. *An Introduction to Functional Grammar*, London: Edward Arnold. 2000. p 41.

系（logic-semantic relations）。相互依赖情况包括并列关系（parataxis）和从属关系（hypo-taxis）；逻辑—语义关系包括扩展关系（expansion）和投射关系（projection）。如果两个小句之间存在着互不依存、平等的关系，那这种关系就是并列关系，一般用1、2、3来表示。如果两个小句之间是一个依赖另一个，则是从属关系，一般用α和β表示。根据韩礼德的观点，扩展由以下三类组成：解释（elaboration，用＝表示）、延伸（extension，用＆表示）、增强（enhancement，用×表示）。我们选取陶渊明的《桃花源记》及其英译文为例，阐释小句在语篇中的语义连贯，英译文分别来自方重①和A. R. Davis②的译文。

(1) 缘溪行，忘路之远近。
　　　　1　　　&　　2

两个小句是并列的关系，第二个小句是对第一个小句意义上的延伸，因此可以用1&2表示其逻辑—语义关系。

方译：One day he rowed up a stream, and soon forgot how far he had gone.
　　　　　　　　1　　　　　　　　&　　　　　　2

两个小句也是并列的关系，第二个小句是对前一个的延伸。

(2) 此中人语云：‖ "不足为外人道也。"
　　　　　　1　　　　　　2

根据韩礼德的理论，直接引语和间接引语在传统语法中属于投射的关系。如果被投射的小句是直接引语，那么两个小句就处于并列的关系。反之则处于从属关系。在原句中，第二个小句是直接引语，因此两者的逻辑—语义关系可以表示为：1、2。

Davis译：The people of this place said to him:‖ "You should not speak of this to those outside."
　　　　　　　　　　1　　　　　　　　　　　　　　　　2

逻辑—语义关系为：1、2，与原句的一致。

但是经分析发现，中文原文与英文译文小句之间逻辑－语义关系最明显的区别就在于原文的句子之间多为并列的关系，而英译小句之间多为从属关系，且从句位于主句之前，如：

(3) 见渔人，乃大惊
　　　1　　×　2

---

① 方重：《陶渊明诗文选译》，香港商务出版社1980年，第54页。
② http://hi.baidu.com/lzycsu/blog/item/a9731eaf947e17f9fbed5080.html.

两个小句是并列的关系，第二个小句是对第一个小句意义的增强。因此可以表示为：1×2。

Davis 译：When they saw the fisherman, | they were greatly surprised.
　　　　　　　　　×β　　　　　　　　　　　　　　α

方译：Seeing the fisherman | they were so eager to find out from whence he came.
　　　　　×β　　　　　　　α

很明显，英译小句之间为逻辑从属关系，且主句在后，从句在前。再如：

(4) 及郡下，诣太守说如此。
　　　1　　　　×2

Davis 译：When he reached the commandery, | he called on the prefect and told him this story.
　　　　　　×β　　　　　　　　　　　　　　α

方译：As soon as he was back to the city | he told his adventure to the magistrate.
　　　　　　×β　　　　　　　　　　　　　α

同样，译文中小句是从属关系，原文中是并列关系。该逻辑语义差别的原因就在于，英语是树式结构，句子有一个基本的主干，所有的枝丫都是从主干上分出来，句子的复杂化不影响基本主干，因此小句多有从属关系，通过主从句实现逻辑语义关系。汉语是竹式结构，不存在主干结构，也没有主干和枝丫之分，句子的构造方式像竹子一样一节一节地延伸，汉语句子多存在并列关系。因此，对语篇中小句逻辑意义进行分析，可进一步证实我国对比语言学界和翻译界的学者对此现象的解释："汉语注重意合，英语注重形合"的一个特点。

第九章

词汇的意象意义

第一节 意象

传统语言学认为，句子的意义是句子本身的真值条件，是一种独立于人的思维和运用之外的客观意义。同样，词语也具有明确的客观描述现实，词语的意义与人的认知水平、认知心理和社会文化不相关。然而，认知语言学对此并不赞同，将人的认知能力添加到语言规则的探索之中来，认为句子的意义是与句子相关的"概念化过程"。其中认知语法，在对传统意义观反诘的基础上发展起来，可以说是对传统客观语义学的一次革命。

认知语法的创始人兰盖克（Langacker）认为，传统意义观不能对许多语言现象做出合理的解释，存在诸多的不足：

（1）根据传统意义观，符号与客观世界发生联系而产生意义，意义取决于客观世界，一个句子的意义就等同于其本身的真值条件。但是，用真值条件解释意义不一定行得通。

（2）传统意义观描述的是语言与世界的关系，然而许多词项在客观世界中根本没有对应项。认知语法认为时间概念是人类依据主观臆断划分出的，地域不同，主体认识不同，划分的标准也不一致。

（3）在传统意义观中，句法是独立于意义而存在的。认知语义学则认为，句法内在于意义之中，意义驱动句法，不同的句法形式反映的是认知主体对客观世界概念化的差异[1]。

兰盖克在《认知语法基础》中提出，语言是由词到句的、大小不同的语言单位组成的象征系统，每个单位都是由相互对应的两极（语音和语义）组成的

---

[1] 张辉：《认知语义学述评》，《外语与外语教学》1999年第12期，第1页。

象征单位。① 意义并不是句子的真值条件，而是与句子有关的概念化过程，在本质上等于概念化或心智经验。概念的形成涉及两个重要的概念，一个叫认知域，一个叫意象。认知域定义为描写某一语义结构时所涉及的概念域，可以是简单的知觉或者概念，也可以是复杂的知识系统，如时间域、空间域、社会关系域。意象即形成某个概念或者概念结构的具体方式。不同于莱考夫②和约翰逊③所提出的意象图式，兰盖克是从描写语义结构的角度来解释说明意象的。他指出意象本是一个心理术语，指没有外在知觉输入时认知主体心中产生的心理感受。在此基础上，认知主体以不同方式识解可见的场景，并产生出意象意义。

可见，意象意义是以意象为基础的、认知主体识解的方式，属于认知语义的范畴。对语言意象意义的理解必须基于对意象的分析。根据兰盖克《认知语法》，同一情景产生不同意象的原因是由四个参数所决定的：选择（selection）、视角（perspective）、凸显（salience）和详细程度（specificity）。本章首先对意象的四个参数变量进行探讨，然后结合各个变量，对词汇的意象意义进行分析。

一、选择变量

简而言之，选择是指说话者确定观察和表达事物的方面。语言具有超越逻辑推理和客观性的特点，主要表现在对表达信息的选择与排列上。如在对某一实体进行描述时，实体往往具有许多的属性和特征，而语言使用者没有必要也不可能穷尽所有的实体属性和特征。他们只会根据自身表达的需要对一些信息进行有选择性的提取。这里就涉及说话者对不同认知域的选择。选择包括两方面：述义和基体。

一方面，选择来自述义（predication）。述义是语言象征单位的语义极，即概念结构、语义结构。兰盖克认为认知域就是"描述一个语义单元的语境"（A context for the characterization of a semantic unit is referred to as a do—main)④，语义的理解必须基于相关语境。因此，选择一个语义就一定选择了相关认知域。

---

① Langacker. Ronald. W. *Foundations of Cognitive Grammar*. Beijing：Peking University Press. 2004. P. 67.
② Lakoff, G. *Women，Fire，and Dangerous Things：What Categories Reveal about the Mind*. Chicago：The University of Chicago Press, 1987. P. 87—84.
③ Lakoff, G. & M. Johnson. *Metaphors We Live By*. Chicago：The University of Chicago Press, 1980. p. 77.
④ Langacker. Ronald. W. *Foundations of Cognitive Grammar*. Beijing：Peking University Press. 2004. P. 147.

例如名词短语"the small blue Japanese plastic cup",每个修饰词语都选择了一个特定事物"cup"的属性,同时也选择了相关的认知域:小的(空间域)、蓝色的(颜色域)、日本产的(国家域)、塑料的(材料域)杯子。

选择的另一方是基体(base)。基体是指相关认知域的覆盖范围,如果基体的某一部分成为注意的焦点而被凸显变成为侧重,侧重即被描写的语义。我们是在参照基体的基础上来理解侧面的,如对"姐姐"这一认知单元的理解是建立在人、性别、出生、兄弟姐妹、婚姻关系和社会关系等认识域的基础上的。因此对"姐姐"这一概念进行描述时,就会涉及对这些不同的认识域的选择。

二、视角变量

视角(perspective)指认知主体对一个场景的不同观察位置,可以从图形/背景关系(figure/ground alignment)、视点(viewpoint)和主客观(subjectivity/objectivity)三个方面来理解。

图形/背景结构是一个基本的认知原则,是由一定的语义和语法结构构成的。根据心理学的突显原则,人类在理解一个事体时总是需要另一个事物作为认知参照,这个参照叫作背景。兰盖克指出图形是"场景中的一个次结构,感知上比背景更加'突出',根据特殊的突显原则以中心实体的身份出现,场景围绕它而组织,并为其提供一个背景"[1]。

视点是认知主体对事体描述的角度。一个复杂的场景会涉及多个参与者或事体,选择不同的方位切入,以不同的目标作为参照,观察者与参与者或事体之间会产生不同的关系。根据兰盖克的《认知语法基础》,视点可以分成两类:优越视点(vantage point)和方位(orientation)。

关于主观化和客观化概念的理解,兰盖克引入了最佳观察排列(optimal viewing arrangement),在视觉关系中,当观察者以概念主体去识解场景,即发生主观化过程,而观察者进入概念客体视域范围内则被客体化。

三、凸显变量

突显是指某些结构相对于其他结构而言在语义上的凸显特征。每一种意象都将一个侧面加在一个基体之上,基体是词义的认知域或背景,侧面是基体突显的次结构,即表达或标明的语义内容。一个词语的语义值既不是基体,也不

---

[1] Langacker. Ronald. W. *Foundations of Cognitive Grammar*. Beijing:Peking University Press. 2004. P. 120.

是侧面本身,而是两者的结合。凸显的事物容易引起人注意的事物,是容易被记忆、提取和做心理处理的事物。突显主要指在观察实体或场景时最能成为注意焦点的部分。认知语言学主要运用认知心理学的两个概念即图形和背景来阐述这一概念。在观察周围环境的某一物体时,这一物体成为突出部分是注意的焦点,是图形,而周围的环境则成为背景。一般来说,图形有固定的形状,有较为清晰的轮廓线和特色的内在和谐结构,而背景则一般无固定的形状,边缘模糊,缺乏内部的结构。因此,图形比背景更能引起人们的注意。同时较之静态的事物,动态的事物更能引起人们的注意而成为图形。

四、加细程度变量

加细程度指说话者在何种详细程度上来描述一个实体或情景。一般而言,一个词的某些意义相对于其他意义而言具概括性(schematic),而概括性意义在语义含量上通常弱于经过加细的意义。范畴化过程中形成的各个层面范畴具有不同的加细程度。通常上位范畴词加细程度最弱,而下位范畴词加细程度会偏高。范畴等级越低,语义越详细、越具体。如"snowy"的加细程度比"owl"高,"owl"比"animal"高,如图 9-1。

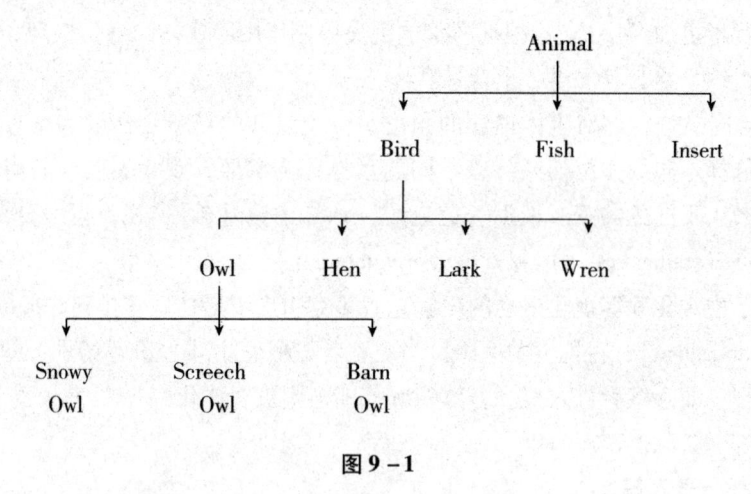

```
                    Animal
              ↙        ↓        ↘
           Bird       Fish      Insert
      ↙    ↓    ↓    ↘
   Owl   Hen  Lark   Wren
  ↙  ↓   ↘
Snowy Screech Barn
 Owl   Owl   Owl
```

图 9-1

此外,在复杂程度各异的表达式中,人们倾向于用一定的详略度描绘所思考的场景。例如,描述一个人的高度可以用:

a. That player is tall. (那个选手个子很高。)

b. That defensive player is over 6 meters tall. (那个防守队员个子超过 6 英尺高。)

c. That linebacker is about 6.5 meters tall. (那个后卫约 6.5 英尺高。)

d. That middle linebacker is precisely 6.5 meters tall. （那个中后卫正好 6.5 英尺高。）

a 应该属于意象图式，其抽象性、概括性最强，随着详细程度的加强，概念的描述越精细，信息量也增大，最后精确到"precisely 6.5 meters tall"。

第二节 意象意义

词义研究是语言学研究中的一个热点，大部分的学者对此都进行过探讨，但是主要针对词汇的客观意义进行解释，如词汇的近义、反义现象，词汇的语法功能，语篇中的词汇意义等。然而，我们发现，在对语言进行分析研究的过程中，有几个现象不可忽视。

一是面对同一事物或者行为动作，为什么不同的人会采用不同的认识，采取不同的语言表达？例如中国人常用"三顾茅庐"来比喻诚心诚意，而英国人则不理解。在英语里用 as wise as a man of Gotham（像戈丹人一样明智）比喻，但是中国又没有这种说法。那么这种语义空缺体现了何种差异呢？是否仅仅从客观意义入手就能解释清楚呢？

二是为什么针对同一客观真值，不同的人可以采用不同的句子来表达，其中词汇的语法功能有何不同？如：

a. Tom ate an apple.

b. An apple was eaten by Tom.

三是同样的词汇排列结构，为什么会出现几种不同的理解？语义含混与词序之间是否具有必然的联系？如：

a. I saw a girl with a telescope.

b. 我用望远镜看到一个姑娘。

c. 我看到一个姑娘带着望远镜。

在客观语义学看来，上面歧义句中的 a 差异涉及本体和喻体选择问题，与人的认知能力无关；b 没有差异，因为具有同样的客观真值；c 语义与词序之间具有偶然的联系，不同的理解基于不同的树形结构图，与人的主观判断无关。

对此，我们以兰盖克的认知语法为基础，认为以上三种现象可以从词汇的主观意义方面着手进行解释：

第一个例子中，同一个概念产生不同表达，原因就在于民族的优越视点不同，戈丹是英国诺丁汉郡的一个村子，相传那里的人比较蠢，而中国没有这样的传说,因此英语的表达中含有"戈丹"一词,并将这三个现象归结于词义范畴化、语法功能凸显和语义含混的解释力问题。第二个例子中,对于同一表达,人们会有不同的反映和理解,原因就在于他们观察的视角不同,选择的注意力不同,导致使用主动句和被动句所凸显的事物会有差异。第三个例子中,因为语义具有辖域性,如果"a telescope"是"I"的修饰语,就跳跃了"girl",违反了人们的认知规律,即述义辖域,因此"a telescope"一词应与"girl"搭配。无论是辖域、视角还是凸显导致语义发生变化,都与认知语言学上一个非常重要的概念——意象意义相关。正是因为词汇在不同的语境中,面对不同的主体,会形成不同的主观意象,才会造成表达的差异和理解的误区。由此,结合意象的四个变量,本章对这三个问题进行探究。

一、范畴化与意象意义

在词义的"范畴化与非范畴化"一章,我们介绍了范畴形成的动因和范畴化这一心理过程带来的结果。范畴化首先形成基本范畴词汇,是结构最简单、具有完型结构的概念,儿童都是从基本范畴词汇开始习得词语的。随着年龄的增长,同一范畴内的成员会不断地增加,对范畴的划分也越来越细。每个词汇在人脑中都会形成意象,人类习得词汇的多少,在于对认知域的选择。因此,词汇的意象意义对范畴的划分、范畴成员的选择和同一范畴内近义词区分有影响。

首先,词汇的意象意义受认知能力的影响,而认知能力受年龄的制约。儿童认知能力肯定比成人的低很多,因此,同样的情景对于3岁儿童来讲只是很简单的意象,因为他所了解和选择的认知域非常有限。例如,当他看见马路上呼啸而过的汽车时,他只会脱口而出"车车"。但是随着年龄的增长,经验增多,对世界的认识也加深了,一般到了四五岁就会对汽车进行简单的分类,如"大车车""小车车""白色车车"等;上学之后,接触了更多关于汽车的知识,会将"公共汽车""出租车""自行车""卡车"统一归于"汽车"这一大类之下;随着认知能力的增加,逐步还会对汽车的型号、品牌进行范畴,如某一大型相亲节目上,一名女士提出的征婚条件是"对方拥有B字头的车",即"宝马""奔驰""宾利"之类的名车。不同年龄阶段的人对于同一事物使用不同的表达,原因就在于他们对于意象的认知域选择存在差异。(如图9-2)

认知能力强的人会选择上一层次所包括的认知域,如成人,他所选择的认知域就可以包括事件域、大小域、色彩域、种属域、车型属性域等。面对同一事物,成人可以描述得最为具体和精确,而儿童则不能,因为认知域选择的限制。因此，同一事物，在儿童和成人的心智中，会具有不同的意象意义。

幼儿：　　　　　　　　　汽车
　　　　　　　　　　　　 ↓
　　　　　　　　　　　　车车
　　　　　　　　　　　（事件域）

儿童：　　　　大车车　　　　小车车　　　　白色车车
　　　　　　（大小域）　　（大小域）　　　（色彩域）

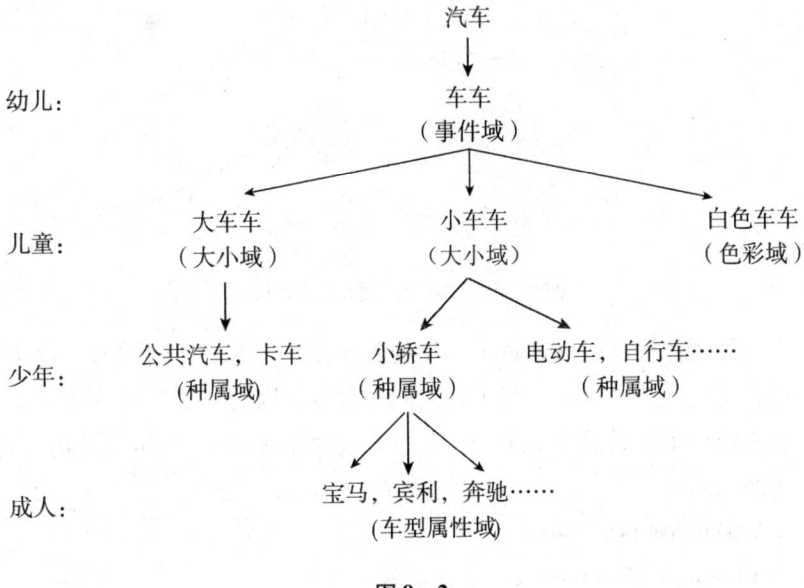

少年：　公共汽车，卡车　　小轿车　　电动车，自行车……
　　　　　（种属域）　　　（种属域）　　　（种属域）

成人：　　　　　　　宝马，宾利，奔驰……
　　　　　　　　　　（车型属性域）

图 9 - 2

其次，面对同一情景，人们有不同的表达，这与意象凸显的经济环境、社会环境和文化环境相关。例如，同样面对"red"一词，英国人就会联想起"angry""evil""violence"等意象意义，而中国人则会想到"喜庆""好运"等词眼。这种差异就在于意象凸显的侧面不同，英国人凸显"red"意象的负面意义，而中国人凸显正面意义，因此导致不同的理解。

兰盖克描写词语意义时主要用认知域。如：diameter（直径）、radius（半径）、circumference（圆周），它们三者的辖域都是 circle（圆）。再看，wheel（车轮）、engine（发动机）、door（车门）、window（窗）都是 car 的一部分，他们就是以 car 为辖域所突显的实体，而 piston（活塞）、valve（阀）又是以 engine 为辖域的。

我们认为在范畴化过程中，上位词具有更强的抽象能力和概括能力，它概括了所有下位词的特点，那么这也跟意象的选择有关。选择的其中一个要素是述义的辖域，即场景所包含的范围，也可称为基体。通常基体构成要素的背景，用于突显场景中的某些部分。这些部分因成为注意的焦点，形成侧重。在述义辖域内相关度较大、得到最大突显的内在区域叫作直接辖域（immediate scope）。因此，直接辖域总是包含侧重。例如，身体的直接辖域包括头、手臂、腿和躯干，因为它们共同组构成一个整体。而手臂还可继续细分为手、肘、前臂等，

203

脚直接与脚趾、膝盖、大腿、小腿相连。（如图9-3）

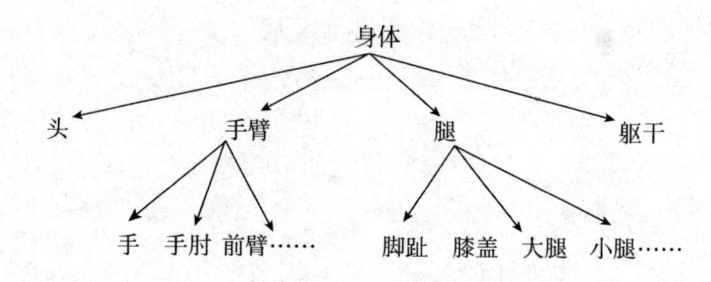

```
                        身体
         ┌──────┬─────────┬──────┐
         头    手臂       腿     躯干
              ┌─┼─┐    ┌──┼──┬──┐
              手 手肘 前臂…… 脚趾 膝盖 大腿 小腿……
```

图9-3 "身体"的辖域关系

虽然认知主体能够意识到每个实体的具体位置，但一提到"肘"这个概念时，认知主体更倾向于建立手与手臂之间的关联，因为"肘"作为手臂的直接辖域，首先预设了手臂这个认知域。直接辖域可以解释一些句法结构上合法、语用上不适切的句子。

　　a. *A body has two elbows.
　　b. *An arm has five fingers.
　　C. *An arm has five fingernails and fourteen knuckles.

上例中，句子的可接受性随着主语和宾语距离的拉大逐渐加强，"指甲"和"关节"需要跨越直接辖域"手"，再到"手臂"最后通达整体的空间域，这不符合人类的认知规律。

语义的比例和辖域是语义的覆盖领域，对于范畴中的近义词也具有解释力。如：kg 和 barrel 均指桶子。但其大小不同，kg 一般指容量在10加仑以下的，而 barrel 是可容31.5加仑的大桶。cat 和 kitten，相对于猫仔 kitten 来说，car 在体积、重量方面大多了，因此 keg/barrel，cat/kitten，他们的语义差异主要体现在大小、高矮比例不同。而 forest，woods，grove 的不同除了其他属性外，主要是表现在它们所辖范围大小不同：forest 意思是远离人烟且有野兽、地域广大的天然森林，woods 指离人烟较近比 forest 为小的森林，grove 一般指公园或庙宇中的小树林。

二、语法功能与意象意义

（一）词汇的所有格

英语词汇的语法功能首先在人称和数的方面具有影响。以词汇的所有格为例。在英语中，属有关系的表达有两种方式：一种是"of +名词"结构，另一种是名词的所有格。英语中的"of +名词"结构通常表述为 NP2 of NP1 结构，NP1 与

NP2 由于某种内在联系组合在一起，对应的汉语翻译是"？的"结构。对于"Years of studying makes him successful today."，稍懂语法的人都知道，make 一词应该是与"studying"这一行为动作保持一致，而非"years"，可为什么呢？

认知语法中意象意义可以对此进行解释。根据意象的凸显变量，我们可以理解为 NP1 为 NP2 的定位提供了参照，可以视为背景，NP2 是依赖于 NP1，是图形。相应地，在汉语中，语法标记"的"前面的名词成为语义结构的起点或参照，通过它建立起对另外一个实体概念的心理接触，突显"的"后面的名词概念。"的"前面的成分是背景，"的"后面的成分是"图形"。词汇的所有格在理解时就可以看作是"图形"和"背景"的统一。

如：Years of studying makes him successful today.

多年的学习造就了他今天的成功。

因此，这两句话就很好理解，我们不会认为是"多年"使他成功，而是其凸显的图形"学习"。"学习"一词的意象意义体现了人类认知中的凸显能力，也引起了随后的谓语动词时态变化，是词汇语法功能的一个体现。

然而，值得注意的是，尽管在语法功能分析时可以这样理解，翻译时可不能只注重结构凸显而死译、乱译。汉语是表意语言，在表征方式上与英语有很大的不同，实际翻译中，结构突显并非一定可行。如：

a. Years of walking and very little food had made him thin.

b. 多年的奔走和极少的食物使他瘦弱了[①]。

按照突显原则，"years of walking"的译文应置换 NP2 和 NP1 的位置，但"走路的许多年"却不符合语法。为此，本章只讨论词汇的意象意义对语言现象的解释力，而非翻译认知。

其次，意象意义对于名词所有格也具有解释作用。尽管所有格语法结构相同，但事实上存在着多种不同的语义关系，我们可以一一从视角和凸显的角度进行分析。

1. 所有—属于关系。这是最明显的所有格关系，我们可以将所有格名词认为是射体（逻辑主语），而被修饰名词则是界标（逻辑宾语）。例如，Joan's pencil 表示 Joan 拥有 pencil，the teacher's reading room 表示 reading 是供 teachers 使用的，或者说 teachers 有权使用 reading room。另一种主宾关系，例如：the hotel's services，在这个结构中，可以说 the hotel 具有 services，但是这种解释不够准确，因为强调的似乎是 the hotel 是否提供服务，这与该结构的真实含义不符。因此，

[①] 《英语世界》，商务印书馆 2003 年第 3 期，第 6 页。

对 the hotel's services 中的语义关系更好的解释似乎应该是 the hotel 提供 services，其中 the hotel 是射体，而 services 是界标。

2. 主体—部分关系。如 bird's feather。虽然可以说 bird 具有 feather，但显然 bird 与 feather 之间的关系不同于 Joan's pencil 中的语义关系，因为 feather 是 bird 身体的组成部分。所以突显的是 feather，bird 则是背景。

3. 种类—属别关系。如：the film's theme，在这个结构中，这里突显的是 film 的 theme 特征，而不是其他特征，与 film 的下属词 the film's content，the film's structure 相区别。

4. 来源—出处关系。例如，在 a bird's egg 中，egg 是 bird 的产出物。再如：在 the industry's problem 中也存在类似的关系，the industry 是 problem 出现或存在的地方。

5. 数量—度量关系。所有格名词说明被修饰名词的持续时间或发生的具体时间，如：an hour's rest，突显的是 an hour；yesterday's match 突显的是 yesterday。也表示长度或距离，如：an arm's length，an arm 突显这个长度的量，可以说这个长度等于 an arm 的长度。

7. 执行者—承受者关系。所有格结构表示动作的执行者分两种情况。两个名词间的关系是主谓关系或者主语和表语的关系。如：Robert's death 相当于 Robert died，很明显，突显的是逻辑主语 Robert，death 是逻辑谓语；Henry's innocence，可以理解为 Henry is innocent，Henry 被突显，成了逻辑主语，而被修饰名词 innocence 是逻辑表语。

(二) 词汇的主宾关系

认知语法认为结构突显与述义有很大的关系，主语和宾语的关系本质上就是图形/背景的关系。基于英汉语言的差异，我们认为这种图形与背景关系是存在的，但是至于主宾语中到底谁为背景，谁为图形，英汉语言具有差异。英语是以形合为主的语言，强调成分的完整，通常是主语为图形，宾语为背景。例如"在决赛中巴西击败了德国"可以有两种不同的英文表达方式：

a. Brazil defeated Germany in finals.

b. Germany was defeated by Brazil in finals.

a 中 Germany 作为背景定位 Brazil，b 以 Brazil 为参照突出 Germany，两句的差别在于意象的结构突显。按照认知语法的逻辑，突显结构决定句子的意象意义，图形/背景的排列对应于主语/宾语结构。同样，在下面这组句子中，我们也可以发现词汇意象意义所造成的语义侧重点不同。

a. 在决赛中巴西大败德国。

b. 在决赛中巴西大胜德国。

表面上看，两个句子的概念相同，但仔细分析不难发现语义的凸显不同。"败"和"胜"形成了语义上的互斥。"胜"强调行为动作本身，而"败"是使动结构，即"使……挫败"，侧重产生的结果。因此汉语中（a）的"德国"应作为图形，是动作的直接作用对象，而（b）中"巴西"是动作的实施者，成为突显。凸显的部分与英语表达不同，原因就在于英语重形合而汉语重意合，汉语的语义突显可以不依赖于结构，而是语义。深层结构一致的句子，在认知语言学观点看来，由于凸显的部分不同，可以导致不同的理解。

此外，词汇在句子到底充当主语还是宾语，也可以运用视角和凸显变量进行分析。根据《认知语法基础》主语和宾语的选用不是逻辑问题，也不是语法问题，而是主体意象的认知问题、心智中的"焦点"问题和概念描写中的"突显问题"①。他以"射体—关系—界标"的认知原则来论述分句的"主语—动词—补语"句法结构，并认为后者是前者的具体反映。在描述动词时，他认为动词的语义极标示一个完整的过程。过程是时间的延续，可以理解为一个移动的物体所涉及的空间和时间的认知域，因此动词的概念表现为一个运动的意象，如动词 go 的语义是一个随时间 t 发展移动的物体（射体，trajector 或 tr）从另一物体（地标，landmark 或 lm）处离开的过程。Away 表示移动的结果，gone 则是以 go 的意象为基体而凸显的结果。（见图 9-4②）

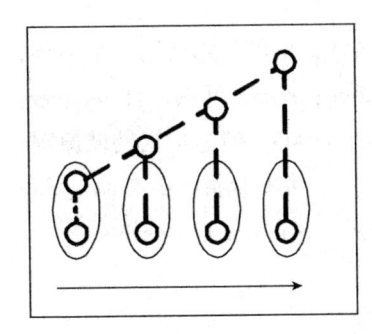

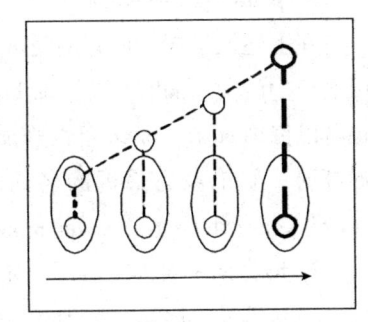

图 9-4 go 的运动意象

因此，我们可以对句子的主语和宾语进行划分。如：

a. The guest sat on my father's left.

---

① Langacker. Ronald. W. *Foundations of Cognitive Grammar*. Beijing: Peking University Press. 2004. P. 331.
② 同上，p. 245.

207

b. My father sat on the guest's right.

句 a 和句 b 虽然在真值条件上完全相等，但在语义上却不完全相同。因为射体的确定和择取不同，主语也就发生了变化。

再看英语动词 steal 和 rob 的例子：

a. Tom stole 50 dollars from Mary.

b. Tom robbed Mary of 50 dollars.

c. *Tom stole Mary of 50 dollars.

d. *Tom robbed 50 dollars from Mary.

上例中，射体 Tom 用作主语，作界标的宾语因突显中心不同而不同。一般来说，遇到偷窃事件，失窃物是凸显的中心，因此 a 句中 50 dollars 作了宾语；而遇到抢劫事件，遭抢者是凸显的中心，因此 b 句中 Mary 作了次突显宾语。句 c、句 d 宾语择用不恰当，因此其句法结构不容易被接受。

（三）语义含混现象

诺曼·C. 史德基伯格在文中列出了 20 种句义含混的现象。陈建生、吴曙坦[①]对此进行了分析，验证了意象意义中辖域对语义含混的解释力。

1. 形容词 + 带所有格的名词 + 名词，如：

a. dull boy's knife

b. clever reporter's story

c. plain mall's necktie

在上述词组中，形容词既可修饰带所有格的名词，也可以修饰第二个名词，因而产生歧义。dull 可以修饰 boy，也可以修饰 knife；clever 可以修饰 reporter，也可以修饰 story；plain 可以修饰 mall，也可以修饰 necktie. 但是根据辖域原则，形容词只修饰离它最近的名词，因此上例中的语义并不含混，a 表示 [dull boy's] knife；b 表示 [clever reporter's] story；c 表示 [plain mall's] necktie。

2. 形容词 + 名词 + 名词，如：

a. modem language teaching

b. big building owner

c. basic English text

形容词修饰第一个名词成为 [modem language] teaching，[big building] owners，[basic English] text，[hot evening] drink。形容词也可以修饰名词词组

---

① 陈建生，吴曙坦：《翻译认知：述义比例和辖域与翻译》，《外语与外语教学》2004 年第 3 期，第 56 页。

成为 modem［language teaching］，big［building owners］，basic［English text］，hot［evening drink］，因而产生歧义。根据辖域原则，形容词修饰第一个名词，因此，第一种解释比较容易理解。

3. 修饰语（名词或形容词）+名词

人们首先要搞清楚修饰语是名词，还是形容词，然后才能真正理解句子的含义。如：

Fleet planes told shoot snooper jet.

如果 fleet 是形容词，则 fleet planes = speedy planes；如果 fleet 是名词，则 fleet planes = planes of the fleet。

除了词义的含混之外，我们还可以通过辖域解释句义含混现象，但是这就存在辖域的管辖问题。如本节提出的第三个问题：

I saw a girl with a telescope.

a. 我用望远镜看到一个姑娘。

b. 我看到一个姑娘带着望远镜。

根据辖域原则，我们可以将"a girl"和"with a telescope"视为同一 NP 的辖域范畴，则表现为 a 句的翻译，表现在第一个树形图中；同时，我们也可以将"see"与"a girl"视为同一 VP 的辖域范畴，则表现为 b 句的翻译，表现在第二个树形图中。因此，语义的含混现象和辖域并非一对一，而是一对多。

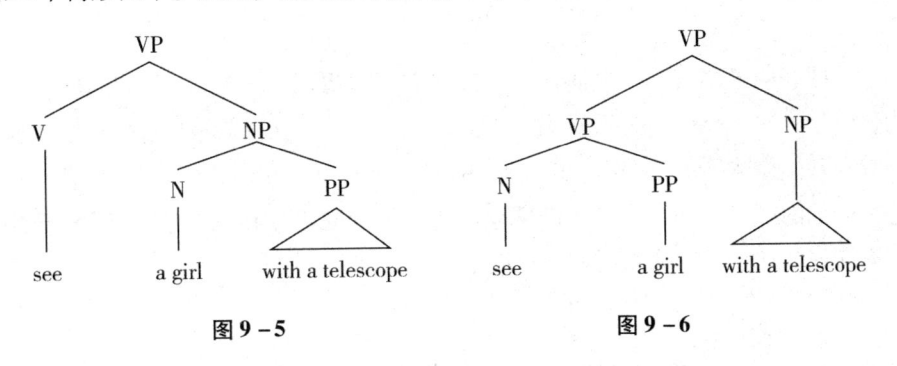

图 9-5

图 9-6

总之，某种程度上来说，意象意义发展了客观主义意义观，对语义研究具有重要的意义。以上分析说明，意象是认知主体对实物或场景进行描写或表达的特有方式。不同的选择方式、观察角度、突显、加细程度、述义比例和辖域都会造成不同意象的形成，通过语言表达就会表现出不同的带有较强主观色彩的意象意义。认知语言学的意义观不同于传统语言学的语义观，它为一些词语概念的理解和句法分析（如主被动态句型等）提供了一个崭新的视角，使语义分析更全面、更透彻，具有较强的说服力与解释力。

第十章

词义的联想与搭配

在词义现象的研究领域，学者们主要探究五个方面的问题：词汇与所反映的"客观实际"的关系问题；词汇在人类言语交际中的特性问题；"客观真值"与"同义转译"的关系问题；词汇的"功能"问题；隐喻与"符号标示"的运用问题。词汇与它所反映的客观实际的关系，如下图所示：

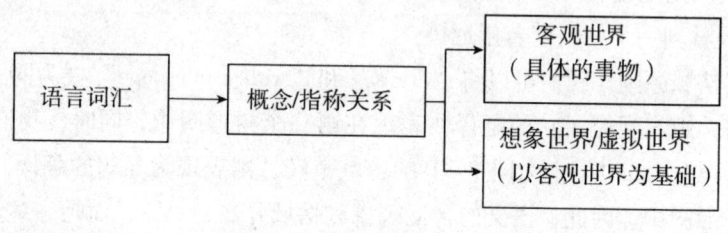

图 10－1

上图表明了两点：一方面词汇是反映客观世界的，它反映实际和具体的事物，例如：car、tree、pig 等；另一方面词汇又可以反映假设的或者想象的世界，反映在现实世界中并不存在的事物，例如：fairy、unicorn、Tarzan（人猿泰山）等。词汇的第二个特点，即可以反映现实世界中并不存在的事物，使语言词汇具有联想的功能，为认知词汇学提供了广阔的研究领域。

第一节 词义的观念论和联想论

词义的观念论或意向论（ideational theory）主张一个词语的意义是它所代表的观念或意象。伟大哲学家洛克在谈到词语的意义时说："词语无非是代表其使用者头脑中的观念……他用自己的一些观念来向自己表现别人的观念时，即使他愿意给这些观念以别人通常（为别人自己的观念）所用的那些名字，他其实仍然在为自己的观念命名。"① 罗素也有类似的说法，他在《亲知的知识》一文中说到："'俾斯麦'的意义因人而异，即使大家都把他想作'德意志帝国的第一任总理'，仍然于事无补，因为'德意志'一词又会对不同的人有不同的意义。它会让一些人回想起在德国的旅行，让另外一些人回想起德国在地图上的样子，等等。"② 洛克和罗素的观念论是主观观念论。

主观观念论在 19 世纪下半叶相当流行，直到现在还有很多学者对此兴趣不减。观念论的一个变种是联想论，一个词有一个意义，这个意义就是说这个词，听到这个词想到这个东西。认知词汇学按照一般意义上使用"联想"这一术语，指一个词项引发的非语言情感或使人想起的一系列心理上有联系的词项。在一个词义网络中，词义的概念表示一个节点，这些节点由一个表示观念之间的关系的联结网络联系起来。决定词义的是代表它的节点在网络中的位置，词义网络的最重要特征是连接、包含、集合的分级组织，例如："牧羊狗""猎狗"可以和"狗"连接起来；另外一个层次，"狗"又可以和"猫""鸟""鱼""蛇"等一起和"动物"连接起来。词义联想的一个重要理论假设就是"认知经济论"（cognitive economy）原则，信息在记忆中可以重新组织，可以避免重复，例如：黄牛有四条腿，水牛有四条腿，牦牛也有四条腿，有"四条腿"的特征没有必要独立地和每一种牛联系在一起，这样做十分不经济。在词义网络中，"四条腿"的特征只要和"牛"的节点联系在一起，"黄牛""水牛""牦牛"都是"牛"，自然也就有了"四条腿"。

原型理论部分来自维特根斯坦关于词义的思想。维特根斯坦认为，多数词都难以按集合来定义，例如：英语的 game 很难分解为若干语义特征，因为 card games、ball games、board games、children games、Olympic Games 等等，并没有一些共同的特征，并非所有 games 都供娱乐之用。我们也不能说它们都有技巧和机遇的成分，有的还不能用输赢概念去解释。不管怎么说，games 之间好像又有一些重叠的地方，它们有维特根斯坦所谓的家族象似性。原型理论的核心是，由词所表示的事物的各个成员有一些基本特征，构成这个事物的原型，心理词汇中的条目表示的就是这个原型。

通过词语的原型义，利用隐喻途径，人们可以进行词义联想，例如：从人的"口"可以联想出"河口""山口"等；从"head"可以联想到"the head of a college""at the head of a class""the head of a steam""20 head of cattle"等。

---

① 洛克：《人类理解论》，商务印书馆 1959 年，第 386~387 页。
② Bertrand Russell: Knowledge by Acquaintance, George Allen & Unwin Ltd. 1961: 217.

在隐喻中，不仅所喻获得了形式，而且喻体也得到了更新的理解。

第二节　词义的联想方式

词义联想是个体借助于视觉或听觉的词汇材料，在头脑中建构词汇意义的主动加工过程。词义联想是一种心理活动，包含着复杂的认知过程，它以正确感知词汇为基础，对语音、字形、词义与头脑中所表征的情境相结合，通过词义网络、词义原型、词义隐喻、词义文化等活动来理解语言表达的意思。同时，词义理解还在很大程度上依赖于个体已有的知识与经验。由于人与人之间的知识和文化背景不同，因此对同一个词义联想的差异很大。虽然对同一语言材料的联想与理解有很大的差异，但在词义联想中还是存在着人类认知的普遍规律，以下就几条主要原则进行阐释。

一、词汇网络联想

索绪尔从横组合关系和纵聚合关系的角度考察词与词之间的联想。当一组语言成分在一定的语言环境中可以相互替代时，这组成分便处于纵聚合关系，而几个成分连起来组成一个比较大的单位，这些成分便处于横组合关系，例如：a useful dictionary 这一组词包含三个成分。第一个位置上的 a 可以用 the、this、that、my、his、her、your、our、their、Xiao Wang's 等代替；第二个位置上的 useful 可以用 new、good、beautiful 等性质形容词替代；第三个位置上的 dictionary 可以用 book、picture、paper 等个体名词替代。这些互相替代时便处于纵聚合关系，也就是语言学书上常说的是一个纵向问题。a useful dictionary 这几个成分连成一个短语，便使它们处于横组合关系，也就是语言学书上常说的是一种横向关系。请看下列句子：

(1) John opened the can with care.

(2) Tom opened the bottle with care.

例（1）中的 John 和 can 与例（2）中的 Tom 和 bottle 处于纵聚合关系，它们可以相互替换；例（1）中的 John 与 can、care 的关系是横组合关系，例（2）中的 Tom 与 bottle、care 也是横组合关系。

词与词的联想在语言的理解和使用中有着重要作用，词与词的联想是有规律的，纵聚合关系有四条原则。

第一条是最低特征对比规则（the minimal-contrast rule）。一个词有不少语义特征，有最高语义特征和最低语义特征。如下图所示：

［1］区别语义特征 ［2］义位	［3］ ［4］anaimate	［5］ ［6］human	［7］ ［8］male	adult
［9］ boy	&	&	&	—
［10］ girl	&	&	—	—
［11］ man	&	&	&	&
［12］ woman	&	&	—	&

图 10 – 2

图 3 – 2 中 boy 一词有［animate］、［human］、［male］等语义特征，其最高特征为生命区别特征，其最低特征为性别区分特征。根据最低特征对比规则，只要改变一些最低特征［±male］，boy 就会引出 girl，man 就可以引出 woman，因为 girl 和 woman 两词的语义特征与 boy 和 man 的其他语义特征相同，只有第三个特征有区别。

第二条是特征的减少和增加原则（the feature-deletion and-addition rules）。语义特征的减少，往往由表示某种概念的词引出表示类概念的词，例如：tiger 表示种概念的词因语义特征减少引出表示类概念的词 animal。反之亦然，语义特征的增加，往往由表示类概念的词引出表示种概念的词，由 animal 可以引出 tiger。英语中有些动词之间的区别在于其使役性特征存在与否，persuade 的使役性减少便会引出 dissuade。

第三条是标记规则。词的形式表现为有标记项（the marked term）和无标记项（the unmarked term）。名词复数形式为有标记项，形容词和副词的比较级和最高级为有标记项，动词的单数第三人称加 -s / -es 为有标记项，动词的 ed 形式和 ing 形式为有标记项。

第四条是范畴保持规则（the category-preservation rule）。从心理学角度看，词的联想刺激反应往往表现为刺激引出纵聚合反应。因此，语言学提出范畴保持规则，而尽量保持词的范畴，即词的词性不变。

以上词义联想研究是以结构语言学和形式语义学为理论基础，对词义进行两分。这种研究有一定道理，也部分符合词义规律，体现词义的客观性和可观察性，是词义联想研究的开端。但是，人脑中的概念是相互联系的，概念是对客观事物本质特征的反映。每一个概念都具有一定的本质属性和特征，其中有些属性和特征又与另外的概念属性和特征有联系，有些还能够说明另

213

外一些概念的基本特征,例如有人问"什么是藏獒",我们回答:"藏獒是一种狗。"这很显然,回答涉及一些相关概念:"藏獒""狗""哺乳动物""生物"等。这就给网络联想提供了一种潜能,这种潜能随时启动人们更多和更深的词义联想。

(一) 词音网络联想

梅耶(Meyer)和斯坎弗纳福尔德(Schvaneveldt)在一项语义启动的实验中,要求被试者对所给的词汇进行判断与确定。实验中首先向被试者呈现一系列字母串,要求被试者判定这些字母串是否都是英语单词。如果两个成对出现的字母串都是英语单词的话,就要尽可能快地以"是"做出反应。如果判断呈现的是用无意义字母串组合的非英语单词,就马上以"不是"做出反应。字母串是以成对方式出现的,如果呈现的词汇具有高联想度,判定就快,不具有高联想度,判定就慢。例如:判定 bread 与 butter 词汇对用了 855 毫秒,而 nurse 与 butter 词汇对的判定花去 940 毫秒。在交流中,语义的启动从词音开始,读音相同或者相似的词之间更容易产生联想。

汉字是成系列的,成群的汉字共用一个声符,会一个声符就可以知道一串汉字的读音。当人们一听到某个声符,就会在字音网络中联想到一连串的字,如果听到"尼""米""蒙""曼",人们就会联想到下列字串。

尼→妮、泥、坭、怩、呢、铌、昵、旎。

米→糜、眯、脒、咪、迷、谜、籹、醚。

蒙→濛、檬、曚、朦、礞、朦、幪、獴、蠓。

曼→蔓、鬘、谩、漫、鳗、馒、熳、慢、幔、缦、墁、缦。

英语是拼音文字,拼写与读音之间关系更加密切。当人们听到 [a:] 读音时,即刻会联想到 ar 组合。例如:car、park、large、star 等。当人们听到 [ɔ:]、[ə:] 读音,就会想到下列字母组合:

or → horse、short、north、sport 等。

ir → girl、first、shirt、bird 等。

er → verb、term、serve、stern 等。

ur → burn、nurse、hurt、fur 等。

当人们听到 [ɛə]、[iə]、[aiə] 时,就会在语音网络中联想到下列字母组合:

are → care、dare、stare、rare 等。

eer → deer、cheer、beer、pioneer 等。

ire → dire、fire、hire、tire 等。

辅音字母和元音字母一样，有许多组合规律和读音规则。当人们一听到[br]、[bl]、[kr]、[kl]、[tr] 时，就立刻在大脑中联想到由下列字母组合而成的单词：

br → brag、brink、broom、break 等。
bl → black、blink、bloom、blood 等。
cr → cream、crop、crime、cross 等。
cl → clean、clock、cloud、climb 等。
tr → tree、try、trip、trunk 等。

人们对这些词音网络联想词串的反应要比对非语音网络联想词串的反应要快，这是由于前者有着紧密的语音联系，一般可以用很少的时间做出反应，显示了词音启动效应。认知心理学有关启动效应的研究发现，启动效应能够较长时间地引起对刺激信息的新表征。但是这种新的表征形成是循序渐进的，而不是一次性尝试后就会在任意刺激信息之间形成新的联系。因此，学习者要建立新的表征，要进行多次尝试，而不是指望一次就能建立新表征。

(二) 词形网络联想

通过最早的象形文字演变成当今许多民族使用的各种各样的文字，在演变期间它们经历了一个复杂的过程。可以想象原始的图画文字所能指代的词语是有限的，文字符号数量不多，形体也不规范，尚不能很好地记录语言。人们现在知道的世界上比较古老的文字有我国的甲骨文、伊拉克的古苏美尔（Sumer）人的楔形文字和古代埃及的圣书字以及中美洲的雅马文字。早期文字有两个主要特点。一是象形，它们像记事画一样，一个字就是一幅图画。学过美术和懂点艺术的人都知道，一幅画使人产生各种联想，这种联想也同样体现在词语上。象形就是直接描绘词语所代表的实物。一些表示具体意义的词，如"山""水""人"等，在所有的表意字中，最初都是用这些词表示实物或现象的写实图形或象征图形来表示的，例如：埃及象形文字中"山"用两座山中间为山谷的图形来表示，"水"用曲折线或波浪线来表示。东汉许慎在《说文解字·叙》中说："象形者，画成其物，随体诘诎，日月是也。"到现在汉字还是方块结构，没演变成拼音文字，这十分难得，是人类历史上的一笔宝贵财富。汉字的方块结构特点明显，它的词形联想比世界上任何一种语言都强。

汉字的部首偏旁既可以做独立完整的字，也可以在字体结构中做意符。一旦进入字体结构之中做部首偏旁时，它的形体就发生变化，表明它已经做字的意符，这就是汉字部首偏旁的形体意符化。这种意符化的形体，就是汉字部首偏旁独特标志，在字体结构中既明显又明白，一看到意符就产生词形上的联想。

例如："水"，单独成字时形体不变，一旦做偏旁，便要改变形体，写成"氵"。人们一看到"氵"字，就会产生词形网络联想。人们一看到"汗""汁""氾""洪""泗""淬""湢""瀹""滴"等，不管认识不认识，首先从词形上产生联想，这些词都与"水"有关。人们一看到"饨""饪""饭""饯""饲""饷""饽""馀""馆""馅""馋""馑"等，不管认识不认识，首先联想到的是与"吃"有关。

英语的词形网络联想没有汉语的词形网络联想那样丰富和形象，但也有其自身的表达方式和特点，英语有同字母不同排列联想、词形近似联想、尾字母相异联想、首字母相异联想和中间字母相异联想。

同字母不同排列联想。例如：

brake—break, board—broad, abroad—aboard, angel—angle, quite—quiet, trial—trail, alert—alter, steak—stake 等。

词形近似联想，这一点在汉语中也有。例如：

appliance—applicant, bullet—bulletin, barrel—barrier, boast—boost, compete—complete, cooperate—corporate, custom—costume, effective—efficient, poise—pose, quality—quantity, spirit—sprint, steam—stream, statue—status, stumble—tumble, thorough—through, triumph—trumpet, vain—van, alley—ally, rally—valley, ozone—zone 等。这一类词形联想词在英语中里面最多，利用构词法生成的所有词语都属于这一类。

尾字母相异联想。例如：

barrel—barren, cheap—cheat, complain—complaint, concern—concent, creek—creep, crowd—crown, detail—detain, grand—grant, gum—gun, herb—herd, heroic—heroin, hurl—hurt, idea—ideal, jar—jaw, mortal—mortar, owe—owl, patrol—patron, pistol—piston, quota—quote, retail—retain, scene—scent, shrub—shrug, thread—threat, towel—tower, web—wed, weed—weep 等。

首字母相异联想。例如：

billion—million, brick—trick, button—mutton, believe—relieve, belt—melt, brief—grief, bunch—punch, foster—poster, halt—salt, nod—rod, rip—tip, rough—tough, cheer—sheer, vary—wary, function—junction, fury—jury, hint—mint, bloom—gloom, breach—preach, fade—jade, gap—nap, humour—rumour, lease—tease, liable—viable, gain—pain, health—wealth, fence—hence, field—gield, mature—nature, mood—wood, motion—notion, nice—vice, chip—whip, clip—slip, hobby—lobby, location—vocation, elastic—plastic, emit—omit, mental—rental, merge—verge, hostage—postage, massive—passive, decent—recent, drip—grip, humble—tumble, hut—nut, loss—toss, render—tender, national—rational, loyal—royal, roast—boast 等。

中间字母相异联想。例如：

bitter—butter, bay—buy, castle—cattle, certain—curtain, change—charge, chew—crew, less—loss, lessen—lesson, mad—mud, marry—merry, medal—model, packet—pocket, whale—whole, adapt—adopt, angle—ankle, beast—boast, bleed—breed, clash—crash, chip—chop, expensive—extensive, fond—fund, flash—flush, flesh—fresh, heal—heel, flame—frame, flee—free, patch—pitch, patrol—petrol, qualify—quality, precious—previous, regard—reward, resolution—revolution, revenge—revenue, threat—throat, tone—tune, carve—curve, confirm—conform, contest—context, glow—grow, globe—glove, infect—inject, rein—rain, bald—bold, bribe—bride, complement—compliment, dam—dim, elect—erect, force—forge, fraction—friction, guide—glide, premise—promise, protect—protest, shave—shove, slump—stump, sniff—stiff, impact—impart, heir—hire, probe—prose—prove, deck—dock—duck, grave—grace—graze, ballet—ballot—bullet, glass—grass—gross, hell—hill—hull, pride—prime—prize, refuge—refuse—refute 等。

（三）词义网络联想

词汇里每一个词都不是孤立存在的，词与词之间在一定条件下，形成一定的词汇关系。人们掌握词汇，运用词汇，就需要了解、处理和利用这种关系，产生丰富的词义网络联想。例如：陶渊明有"种豆南山下，草盛豆苗稀。……道狭草木长，夕露沾我衣"的诗句，这里的"长"是"生长"的"长"（zhǎng），还是"长短"的"长"（cháng）呢？"生长"的"长"和"长短"的"长"，是两个异音异义词，有着"同形关系"的"同形词"。读到陶渊明的这首诗，就需要人们产生"同形词"联想。河北省山海关区有座孟姜女庙，庙中石碑上刻了这样一首楹联："海水朝朝朝朝朝朝朝落，浮云长长长长长长长消"。写这首对联的人，利用了"潮"和"朝"（cháo），"涨"和"长"（zhǎng）等音近词的文字通假关系。读这副对联不仅需要辨析文字通假词，还要首先产生"朝夕"的"朝"（zhāo）和"朝拜"的"朝"（cháo）、"生长"的"长"（zhǎng）和"长短"的"长"（cháng）的同形关系联想。这种同形异义词和同音异义词英语里也很多。

例如：英语同音同形异义词，读到其中一个，人们会联想到对应的一个。

217

例如：

angle（角）—angle（钓鱼），base（基础）—base（卑鄙），last（最近的）—last（持续），light（落下）—light（光亮）—light（轻的），pop（大众的）—pop（爆裂）—pop（父亲），sound（健全的）—sound（声音）—sound（探测）—sound（海峡）。

除完全同音同形异义词外，还有同音异形异义词。

dear—deer, eye—I, flour—flower, son—sun 等。

词音是词的物质外壳，词在语音形式上的相互差异，是词与词相互区别、互为界限的物质标志。如果不同的词具有完全相同的语音形式，它们的物质形态差异就消失了，有可能引起词义的混淆。就这一点来说，同音词的存在是词汇中的一种消极现象，理想的情况应该是异词异音。但实际上是任何语言里都有同音词，不仅仅汉语和英语是这样。由于受人类发音器官发音能力的局限，人类语音数目是有限的。用有限的音节或音节组合，充当数以万计的语音形式，出现同音现象对任何一种语言来说，都是难免的。另外，词总是活在现实中，活在具体的语言环境或上下文中。通过人们的认知联想，语言环境或上下文会使它们彼此区分开来。由此可见，同音词的出现不仅是难免的，也是非常必要的，人们的认知联想和语言本身为它们的正常存在准备了必要的条件。用同一的语音形式，表达不同语义内容，在一定程度上解决了语言"音少义多"的矛盾，是具有积极意义的。

词与词，彼此在词义上联系最紧的，是意义相同或基本相同的同义联系。有同义联系的一组词，彼此互为同义词，是一种能引起广泛联想的词义联系。例如："星期""礼拜""星期天""礼拜天"这一组词，它们指称同一事物，表达同一概念，在具体语句中互相代用，没有什么语义差异，把"今天是星期日"说成"今天是礼拜天"，语义不变，这是意义相同的同义词，也叫"等义词"。"曲解"和"误解""滥用"和"乱用"两组词的双方称谓的现象、概念的内容，有很大的相同点，差别是比较细微的，这是词义基本相同的同义词。"曲解"和"误解"都是"错解别人意思"的含义，只是"曲解"大多是"有心"的，"误解"大多是"无意"的。"滥用"和"乱用"都有"随意使用，造成不良后果"的意思，但"滥用"是指"超过范围，无限制的使用"，"乱用"是指"不加选择、不同规则地使用"，这类同义词也称"近义词"。等义词无所谓联想，对它们的选择使用只是个人习惯和爱好问题，与人们的认知没有关系。近义词是一种同中有异的词汇现象，对它们的选择使用就与人们的认知联想有着直接的关系，产生的联想不同就会选择不同的近义词。

概括范围有别的联想。例如：
时代——时期　伤亡——死亡　粮食——食粮　灾难——灾荒
性质——品质　事情——事件　年代——年月　边疆——边境
概括的对象有个体与集体之别的联想。例如：
纸 ——纸张　布 ——布匹　船 ——船只　信 ——信件
花 ——花卉　湖 ——湖泊　枪 ——枪支　车 ——车辆
语意轻重有别的联想。例如：
悲伤——悲痛　损坏——毁坏　妨碍——妨害　欺负——欺压
轻视——鄙视　侮辱——凌辱　危害——迫害　非常——极其
词义褒贬有别的联想。例如：
事情——勾当　侵蚀——腐蚀　顽强——顽固　结果——后果
保护——庇护　粗豪——粗蛮　积存——积压　理想——幻想
词义情态性状有别的联想。例如：
连续——陆续　耸立——屹立　柔弱——纤弱　精巧——纤巧
瑰丽——绚丽　华丽——艳丽　胆量——胆略　清洁——整洁
关系对象有别的联想。例如：
充足——充分　发挥——发扬　保护——保卫　扩充——扩展
坚定——坚决　发表——发布　暴露——揭露　表达——传达

汉语同义词的联想方式在英语里都有体现，但是英语同义联想也有自身的特点。英语与汉语不同，它是一种断代语言，在历史上吸收了大量的外来词，它的同义词特别多，是英语学习的一大难题。因此，英语除了范围有别联想、概括对象有别联想、语意轻重有别联想、词义褒贬有别联想、词义情态性状有别联想和关系对象有别联想外，它还有词源联想和国别联想。词源联想是指看到一组同义词可能联想到它的来源，国别联想是指看到一组同义词会联想到在哪个国家使用。

英语最初吸收了大量的古拉丁语，丰富了英语词汇，在英语中产生了成对的同义词。人们一看到英语成对同义词，马上就会联想到是英国本土词还是拉丁语词。例如：

English	Latin
answer	reply
brotherly	fraternal
buy	purchase
dale	valley

deed	action
foe	enemy
heavenly	celestial
help	aid
inner	internal
mead	reward
sharp	acute
world	universe

英国后来被讲法语的诺曼底人征服，诺曼底人把大量的法语词带到了英语中。英语大量吸收法语词汇，使英语的同义词更加丰富。原来只有两个词组成的成对同义词演变成了具有三个同义词的词组。因此，人们一看到具有三个词的同义词群，马上就会联想到该词是本土词，还是来自拉丁语或法语的外来词。例如：

English	French	Latin / Greek
ask	question	interrogate
end	finish	conclude
fire	flame	conflagration
fear	terror	trepidation
goodness	virtue	probity
holy	sacred	consecrated
rise	mount	ascend
time	age	epoch

词源联想不仅使人们想到该词的出生，还会进行扩散，让人们继续联想。英国本土词多为口语用词，法语来源词多为正式用词，拉丁语和希腊语来源多为文学用词。通过这些联想会使人们进一步了解同义词之间的区别，为学好英语打下良好的基础。

汉语是世界上使用人口最多的一种语言，英语是世界上使用面积最广的一种语言。讲英语的国家很多，主要以英国和美国为代表，英国是老牌强国，美国是当今强国。过去英国英语对世界影响最大，现在它的影响有所下降，它的地位已被美国所取代。美国历史很短，在几百年的历史中，美国英语逐渐形成了自己的特征，在美国英语和英国英语中，出现了用词上的差异。对指称同一客观事物，英国人和美国人用词不一样，在英语中就出现了同义词现象。因此，当人们看到这类同义词时，立刻就会产生国别联想。例如：

British English	American English
call box	telephone booth
coach	bus
chemist	druggist
lift	elevator
garage	service station
petrol	gasoline
hire purchase	instrument plan
railway	railroad
pavement	sidewalk

由于词的多义性，词的同义关系也可能是错综复杂的，它们所产生的联想也是错综复杂的。一词多义之间出现同义联系，可以发生在局部义项，也可以发生在全部义项；同义的双方或多方，可能都是多义词，也可能有的是单义词。因此，同义词联想有时是局部的，有时是全部的。

和词的同义联系相互对立的，就是词的反义联系。有反义联系的一组词，彼此互为反义词。例如：“好"与"坏""粗"和"细""高"和"低""死"与"活""光明"与"黑暗""贫弱"与"富强""先进"与"落后"等，都是反义联系的一些词。反义词的逻辑特点就是它们的意义属于同一个上位范畴，属于同一个上位概念的两个有矛盾关系，或者反对关系的下位概念。"爱"和"憎"是反义词，它们的意义是"感情"这个上位概念下属的两个有矛盾关系的下位概念。反义词的语感特点是，它在人们的语言意识里，一般都有鲜明的对立联想作用。人们一提到"大"，就很容易联想到它的对立一方是"小"；提到"长"，人们很容易意识到它的对立一方是"短"；提到"肥"，人们也很容易想到它的对立一方是"瘦"。这种鲜明对立联想的语感，反映了反义词在人们语言意识中，成双成对、相反相成、相互依存的状态。

反义词联想最常见的是矛盾关系联想和对立关系联想，这是汉语的一般说法。反义词间的逻辑关系有的是矛盾关系，人们就产生矛盾联想。例如：

生——死　　　　男——女　　　　动——静
是——非　　　　战争——和平　　主观——客观
精神——物质　　出席——缺席　　正义——非正义
党员——非党员

这类反义词在逻辑上相互排斥，相互否定，非此即彼，二者必居其一，中间一般没有第三意义词存在。它们表达的是同一个上位概念下的两个仅有的平行概念，在此种情况下，人们产生的是一种排他联想。

反义词间的逻辑关系不都是矛盾关系，有的是对立关系。例如：

上——下　　　左——右　　　早——晚　　　敌——我
老——少　　　东——西　　　黑——白　　　红——白
开头——结尾　　上游——下游　　革命——反革命　　马克思主义——反马克思主义

这类反义词的词义，在逻辑上是属于同一个上位概念下的若干个平行概念中的两极对立者，两者的中间还有第三者或第四者的存在。这种中间有几个平行概念存在的关系反义词，使人们产生的是一种外延排斥联想。

以上是在逻辑思维上产生的反义词联想，在语义上反义词能使人们产生四种联想。下面以英语为例：

首先，反义词使人们产生相对意义联想。beautiful 和 ugly 是相对反义词，人们可以在它们两者之间加入很多的词，构成一个程度递减和程度递增的系列。例如：

beautiful—pretty—good-looking—plain—ugly；

love—attachment—liking—indifference—antipathy—hate。

第一列词表示 beautiful 逐步减少，ugly 逐步增加的一个过程；第二列词汇表示 love 逐步减少，hate 逐步增加的一个过程。wide—narrow, old—young, big—small, high—low 等，都会使人们产生相对意义联想。

再次，反义词使人们产生互补意义联想。single 和 married 是互补反义词，肯定其中之一，就意味着否定另一个。同样，否定其中之一，就意味着肯定了另外一个。因此，我们可以说：If John is not married, he is single. If John is not single, he is married。male—female, dead—alive 等都属于互补反义词，它们能给人们带来互补意义联想。

最后，反义词使人们产生换位意义联想。buy—sell 和 lend—borrow 是换位反义词，它们不仅表示意义上的相对，而且还表示意义上的相互依存。buy 和 sell 的语义关系是，If A sells a watch to B, B buys a watch from A; or if A lends money to B, B borrows money from A. give—receive, rent—let, husband—wife, parent—child, teacher—pupil, fiance—fiancée 等都能使人们产生换位意义联想。

多义词和单义词之间，或者多义词和多义词之间，存在反义关系时，就和单义词之间的反义间的反义关系有所不同。单义词间的反义关系总是单一的、对等的、固定的，多义词的反义关系，则有各种各样的情况。这种反义关系比较复杂，使人们产生交叉的意义联想。

图 10-3 和图 10-4 这类词的反义关系在语言的具体运用中，总是条件化的，要依上下文中的具体用法和人们的认知而转移。这类反义关系的存在，既具有一般反义词的表达功能，也具有显示多义词的不同义项和义项间的语义差别的作用，也使人们的反义关系联想更加丰富和具有动态性。

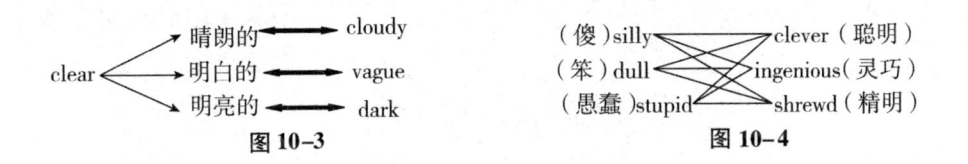

```
           ┌─→ 晴朗的 ←→ cloudy          （傻）silly ⟋⟍ clever（聪明）
   clear ──┼─→ 明白的 ←→ vague           （笨）dull ⟋⟍ ingenious（灵巧）
           └─→ 明亮的 ←→ dark           （愚蠢）stupid ⟋⟍ shrewd（精明）
                图 10-3                              图 10-4
```

二、词义原型联想

词义理解是个体借助于视觉或听觉的语言材料，在头脑中建构意义的主动加工过程。词义理解是一种重要的心理活动，包含着复杂的认知过程，它以正确感知词汇为基础，对词音、词形、词义与头脑中所表征的情境和已有的背景知识相结合，通过联想、期待、推理等活动来理解词汇所表达的意思。同时，词义理解还在很大程度上依赖于个人已有的知识与经验，也受到一些社会文化的制约。由于个体与个体之间的知识经验不同，因此对同一种词汇材料理解的差异很大。虽然个体对词汇材料的理解有差异性，但是个体对词义理解的联想是有共性的。当一个人看到一个词，他首先想到的是该词的原型义，然后联想到其他的非原型义。

（一）词义扩散联想

词义是人们对词称谓的客观事物、现象的概括认识，它和事物、现象以及人们的认知能力有着直接的联系。在词汇中，词义相关的词在词义系统上总是类聚为一个集，表现出家族象似性结构。由于有家族象似性，它们的词义结构呈现集合和重叠意义上的辐射集。正如维根斯坦指出的那样，一个词的所指事物不必具有共同的属性才能被理解和使用，而是 AB、A-BC、ACD、ADE 式的家族相似关系，即一个成员与其成员至少有一个或几个共同的属性，但没有任何属性（或者很少有）是所有成员都共有的，具有最多共性的成员是原型成员。在词义派生与扩展中，词的本义就是原型义。词的原型义是人们最熟悉和最常见的，看到一个词的第一眼，马上想到的就是该词的原型义。由此产生词汇扩散联想，以便更好地理解语言。

当人们一听到"浅"这个词，首先想到的是"深浅"，然后扩散到表明时间短的"浅"、表程度不深的"浅"、表色彩淡薄的"浅"等。一个词的意义域越多,原型义扩散联想就越广,如图 10-5 所示。

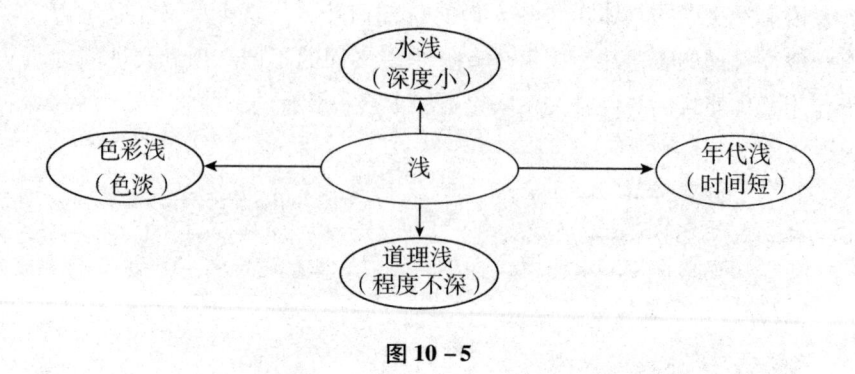

图 10-5

图 10-6 中的 put 是一个意义很多的词,它的原型义扩散联想十分丰富,可以在扩散联想中再生出扩散联想。"put"有"写"的含义,以"写"为原型义,又产生一个扩散联想。扩散联想有辐射性和层次性,就像一块石头被丢进水中所产生的涟漪一样。多义词的义项,在现实生活中,存在着义近、义类、义反的联系。在历史形成的关系上,存在着派生者与被派生者的关系,这种纵横两个方面的联系使多义的义项组系化,为原型义扩散联想提供了条件。

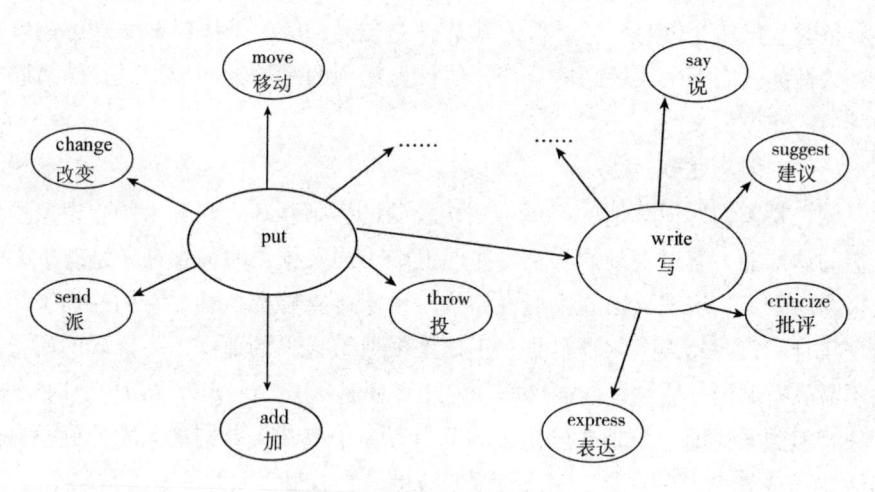

图 10-6

(二) 词义单一联想

词义扩散联想是一种涟漪式联想,就像石头掉进水中产生的一圈圈波浪一样,以原型义为中心向周围扩散。这是词义联想的主要方式,在绝大多数情况下,人们都利用这种联想方式正确理解词义。除了人们常用的扩散联想外,还有一种词义联想方式，即词义单一联想方式。单一联想方式就是一个连接一个的方式，像竹子生长一样，笔直往上长，不分叉，也即维特根斯坦所说的 AB、BC、CD、DE 模式。如图 10-7 所示：

体谅
↑
体制
↑
体裁
↑
物体
↑
身体
↑
体

图 10-7

　　人们一看到"体"，首先联想到的是"身体"，它是"体"的原型义。人们想到"身体"以后，会想到"物体"，而不会跳跃上去联想到"体裁"，因为"身体"也是一种物质，与"物质"有丰富的象似性。联想到"物体"时，接着就会联想到"体裁"，因为"物体"是有形的，"体裁"也是一种形式，在"有形上"两者具有象似性。从"体裁"会联想到"体制"，"体裁"是一种有形的形式，"体制"是一种无形的形式，两者具有一些象似性，体现一种由"实"到"虚"的关系。"体制"是一种政体，在该政治体制下要设身处地为别人着想，考虑到大多数人的利益，人们立刻会联想到"体谅"。从"体制"到"体谅"的象似基础是"人与体制的关系"，这是一种由虚到更虚的发展。在一些多义词的义项发展过程中，它们身兼"两职"，既有涟漪式发展，也有竹式发展。因此，在词义联想过程中，有时扩展联想和单一联想同时发生，如下图。

225

```
                    work correctly
                      正确运行
                         ↑
                      ( match )
                        匹配
                         ↑
                     ( belong )
                        属于
                         ↑
                   ( be in state )
                     处于某种状态
                         ↑
  ( leave )          ( become )        ( get rid of )
    离开               变成                去掉
      ↖                ↑                   ↑
  ( visit )    →   ( go )   →   ( disappear )   →  ( be spent )
    参观                              消失              被花掉
      ↙                ↓                ↓  ↘
  ( move )         ( reach )      ( get worse )   ( be sold )
    移动              达到            每况愈下           被卖掉
```

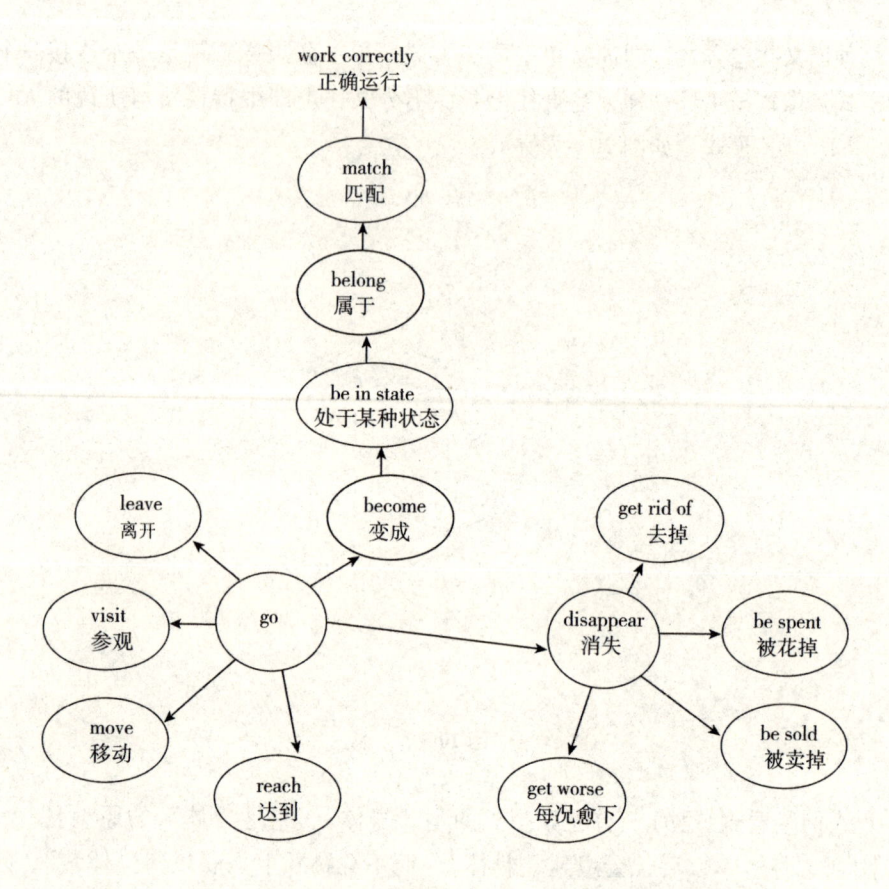

图 10 - 8

　　图 10 - 8 中 "go" 派生的第一层义项 "leave" "visit" "move" "reach" "disappear" 和 "become" 是涟漪式派生，让人们产生扩散联想。由 "disappear" 派生的第二层义项 "get rid of" "be spent" "be sold" "get worse" 等，它们的派生关系和第一层次义项一样，让人们第二次产生扩散联想。但是，由 "become" 产生的第二层义项 "be in state" "belong" "match" "work correctly" 等，它们是竹式派生，让人们产生单一联想。上图是有关 "go" 的多义派生图，"go" 是一个派生能力很强的基本词，它包括了两种派生方式。

　　（三）词义同簇联想

　　复合词间同簇联系以同根为标志，确定它们同簇关系的范围，首先要把 "同缀词" 和 "同根词" 区分开来。例如："阿姨" 的 "阿" 是构词的前缀成分；"桌子" 的 "子" 是构词的后缀成分。"阿姨" "阿爸" "阿Q" "阿毛" "阿飞" 等，"桌子" "杯子" "房子" "屋子" "刀子" "儿子" "老子" "刷子"

等，它们是同缀的关系，不是同根同簇词。其次要把由同形同音异义词充当词根的异簇词和同簇词分别开来，"亚麻"的"麻"指的是一种"植物"，"麻木"的"麻"指的是一种"感觉"，两者是不同的词，只是同音同形而已。因此，"麻布""麻包""麻袋""麻绳""麻刀""麻纺"等是同簇词；"麻木""麻痹""麻药""麻风""麻疹""麻醉"是同簇词。"麻布"这一组词与"麻木"这一组词，虽然都含有"麻"字，但它们是异簇词。

  同簇词的形成或来源主要有两个方面，一是同一语源的语义分化，一是同一词根的派生造词。一词多义由于词义历史演变，多义间分化为一组同音词。词义引申产生新义，并改变词音的个别音素，或音调来表达新义，引申义和原词构成一组音近词，都属词义分化形成的同簇词。同簇词之间这种"割不断理还乱"的象似性，使人们产生同簇联想。下面以英语为例：

```
                    ┌→ sound barrier（声障）
        ┌→ sound（声音）┤
        │           └→ sound effects（音响效果）
        │
        │           ┌→ sound like（听起来像）
sound ──┼→ sound（好像）┤
        │           └→ sound a lot of concern（好像担忧）
        │
        │           ┌→ sound policy（明智政策）
        └→ sound（健全）┤
                    └→ sound mind（心智健全）
```

图 10-9

```
                ┌→ son of a bitch（畜生）
                ├→ son of guns（好家伙）
        ┌→ son（儿子）┤
        │       ├→ son of God（救世主）
        │       └→ son of Man（圣子）
[sʌn] ──┤
        │       ┌→ sun lamp（太阳灯）
        │       ├→ sun light（阳光）
        └→ sun（太阳）┤
                ├→ sun shade（遮阳伞）
                └→ sun spot（太阳黑子）
```

图 10-10

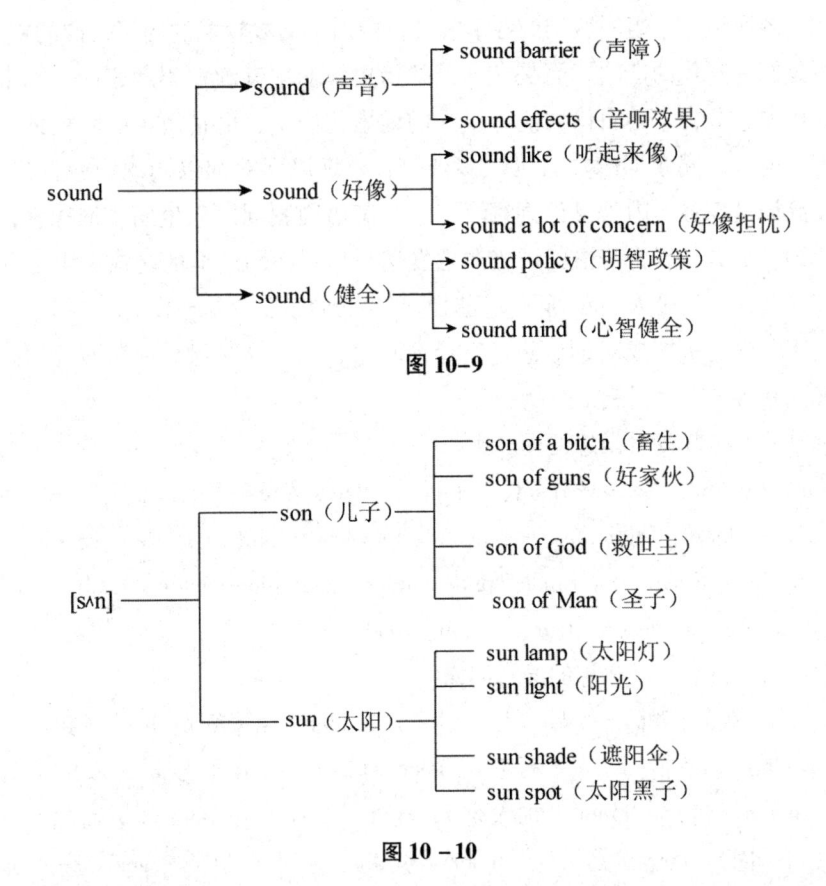

  图 10-9 和图 10-10 都表达了一种"同源"关系，它们是同源同簇词。但是，图 10-9 和图 10-10 也有不同，图 10-9 是同音同字同簇词，图 10-10 是

异性同音同簇词。除了同源同簇词外，语言中还有派生同簇词，如图 10 – 11 所示。

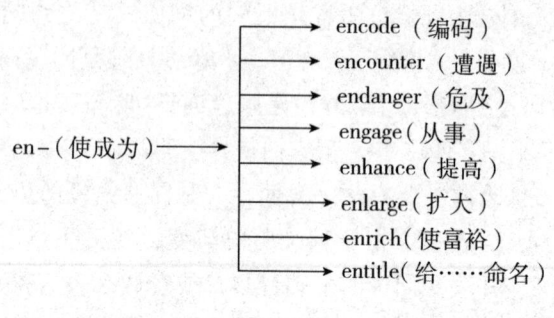

en-（使成为）——→ encode（编码）
　　　　　　　　　encounter（遭遇）
　　　　　　　　　endanger（危及）
　　　　　　　　　engage（从事）
　　　　　　　　　enhance（提高）
　　　　　　　　　enlarge（扩大）
　　　　　　　　　enrich（使富裕）
　　　　　　　　　entitle（给……命名）

图 10 – 11

随着新事物的诞生，利用与新事物相关的旧词造新词，可以出现派生同簇词，如上图所示。一组同簇词的各个成员，特别是词数较多的同簇词群的成员，大都不是同一时代的产物，而是在词汇的历史演变中逐渐积累起来的。如果一个词缀历史悠久，它是由构词能力极强的词虚化而来，由它派生的同簇词往往是个庞大词群，同簇词的数目可以多到上百。汉语同簇词以同源同簇词居多，派生同簇词是少数，因为汉语词缀不发达。英语同簇词以派生同簇词居多，同源同簇词是少数，因为英语的词缀非常发达。尽管在同簇词的构成上可能各种语言存在差异，但是人们看到同簇词时所产生的同簇联想是一样的。

同簇联想还包括成对词联想、音译词联想、拟声词联想、音混形近词联想和默音词联想。下面以英语为例：

常见的、引起音对联想的词。例如：

above—below、borrow—lend、capital—interest、cash—check、fire—water、happiness—sadness、agriculture—industry、majority—minority、less—more、inside—outside、physical—spiritual、plus—minus、multiple—divide、quality—quantity、junior—senior、teach—learn、writer—reader 等。

常见的、引起音译联想的词。例如：

aspirin（阿司匹林）、bake（焙、烘烤）、ballet（芭蕾舞）、band（频道、波段）、bandage（绑带）、bar（酒吧）、beer（啤酒）、bus（巴士）、cafe（咖啡馆）、calcium（钙）、cannon（加农炮）、card（卡片）、cartoon（卡通片）、cocaine（可卡因）、copy（拷贝）、engine（引擎）、gene（基因）、golf（高尔夫）、guitar（吉他）、hormone（荷尔蒙）、humour（幽默）、lemon（柠檬）、logical（逻辑的）、microphone（麦克风）、modern（摩登的）、mould（模型）、neon

（霓虹灯）、pass（派司）、radar（雷达）、rifle（来复枪）、romance（罗曼史）、shark（鲨鱼）、tank（坦克）、vitamin（维生素）等。

常见的、引起拟声联想的词。例如：

bang（砰地关上）、bark（吠）、boom（隆隆声）、bubble（发出水汽声）、clap（拍手声）、clash（猛烈碰撞）、click（咔嗒声）、cough（咳嗽）、crack（破裂）、giggle（咯咯地笑）、horn（号角声）、hum（嗡嗡声）、mutter（嘀咕）、pat（轻拍）、puff（喘气）、roar（吼叫）、roll（滚动）、scratch（搔）、slash（猛砍）、sob（啜泣）、thunder（轰隆声）、tick（滴答声）、whisper（低声说）、whistle（吹哨）、yawn（打呵欠）等。

常见的、引起声混形近联想的词。例如：

ad—add、advice—advise、affect—effect、age—edge、bad—bed、band—bend、cause—course、cheap—chip、close—clothes、especial—special、false—force、human—humane、loose—lose、marry—merry、pass—path、sports—spot、track—truck、wander—wonder、word—world 等。

常见的、引起默音联想的一些词。例如：

[b] 默音的词：bomb、climb、comb、lamb、tomb、dumb、debt、doubt 等。

[c] 默音的词：scene、scenic、muscle 等。

[d] 默音的词：handsome、Wednesday 等。

[h] 默音的词：hour、ghost、honest、exhaust、exhibition 等。

[l] 默音的词：calm、talk、walk 等。

[t] 默音的词：castle、whistle、Christmas、fasten、listen、often 等。

[w] 默音的词：answer、sword 等。

三、词汇交际义联想

语言的词义的确是错综复杂的，是一个完整而庞大的语义系统。语言的词义系统一般可以为两大部分：一部分是词的静态义系统，它一般存在于静态的语言系统或词典之中；另一部分是词的动态义系统，是人们在运用语言中产生的。词的静态义是比较稳定的，其词义是客观事物的概念指称，是社会普遍接受的固定意义。词的静态义系统包括词汇意义和语法意义，这种概念意义是普通词汇学研究的范围，认知词汇学不涉及此方面的内容。词汇的动态义不同于词汇的静态义，主要包括词的交际义。对这种词义的理解必须发挥交际义联想，人们才能正确理解词语，这是认知词汇学研究的范围。

词的交际义是指人们在交际中所产生的潜在信息，即"意内言外"或"言外之意"。词的静态义系统是一种表层意义，词的动态义系统是一种深层意义。顾名思义，词的深层义就是指潜伏在表层意义内部的词义成分，它不与特定的具体的对象相联系。它是在具体的交际运用中，由于语境的作用，在此的表层义基础上，通过听者或读者的思维、联想而产生的新义。例如：隐含义、双关义、情景义、联想义、婉曲义和文化义。在语言交际或文艺作品中，根据交际或表情达意的需要，往往要借助于语境的补衬或运用各种认知手段，从而生发出丰富多彩的深层意义。

（一）词汇隐含义联想

上个月我在办公室听到两位教授的对话，A 教授调往了北京，B 教授舍不得让她走，说："你是我多年的同事，从这一点说，也不愿意让你走。"听到这句话，我对这个"也"字很感兴趣，觉得它的意义至关重要。"也不愿意让你走"显然还有其他不愿意让你走的原因，这就把惜别的感情和友谊表现得很深了。这个"也"字的有无，对于句意及其隐含义的表达很重要。语言中的隐含义虽然不出现在字面上，却客观地包含在句子中，从而扩大了意义内涵。在说话和听话的过程中要充分发挥隐含义联想，才能表达得含蓄，理解得准确全面。例如，李清照的词中有：

（1）莫道不消魂，帘卷西风，人比黄花瘦。（《醉花阴》）

（2）新来瘦，非干病酒，不是悲秋。（《凤凰台上忆吹箫》）

李清照这两句词中，都有"瘦"字，但作者并没解释"瘦"的主要原因，那么主人公为什么"瘦"呢？诗人用了委婉含蓄的言语方式，引起了读者的隐含义联想和同情。如果读者透过字面义，深入体会其深层义，就不难找出"瘦"的原因来。结合李清照的身世和经历，此时此刻的"瘦"的情感就不难理解。作者在南渡不久，丈夫赵明诚病故，精神上受到沉重打击。加上金兵南侵，历经战乱之苦，过着流离孤寂的凄苦生活，使她体轻形瘦是很自然的。因此，人们可以得知，"瘦"字的隐含义是为思念丈夫和流离孤寂所致。

（3）People listened with open-mouthed astonishment while the shocking sank in. (Advanced English Book)

（4）Franklin Roosevelt listened with bright-eyed, smiling attention. (The Winds of War)

例（3）中 open-mouthed 不仅仅是"张开大口"之义，它还隐含着由 astonishment（惊讶）所引起的结果。例（4）中的 bright-eyed、smiling 除有"眼睛发亮""微笑地"的意义外，还隐含着 attention（注意）的方式。这种隐含义增加了语言艺术的感染力，在一定的语境下，任何语言词汇都可能产生隐含联想。

(二) 词汇双关义联想

双关语是指在一定的语言环境中，利用词的多义和同音的条件，有意使语句具有双重意义，言在此而意在彼。双关语俗称"指桑骂槐"，就是在言语交际中有意识地使用同一个词语，在同一个上下文中兼有两层意思，或有表里两意："表"为显露的词语本身的意义，"里"为隐含在词语内部的词义。此时，人们要充分发挥双关义联想，才能真正理解语言交际的"本意"。这种"本意"可使语言表达得含蓄、幽默，因而能加深语意，给人以深刻印象。例如：在曹禺改编的话剧《家》有第二幕中鸣凤与觉慧的一段对话：

觉慧：（凄恻地）不，我真是有事啊！鸣凤，你好好地回去吧，走吧！

鸣凤：（含泪）那么我走了。

觉慧：（安慰地）睡去吧，不要再来了。

鸣凤：（冤痛）不来了，这次走了，真走了。

在这段对话中，鸣凤用"我走了""这次走了""真走了"来回答觉慧。其中"走"是双关词语，表层意思是顺从觉慧，不再打搅他，回去睡觉，说"我走了""这回我走了""真走了"。真正含义是向觉慧表达她要自己去寻死，决心离开人世。但由于觉慧忙于他的工作，没有产生双关义联想，没有理解"我走了"的真正意义。因此，觉慧失去了帮助鸣凤排忧解难的机会，以致铸成了大错，造成了鸣凤跳湖自杀的悲剧。

(1) An ambassador is an honest man who lies abroad for the good of his country.

(2) He checked his cash, cashed in his checks. And left his window, who is next. (An epitaph on a bank teller)

(3) She's too low for a high praise, too brown for a fair praise, and too little for a great praise. (*Much Ado about Nothing*)

例（1）中 lies 可解为"说谎"，也可解为"住在"，一语双关、风趣、幽默。人们要运用双关联想，才能理解 lies 在句中的本意。例（2）中的 cash in 的本意是"把……兑换成现金"，但是 cash in his checks 则除"把支票兑换成现金"外，口语中还有"死"或"翘辫子"的意思。再加上 who is next 是银行出纳员对排队储户常用的一句话，然而在句中也可以理解为：那一个出纳员死了，下一个又该是谁。例（3）中 low 一个意思是"矮"，另一个意思是"地位低下"。讲人的身材矮通常用 short，身材高通常用 tall，这里是故意用 high 和 low 这一对反义词。fair 的一个意思是"白皙"，它的另一个意思是"公正"，这就构成了双关联想的要素，表面看来似乎在谈她们的身材容貌，实际上是在谈她的社会地位等问题。

语言双关又可分为谐音双关和词义双关，谐音双关是利用词义根本不同的谐音词来构成，词义双关则是利用一词多义的特点来构成的。人们不管碰到谐音双关词，还是碰到词义双关词，都会激活人们的词义双关联想。

（三）词汇情景义联想

词的情景义是一种主观情感和客观环境相融合而产生的情景义。人们必须结合词语的语境，并通过情景义联想才能领略其深层含义。例如：

（1）音书杜绝北狼西，桃李无颜黄鸟啼。（《春怨》）

（2）绿杨烟外晓寒轻，红杏枝头春意闹。（《玉楼春》）

例（1）中表现一位闺妇当前线的音信断绝之后，由于惦念军中丈夫的生死，而产生痛不欲生的思夫情感。全诗情景交融，由于思念丈夫的痛苦心情，即便看到鸟语花香的美景也感到悲凄。往日鸣啭动听的黄鹂叫声，这时也如悲鸣哀啼。与杜甫的诗句"感时花溅泪，恨别鸟惊心"（《春望》）有异曲同工之妙，这正是怨妇心境的真实写照。例（2）写春意盎然之景。"红杏枝头春意闹"中的一个"闹"字，使人产生强烈的情景义联想，令人浮想翩翩，可以想见，在那桃杏花盛开的枝头，会引起多少蜂歌蝶舞的热闹景况。

(3) Today is yesterday's pupil.

(4) The indefatigable bell now sounded for the fourth time. (*Jane Egre*)

(5) I enjoy the clean voluptuousness of the warm breeze on my skin and the cool support of the water. (*No Signposts in the Sea*)

乍看起来，例（3）这句话似乎不好理解，人们发挥一下情境联想，就会豁然开朗，原来它的本意是要告诉人们"要以过去为师"。例（4）翻译成中文就是"那不知疲倦的钟声如今敲第四遍了。"这个句子使人觉得不符合逻辑，钟声怎么会不知疲倦呢？要是将情境扩展进行联想，就会发现钟声是敲给人听的，听四遍钟声了，所有人都听疲倦了，表示一种不耐烦的心情。例（5）的意味是"我享受着暖风吹在皮肤上的清爽快感，以及池水的凉爽漂浮。""凉爽"本应该形容"池水"，在句中却用来形容"漂浮"。把在游泳池中的情境联系起来，就可以准确地理解作者的真实感受，他在水中感到十分爽快。

在文学作品和诗歌中，这种情景义比字面义更重要的用法很多。例如：The grapes of wrath（愤怒的葡萄）、a reassuring arm（保证的胳膊）、a surprised silence（惊讶的沉默）、a pitiful white smile（一丝可怜的苍白的微笑）、weeping eyes and hearts（一双双流泪的眼睛和一颗颗哭泣的心灵），等等。

（四）词汇婉曲义联想

婉曲义是指把一些不便直说或不愿直说的话，以委婉曲折的方式，用一些与本意相关或类似的话来代替，用含蓄动听的词语表达出来，以避免刺激对方，收到使人们易于接受的效果。例如在曹禺的《日出》中方达生和陈白露的一段对话：

方达生：竹筠，怎么你现在会变成这样——

陈白露：（口快地）这样什么？

方达生：（话被她顶回去）呃，呃，这样地好客——这样地爽快。

陈白露：我原来不是很爽快吗？

方达生：（不肯直接道破）我不是，我不是这个意思。……我说你好像比以前大方得——

陈白露：（来的快）我从前也并不小气呀！哦，得了，别尽拣好听的话跟我说了。我知道你心里是说我有点太随便，太不在乎。你大概有点疑心我很放荡，是不是？

从这段对话里看，方达生对陈白露的生活方式很有意见，但由于久别重逢碍于情面不好直说，只好用委婉、含糊的词语造成"言外之意"。口头上说些"好客""爽快""大方"等好听的话，实际上心里说的却是"太随便""太不在乎""太不检点"等含义。

1996年第1期《上海滩》刊载了一篇文章：《杜月笙客死香港秘闻》，其中关于"死"前后换用了以下数种不同的委婉说法：

杜月笙疾病缠身，身体极度虚弱，最后油枯灯尽，魂断香江。

他们都说杜先生虽然有病，但命不该绝，至少还要交十年的好运。

73岁以后才会福寿全归。

他怔怔地看着这纸"批文"，久久说不出话来，感到一种末日来临的深切哀痛。

黄杨两人自然枪决，在港的杜月笙也要被押回上海执行。

更憔悴衰弱，延至7月份，竟一病不起。

家人痛哭，知此次杜在劫难逃。

我已病入膏肓，行将离世，……

医生说："杜先生不行了，……只不过拖延时间了。

旋又昏迷过去，此后再未醒来。

杜先生百年后，此份遗嘱一定要立即见报。

1951年8月16日下午4小时50分，一代枭雄杜月笙就此归西。

杜月笙病逝噩耗传至上海。

杜月笙先生……在香港坚尼地台18号寓所所寿终，谨此闻报。

233

纵观以上对杜月笙"死"的不同说法，它们涉及死者生病、死亡原因。死亡是人生必不可免的一部分，然而"死"却是中西方语言中最忌讳的一个词，因而有很多委婉说法。例如："他死了"用英语大致有以下一些表达法：

He passed away.

His time has come.

He expired.

He has climbed the golden stair case.

His number is up.

His sands have run out.

He has gone to see Mark.

His star has set.

He has joined the majority.

He is sleeping the final sleep.

He is resting in peace.

He has met his end.

He has breathed his last.

He has answered the last number.

He bought the farm.

He has bitten the dust.

He was called to God.

He was called home.

He has joined the angles.

词汇婉曲义的特点是把原来显得粗鲁或令人不快的话换成婉转、曲折、含蓄的说法，使语言温和一些、悦耳一些，或者把话说得转弯抹角，使语言生动活泼一些、幽默一些。以上表示"死"的说法，没有一个句子用"die"或"dead"，要理解这种句子，人们必须调动词汇的婉曲义联想。人们都喜欢自己苗条，发胖不是件好事。因此，一般不用"fat"表示，而用 gain weight、super size person、heavy set、nutritionally endowed、gravitationally challenged、well-built、stout、big-boned、overweight、chubby、buxom 等。

（五）词汇文化义联想

所谓词汇的文化义是指有些词除了有字面意义之外，还隐含着民族文化的"内涵意义"。词的文化内含义在语言教学中非常重要，尤其是在英语教学中，如果学生或者老师不了解一个词的文化含义，他就不能真正理解该词的意思。

要理解这种含义不是件容易的事情,他必须利用词汇的文化义联想,才不会造成严重的后果。

王昌龄曾作《芙蓉楼送辛渐》诗二首(之一):"寒雨连江夜入吴,平明送客楚山孤。洛阳亲友如相问,一片冰心在玉壶。"著名的英国汉学家翟理斯在他的《中国文学菁华录:诗歌之部》里,把诗的末句"一片冰心在玉壶"译为"一颗冰冷的心在玉石的瓶子里"。这样就误解了诗的原意。原来译者没有进行词汇文化义联想,他只了解"冰"和"玉"的字面静态义,这在英汉两种语言里是相同的,却不了解汉语的"冰"和"玉"这两个词的文化义。"冰"和"玉"有"冰清玉洁"这样的补充意义和"纯洁可爱"这样的情态意义,而英语的 ice 和 jade 词义中却没有汉语的这种文化义。例如:送生日礼物时,若送日本朋友最好送一只小乌龟,因为乌龟在日本文化习俗中是象征着长寿的动物。汉族人则认为乌龟(俗称王八)有晦气之感,甚至认为用乌龟在骂人,妻子在外面与人乱搞都不知道。汉族人过生日时喜欢送寿桃或松鹤画,"桃、松、鹤"是汉族文化中象征长寿的含义。也有送面条的,称为"长寿面",取"面条之长"义。

yellow 即"黄色",自古以来,中国以农业为主,土地在老百姓的生活中占有举足轻重的地位。而被誉为"母亲河"的黄河附近的土地都是黄色的,因而黄色乃尊贵之色。按五行来说,"土"居"水、木、金、火、土"五行中央,而皇帝是封建社会的最高统治者,自然对应"土"的位置,于是黄土之色便被尊为帝王之色。皇帝的文告叫"黄榜",天子所穿的龙袍叫"黄袍"。而英语中的 yellow 则含有胆小、卑怯之意。例如:yellow dog 指的是"可鄙之人",yellow livered 是"胆小鬼"的意思。英汉语中有着很大的区别,不发挥文化义联想不可能正确理解文化义。英汉两种语言都十分发达,拥有大量的含有文化义的词汇,下面以英语植物词汇文化义为例。

butterfly weed(块茎马利筋)—复活,boneset(贯叶泽兰)—巩固,cucumber(黄瓜)—凉爽、镇定自若,feverfew(小白菊)—痊愈,garlic(大蒜)—不受欢迎,grape(葡萄)—酸,grass(草)—默默无闻,heather(石楠)—顽强,ivy(常青藤)—永恒,lemon(柠檬)—令人讨厌,maple(枫树)—成功,mushroom(蘑菇)—暴发户,wallflower(桂竹香)—无舞伴的人,wormwood(艾蒿)—苦,apple(苹果)of discord—争端事物,drink hemlock(毒芹)—毁灭行为,fig(无花果)leaves—遮羞布,olive(橄榄)leaves—和平,red bean(豆子)stew—牺牲长远利益换取一时好处等。

总之,词义间的各种关系,实际上是客观世界中各种关系在主观精神世界中的反映。因此，人们对词义进行充分而全面的理解，就要发挥词汇交际义的各种联想，需要将词义放入词义系统中，与相关的词义联系中去进行理解。词的意义是不能仅凭想当然来理解或充分说明的，从某种程度上说，大多数词的意义和用法，是受另外一些词义在语言中的存在或可用性制约的。

第三节　词汇的搭配

　　搭配指某一义位在义组、义句里与别的义位习惯上的连用。从词汇的角度看就是某个词在词组或句子里与别的词的习惯上的连用，也就是什么词经常与什么词搭配使用的问题。搭配体现为特定的联想组合关系。例如：咬/bite 和牙齿/teeth、吠/bark 和狗/dog、淡黄色/blond 和头发/hair 之间的联想组合关系。这是联想的结果，也是理解分析义位的一个重要方面。例如：有些词尽管有共同的基本意义，具有某种象似性，但是由于搭配范围不同，因而意义也有所不同。例如：

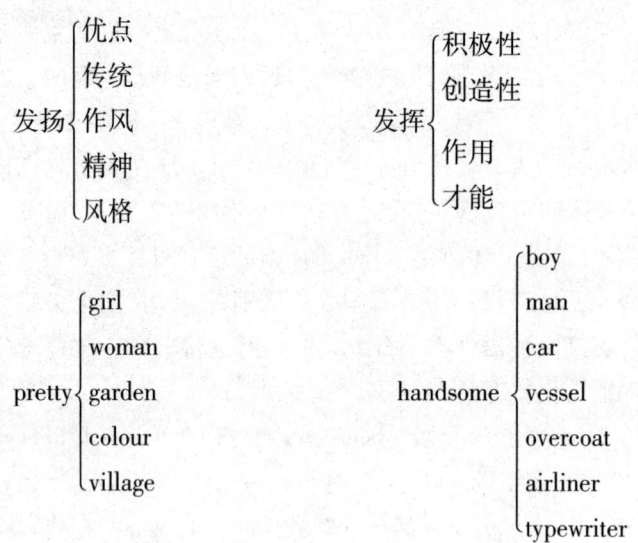

发扬 { 优点 / 传统 / 作风 / 精神 / 风格 }　　　发挥 { 积极性 / 创造性 / 作用 / 才能 }

pretty { girl / woman / garden / colour / village }　　　handsome { boy / man / car / vessel / overcoat / airliner / typewriter }

一、词汇共现

　　共现的短语或词汇被认为是"相关的"或者"相关联系的"，指的是个别短语或词项经常共同在一起使用。理解一个词要看它的结伴关系，词义联合影响人们对一个词语的理解。当人们看到"呷饭冒"一词语时，人们就会想到"长沙"。为什么会这样，这是因为词汇之间的语义联合。共现理论可以体现词语、商标、产品和服务等之间的语义联想。根据经验,看到一个词的时候,比如看到"大陆",作为一个中国人很容易联想到台湾问题,而对一个美国人来说可能想到的是"美国大陆"。因此,人们是否可以把关键词建立成为一个网络,就在于发挥他的联想。这个网络同神经网络一样,每一个神经元得到刺激以后,会相应地刺激周围的神经元,使之得到抑制或者兴奋。在这个网络里,把多义词看成多种状态,借助联想来确定词义状态定位。

词汇的共现指词汇经常共同一起出现,ass 一词常与 silly、obstinate、stupid、awful、egregious 等词连用,用在句中表现为"You silly ass. Don't be such an ass."。再如:auspicious 常与 occasion、event、sign 等词搭配使用,letter 与 alphabet、graphic 或 postman、pillar-box 等词连用。这种词的搭配关系称之为连接关系或结伴关系,也就是共现关系。一般地说,就具体语言的大多数词而论,确定共现范围是可能的,有了这种范围,就可以看出特定的词在它们的各种语法结构中的关系,确定其语义构成。正如英国语言学家弗斯说的,看一个词跟哪个词在一块出现,你就会懂得它的意义。相反,那种完全脱离共现范围和无从理解的两个或更多词的组合,很可能是不可理解的或根本没有意义的。green dogs(绿色的狗)、His desk has bad intention.(他的桌子有不良企图)是不能理解的,可见合乎语法规则的组合,未必就是同现,也未必就情理适宜可以理解。词汇同现能否成立不仅受语法规则的支配,而且还受到语义同现规律的制约。

汉语普通话中的"喝"是动词,它在交际中并不能同任何表示客观事物的名词组合,构成"动词 & 名词"结构,组合的双方在人们的认知上必须相互适应,它们才能做到共现。"喝"是"口腔做出的饮咽动作",基于人们对"饮咽"的认知,作为"喝"的对象必须是表示"液体食物""饮料""汁水"等等的名词。因此,人们不能说,也不会说,"喝石头""喝馒头""喝烟""喝空气",而只能说"喝水""喝汤""喝粥""喝酒""喝可乐"等。词义是客观现象通过词的中介在头脑中的概括反映,它们的组合也反映客观现实中事物与事物的关系、事物对事物的作用。

(一)名词与动词共现

以往研究词汇共现是从词汇结构出现,很少涉及词汇意义。认知词汇学的词汇共现研究反其道而行之,抛开词汇结构,只从词汇意义角度研究词汇共现。词汇共现是一种语言普遍现象,任何语言词汇都是以名词和动词为主,下面以英语名词和动词共现为例。

名词与动词共现,即看到一个动词的意义,就知道它们的主语是谁,该动词与某个名词共现,体现一种意义上的共现关系。

abandon（抛弃）：它与"人"同现，它的主语一定与"人"相关，He abandoned his country.

abate（减少）：它与"风"同现，它的主语一定与"风"相关，The wind has abated.

accrue（增加）：它与"利息、存款"同现，它的主语一定与"利息、存款"相关，Interest accrued in my saving account.

adjoin（毗邻）：它与"地方"同现，它的主语一定与"地方"相关，Our house adjoins his.

babble（牙牙学语）：它与"小孩"同现，它的主语一定与"小孩"相关，The baby is babbling.

baffle（难倒）：它与"问题"同现，它的主语一定与"问题"相关，The math problem baffled me.

bark（吠）：它与"狗"同现，它的主语一定与"狗"相关，The dog barked at the strange man.

bleet（咩咩叫）：它与"牛、羊"同现，它的主语一定与"牛、羊"相关，The goat bleets.

bleep（哔哔作声）：它与"电子装置"同现，它的主语一定与"电子装置"相关，The breathalyzer bleeps.

bubble（起泡）：它与"水"同现，它的主语一定与"水"相关，The water is babbling in the kettle.

buzz（嗡嗡叫）：它与"昆虫"同现，它的主语一定与"昆虫"相关，A bee is buzzing around the flower.

catcall（嘘声）：它与"观众"同现，它的主语一定与"观众"相关，The audience catcalled last night.

caw（呱呱叫）：它与"乌鸦"同现，它的主语一定与"乌鸦"相关，The crow is cawing in the tree.

chink（叮当响）：它与"玻璃、金属"同现，它的主语一定与"玻璃、金属"相关，The iron chinks.

dazzle（目眩）：它与"光"同现，它的主语一定与"光"相关，The car headlight dazzled me.

deflate（放炮）：它与"轮胎、气球"同现，它的主语一定与"轮胎、气球"相关，The balloon deflated.

elope（私奔）：它与"女子"同现，它的主语一定与"女人"相关，The

girl eloped with her boyfriend.

erupt（爆发）：它与"火山"同现，它的主语一定与"火山"相关，The volcano erupted yesterday.

fester（化脓）：它与"伤口"同现，它的主语一定与"伤口"相关，The wound is festering.

fluctuate（波动）：它与"价格"同现，它的主语一定与"价格"相关，The price of gold fluctuates daily.

freeze（结冰）：它与"水"同现，它的主语一定与"水"相关，Water freezes at 32°F.

germinate（发芽）：它与"种子"同现，它的主语一定与"种子"相关，The seeds germinated.

giggle（笑）：它与"女人"同现，它的主语一定与"女人"相关，She giggled at him.

glare（耀眼）：它与"发光体"同现，它的主语一定与"发光体"相关，The sun glared on us on the beach.

gobble（咯咯叫）：它与"火鸡"同现，它的主语一定与"火鸡"相关，The turkey gobbles every morning.

gravitate（吸引）：它与"地球"同现，它的主语一定与"地球"相关，The earth gravitates the moon.

graze（吃草）：它与"家畜"同现，它的主语一定与"家畜"相关，The cows were grazing in the pasture.

hail（下冰雹）：它与"天"同现，它的主语一定与"天"相关，It hails here.

ignite（点火）：它与"油"同现，它的主语一定与"油"相关，Gasoline ignites easily.

impel（推进）：它与"动能"同现，它的主语一定与"动能"相关，The wind impelled our boat from the shore.

jib（突然停止）：它与"动物"同现，它的主语一定与"动物"相关，The horse jibbed.

languish（变得无活力）：它与"植物"同现，它的主语一定与"植物"相关，The grass languished without water.

lope（跨大步慢走）：它与"动物"同现，它的主语一定与"动物"相关，The horse is loping.

maraud（抢掠）：它与"坏人"同现，它的主语一定与"坏人"相关，The country was marauded by the enemy.

melt（熔化）：它与"雪"同现，它的主语一定与"雪"相关，The ice has melted.

neigh（嘶叫）：它与"马、象"同现，它的主语一定与"马、象"相关，The elephant neighs at night.

nosedive（俯冲）：它与"飞机"同现，它的主语一定与"飞机"相关，The plane suddenly nosedived in the sky.

overflow（泛滥）：它与"河流"同现，它的主语一定与"河流"相关，The river often overflows in summer.

palpitate（跳动）：它与"心"同现，它的主语一定与"心"相关，Your heart palpitates when you are excited.

percolate（渗透）：它与"水"同现，它的主语一定与"水"相关，Water percolates through sand.

rampage（暴跳）：它与"人"同现，它的主语一定与"人"相关，The teacher rampaged when he knew that the pupil was late again.

rustle（沙沙作响）：它与"叶子"同现，它的主语一定与"叶子"相关，Leaves rustled in the breeze.

sally（攻击）：它与"军队"同现，它的主语一定与"军队"相关，The army sallied at midnight.

trickle（淋下）：它与"液体"同现，它的主语一定与"液体"相关，Blood trickled from the wound.

undulate（起伏）：它与"表面"同现，它的主语一定与"表面"相关，The surface of ground undulates.

wail（哭）：它与"人"同现，它的主语一定与"人"相关，The child wailed with pain.

（二）动词与名词共现

动词与名词共现，即看到一个动词的意义，我们在认识上马上会想到该动词的对象，想到动作的承受者，体现一种动宾共现关系。

abdicate（放弃）：它与"权利、职位"同现，它的宾语一定与"权利、职位"相关，to abdicate the office.

abolish（废除）：它与"制度"同现，它的宾语一定与"制度"相关，to abolish slavery.

abrade（擦破）：它与"皮肤、表皮"同现，它的宾语一定与"皮肤、表皮"相关，to abrade the skin.

admonish（告诫）：它与"人"同现，它的宾语一定与"人"相关，to admonish the pupils.

advocate（提倡）：它与"观点"同现，它的宾语一定与"观点"相关，to advocate the revision of the dictionary.

alienate（疏远）：它与"人"同现，它的宾语一定与"人"相关，to alienate his colleagues.

automate（机械化）：它与"设备"同现，它的宾语一定与"设备"相关，to automate the factory.

bat（眨）：它与"眼睛"同现，它的宾语一定与"眼睛"相关，to bat his eyes.

blaze（刻记号）：它与"木料"同现，它的宾语一定与"木料"相关，to blaze on the tree.

blink（眨）：它与"眼睛"同现，它的宾语一定与"眼睛"相关，to blink her eyes.

bottlefeed（人工喂养）：它与"婴儿"同现，它的宾语一定与"婴儿"相关，to bottlefeed the baby.

breastfeed（母乳喂养）：它与"婴儿"同现，它的宾语一定与"婴儿"相关，to breastfeed the baby.

cauterize（治疗）：它与"烧伤"同现，它的宾语一定与"烧伤"相关，to cauterize his leg.

celebrate（庆祝）：它与"喜事、节日"同现，它的宾语一定与"喜事"相关，to celebrate Christmas.

clap（拍）：它与"手"同现，它的宾语一定与"手"相关，to clap their hands.

daze（眩晕）：它与"人"同现，它的宾语一定与"人"相关，to daze me.

deforest（砍伐）：它与"森林"同现，它的宾语一定与"森林"相关，to deforest pines.

efface（消除）：它与"文字"同现，它的宾语一定与"文字"相关，to efface the sentence.

enact（制定）：它与"法律"同现，它的宾语一定与"法律"相关，to enact the law.

formulate（系统表达）：它与"想法"同现，它的宾语一定与"想法"相关，to formulate her ideas.

furbish（磨光）：它与"刀具"同现，它的宾语一定与"刀具"相关，to furbish the knife.

glorify（赞美）：它与"好人好事"同现，它的宾语一定与"好人好事"相关，to glorify their deeds.

greet（问候）：它与"人"同现，它的宾语一定与"人"相关，to greet the teacher politely.

gulp（吞饮）：它与"饮料"同现，它的宾语一定与"饮料"相关，to gulp a glass of beer.

haunt（常到）：它与"地方"同现，它的宾语一定与"地方"相关，to haunt his hometown.

illuminate（照亮）：它与"住所"同现，它的宾语一定与"住所"相关，to illuminate my office.

impeach（弹劾）：它与"公职人员"同现，它的宾语一定与"公职人员"相关，to impeach the mayor.

ingratiate（讨好）：它与"反身代词"同现，它的宾语一定与"反身代词"相关，to ingratiate herself with her boss.

kindle（燃起）：它与"可燃材料"同现，它的宾语一定与"可燃材料"相关，to kindle the log.

kneed（揉）：它与"软物体"同现，它的宾语一定与"软物体"相关，to kneed the dough.

knit（编织）：它与"织物"同现，它的宾语一定与"织物"相关，to knit gloves of wool.

liquefy（溶解）：它与"固体"同现，它的宾语一定与"固体"相关，to liquefy ice into water.

liquidize（挤成汁）：它与"水果"同现，它的宾语一定与"水果"相关，to liquidize apples into juice.

lubricate（上油）：它与"机械"同现，它的宾语一定与"机械"相关，to lubricate the sewing-machine.

mandate（托管）：它与"财产"同现，它的宾语一定与"财产"相关，to mandate the territory.

mow（割）：它与"草"同现，它的宾语一定与"草"相关，to mow the

grass daily.

 mint（造）：它与"货币"同现，它的宾语一定与"货币"相关，to mint coins.

 negotiate（谈判）：它与"协议"同现，它的宾语一定与"协议"相关，to negotiate a treaty with another nation.

 nominate（提名）：它与"候选员"同现，它的宾语一定与"候选员"相关，to nominate a man for the presidency.

 obviate（排除）：它与"障碍"同现，它的宾语一定与"障碍"相关，to obviate dangers.

 outdistance（抛后）：它与"竞争者"同现，它的宾语一定与"竞争者"相关，to outdistance all the competitors.

 palliate（减轻）：它与"疾病、罪恶"同现，它的宾语一定与"疾病、罪恶"相关，to palliate her disease.

 personate（扮演）：它与"角色"同现，它的宾语一定与"角色"相关，to personate an old king in the play.

 quaff（痛饮）：它与"饮料"同现，它的宾语一定与"饮料"相关，to quaff a glass of beer.

 rape（强奸）：它与"女人"同现，它的宾语一定与"女人"相关，to rape the pretty girl last night.

 reap（收割）：它与"庄稼"同现，它的宾语一定与"庄稼"相关，to reap a field of barley.

 rehash（改写）：它与"故事"同现，它的宾语一定与"故事"相关，to rehash an old story last year.

 sew（缝）：它与"服装"同现，它的宾语一定与"服装"相关，to sew a dress.

 thwart（阻挠）：它与"计划"同现，它的宾语一定与"计划"相关，to thwart the plan of enemy.

 till（耕）：它与"土地"同现，它的宾语一定与"土地"相关，to till the soil every year.

 unbolt（打开）：它与"栓"同现，它的宾语一定与"栓"相关，to unbolt the door slowly.

 vaporize（蒸发）：它与"水"同现，它的宾语一定与"水"相关，to vaporize the water.

英语最重要的两大词类就是名词和动词，以上就两类最重要的词汇共现关系进行了举例说明。除名词和动词外，还有形容词、副词、数词、代词、介词等，它们也存在着共现关系，在此就不一一列举了。

二、词汇选择限制

以往的语言学家从选择限制的角度来研究搭配的问题，他们认为词的搭配取决于两个方面，一是语法规则，二是词汇的语义特征，而更多地从语法角度研究词汇搭配。从语法角度看以下两个句子，它们是有问题的：

（1） *She elapsed the woman.

（2） *She frightened that she was coming.

例（1）中的 elapse 是不及物动词，后面不可以跟随宾语；例（2）中的 frighten 后面不可以跟 that 从句。另外，从词汇的语义特征来看，以下两个句子的搭配也有问题：

（3） *She elapsed a month ago.

（4） *The woman frightened the idea.

例（3）中的 elapse 虽然作为不及物动词使用，符合语法规则，但其主语不能用带有"人"语义特征的词，只能用 time、day、year、youth 一类词，人们可以说"A year elapsed"。例（4）frighten 的用法符合语法规则，但其主语和宾语位置是颠倒的，其主语要用抽象名词，宾语要用指人的名词。人们只能说："The idea frightened the woman."frighten 用于句中时，主语可以用抽象名词或带有生命特征的名词，但是宾语一般就应该是带有生命特征的名词。以上这种限制分析是众所周知的，认知词汇学将从词汇形象意义、词汇感情意义和词汇风格意义三个方面阐释词汇的选择限制。

（一）词汇形象意义限制

形象意义就是词义中所包含的能引起人们对客观事物某种形象的联想成分。词语的形象色彩以视觉形象居多，也有听觉、嗅觉、味觉、动觉等形象感觉，它们都是词语所指的对象在人们认知中的一种感性的具体反映。例如："金钱豹""仙人掌""凤尾竹""丁字尺"等均具有十分鲜明的形象感，"咚咚当当"使人听到热闹的敲锣打鼓的声音，"香喷喷"像是一股香味扑鼻而来，"甜丝丝"带来仿佛尝到甜味的感觉，"哽咽"有一种哭泣的声气阻塞的动感。形象色彩是词汇中客观存在的，是社会群体公认的共同感觉，它不是个人的、一时的感觉。

通过比喻用法而形成的比喻义，往往具有鲜明的形象感。例如："堡垒"

"潮流""包袱""饭碗""帽子""棍子"等词的比喻义与原有事物形象之间的联系十分密切。"打破饭碗"比"失业"要形象生动得多。语言是交际工具，也是抽象思维的承担者。由于人们的抽象思维与形象思维交织在一起，对客观事物加以抽象、概括、反映的词义也可能和形象思维的成分交织在一起。词汇的形象意义使用是要受到制约的，能一起使用的词汇必须在某方面或某个认知域具有一定的象似性，这种象似性才能使词汇搭配在一起。否则，它们就不能搭配使用。例如：

人们可以说	一般不能说
cold voice	cold sky
loud colors	loud information
sweet music	sweet illness
piercing sound	piercing bank
grave news	grave nine
stormy quarrel	stormy lecture
golden opportunity	golden death
stony heart	stony air
dirty night	dirty sun

英语中有 cold temperature（低气温）一说，典型的特征就是使人感到不舒服。这一特征投射到了 cold voice 上，使人感到不舒服的声音就是 cold voice。loud colors 是来自 loud music（刺耳的音乐）的形象意义，音乐是听的，太大声了就使人难受，感到刺耳。颜色是看的，太亮使人感到刺眼，两者的相同之处就是都会刺激感觉神经。sweet music 是 sweet tea（香茶）的形象投射；piercing sound 是 piercing wind（刺骨的风）的形象投射；grave news 是 grave face（严肃的脸）的形象投射；stormy quarrel 是 stormy day（暴风雨天）的形象投射；golden opportunity 是 golden crown（金皇冠）的形象投射；stony heart 是 stony ground（石头地面）的形象投射；dirty night 是 dirty hand（脏手）的形象投射。这种投射是以象似性为基础的，通过隐喻方式实现的，而 cold sky、loud information、sweet illness、piercing bank、grave nine、stormy lecture、golden death、stony air 和 dirty sun 不具备这种象似性，无法通过隐喻方式达到语义实现，人们一般不会这么说。

形象意义是最灵活、用法最广泛的一种意义，它使人们语言丰富多彩。形象意义的使用受语境制约很大，如果语境比较贫乏，它的使用受到限制比较大；如果语境比较丰富，它的使用受到的限制就比较小。语境量与词汇形象意义的使用限制成反比关系。语境量大，限制就小；语境量小，限制就大。在语境不充足情况下，那些受限制的形象意义用法，在语境充足情况下，都有可能产生预想不到的效果。例如：a competent stone，a glib window 等，在没有语境的情况下，以上两个短语是有语义缺陷的，甚至是错误的。人们可以说 a competent person（有能力的人）、a glib talker（油嘴滑舌的讲话者），competent 和 glib 隐含着"行为能力"，它们只能用来修辞限制"有行为能力"的动物。stone 和 window 是事物，它们没有行为能力，competent 和 glib 产生不了合理的"形象意义"。但是，如果语境丰富，competent 和 glib 的选择限制就会消失，在不能形成"形象意义"的语篇中形成合理的"形象意义"。如果某人坐在那儿长时间发呆，人们就有可能说，He is a competent stone.（他是块有能力的石头），非常形象地表达了一个坐在那儿一动不动的样子。如果刮狂风，有一个窗子没有关好，发出不断的噪音，有人会幽默地说：This is a glib window.（这是个油嘴滑舌的窗子），将说话人那种心烦的情绪淋漓尽致地表达出来。与情感意义相比，形象意义的选择限制，而情感意义的选择限制就要大得多。

（二）词汇情感意义限制

情感意义指的是词语中所包含的语言社团对于某一客观对象的主观评价和态度，所以也有人称之为"评价意义"。例如：表示爱的情感，像赞扬、喜爱、羡慕、亲切、尊敬、礼貌等，憎的情感，像贬斥、憎恨、厌恶、轻蔑等。人们平常所说的词义的褒与贬，就是这种主观评价的反映。语言中大部分词只表示客观对象，不带感情色彩，也有一部分词含有特定的情感色彩。称呼"老年的男性或女性"为"老大爷""老大娘"显得尊敬亲切；"老头子""老婆子"显得亲热；"老头儿""老婆儿"则有厌恶之感，它们的情感色彩是不一样的。英语 woman 是一般用语，不含感情色彩，lady 带有尊敬的色彩，而 bitch（淫妇）、slut（荡妇）、floozy（妓女）等带有贬义。

有些语言词汇只用于夸奖的对象，这就是所谓"褒义"；只用于贬义对象的词是"贬义词"；不带褒贬色彩的是"中性词"。例如："成果"是褒义词，"结果"是中性词，"后果"是贬义词。有些词直接表示人的情感和态度，它们所包含的感情成分并不是附加的，而是理性意义的主要组成成分。例如：喜欢—讨厌、诚实—虚伪、高尚—卑鄙、聪明—愚蠢、勤快—懒惰等表示人的性格品质的词，它们的感情意义并不是附加的。

词义中的情感成分虽然表示人的主观态度，但它必须在理性意义的基础上才能产生，并不是个人随意规定的，而且是在运用的过程中历史地形成的，是社会公认的语义成分。词义之所以可能具备情感色彩是因为第一信号系统往往和第二信号系统交织在一起。情感是一种感觉，属于第一信号系统，只要某一个词所指的客观对象能够经常引起主观的某种情感，这个词就可能附带地具备情感意义。情感意义是一种主观意义，但是它又不是随心所欲的，而是在社会公认的基础上形成的。因此，词汇的情感意义使用是有条件的，它的选择是受到限制的。以英语为例：steward、marshal、janitor、cathedral、shrewd、keen、shrine、boudoir、clean、nice、butler 等是褒义词；villain、clown、wench、caitiff、silly、cunning、counterfeit、lust、lewd、illicit 等是贬义词。褒义词用来表达好的、进步的人或物，贬义词用来形容坏的、落后的人或物，这是情感意义选择的限制原则，该限制原则是纲领性的。

英语中同义词很多，这是英语词汇特色之一。有些英语同义词的区别就在情感意义上，有的是褒义词，有些是贬义词。例如：politician 和 statesman，两者均指从事政治活动或精于政治事务的人。politician 特别指为个人或个人所属政党的利益而策划一切的政客，带有轻蔑之意；statesman 则强调好的一面，指有超人的判断力、有智慧、精明能干的政治家。notorious 和 famous 两词都是形容词，都可用来修饰名词，均表众所周知。notorious 通常指因不好的名誉而著名，即臭名昭著；famous 指因其成就或优越品质而著名。因此，人们可以说：Dr. Sun Yat-sen was a famous statesman.（孙逸仙博士是个著名的政治家）Chen Shui-bian is a notorious politician.（陈水扁是位臭名昭著的政客）人们不能随意调换上面的两个例句，否则就违反了社会认知。

（三）词汇风格意义限制

所谓风格就是个性，某个词在具体运用中所形成的个性特点就是词的风格意义。人们在使用语言时，由于场合、对象、目的、文本等的不同，就要选择一些能适合于具体环境的词语，来制造某种特殊的气氛和风格。例如：人们不能在正式的外交场合使用谈家常所要求的语体，也不能在与亲人促膝谈心中使用外交辞令。

风格意义是不同的使用范围造成的，有些词常在特定的语体环境中使用，久而久之就可能具有某一语体的情味和格调。风格意义包括口语的、书面语的、不同文体的、一般用语、正式用语、方言的、行业的、俚语的、历史的等。有些词的理性意义相同，只是风格意义不同。例如：horse 是一般用语，steed 是诗体用词，nag 是俚语词，gee-gee 是口语词；throw 是一般用语，cast 是文学用词，

hurl 是俚语用词；home 是一般用词，residence 是正式用词，domicile 是官方正式用词，abode 是诗体用词。

语言是人们传递信息、交流思想的工具。人们的交际是复杂多样的，为了适应不同场合、对象、文体等，使用语言的人们自然要在语言中创造出一些适合于不同环境里进行交际的手段。词语的风格意义是在长期的使用过程中形成和巩固下来的，人们在使用风格意义时，要学会到什么山，唱什么歌，使用不当会使人感到生硬和不协调。

形象意义、情感意义和风格意义是词汇的色彩意义，色彩意义由于其感情空灵的特点，又由于这种特点在语境中充分灵活地发挥，因而在提高语言表现力、增强语言表达效果方面，它比词汇的理性意义更胜一筹。词汇色彩意义看似微不足道，被以往词汇学理论忽视。其实，它在语言交际中起着非常大的作用，具有很高的研究价值。

第十一章

词的使用与理解

词汇理解又称词汇识别或词汇通达（lexical access），指通过听觉或视觉，接受输入的词形或语音信息，在人脑中诠释词义的过程。中国的汉语源于图画，是用形表意来组词的，在拼音文字中，词是由字母拼写而成的。由字母组成音节，再由音节组成单词。20世纪初，有学者提出由字母组成的单词中，起首字母与结尾字母在单词辨认中具有重要作用。因为知道了开头的字母，就能预测其他字母；同样，词尾指明了单词的性、数和词类，这些变化携带了许多能被识别的信息。这是在结构语言学理论指导下，学者们从事语言研究所得出的结论，有一定道理和科学性。但是，仅仅从结构上探索还不够，他们只能识别词汇的理性意义，无法识别词汇的社会文化意义。例如：英语 cock，人们看到第一个字母和最后一个字母，就能辨认它的客观意义"公鸡"，但无法辨识文化含义。

根据伊斯兰教的传说，教祖穆罕默德在一重天看到一只巨型 cock，其鸡冠碰到了二重天。这只 cock 一叫，便将人类以外的一切生物从睡梦中唤醒。穆斯林巫师认为，凡捧读古兰经，或诚心祈求真主宽恕的人，阿拉会赋予灵敏的听觉，使之可以听到 cock 的啼叫声。而当 cock 停止鸣叫之时，审判的日子就要来临了。因此，cock 在西方经典的神话中占有重要的地位，cock 系列词语同西方宗教有着千丝万缕的联系。由它组成的词语或成语，或出自《圣经》，如 cock crow twice（停止吹号），或源于英美名著，如 cock and bull（无稽之谈）。要理解这类词语的文化意义，人们无法从第一个字母和最后一个字母辨认出来的，必须调动他们的百科知识。

第一节 注意种族贬义词汇用法

种族歧视在古代即已存在，但其现代形式是从资本原始积累时期开始的，在当下世界上许多地区仍存在种族歧视现象。这种现象是由反动统治阶级采取立法、行政和其他措施，鼓吹和散布种族优越和种族仇恨学说等造成的。这种现象必然反映在语言中，首先在语言词汇中出现种族贬义词语。新中国成立以后的中国贯彻执行的是民族平等政策，在当下语言中几乎找不到种族贬义词语，但是在新中国成立以前是有的。例如："倭寇"指日本人，"二毛子"指俄罗斯人，"洋鬼子"指称欧洲人，"匈奴"指北方民族，"蛮子"指南方民族等。种族歧视在一些资本主义国家十分普遍，表现形式有公开的、合法的，也有隐蔽的、实际的等。他们语言中的种族贬义词比汉语多得多，下面以英语为例：

美国是个名副其实的文化大熔炉，大量的种族集团生活在同一个社会之中。不同民族集团和宗教集团相互接触、影响和融合，共同创造了美利坚文化，构成了美国社会。然而，在美国历史的各个时期，这些种族集团之间也充满着矛盾与冲突，这种种族矛盾与冲突在美国英语中的直接产物就是种族贬义词汇。美国英语中种族贬义词汇的起源与美国社会的重大变迁息息相关。美国历史上的各次战争，从18世纪的独立战争，19世纪的南北战争、墨西哥战争、美西战争，到20世纪的两次世界大战、朝鲜战争、越南战争，都使美国英语中出现了大量的针对敌方种族的贬义词语。第二次世界大战以前，美国英语中只有一个关于日本绰号的词：skibby。但是日本人偷袭珍珠港以后，这类词语猛增至20多个，例如：backstabber、dirty jap、little-yellow-man 等。

除此以外，在殖民过程中，在重建南部、经济膨胀、大萧条、农民涌向城市和黑人人权运动高潮时期，政治、经济与社会的重大变动，无不在美国英语中的贬义词汇中得到反映。种族集团之间的矛盾与冲突，在某些特殊的历史时期会急剧激化。这些特定的历史条件加剧了种族集团之间的竞争，使彼此将对方视为侵害自身社会地位或利益的直接或潜在威胁。随着种族集团之间的斗争趋于白热化，美国英语中反映这方面的敌意与冲突的种族贬义词也急剧增加。

就地域而论，种族间的文化、历史、经济地位的差异，使之在任何接触点上都会迸发冲突，但是冲突的焦点无疑集中在城市，因为那里是不同种族集团的聚集地，各集团成员相对集中，人数众多，社会环境复杂，各类矛盾格外突出。在城市中，最令人讨厌的莫过于异族邻居。这些外人是竞争的直接对手，接近与看得见最能激发对异族集团的偏见与仇视。空间距离和接触频率与社会相容性正好成反比，在各种民族集中居住的大城市，例如：纽约、芝加哥、旧金山等民族贬义词汇的数量远远大于广大乡村地区。除时间和空间因素外，种族集团的大小、社会力量与影响力的强弱、分布是否集中等社会生态因素，也会引发或激化种族间的冲突，从而增加反映该方面的偏见和敌意的种族贬义词语。一般地说，针对某一种族的贬义词汇的数量，与该种族的人数成正比。

一、传播媒介促进贬义词汇发展

美国的传播媒介包括小说、电影、广播、电视、流行歌曲等，它们不但直接产生种族贬义词语，而且在保持与扩散贬义词语上起着巨大作用。19世纪美国作家库珀（James F·Cooper）堪称是文学领域中种族贬义词语的始作俑者。他发明了印第安人称呼白人的绰号 paleface，及白人给黑人取的外号 crow 和 woolyhead。Coon 是来自 racoon 的缩略，这个针对黑人的贬义词语产生于19世纪末。美国人认为浣熊是非常聪明，而又狡猾的动物，开始它就作为褒义词用于指城市黑人。但是，1896年有一首名叫 *All Coons Look Alike to Me* 的流行歌曲问世以后，coon 很快就变成了贬义词语，那首歌也成了白人对黑人寻衅斗殴时常哼着的侮辱性歌曲。

20世纪三四十年代的美国电影也不乏种族贬义词语。在1937年影片 *Yank at Oxford* 中，英国人被称为 beefeater；在1944年电影 *Hollywood Canteen* 中，一位意大利乐队指挥被称作 spaghetti 先生。20世纪60年代以后的美国电影，使不少历史上的种族贬义习语死灰复燃。在1966年的 *Sana Pebbles* 中，黑人把白人叫作 peckerwood。这种倾向在电视剧中表现得也很突出，有一个系列动画片的主角叫 Sylverster，这是黑人送给白人的绰号。

美国的城市小说中，也充斥着大量种族贬义词语。在帕松斯（Dos Passos）1925年写的 *Manhattan Tranfer* 等小说中，都使用了许多种族绰号。此外，在德雷瑟（Thedore Dreiser）和阿葛勒（Nelson Algren）等作家的小说中，种族贬义词语比比皆是。20世纪80年代出版的小说，如在塞乐斯（John Sayles）1977年所写的 *Union Due*，在杜讷（Donn Gregory Dunne）1977年出版的 *True Confessions* 等作品中，主人公满口都是当时流行的种族贬义词语。当把这些作品搬上屏幕时，其中的种族贬义词语照用不误。有时，种族贬义词语也被压迫者用来作为斗争的武器。黑人作家格热高丽（Dick Gregory）于1964年出版的自传，标题为 *Nigger：An Autobiography*。其中的 nigger 是白人对黑人的贬称，这表现了作者对种族偏见与歧视的抗议。格热高丽曾说："现在，无论何时白人一说起 nigger 这个词，就是在为我的自传做广告。"种族贬义词语在美国报纸中也屡见不鲜。19世纪以来，新闻报道与评论文中就大量使用种族绰号。到20世纪50年代，一些地方报纸故意使用小写的 negro，以示贬义，或在 Jew 等种族专有名词后加上 -ess 后缀，使之成为种族贬义词语。

在美国的高等学府中，种族贬义词语也未绝迹。1993年秋季，宾夕法尼亚一所大学的历史教授在课堂上仍使用 negro 一词，使在场的黑人学生全部离开教室，以示抗议。美国传媒热衷于使用种族贬义词语，使美国英语中的种族贬义词语不断出现和广为流传。美国英语中的种族贬义词语比一般语言丰富，这给词语的理解和使用造成了一些困难。

二、种族贬义词的内部形式变化

种族贬义词汇就其根源而言，可分为内部与外部两大类。内部形式是对该种族原有的专有名词进行加工，如用作比喻、改变词性、改变某些音节的发音、添加后缀、缩略音节、与发音近似的词构成双关语或混合词，以及词首缩略词等。

种族贬义词汇用作比喻，例如：铁锹称为 Irish spoon，不辞而别叫作 French leave，Russian roulette 则指一种可怕的赌命游戏，在左轮手枪的弹夹中放一颗子弹，任意转动弹夹，然后朝自己头脑开枪。种族的专有名词被转化成带有贬义的动词，例如：to dutch 指赌徒因下错赌注而不得不计算自己可能输掉多少，to out yankee 指用更加狡诈的手段击败企图欺诈自己的人，to welsh 指赖账或逃避义务。种族贬义专有名词变成带贬义的普通名词，例如：Swede 转义为做事慌慌张张、老是出错的人；grab 是随心所欲、我行我素的人；Scotchman 指吝啬鬼；等等。种族贬义词汇经常出现在美国英语和许多成语中，例如：go to the Jews，意即向放高利贷者借钱，do a Dutch act 指逃走或者自杀，turn Turk 是叛变或堕落，a nigger in the woodpile 指怀有不可告人的动机。除了以上比喻、词性转换和用于成语之中以外，还有下列几种内部形式改变方式：

（1）改变种族专有名词的发音，例如：check（from Czech）、injun（from Indian）、waler（from Welsh）等。

（2）增加尾音或后缀，例如：britisher（from British）、dutchie（from Dutch）、jew-boy（from Jew）、Mexican-dish（from Mexican）等。

（3）缩略音节，例如：assie（from Australian）、esky（from Eskimo）、hunk（from Hungarian）、jap 或 yap 或 nip（from Japanese）、jerry（from German）等。

（4）混合词，例如：blemish（from Belgian and Flemish）、refujew（from refugee and Jew）、sowegian（from Swede and Nowegian）等。

（5）词首缩略词，例如：jap（犹太女性 from Jewish-American-princess）、tom（加拿大的白人上层阶级 from Toronto, Ottawa and Montreal）、wasc（from white-Anglo-Saxon Catholic）等。

（6）双关词，例如：burglar（与 Bulgarian）一词拼写相似，Catlick（同

Catholic 一词发音相似）等。

三、种族贬义词的外部特征描述

外部特征则以该种族在起绰号者眼里的生理特征、民族性格、行为风俗、常操职业、语言文化、宗教信仰等方面为基础，从中汲取灵感。

（1）生理特征。指黑人的有：black（在 20 世纪 60 年代之前具有贬义）以及由 black 构成的许多复合词，blackfellow、blackindian、black-mama。由于黑人肤色深浅不一，故又有许多与此相关的绰号，形成贬义词汇：blue、blue skin、chocolate、lily-white。还有些贬义词汇跟黑人其他特征有关，如 wooly-head、broad-nose、thick-lip。针对印第安人的贬义词汇有：red、red-brother、red-man。澳大利亚人又高又瘦，因而用 cornstalk；slop-head 指朝鲜人；slant-eye 指越南人。

（2）民族性格。cabbage-head 和 copper-head 指荷兰人，意即"傻瓜"；德国人被称之为 bucket-head；波兰人被称作 dumb-polack；等等。

（3）将异族语言中的词语用作该种族的贬义词汇。goddam 指英国人，来自英国人常用的诅咒语 God Damn You；Peon 指墨西哥人，来自西班牙语，意为"不熟练的农业工人"，Paisano 也指墨西哥人，也来自西班牙语，指"乡下人"，nazi、frau/ein 都指德国人，后者专指女性，即德国语"保姆"之意。

（4）常操职业。digger 一词在第一次世界大战时期指澳籍士兵，后来泛指澳洲人；peat-digger、turf-cutter 都指爱尔兰人；banana-peddler 和 grape-stomper 都指意大利人；等等。

（5）宗教。天主教徒是 statue-lover、papist 和 poper；中国人有信佛教的传统，因此中国人就是 monk、buddha-head；犹太人信奉犹太教，犹太人就是 christkiller、house of darid-boy、moses 等。

（6）历史地理背景。kiwi 原来是一种鸟的名称，现指新西兰人；bohemian 原指"不拘于传统的、放荡不羁的波希米亚文化"，现在用来指吉卜赛人；vi-kings 指北欧海盗，现在指北欧人；等等。

（7）有些种族贬义词直接取自该种族成员的常用姓氏。西欧人姓 Frank 的人很多，因而就用 frank 指西欧人；用 goo 指菲律宾人、日本人、朝鲜人，或泛指东方人；dago 指葡萄牙人等。

（8）行为风俗。吉卜赛人有偷盗的风俗，人们就用 fair-gang 和 moon-man 指吉卜赛人；夏威夷当地人有穿草裙的风俗，就用 grass-skirt 指夏威夷人；东欧人，特别是捷克人，喜欢把采摘蘑菇作为一种消遣活动，就用 mushroom-picker

指捷克人和一些东欧人等。

（9）文化背景。Jim-crow 指黑人，源自赖斯（Thomas D. Rice）于 1828 年创作的一首乡村歌曲 Jim Crow；uncle-remus 指黑人，出自哈理斯（Joe Chandle Harris）小说中的人物 Uncle Remus；john-bull 指英国人，来自阿巴瑟诺特（Arbuthnot）于 1712 年创作的寓言故事 The History of John Bull；pinochiio 指意大利人，它可追溯至罗任翟倪（Carlo Lorenzini）的童话《木偶奇遇记》中的主人公；等等。

四、种族贬义词汇的非范畴化过程

一些种族贬义词汇的词源特征比较明显，成因直接，如上文所述。但是，另一些种族贬义词汇的词源演化过程相当曲折，经过几次词义非范畴化才得以形成。

Wop 是针对意大利人的绰名，它源自于那不勒斯和西西里方言中 guappo 一词，意为花花公子。1890 年前后是意大利人移民美国的高峰期，Wop 一词也是在该期间产生。美国人经常听到意大利移民相互谩骂，多次使用 guappo，因而去掉尾音将它用作种族贬语，于是 guap 变成了 Wop。还有一种说法，Wop 是 without paper 的缩略词，当时许多意大利人一到美国，就被移民局官员逮住，在他们的身份文件上盖上 W. O. P.（没有护照）的印戳，以表示他们是非法移民。后一种说法的非范畴化过程生动地反映了美国社会对意大利移民的态度，也表明了当初意大利移民的艰苦。

Ofey 是黑人给白人起的绰号，该词源自美国南部农村，后来传到北方一些城市。有人认为该词与 foe（敌人）有关，是出自不准确发音的拉丁语 foe。不过 ofey 还有另一种词源解释，源自非洲约鲁巴语 ofe。该词指一种法术，可使人在一刹那间消失，转移到另一地点，该法术常在面临比自己强大的对手时使用。在运到美国的黑奴中，有许多黑人是讲约鲁巴语，而黑人在白人面前常显出什么都不知道的愚蠢相，以此作为自我保护的手段。Ofe 就转而成为该应付手段的名称，使用一段时间以后，后又进一步非范畴化，它指该应付手段的作用对象——白人。

Guinea 自 19 世纪以来就变成了意大利人的贬称，这种词义的变化不是一晚上产生的，而体现了一个非范畴化的过程。最初 Guinea 是"几内亚"国名，位于非洲西海岸，原为法国殖民地，1958 年 10 月 2 日独立。后来该词启动了非范畴化的过程，从一个地名变成词义为"任何未知或遥远的国度"。18 世纪末出现了黑奴交易，该词专指"从非洲运至美国的黑人奴隶"。后来该词词义进一步扩大，泛指"任何身材高大结实或品质恶劣奴隶"。接着 guinea 的词义又一次扩大指"明显是外国人的外国人"，作为来自欧洲移民的贬称。该词的非范畴化过程进一步发展，词义开始缩小，仅用来指意大利移民。

　　Honky 是黑人贬称白人的用词，源自 Hungarian（匈牙利人）的缩写 hunky，最初专指来自中、东欧的移民。该词词义变化并没有停止，进一步开始非范畴化。该词从词义为"中、东欧移民"变成了特指"在农村干粗活的中、东欧不熟练工人"，接着词义开始泛化，指"任何不熟练的白人工人"。hunky 词义泛化进一步扩大，用以指"任何愚蠢或笨手笨脚的白人"。随着黑人与白人关系的紧张度加大，hunky 词义泛化不仅发生在该词的词义上，而且词形也发生了非范畴化，hunky 变成了 honky。黑人改变该词的拼写和发音，增加了该词的贬义程度，用作一般白人的贬称，活生生地体现了黑人与白人之间的矛盾。

　　Kike 是犹太人的种族贬词，犹太人姓氏常以 ki 或 skis 结尾，人们就把两者结合起来，缩略成 kikis。经过逐步变化的过程，kikis 产生了非范畴化，变成了 kike，用来贬称犹太人。

　　Charlie 是越南人的贬称，产生于 20 世纪 60 年代的越南战争时期。开始时美国人把越南人统称 Viet Cong（越共），后来简称为 Cong 或者 V. C。后来在美军通讯电码中，用 Charlie 代替字母 C，由此 Charlie 变成了对越南人的不雅称呼。

　　这种词义的非范畴化并不都是向贬义方向发展，有时也由贬义向中性发展。Canuck 最初是法裔加拿大人的贬称，源自 Canada 一词，与 - uck 词缀组合，增加贬义含量。在过去的一段时间里，Canuck 逐渐失去了贬义，开始了非范畴的过程，词义开始扩大。Canuck 已成为一个中性名词，泛指在美国的加拿大人或者一般的加拿大人。

　　由于历史上各民族之间长期的政治、军事、文化、贸易竞争以及频繁的社会交往，民族之间的敌意、歧视、偏见情绪也必然会在各自的语言中留下雪泥鸿爪，体现语言的百科知识性。这一类词语大多不用于社交场合，尤其是外交场合，但在口语和俚语中十分活跃[1]。虽然它们是历史的产物，但在现代语言中仍有很强的生命力，这种的词语很多。例如：

　　Vandals（旺达尔人）——破坏文物或艺术的人（旺达尔人在公元 455 年攻陷罗马后破坏了许多艺术品）。

　　Slaves（斯拉夫人）——奴隶（罗马帝国后期大量的斯拉夫人沦为罗马公民

---

[1] 方永德：《美国英语中的种族贬语》，《外国语》1995 年第 1 期．第 41 页。

的奴隶）。

　　Bougre（保加利亚人）——异教徒（中世纪时许多保加利亚人不是天主教，后来该词又变成了"骗子"之意）。

　　Gipsy（吉卜赛人）——扒手（过着游离的生活，到一地方就顺手牵羊）。

　　Greek（希腊人）——狡猾的人（希腊人善辩）。

　　Hun（匈奴人）——野蛮人（在战争中大量杀人，第二次世界大战以后被用来贬称德国兵）。

　　Nigger（黑人）——奴隶（大量黑人从非洲被运到美洲成了奴隶）。

　　Tartar（鞑靼人）——野蛮的人（凶悍的鞑靼人在战争中大开杀戒）。

　　Digger（挖宝者）——澳大利亚人（澳大利亚掀起淘金热，大批移民蜂拥而至）。

　　Frog（青蛙）——荷兰人（英国人把 frog 戏称作 Dutch Nightingale，后来将荷兰人称为 Nic Frogs）。

　　John Bull（约翰）——英国人（源自作家阿巴瑟洛特的讽刺论文 The History of John Bull）。

　　Crapaud（癞蛤蟆）——法国人（14世纪查尔斯五世的国徽图案上有三朵百合花，活像三只跳舞的癞蛤蟆，16世纪法国占星学家罗斯加达马 Nostradamus 把法国人叫"癞蛤蟆"）。

　　Kraut（腌菜）——德国人（德国人喜欢吃一种 Sauer Kraut 的腌菜）。

　　17世纪英国和荷兰两国要分割世界，发生长期的冲突和战争，英语中出现了大批贬称荷兰人的词语。

　　Dutch act——自杀。

　　Dutch auction——开价高然后逐渐降价至卖出的拍卖。

　　Dutch bargain——双方喝酒成交，或对一方有利的贸易。

　　Dutch comfort——万幸之类的安慰。

　　Dutch concert——一人一调的演唱会。

　　Dutch courage——酒后之勇。

　　Dutch defense——外表抵抗实为投降。

　　Dutch feast——主人先醉的宴席。

　　Dutch luck——横财、不利之财。

　　Dutch praise——名为表扬实为批评。

　　Dutch treat——AA制聚餐（与 to go to Dutch 和 to dine in a Dutchman's street 同意）。

Dutch uncle——唠唠叨叨的人。

Dutch widow——妓女。

Dutch cap——子宫托。

Dutch fuck——用烟头点烟。

Dutchman's drink——酗酒。

The Dutchman's headache——醉酒。

In Dutch——遇到棘手的事情。

I'm a Dutchman, if… 如果…，我就不是人。

英语中的外来词以法语居多，英语与法语有着千丝万缕的关系。英法战争一百年，两国产生了许多恩恩怨怨，英国人利用法国人浪漫的特点，创造了许多贬低法国人的词语，例如：

French pig——鱼口疗。

French gout——法国疮。

A blow with a French foggot-stick——梅毒引起的烂鼻子。

French chify——患花柳病。

French kiss——将舌头伸进对方口内的接吻。

Frenchie——避孕套。

French letter——避孕套。

French prints——淫秽图画。

French tricks——舌淫。

to French——进行舌淫。

这些词语的出现当然与许多法国人在两性关系上的放荡不羁有关，但是也与英国人持敌对情绪对法国进行夸张渲染，达到贬损的目的有关，这样的例子在英语中不少。英国也是一个有领土争端的国家，与爱尔兰至今没有解决边境问题，时常发生一些外交和军事上的冲突。正是这个原因，英国人对自己软弱的近邻爱尔兰人也极尽侮蔑、贬低之能事[1]。

Irish bull——自身矛盾的说法。

Irish compliment——实为讽刺的恭维语。

Irish evidence——伪证。

Irish rise——降低。

Irish root——阴茎。

---

[1] 胡泽刚：《漫谈民族侮谩语汇》，《现代外语》1991年第4期，第38页。

Irish toothache——女性怀孕、男性好色。

Irish welcome——欢迎随时来访的邀请。

Irish whist——性交。

the Irishman——骗局。

Irishman's dinner——绝食。

Irishman's hurricane——海面上风平浪静的天气。

to get one's Irish up——发怒。

to weep Irish——假哭。

民族贬义词语是民族排外意识的产物。我国古代的《山海经》、近代的《镜花缘》，英国作家斯威夫特的《格利佛游记》都用大量的笔墨把海外民族描写得怪诞不雅，正是这种民族排外意识的充分体现。民族贬义词语的生成方式是转喻，利用某一特有真实的或虚构的不喜欢的民族特点，进行夸大和歪曲，以达到贬损该民族的目的。民族贬义词语具有两面性：一方面，民族贬义词语是语言中的糟粕，是民族排外心理的产物，是与语言的纯洁和人类文明相悖的。另一方面，民族贬义词语是一种客观存在，对丰富语言表达方式起了一定的作用。

第二节　注意性别歧视词汇用法

拉波夫所做的语言调查表明，说话人因性别上的不同，会有不同的认知方式，也产生语言变体。女人说话时比男人留心，使用粗俗语言的情况比男人少，多倾向于使用上层社会的规范语言形式。汉语北京话中女人使用"您"的频率比男人大得多，曹志耘在1987年第五期《语文研究》上发表了相关研究成果。他对口述实录文字《北京人》中的语气词使用频率进行了统计，从篇幅字数基本相等的男女话语材料中，得出了明显的结论：在疑问句中使用"吗，呢，吧，啊"等语气词的频率，女性大大高于男性，平均为72%句次比33%句次，女性使用这些词的频率是男性使用频率的两倍多。摘例：女青年：你干什么要写我呢？什么叫"就讲讲大美人心里想什么"，我和别人的想法还会不一样吗？男青年：光是笔记本就十多种样式，大的，小的，工人拿了干什么使？记账？记今天买了三毛钱苹果，昨天买了一盒烟？汉语中的"婚"字体现了中国古代的"妻"是抢婚，强制婚姻的牺牲品。"妻"字在甲骨文、金文中都像一个女子被一只手抓住，亦有浓厚的掠夺之意。在抢婚时代，抢夺妇女在傍晚时刻是最为合适的，婚礼就在黄昏进行。正是这个原因，汉字"婚"由"女"和"昏"组成，生动地体现了对女性的不平等。《白虎通》诠释"姻"为"姻者，妇人因夫而成，故曰姻"。"因"有依托之意，古代女子嫁人被视为寻找依托，委托终身，因而成为"姻"。除构词外，性别歧视在汉字中最直接的反映是，有些汉字指称男性是褒义或中性，一旦用来指称女性，立刻成为贬义词。例如："方"与"妨"同源，"方命"表示"正大、自信"，而"妨"表示"卑贱对尊长的恶意损害，或对正当目的阻碍"；"信"与"佞"（ning）也有意思，"信人"即"善人"，"佞"即"惯于用花言巧语谄媚的人"，女子有才，便为邪佞。现代汉语中的"婆"是一个用法非常广泛的词，常带有贬义，"媒婆、巴婆、巫婆、多嘴婆、管家婆"等。

我国的传统文化不重视夫妇之爱，而强调夫妇之别，要求他们"相敬如宾"。这种"相敬"不是平等的互相尊称，主要是妇敬夫，保持父系社会中男尊女卑的秩序。要做到这一点，必须在夫妇之间保持一定距离，不可过于亲昵，因为"如宾"是"相敬"的方法。夫妻之间这种保持距离的关系可以在我国古代妇女对丈夫的一些称呼上体现出来，"官人、老爷"等，其字面意思并不表示双方的夫妻关系，带有明显的尊卑含义。"官人"是以丈夫在社会的职业身份权作称谓语，"老爷"则是借用家中下人对主人的尊称。性别歧视是一种根深蒂固的社会现象，它们不仅仅反映社会的方方面面，也在语言上体现出来。汉语和英语都是生殖文明的产物，都是有性别的语言，性别歧视在两种语言中最明显的表现就是词汇。

一、两性语言交际中的性别原型

早在童年时代，男性就学会了抽象思维，并且重视行为，而女性更倾向于具体思维，更重视情感和与他人的关系。在人们的印象中，大部分女性一般依赖性强、被动、沉默、温顺、脆弱、有耐心、避免冲突和敌对、否认自己的个性和聪明才智等；而男性性别原型是独立、主动、积极、进取、好争、自信、勇敢、身强力壮而且在事业上卓有成就、能供养家庭并保护女性等。这种性别原型被投射到语言交际中，男性不大遵守正常的谈话角色转换规则，频繁打断女性的谈话。

（一）角色转换与话题控制差异

在两性共同参与的会话中，大多数情况下，总是男性打断女性的谈话，因而最终陷入沉默的讲话人通常是女性。一般情况下，女性更多地扮演听话者的角色，她们不去打断别人的话，而是不停地做出应答去鼓励别人讲话。男性似乎将会话理解成一种竞争，其目的是成为讲话人。男性似乎不喜欢保持沉默，这就导致在两性会话中，男性要比女性健谈。

女性既定性别原型使人们认为总是在公共场合抢风头说话，而不是去积极地听别人讲话的女性没有"女人味"。男性既定性别原型使人们认为总处于被动地位，总是在听别人讲话，不去争取说话权利的沉默寡言型的男性没有男子汉气概。因此，在两性会话中，男性不会遵守正常会话角色转化规则，即不遵守交际的一方由听话人转换成讲话人时，其谈话的主题应当与前一个讲话人所述的内容相衔接。女性更多地采用这种模式，遵循会话角色转化规律。

会话中，话题应当由会话双方共同平等地控制，然而这似乎是同性之间的会话模式。在两性会话中，话题更多地由男性来支配。若会话双方都是男性，而且对谈话内容非常了解的话，他们会抢着控制话题。男性之所以争着控制话题是因为他们相互交往的方式是基于权利，而女性相互交往的方式则更倾向于维持相互之间的关系和支持，典型的女性群体会话是建立在对方话题基础之上的。

出现这种差异有两方面的原因：一是从女性所处的社会地位和心理状态来看，人类进入有阶级的社会以来，女性一直处于附属的地位，弱者的心态表现在言语上自然比较踌躇、委婉、讲究礼节，这象征着从小就教育女孩子要温文尔雅；二是社会对女性的歧视使得多数妇女无从发挥她们的才能，妇女的社会地位得不到保障。男子可以仰仗他们的所作所为谋求功名利禄，而女子靠她们的仪表谈吐博得人们的欢心。

(二) 选择用词的差异

男性群体会话的一个共同特点是声音大，而且具有挑衅性。他们和女性相比，更多地使用诅咒语和禁忌语。例如：fuck, shit, devil, damn, hell, pussy, cock, ass, bitch, swine, cow, pig, cad, cheeky, liar, prevaricating, fascist, youngpub, dog, rat, jackass, homosexual, procurer 等。

女性总是本能地回避粗俗和污秽的词语，喜欢使用精练的、含蓄的、间接的表达。诅咒语的使用频率和场合有关，同时也会因个人受教育程度的高低、个性、话题等的不同而有所差异。女性努力避免使用具有挑衅意味的语言，她们也许会觉得这样的语言不仅会令人很不舒服，让人觉得没有女人的韵味，而且可能影响她与他人的关系。对于女性来说，这样的语言表示要中止谈话，而对于男性来说，它是会话的一部分。男性会话中含有咒骂、喊叫、威胁，甚至侮辱，有时居然会成为一种表示亲近的方式。

女性比男性更喜欢使用带有 can、could 等情态动词的句子建议别人去做某事，避免使用动词句生硬地发出命令。同时，女性还喜欢使用 maybe、perhaps 等副词减弱命令的语气。男性经常使用简单明了的动词句表达命令，女性和男性使用不同的词语和表达方式传达命令。在对着玩耍的孩子说话时,父亲更倾向于发出用动词句发出命令,例如:Take it off! 母亲则更喜欢询问孩子的愿望,例如:Do you want to look at any of the other toys over here? What else shall we put on the truck? 有研究表明,不仅父亲比母亲更频繁地使用动词句,而且对儿子比对女儿使用的动词句也更多。

这种差异早就存在,只是学者们没有深入研究而已,男女用词上的不同是最明显的差异。布龙菲尔德(Leonard Bloomfield)在1933年出版的《语言论》(Language)中,就列举了美国加利福尼亚州北部雅那印第安人(Yana Indians)男女使用不同的词语描述同一客观事实。例如:"火",男子用 anua,女子用 auh;"我的火",男子说 aunija,女子则说 au nich;"鹿",男子称之为 bana,女子称为 ba,这是比较典型的例子。在玻利维亚的奇基托(Chiquito)语言中,男人和女人有各自亲属称呼语。例如"我的父亲",男人称 ijai,女人称 isbu;"我的母亲",男人称 ipapa,女人称 ipaki。

(三)语言表达方式上的差异

疑问句对男性和女性似乎具有不同的意义,女性比男性更多地使用疑问句,女性将使用疑问句作为维持会话顺利进行的一种策略①。莱可夫(R. Lakoff)在1975年出版的《语言与妇女地位》*Language and Women's Place* 一书中指出,人们认为,和男性相比,女性更喜欢用一种试探性的方式来表达自己的想法,例如:女性比男性更多地使用附加疑问句,因为附加疑问句可以减少语气肯定的力度。疑问句是一种语言行为,要求对对方不停地做出反应或回答,大多数女性将使用疑问句作为确保谈话继续的一种方式,而对于多数男性来说,他们使用疑问句似乎只是为了获得信息。

妇女所处的"无权位置"影响到她们的语言风格,女人更多地使用附加疑问句。例如:Tom is not here, is Tom? 这种句式的句意不如陈述句"Tom isn't here."那么直截了当,它表示说话人对某件事有自己的看法,但要听话人认同。有时用升调让陈述句具有疑问句的功能,丈夫问妻子:"When will dinner be ready?"妻子答道:"Oh…around 5 o'clock…?"其含义是五点钟开饭对你合不合适。女人讲话常使用插入语,I think, I am afraid, I guess 等,以回避直截了当地表态。

人有两种基本需求:不受别人支配的需求,即消极面子需求,和受人欢迎

---

① 宋海燕:《性别原型及其两性语言交际能力中的反映》,《外国语》1998年第2期.第9页。

和尊敬的需求,即积极面子需求。因此,女性比男性更喜欢使用礼貌性语言。例如:please, thank you, you are so kind 等。在英语社会,人们满足别人的消极面子需求,一般在向别人提出要求的同时伴随着歉意。例如:I'm awfully sorry to bother you, but I've run out of milk, could you possibly lend me half a pint? 这种说法,即使听话人不愿意合作,彼此也不伤面子。同时,人们也尽量满足别人的积极面子需求,彼此见面要互相问候,互相打招呼以此表示对对方的敬意和赞扬。在我们的日常生活中,女性用词和表达方式比男性语言更能满足人们对面子的需求,更为礼貌。女性比男性对可能损害别人面子的语言更为敏感,较多地使用诸如 may、might、possibly 之类的词语,使语言更为委婉和富有礼貌。

女人的情感世界比男人丰富细腻,在话语中常用强化词。例如:so, very, really, absolutely 等。女人爱说:It was so nice, How absolutely marvellous 之类的话语,以加强语句效果。在语言中表示好的方式很多,great, terrific, neat, good 等词男女通用,但是女人讲到好时,比男人使用的词汇多,她们常用一些男人不大常用的词。例如:charming, sweet, lovely, divine 等。女人对颜色比男人要敏感得多,常使用男人不大会说的词语,如:在描写紫色时,男人用 purple,而女人用 mauve 或者 lavender。

言语行为通常受年龄、职业、出身、教育程度、教养、听话人的身份、地位以及会话双方的亲密程度、话题、场合等的影响。现代社会中,受高等教育的人越来越多,社会越来越文明,越来越多有教养的男性开始遵循会话角色转变规则。他们一般不会粗暴地打断别人的讲话,而且很有耐心地去倾听,他们也很少用生硬的动词句,更难听到他们使用咒骂语言和禁忌语。相反,有时在大街上我们却可以听到一些年轻的现代女性说一些与其时髦衣着很不相符的咒骂语和禁忌语。时代在变化,人们的观念在变化,作为人类整体文明而产生的两性性别原型也会随之变化,并越来越适应我们赖以生存的社会。同理,作为人类交际工具的语言也会随之发生一些变化,会越来越趋于文明。

二、性别歧视词汇

英语本身没有性的区别,许多职业名称,例如:doctor、professor、engineer 等,对男女都适用。人们习惯上把它们与男性联系在一起,若要指女性,往往要在前面加上 woman 一词,例如:woman doctor。还有一些名称含有男性的词素 - man,例如:chairman、congressman、spokesman、salesman 等,也可用来指称女性。Man 作为 mankind 的同义词是指称"人类",男女都包括在内。前面已经讲了,男女在语言使用上有差异。最明显差异表现在男女用词上的不同,对同一客观事物男女运用不同词语进行描写。在音位方面，男女之间存在着差别，男性喜欢用短元音，女性喜欢用长元音。在语法方面也有区别，男性喜欢用动词开头的祈使句，女性一般不会用。由于社会、文化、经济、传统观念等原因，在男女语言差异的基础上，产生了性别歧视现象。

（一）语法范畴的"性"的歧视

琼斯（Johns）在其 The Origin of Language and Nations 一书中认为，Adam 一词并不是来自希伯来语，而源于凯尔特语的 had-am 或者 ad-am，意为"大地之种"（the seed of the Earth）。Eve 实际意思是 him，因为《创世纪》中有 She was taken out of him 一语。Woman 来自 w-o-man，意为 an animal from man。他还将字母 c、p、t 看作是阴性字母，因为它们属于清辅音，而字母 g、b、d 属阳性，因为这三个字母发音响亮，有男子汉气概。琼斯还把英语人称代词与上帝造人的神话联系起来，字母 i 代表 Adam，所以是第一人称，也是数字 1，属于阳性。出现的第二个字母是 u，所以第二人称是 you，而字母 u 代表 Eve，u 是由两个 i 构成的，象征亚当和夏娃的结合。因此，亚当称夏娃为 the &u，于是出现了第二人称 thou，也代表着数字 two。琼斯还对 she 的拼写形式做了宗教布道式的解释，他说字母 s 象征伊甸园中的"蛇"，具有阴性前缀的功能，加在 he 前面表示阴性第三人称，其意为"次要的人、低贱的人或女性人"（the lesser, the lower or female man）。琼斯的上述解释充满着谬论和假说，缺乏科学依据，但是有一点十分明显，体现了对女性的歧视①。

man 可用来指称人类，包括男人和女人。与之相呼应，在英语中的人称代词中，he 有时可以包括 she②，例如：

（1）A professor usually sees his students during office hours.

语法学家把 he 的这一用法叫作统称的"he"，把它解释为中性。指称男性的名词或代词被当成统称使用时，就隐含着对女性的歧视，在词义上是解释不通的。例如：

（2）All men are mortal.

W. Bush is a man.

Therefore, W. Bush is mortal.

---

① Jones Rowland: The Origin of Language and Nations. Reprint. Menston. Scholar, 1972. P167.
② 秦秀白：《英语中性别歧视现象的历时文化透视——评介 Grammar and Gender》，《现代外语》1996 年第 2 期，第 32 页。

例（2）中，men 和 man 泛指"人"。如果我们把 W. Bush 换成 W. Barbara，就成了下面的例句：

(3) All men are mortal.

W. Barbara is a man.

Therefore, W. Barbara is mortal.

例（3）就显得十分荒谬，W. 布什的老婆 W. 巴巴拉怎么就变成了男人啦！因此，man 和 he 等指称中性的说法是不存在的，只是歧视女性的一块遮羞布。再看一个例子就更清楚了，人类是哺乳动物，用乳汁喂养幼儿。这意思如果用统称词 man 和 his 来表达，就会造出如下句子：

(4) Like other mammals, man nourishes his young with milk.

人们看到例（4）就会觉得滑稽，怎么造出这样违反人们认知常识的句子。麦凯和富克森用 20 个对比句对所谓统称的"he"有没有认知偏向性进行了检验，10 句含有表性别差异的人称代词（所有格），特指的先行名词（加上定冠词）和过去时的动词，例如：

(5) The famous scientist was cleaning her glasses with paper.

另外 10 句中含有表性别的名词和表过去时的动词，其中 5 句还含有迷惑受试人的表性别的人称代词（所有格），例如：

(6) His aunt became faint at the idea of the voyage.

实验句中的先行名词事先由 80 名大学生对其可能指称的人的性别加以判断，结果表明，在学生们的认知里，70% 以上的判断认为 secretary、receptionist、typist、model 主要指称女性。70% 以上的判断认为 banker、plumber、lawyer、judge 主要指称男性。65% 的判断认为 student、artist、dancer、musician 可以指称男女两性。所谓统称的"he"和"his"是一种超出人们认知的说法，人们对"he"和"his"自有判断。

（二）造词上的"性"歧视

封建意识所倡导的"夫唱妇随"之类的说法，在英语中也屡见不鲜。有些相对应的词，往往褒男贬女，例如 governor 统称"州长"或"省长"，是大权在握的行政长官，而 governess 指称"家庭女教师"或者"保育员"，是有钱人家雇佣的人。Mr 指"先生"，是对一位男子的尊称，而 Mrs 指"太太"，是对一位男子妻子的尊称，该词构造表示女的离不开男的。语言是现实的一面镜子，语言中的性别歧视反映出社会生活里存在重男轻女现象。

在人类历史上，由于没有科学的证据，一些学者们从四个方面猜测性别歧视词的形成原因：一是从生理角度寻找原因，认为 woman 一词是 womb（子宫与 man 合成的，是指 a compound of womb and man；二是按照女性的社会角色寻找原因，认为 wife 来自 weaver（织工）；三是从重男轻女和男尊女卑的观念出发寻找原因，16 世纪以前，girl 一词的本义是 a child of either sex，后来才专指"女孩"。在这种推测的基础上，有学者认为 girl 源于拉丁语 garrula，相当于英语的 talkative（多嘴的）；四是从女性的性角色和性行角度寻找原因，认为 marry 的词源来自拉丁文 mi-ar-hi，等于 me upon her。因此，男性才能 marry 女性，女性的社会地位决定她只能被男性"娶"，被男人 married。他们把 whore（娼妓）的词源说成是来自 who-ar，意思是 all upon her。这种解释有些牵强附会，但也展示了前辈们的研究方法，说明性别歧视词语由来已久。

众所周知，到了中古英语后期，英语已从一种综合性语言演变成一种分析性语言，标志语法性别的词尾变化已经消失，致使现代英语名词的"性"主要依照其意义所表示的自然性别来区分。"阳性优越"和"阳性优先"的观念在 18 世纪乃至 19 世纪的英语研究中盛行，将语言中的"性"范畴与当时社会上的性别观念混为一谈。他们认为 parent 只指男性，不包括女性；them 只指男性，如果将 his 改为 its，那么 them 可以指女性。从中可以看出，"阳性优于阴性"的观点在语言中根深蒂固。

语言是传递信念的媒介，要想扩大或者限制某种信念的传播，势必会提出有关词语的使用问题。西方社会的进步女性和社会语言学家为争取女权，而呼吁舍弃歧视女性的用语，这种正当的要求应该受到公众的理解和支持。现在，英语中有些新词，例如：Ms（称已婚妇女）以及 chairperson、spokeswoman、congresswoman、salesclerk、hertory 等合成词已为一些新闻媒体所采用。针对英语中没有一个男女兼指的单性人称代词这一事实，自从 18 世纪开始，一些语法学家和修辞学家便试图使涉及通性人称代词规范化。一些学者用 he / she 代替统称 he，一些学者甚至有意用 she 统称男女两性。自 1850 年以来，学者们和反性别歧视者进行了多种尝试，共出现了创新的通性人称代词及其相关语法形式 80 多个，按其年份排列如下：

1850 年——ne、nis、nim、hiser。

1868 年——en。

1884 年——thon、thons；hi、hes、hem；le、lis、lim；talis、hiser、hyser、himer、hymer；ip、ips。

1888 年——ir、iro、im；thir、thiro、thim。

1889 年——ons（from one）。

1890 年——e（from he）、es、em（from them）。

1891年——hizer。

1912年——he'er、him'er、his'er、his'er's。

1927年——ha、hez、hem；on、hesh、heesh、hizzzer、himmer；on、ca。

1930年——thir。

1934年——she、shis、shim。

1935年——himorher、hes、hir、hem、his'n、her'n。

1938年——se、sim、sis、ca。

1840年——heesh。

1945年——hse。

1970年——she（containing he）、heris、herim、ve、vis、ver、co、cos。

1971年——ta、tamen（仿汉语而创）。

1972年——tey、term、tem、shim、shims、shimself、ze、zim、zees、zeeself、per（from person）、pers'。

1973年——na、nan、naself、his-or-her、jee、jeue。

1974年——ne、nis、ner、hisorher、herorhis、ve、vis、vim。

1975年——hir、herim、hesh、himer、hiser、se、ey、eir、em、uh、h'orsh'it。

1976年——ho、hom、hos。

1977年——po、xe、jhe、E、Em。

1978年——ae、thir、hesh、sheehy、sap、heesh、hisers。

1979年——et、ets、etself、shey、sheir、sheirs、hey、heir、heirs。

1980年——it。

1981年——heshe、hes、hem。

1982年——shey、shem、sheir。

1984年——hiser、hes、hann。

1985年——herm。

（参见 Dwight Bolinger & Donald A. Sear, *Aspects of Language* (3rd Edition) P.196, Harcourt Brace Jovanovich, Inc, 1986）

从中人们可以看到，学者们致力于消除性别歧视词语，创造了许多兼指男女两性的代词。到目前为止，这种创造的通称代词并不成功，几乎没有一个词成为通用的日常词，为广大语言成员所承认和接受。语言是社会的一面镜子，语言是人们心理表征的体现，折射出的性别差异和性别歧视现象并不是由语言符号本身的自然属性决定的，而是特定的社会认知、特定的价值观和民族思维方式在语言中的必然反映。语言本身是中性的、清白无辜的，但是语言的使用者却按照社会观念和价值观念赋予语言一定的语用色彩。要想消除语言中的性别歧视现象，只创造一些通指男女两性的词语是不够的，也是没有用的，必须消除人们认知上的性别歧视观念。

三、性别歧视谚语

对于妇女的言行也有不同于男子的社会规范，如果男子说脏话，人们习以为常，有时还觉得他豪爽。如果女子说话粗鲁，就会遭到周围人们的白眼，认为她没有教养。不少禁忌语带有辱骂女性的字眼，在由男子主宰的世界里，有不少谚语是反映男子观念和经历的，不少行为准绳是按男子的欲望形成的。谚语是人类智慧的结晶，是语言的精华，性别歧视在谚语中的体现比在词语中更加明显。

（一）智慧谚语性别歧视

这类谚语诋毁和贬低女性，认为她们智力不如男人，做不了大事。女性只会巧舌，遇到大事就慌，没有主见。例如：

Long hair and short wit.（头发长，见识短）。

When an ass climbs a ladder, we may find wisdom in woman.（要想女子有才，得到蠢驴登梯时，女子才有才）。

A woman's mind and winter wind change（女人的心胸，如冬天里的风，变幻无终）。

Woman, wind and fortune are ever changing.（女子多变，犹如风和命运）。

Words are women, deeds are men.（女人善说，男人善做）。

Three women and a goose make a market（三个女人一台戏）。

以上谚语对女性的歧视体现为：女人头发长，见识短；女人只会巧舌，不会实干；女人用情不专一，缺乏理智，要想做成一件事，必须由男人来领导。

（二）特征谚语性别歧视

人类的性别特征十分明显，男性的专有特征女性没有，女性的专有特征男性也没有。谚语中有许多是对女性特征的描写。例如：男才女貌，乍看形似中庸，细想暗含性别歧视。"男才女貌"与美国文化中的所谓 A man is successful. A woman is sexy.（男人是事业型的，女人是色相型的）这条社会标准所蕴含着相同的意义。英语中这种谚语不少，例如：

A fair face is half a portion.（容貌美是一半嫁妆。）

When the candles are out, all women are fair.（蜡烛熄，女人艳。）

Woman is made to weep.（女人天生好哭。）

Women laugh when they can, and weep when they will. （女人笑声朗朗，哭声号啕。）

Nothing dries so fast as a woman's tear. （女人喜怒无常或者女人眼泪赶得最快。）

Woman is made of glass. （女人脆弱如玻璃。）

Glass and lasses are brittle. （少女嫩脆，瓷杯易碎）。

（三）角色类谚语性别歧视

有人曾引用一个实例来说明女性角色在美国文化中的社会地位和在人们心目中的形象。美国印第安纳大学英语系的一则野餐通知上写道："Good Food! Delicious Women!"这则通知将女人比喻成美味佳肴，在英语里十分常见，揭示了英美社会中女性角色的地位，女人如盘中美味，供男人摆布，如汉语的"秀色可餐"一样。请看下列谚语：

A fair woman without virtue is like palled wine. （美女无德，淡酒无味。）

All women may be won. （没有征服不了的女人。）

A woman, a dog and a walnut tree, the more you beat them, the better they will be. （拳脚相加出好妻，棍棒并用有义犬，敲打桃树多结果。）

Man, woman, and devil are three degrees of comparison. （男人是人，女人算人，魔鬼非人。）

A man of straw is worth of a woman of gold. （草包男人价比金玉女人。）

作为特定文化里观念意识的产物，谚语这种古老的语言表达手段既呈现了灿烂的民族文化，呈现了人类思想的宝库，同时也体现了人类思维模式中的糟粕，体现了男高女低的封建意识。

第三节 注意俚语词汇用法

俚语是通俗的口语词，是俗语的一种，常带有方言性。《简明英语牛津词典》给俚语的定义是，常用于口语中的通俗词汇和短语，一般不属于标准语言范畴。但是它随着社会的发展而不断发展和丰富，表现出强大的生命力，不仅词汇的数量在增多，而且使用的范围也在扩大。俚语既有集体性和口头语的特征，也有传承性和变异性特征。中国是历史悠久、唯一没有语言断层的国家，因此，俚语词汇十分丰富。俚语已进入人们的生活，俚语词汇又在不断变化和更迭，这是人们在现实生活中感受得到的。人们可以亲身感受到汉语中一些俚语词的兴起和废弃。例如："好极了"，北京小伙现在不再用人们熟悉的"棒"，而用了"盖了帽"。上海小青年不再用20世纪三四十年代流行的"崭""穷灵"，代之以"赫嗲""顶脱"。反之，"蹩脚货"在上海为"大兴货"取代。抗日战争时，黔南地区老百姓把"自行车"叫做"洋马儿"。中国方言极其复杂，俚语也五花八门，例如：

湘方言中的俚语：搞、夸、里手、过硬、名堂等。

客家方言中的俚语：脚、汝、伊、屋子、人客、火水等。

吴方言中的俚语：尴尬、懊恼、垃圾、货色、花头、瘪三等。

北方方言中的俚语：逗、窝囊、抖搂、编排、磨蹭等。

在汉语里，除俚语词语以外，还有相当多的俚语成语。这些俚语成语是人民创造的，它是中华民族政治、经济、思想、文化观念、道德品质、风俗习惯、生活经验等方面信息的总显示。例如：

汉民族创造的俚语成语：失张失智、乱七八糟、天打雷劈、争光露脸、婆婆妈妈、少魂没智、开言痛语等。

少数民族创造的俚语成语：挤蛇出脚、线随针走、借酒还水、草坪碍脚、树大盖草、脚拐手弯、父虎子豹等。

优美的语言，只有在使用得当时，才能使它发挥优美的作用。如果使用不当，不仅达不到交际的目的，还会弄巧成拙，闹出笑话。首先，要正确理解俚语，弄清俚语中每个词的读音和含义；其次，注意俚语的感情色彩，分清褒义和贬义；最后，注意俚语的表意分寸。在当下的社会，工厂、农村、大学里、男女老少谈吐中无不夹杂着当代俚语，文学作品和报刊、杂志上更是屡见不鲜。学好俚语可以促进人们对语篇的理解，可以增强与他国的科学文化交流和相互了解。为了达到以上目的，下面将以英语为例，对美国俚语进行深入的阐释。

一、现代美国俚语

美国俚语已成为语言交际不可缺少的工具，使用范围正在由小变大。英语中这一特殊的社会变体，即在讲话中所使用俚语和写作中使用的俚语，已渗透到标准语范畴，成为标准语的补充表达手段。对于母语不是英语的一些中国英语教师来说，在接触到俚语时，困难会更大一些，这是因为俚语的词义分寸、语言色彩和使用习惯与标准英语有差异，教师们对它的感性认知不足。

当中国人看英语原版电影和电视，阅读英语小说和报纸杂志时，会经常碰到俚语。以19世纪作品为例，狄更斯（Dickens）小说对话中所用的俚语大大超出同时代的司格特（Scott）、瑟克雷（Thackeray），更不用说珍（Jane）和奥斯腾斯（Austen）。《匹克威克先生外传》中有一句话"that cabman-handled his fives very well"，句中的 fives 就指"fists"，指马车夫用那一双灵巧的"手"。在《艰难时代》中把 money 叫作 ochre，例如：pay your ochre（付你钱）。第一次世界大战时，把 steel helmet（钢盔）戏称为 tin hat，把 bayonet（刺刀）称为 toothpick（牙签），以此减少人们对战争的恐惧心理。对英语俚语的产生和根源，它们的构成和特征以及发展进行研究，这有助于加深对现代英语俚语的理解。

（一）英语俚语产生于亚文化集团

俚语首先是一些语言集团内部借以联系的产物，俚语的产生经常始于亚文化群体的内部，用俚语表示集团的价值观，诸如：衡量、讽刺、嘲弄、抨击自己这一集团对事物的态度、表现的行为，等等①。如搞工艺技术的人，自得地把宇航员步出宇宙飞船进行操作，身系供应氧气管线，形象地叫它为 umbilical cord（脐带式管线）；人们把花花公子、纨绔子弟称为 cake-eater（吃糕点的人），因为在那种不务正业人的茶会上，通常会提供蛋糕；中产阶级吃饭的廉价小馆子叫作 coffee pot 或者 greasy spoon。

此外，由于各集团之间、各阶层之间的互作评价，以及亚文化群体对主流文化的冲击，也导致俚语的形成。黑人叫白人为 honkie 或者 honkey，是对白人贬称；sucker 指称对方是"笨蛋"，形容其容易受骗上当；妇女解放运动成员把大男子主义者称为 male chauvinist pig（猪）；社会下层人士给一些欺压老百姓的警察一大串绰号：pig、bull、fuzz、dick 等。这种因集团冲突而产生的俚语词语很多，例如：

aunt——鸨母（上了年纪的同性恋者）。
bag——丑陋或令人厌恶的女人（old bag 指丑老婆子）。
cock tease——不正当女人（以色相挑逗男性，又不使他得到满足的女人）。
deadbeat——吸血鬼（也指没趣或乏味厌烦的人）。
egghead——知识分子，有学问的人（egg 指人或人头）。
freak——怪人（可用于褒贬两义）。
grass widow——丈夫长期在外的妇女（相当于我国农村的留守妇女）。
hag——丑女人、令人讨厌的女人（haggy 丑陋的、讨厌的）。
iceberg——冷峻的人（指人像冰川一样冷）。
jail bird——囚犯（以前被判过刑的人）。
kadigin——该人，那玩意儿（对不知名或暂时忘记名字的人或事物的代

---

① 冯健：《现代美国俚语》，《外国语》1987 年第 5 期．第 23 页。

称)。

  longhair——艺术家（尤指古典音乐爱好者，long-haired 指"艺术家们"）。
  Mister Charlie——查理先生（黑人对白人的称呼）。
  nare——警察（专捉违反麻醉毒品法犯罪的便衣警察）。
  oomph girl——姑娘（特别指富有性感的年轻女子）。
  party pooper——死气沉沉的人（指没有风趣或拒绝参加娱乐活动的人）。
  quail——女人（以性感吸引人的女人）。
  ratface——小人（与 rat fink 同义，均指卑鄙、不可信赖的小人）。
  sad sack——乡巴佬（由于闷闷不乐而值得可怜，或不招人喜欢的人）。
  tramp——女人（对与她有性关系的男人毫无顾忌的女人）。
  undergrad——大学生（指大学没有毕业的人）。
  viper——可以信赖的人。
  wahoo——乡巴佬（表示信任，热情地呼喊）。
  yes-man——应声虫（唯唯诺诺听命于上司的人）。
  zombie——怪人（尤指无聊和令人讨厌的人）。

  产生俚语的来源主要有三个方面：一是社会上存在着各式各样的亚文化群体；二是亚文化群体向主流文化渗透；三是新事物的大量涌现。不少俚语一旦产生，为人所用，就得到迅速发展。这是因为人们有时，尤其是说话的时候，有意识地挑一个俚语词，觉得它比标准词有力、生动，可以带有更多的个人色彩。说俚语容易收到富有变化、形象生动的效果。另外，要表达新概念，常常求助于新造的俚语。有些俚语的存在很短暂，时过境迁被弃而不用。例如：lucifer（match）指"安全火柴"，曾经极为流行，到 20 世纪 20 年代中期就很少用了。20 世纪 60 年代从美国黑人俚语移植的借词 uptight（紧张的）、nitty-girtty（本质、真相）现在已经过时。尽管如此，众多亚文化群体内部用的暗话、行话、术语等在群体以外使用的过程中，就使俚语得到了推广，奠定了俚语的语言词汇基础。

  (二) 英语俚语的社会地位

  对于俚语，人们历来就抱有褒贬两种态度，有人认为俚语是傻瓜才讲的语言，会将语言引入歧途。有教养的人绝不能使用俚语，因为俚语违背了语言纯洁的准则和语法规则。有人对俚语大加赞扬，认为俚语是不断流动着的诗意之词，天天有无名诗人用它编织出优雅的诗歌图案。

  社会上站在反对面的主要是传授正统教育的学校、宣讲宗教道义的布道坛，以及恪守传统礼仪的家庭妇女。现在各个阶层的人都说点俚语，曾加在俚语身上的不实诽谤之语已渐渐减少。在作家，特别是小说家和戏剧家笔下，俚语已成为不可缺少的元素。政治家也说俚语，以求获得能打动一般普通人的本领。艾森豪威尔在他所著的第二次世界大战回忆录《远征欧陆》（Crusade in Europe）一书中说，他当年与亚吉尔打交道，亚吉尔为使其论点成立，所用语言除了引用远至希腊古典文学，也常引用近代美国动画片唐老鸭中的俚语。

俚语之所以为社会所接受，不仅仅因为它是俚语的缘故，而是因为俚语用得巧而不滥。例如：without a hog in one's jeans（裤兜里一个子儿都没有）和 penniless（身无分文），同样表示"穷"，而前者表示出不是那么走投无路。如果你和朋友讨论两人都已读过的一本好书，你不想把朋友所赞美的理由加以重复，又苦于找不着合适的词语，那么你就可以说"It's the cat's meow or pajamas."（这本书不错），或者干脆简单地说：The greatest!（好极了!）。就英语词汇而言，它分别由标准语、口语词、方言、行话、黑话和俚语几个层次组成。

标准语就是语文词典中所收录的，为人们所认可的规范拼写法和规范读音法的一些词。同一个意思，用不同的词汇层的词汇表示，会有不同的表达方式，例如：

标准语表达：Sir, you speak English well!

口语词表达：Friend, you talk plain and bit the nail right on the head.

俚语表达：Buster, your line is the cat's pajamas.

Doll, you come on with the straight jazz, real cool like.

南部方言表达：Cousin, y'all talk mighty fine.

隐语表达：CQ-CQ-CQ… the tone of your transmission is good.

行话表达：You are free of anxieties related to interpersonal communication.

黑话表达：Duchess, let's have a bowl of chalk.

以上例句摘自《外语界》1986年第1期的57页，从中可以看出，口语词表达和俚语不一样，口语词是一般人都认得也会使用的词。方言、隐语、行话、黑话等，随着人口的流动和迁移、往返旅行，以及通过电视、广播、电影、报纸杂志的广泛传播，就有可能成为一般的俚语用法。

从以上含有俚语的句子中，可以得知，俚语常常将普通常用的规范词赋予新义，而并不一定是新造字。例如：buster 原作为"驯马师、庞然大物"等解，现在美国俚语中称作呼语，大意为"朋友、老兄、小伙子"。doll 标准语为"洋娃娃、玩偶"，用作俚语词时，意为"俊俏女人、漂亮姐儿"。jazz 在这儿不是标准语中的"爵士乐"，而是取自黑人用语，意味着"生气勃勃、活跃、极端兴奋"。cool 在规范语中是"凉的、凉快的"，俚语意为"动人的、得体的"。碰到这类和标准语是同音同形异义词的俚语或短语，不能按规范词义去解释。听多了，看多了，也就会了解俚语的特征，最后获得俚语语感。

二、美国俚语生成的宏观模式

在语言这个符号系统中，每个词项都是表示相应概念的符号，词义是它们之间的过渡层。这种客观现实与语言表征之间的联结具有很强的规定性，它是社会和文化传统所形成的，为全体语言社团成员所遵守，而俚语词汇却突破了这种普遍规律性。

（一）俚语词汇生成的能量模式

每一个俚语词，同其他语言符号一样，都是矛盾的统一体。为了获得动能，它必须突破常规，而要成为多数人能使用的交际工具，它又必须具有合理性。俚语词汇就像一根拉长的橡皮筋，一端是它的表层形式，该形式可以是规范词，也可以是新创词；另一端是指事物或者概念。这根无形的橡皮筋（隐喻）拉得越长，两端之间共同点就越小，产生的能量就越大，它带来了旧词原义的分量或新词词形在人感官上产生的分量。这根橡皮筋拉得越长，绷得越紧，它在人们心理的张力就越大，产生俚语词汇的震惊度就越高，该词的俚语性就越强。

Rubber⟵⟶neck 共同组成俚语词 rubberneck（生性爱看热闹的人）。Rubber 是"橡皮擦"，neck 是人们的"脖子"，两者之间没有物理上的联系，它们之间这根无形的橡皮筋距离很长。但是，该造词者利用 rubber 的典型特征就是可以有"弹性"，可以"拉长"，而 neck 的典型特征就是"人体的一部位"，在"拉长"与"人体的一部位"之间，通过这根无形的橡皮筋联系起来，把不包括"好奇"的 rubber 与不指具体"人"的 neck 拉到了一起，形成了俚语词 rubberneck。它的关键在于抓住了所指的个别典型特征加以形象夸张，尽量拉长了这根无形的橡皮筋，把所指的"引颈回顾"的姿态传神地表达出来。这样例子很多：

Honey——情人（无形的橡皮筋把食物与它们象征的满足人们某种需要能力拉到了一起）。

iron——枪支（无形的橡皮筋通过枪支制造材料把它们拉到了一起）。

joy juice——酒（无形的橡皮筋把喝酒就兴奋与酒是液体两特征拉到了一起）。

knot head——傻瓜（无形的橡皮筋把"死结"与"头"拉到了一起）。

meal ticket——一技之长（无形的橡皮筋把"饭"与"票"拉到了一起）。

lard bucket——胖子（无形的橡皮筋把"板油"与"水桶"拉到了一起）。

number two——大便（无形的橡皮筋把 number one（小便）与 number two 拉到了一起）。

one-horse-town——小镇子（无形的橡皮筋把"一匹马"与"镇子"拉到了一起）。

poison pen letter——恐吓信（无形的橡皮筋把"毒药"与"信件"拉到了一起）。

song and dance——谎言（无形的橡皮筋把唱歌跳舞的"夸张"特点与"骗人"拉到了一起）。

从以上例子可以得知，俚语的动力来源于能指与所指之间的差异，这种差异程度决定着词义联结的松紧程度。但是，这根无形的橡皮筋不能无限制地延伸，一旦超出临界点，超出人们的认知共同点，符号与概念之间就会发生错位，人们就不能正确理解该俚语词汇，联结的紧密性决定了俚语词汇的非常规性，联结的合理性决定了俚语词汇的推广性，矛盾的双方必须相互妥协，在俚语词内部形成平衡。

（二）俚语词汇生成的冲突模式

规范词汇的词义深深地扎根于传统文化，具有普遍约定性，这就使得各亚文化群体成员在表达群体特有的价值标准、态度、技术乃至个人思想感情方面受到程度不同的限制，由此而产生出文化冲突。各个群体也需要有自己特有的交际词汇来增强凝聚力，在群体内传递有关特有信息，各亚文化群体都发展了自己的次级语言词汇。俚语属于次级语言，俚语的力量在于把一种与主流文化价值标准不相符的形象强加到所指的事物上。因此，很多俚语词汇都带有反文化的倾向，公开向主流价值标准叫板。在现代美国英语的禁忌语中占首位的是有关"性"的词汇，其次是有关"排泄物"的词汇，这反映了主流文化对这两者的态度。

俚语反其道而行之，存在着大量形象、生动、具体的有关"性"和"排泄物"的表达方式，这种公然叫板主流文化的倾向使俚语词汇带上了强烈的冲突和叛逆色彩。下面是俚语中有关"性"的词汇：

all the way 通常同于 to go all the way，这个短语指"性交""拥抱""接吻"和"爱抚"动作，内容丰富。

getting any——发生两性行为，得手了。

bang——吸毒品以后的性交。

blow job——口交。

come——性交兴奋顶点。
fast——性生活放荡。
footsie——在桌子下或偷偷与人碰脚的调情。
frig——发生两性关系。
gang bang——轮奸。
hanky panky——通奸。
heavy date——约会时发生性行为。
kick——肉欲上的快感。
make out——发生性行为。

不同的价值标准发生冲突，体现在多方面。这种冲突有程度上的差异，将奉承上司的人称为 apple polisher；这只是对规范词 flatterer 词义的偏离，只是量的冲突，而进一步将此种人称为 ass sucker，就使这种偏离上升到质上的冲突。由此产生的意向与主流价值标准毫不相容，使该俚语词在对抗中获得很大的冲击力。俚语词汇体现不同价值观念的冲突首先是对主流文化的蔑视，但更主要的是俚语词汇以不同于主流文化的准则评价人物、概念和社会现象。例如：在主流文化评价的标准里，勤奋工作的人是值得赞美的，但俚语称这种人是 workaholic，与酗酒、吸毒成瘾一样的人，带有贬义元素。又如，在主流文化评价标准里，女人以苗条为美，但俚语把所有年轻女子都称为 broad。

美国文化根基较浅，是一个世界文化的大熔炉，传统概念对人的约束较少。各亚文化群体则十分活跃，加之美国目前尚没有权威的语言纯化机构，这种历时和共时的原因一起促进了俚语的发展。语言是思维的表象，俚语所表现的是人类思想深处潜伏的、对文化和文明制度的本能反抗。一切庄严的概念一旦进入俚语，都会变得轻松，甚至变得滑稽荒唐。主流文化赋予这些概念的华丽外衣在俚语中全被脱下，暴露出不那么庄严的，有时是令人难堪的本质。

（三）俚语词汇生成的不可预测模式

俚语词汇生成要经历三个阶段：首先，认识意象阶段。当人们观察到外界事物或获得某些经验时，头脑中自然会对这些刺激做出反应，形成认知意象。其次，组织意义阶段。外界事物或自身经验对人们的刺激在人们的头脑中形成了意象，进而产生了意义。现代社会的任何人都从属于各自的亚文化群体，他们对同一事物可能有不同的评价标准。个人根据其生存环境中流行的价值观对自己头脑中已经产生的意象进行范畴化，并给予附加意义。最后，语言实现阶段。不同的人倾向于用自己熟悉的语言材料或者自己认为适当的语言形式实现自己头脑中产生的、经过组织、加工的意义。

俚语是一种非规范性语言，是一种亚文化群体语言。非规范性语言创新包含以上提到的、从抽象到具体的三个层次的转换，每一个层次依次实现上一个层次的潜势①。在各个层次转换中，人们可以看到依次有认知、文化和语言变量排列组合的结果，呈现出异常的丰富性。因此，这种排列组合无穷尽性是语言创新的基础，也体现了俚语词汇生成的不可预测性。

人们在观察俚语词汇的内部结构时会发现，大量的俚语词汇在形态上是不可预测的，在词义上是不可复原的。

cocktail、gangster、good butt、greefa、jive stick、muggle、reefer、roach、spliff 等都可以指代含有大麻叶的香烟。人们很难预测还会出现哪些新的俚语词形指代同一种事物。

batty、birdbrain、block、blubber、boob、bucket、clunk、creep、dimwit、dip、dodo、dummy、feeb、jackass、jiggins、juggins、loon、lummox、lunk、nebbish、numb、swede、worm 等俚语词都表示"傻瓜"，它们之间有什么规律吗？好像很难说。下面一例就更能说明俚语词汇产生的不可预测性。

bender、bent、blind、blotto、bombed、bottle、busthead、cager、canned、crocked、cups、dragged、damaged、decksawash、dehorn、dipso、discouraged、disguised、elevated、frazzled、fried、fuzzled、gargted、greased、happy、high、juiced、limp、lit、loaded、looped、lubricated、lush、petrified、pickled、pilfered、plastered、potted、preserved、rigid、rummy、scraunched、soused、stewed、stoned、swazzled、tiddly、tight、vulcanized、woofled、zonked 等都表示"醉酒"，它将不可预测性表现得淋漓尽致，好像随便可以拿任何词汇表示"喝醉了"。

以上例词表明人们很难预料还会出现哪些新的俚语词形式来指称同一种事物，但人们可以预测指同一种事物的俚语词汇将越来越多，这就是词形上的不可预测性。又如现代美国俚语 eye opener（饮酒）、dead lights（眼睛）、moon shine（家酿酒）等，这些合成词词素并没有俚语合成词所表达的含义。Eye 加上 opener 是"眼睛睁开着"，并没有"饮酒"的意味；dead 加上 lights 是"死光"，并没有"眼睛"的意味；moon 加上 shine 是"月光闪闪"，并没有"家酿酒"的意味，这是词义上的不可预测性。这种能指与所指之间的非理性联系是十分普遍，构成了俚语词汇生成的不可预测模式。

这里就面临着一个问题，大量的词形和词义不可预测的俚语词汇是怎么成为语言交际符号的呢？在回答该问题之前，人们有必要区分语言现象和语言事

---

① 江希和：《现代英语中的俚语》，《外国语》1996 年第 4 期，第 39 页。

实。语言现象包括所有能被人们感觉到的语言符号的存在、组织和排列形式。语言事实是指那些形、义已经建立了较为稳定的联系，并为大部分人所理解、接受和使用的语言现象。所有的规范语言符号及其规范的排列形式，不仅是语言现象，而且是语言事实，因为它们不仅能被人们感觉到，而且能够被人们理解、接受和使用。俚语词汇刚产生时只是语言现象，因为这些非规范的词汇在形、义间还没有稳定的联系。人们虽然可以感觉到它们的存在，但不一定能立刻理解、接受和使用它们。俚语词汇演变成被社会接受的语言交际工具的理由前面已提到，它们是亚文化群体语言表达的需要，它们的求新满足了人们好奇心理需要，再加上美国政府没有净化语言的行政机构，使得俚语穿过了人际屏障和亚文化团体屏障。

三、美国俚语生成方式

在词语生成的原则方法上，俚语词语与标准语几乎没有区别，都是利用"旧瓶装新酒"的方法。

（一）利用比喻生成新俚语词

大量的俚语词汇都是利用已有构词材料生成，即"旧瓶装新酒"，是由于一些亚文化群体从主流文化中的规范词语汲取单词或短语，然后赋予新义。这种方式生成的俚语词汇中，用隐喻和转喻生成的特别多，因为俚语词汇往往重在取得直接的效果。彻斯德顿（Chesterton）说："所有俚语都是隐喻，而所有的隐喻都具有诗意。"这句话是有一定道理的。bean-pole（豆架）在俚语中表示"瘦长杆子"，就是一个很生动的隐喻。总的说来，和标准语使用一样，凡在不同的语境欲求体现语言的生动时，俚语就采用一些修辞手段，利用隐喻生成的俚语词汇很多。例如：

abortion——惨败、可耻的下场（标准语"流产"）。

backroom——与政治机构有联系、智囊（标准语"不公开的"）。

canned goods——处女（标准语"罐装货"，即没有"开罐的东西"）。

day light——恍然大悟（标准语"破晓""日光"）。

easy street——生活优裕（标准语"舒适的街道"）。

fire ball——手脚麻利的热心人（标准语"似火球之物""大流星"）。

goose egg——零分（标准语是动词"败失"）。

hash house——经济餐馆（标准语"乱七八糟的房子"）。

idiot card——提示卡（标准语"白痴卡"）。

joint hop——一场接一场地看演出（标准语"接连地跳"）。

用隐喻生成的俚语词汇最多，用转喻生成的俚语词汇也有。例如：

looker——外貌漂亮的人（标准语"观看者"）。

moll——女歹徒、歹徒的情妇（标准语 Moll 是女孩的名字，是 Mary 的昵称）。

knuckle head——傻瓜（标准语"指节脑袋"）。

nature boy——喜在户外的健壮男子（标准语"自然男孩"）。

outside chance——成功的机会很小（标准语"机会之外"）。

parlor house——妓院（标准语"会客厅"）。

pig skin——足球（标准语"猪皮"）。

rattle brain——蠢东西（标准语"紊乱的大脑"）。

sheep skin——毕业文凭（标准语"羊皮"）。

week sister——胆小鬼、懦夫（标准语"虚弱的妹妹"）。

从以上的俚语词汇中，人们可以得知，俚语词汇常将普通常用规范词语赋予新义，并一定是"新造的"。碰到这种俚语词时，要多留个心眼，不能望文生义，否则就会闹出笑话。

（二）其他方式生成的俚语词汇

其他美国俚语词汇主要是通过隐喻和转喻的方式构成，除了这两种方式外，还有词义扩展，语义专门化和语义普遍化、改变发音、俗语源学、褒义化和贬义化、词首字母缩略词、略写、夸张法。另外，用委婉语替代禁忌语也是常用的，并引进外来语作为借词。trip（旅行）在俚语中先是由于语义专门化，限于专门用作服用麻醉药 LSD 后所引起的幻觉；随后，经过语义普遍化，从特殊用语变成一般用语，可以用作服用任何麻醉药后所起的幻觉，从而又作任何刺激物所致的刺激感解。由此，一个俚语词汇可以同时经历语义专门化和语义普遍化两个过程，即经历一个非范畴化和再范畴化的过程。

"What do you say?" 等于 "What is your opinion?（你有什么看法?）"，在俚语中读作 "What-da-ya say?"；把 lost 读成 los；good man 读成 goo'man；them 读成 dem，think 读成 tink；just 读成 jist；等等。这种改变发音的俚语现象主要有两个理由，一是他们的发音习惯；二是故意与主流群体有所不同。

俗语源学用较熟悉的词语替代不熟悉的词语，在俚语中常作戏谑之用。法语 au revoir（再见）戏读为 olive oil（橄榄油）；varicose（静脉曲张）读成 very close veins（非常狭窄的静脉）；等等。这种现象在汉语里面很多，把"接风"说成"结婚"，例如：把"今天晚上给你接风"说成"今天晚上给你结婚"。

标准语 funky（身体的恶臭味儿），美国俚语的意义是 fine（优良的）、excellent（极好的）。有人说：That's a funky hat.（那是一个极好的帽子。）funky 这个源自现代黑人爵士乐中所用的隐语，当对一首曲子做最后的认可时，人们就说 funky，表示"可靠的、不装腔作势的"。这个俚语词经过褒义化，脱离了原有词义，具有了新的含义。与 funky 相反，finny 经历了贬义化的过程。finny 可能源自 Fanny，即 Frances 的爱称，经过长期贬义化过程，现在指 buttocks（臀部）。人们经常会听到美国人说：I can hardly sit down, my fanny is sore.（我几乎不能坐，我的屁股一碰就痛。）在英国，该词贬义得更加厉害，成了禁忌语，意指"阴部"。

现代美国俚语把 detective（侦探）略写成 tec，对短语也进行缩略。例如：bull shit 可缩略为 bull 或 shit；king-sized cigarettes（特长香烟）略为 kings；nylon stockings（尼龙长袜）略为 nylons。美国俚语中借用法也是一个传统的做法，hootch 被借用到俚语中，动词表示"喝家酿劣质威士忌"，名词表示"家酿劣质威士忌"。在正统、标准、有礼貌的讲话中，人们不会用禁忌语。但是，在用俚语进行交谈的亚文化群体中，通过夸张的修辞手法，其成员经常使用禁忌语。在俚语中，"傻瓜""笨蛋"之意就有几十个词表示，令人十分敬佩他们的夸张能力。例如：bird brain、lame brain、numb-brain、rattle brain、blockhead、bubblehead、bucket head、cabbage head、chowder head、chuckle head、clunk head、dead head、dough-head、dumb head、fathead、jug head、knot head、knucklehead、lard head、lunk head、meathead、mush head、pinhead、potato head、rock head、square head、tack head、wooden head 等。

(三) 俚语的影响在扩大

在历史的各个时期，在人们生活的各个方面，社会上的一切都会在词汇中有所反映，这就促成俚语新词汇的不断涌现。这些年随着英、美国内的社会发展，新冒出来的各种亚文化群体，人们对生活观念的改变等，都是俚语新词汇出现的启动器。俚语在英语词汇层次中的覆盖面在扩大，讲话中偶尔用点俚语词汇的人在增多。它不断沿着新造的和同音同形异义的平行轨道在滚雪球，聚集着新词新义和旧词新义的俚语词汇[①]。

就美国而言，侵越战争时用的航空母舰不再用口语词 flattop，而用 bird 加 farm 组成的复合词 birdfarm 取而代之；把越南正规军叫做 hardhat，把反对侵略越南战争者叫做 vietnik，例如：a vietnik demonstration on the campus（在校园里举行反越战游行示威）。随着水门事件被逐步揭露出来的同时，出现了所谓"水门语言"

---

① 冯健：《现代美国俚语浅析》，《外国语》1987 年第 5 期，第 19 页。

（watergate language）用语隐晦、避重就轻、含糊其辞。这些特点正好是美国俚语的典型特征，其中许多都变成了俚语词汇。明明是"刺探异党政治情报的特务"，却用 plumber（管子工）来替代；stroke 原义为"抚摸"，俚语词义为"哄骗潜在的闹事者"；right on（干得很好）现在已成流行词汇，原先是黑豹党的专门用语；come out of the closet（从小房间里跳出来）本来是一个极普遍的日常用语，现在被用作"大声疾呼"或者"用行动"告诉他人在搞同性恋；那些不敢明目张胆宣称自己是同性恋者的人，被称之为 close queen。

在英国，剃光头的小阿飞叫 skinhead；在伦敦经常可以见到一些身穿爱德华七世服装的年轻无赖，这些人中的男性称为 teddy boy，其中的女性叫作 teddy girl。有些年轻人把头发剃去几道，剩下的头发染成红色或者绿色，这类不正经的青年人称为 punk（朋克）。现在英、美两国毒品是一个大问题，因此，出现很多与吸毒有关的俚语词。例如：

acid（LSD）——迷幻药、bang——毒品针剂、black stuff——鸦片、candy——可卡因、cap——毒品胶囊、card——毒品针剂、channel——毒品针剂、charley coke——可卡因、Chinese tobacco——鸦片、coke——可卡因、cube——迷幻药方糖、deal——毒品、dope——毒品、gage——大麻香烟、greefa——大麻香烟、grifa——大麻香烟、H——海洛因、hokus——麻醉药、hop-up——毒品、jolt——海洛因针剂、juane——大麻、juju——大麻香烟、junk——麻醉药、mainline——毒品针剂、maryjane——大麻香烟、mojo——麻醉剂、muggle——大麻香烟、pod——大麻、reefer——大麻香烟、roach——大麻香烟、snow——可卡因等。

新俚语词汇成批地涌现，人们对俚语的认识在加深，对俚语词汇的偏见在纠正。俚语词汇的使用价值在上升，和标准语的"语沟"（langnagegap）在缩小。我们可以得知，英美俚语词汇的界限将模糊，语文词典将收录更多的俚语词汇，在词典中俚语标记将渐渐减少。

第四节 注意地域性词汇用法

使用一种语言的人总是居住在一定的地域范围内，也就是说，任何一种语言都有一定的地域分布范围。尽管这种地域范围有大有小，但是任何语言在其分布的地域内的不同部分，都不是完全一致的，总是有这样或那样的差异。这些差异可以在语言系统的各个方面，主要是在语音、词音和词义上，这就是语言的地域词汇。在我国这种地域性词汇称为方言，港台词语最具有代表性。

大陆最早建立起汉语标准语系统和汉字书写系统，毫无疑问，大陆汉语是源，港台汉语是流。港台地区现代化起步比大陆早，港台地区汉语里拥有不少反映现代生活的文化词汇，大陆汉语急需从它们那里得到补养。因此，已有许多港台汉语词汇融入普通话之中，例如：公关、心态、共识、认同、评估、联手、运作、廉政、资深、隐私、天皇、巨星、陪酒、的士、小巴、杀手、展销、精品、看好、瓶颈、融资、拆借、物业、牛市、熊市、肖像权、石英表、性骚扰、自助餐、比萨饼、度假村、保龄球、艾滋病、连锁店、快餐店、香港小姐、闭路电视、超前消费、高尔夫球、卡拉OK、超级市场、跳蚤市场、转口贸易、期货贸易、可怜兮兮、神经兮兮等。

港台文化词汇里有相当一部分融入普通话后便成了普通话中的新词语，也有一部分在融入的过程中与普通话中相应的词语发生了碰撞，产生了同义关系，出现了并存并用的局面。盒饭——便当、通过——透过、联合——联手、有关——相关、水平——水准、联系——联络、再见——拜拜、激光——镭射、舞会——派对、微型——迷你等。在以上例词中，前者是普通话词语，后者是港台词语。

普通话对港台汉语词语的吸收，表现了中华民族相同的认知基础，体现了人民群众顺应市场经济发展的需要。语言活动正沿着多样化的道路发展，同时表明普通话克服语言保守主义以后更加成熟，它既在方言之中，又在方言之上。这种从方言中吸取语言词汇的现象在各种语言中都有，普通话从港台词汇中吸取词语，是在一个国家之内，所以称之为"方言词"，要是在不同的国家之内，就称之为"地域变体"。"方言"和"地域变体"，从政治上讲，它们是不一样的。但是，从语言角度讲，它们又是一样的。下面以英语为例，对地域性词汇做进一步探索。汉语是人口最多的一种语言，即世界上讲汉语的人口最多，英语是地域最广的语言，即讲英语的国家最多。从英语的发展历史看，英国英语是源，美国英语、加拿大英语、澳大利亚英语、新西兰英语等都是流。

一、美国英语词汇

从英国在北美洲建立第一个殖民地的1607年算起，已有400多年的历史。由于社会上的事物、概念、思想不断发生变化，再加上民族情绪，给美国英语形成提供了土壤。美国英语丰富多彩，但也情况复杂，可以从多角度对美国英语进行探索①。许多学者已经从同一个词意义不同、同一个概念用不同的词表现、只在一国中运用等方面进行了研究。例如：

同一个词在英美两国语言中的意义不同：

	英国	美国
cracker	biscuit	fireworks
cupboard	family scandal	closet
pants	trousers	shorts
suspenders	stocking braces	trouser braces
vest	waist coat	undershirt

Cracker 在英国指饼干，在美国指烟火；cupboard 在英国英语中是碗柜，在美国英语中是衣柜；pants 指英国人的长裤子，在美国指短裤；英国人用 suspenders 指称吊袜带，美国人用它指称吊裤带；vest 被用来指英国人的背心，在美国被用来指汗衫。

同一个概念用不同的词表示：

	英国	美国
公寓套房	apartment	flat
发动机罩	bonnet	hood
行　李	luggage	baggage
铁　路	railway	railroad
消音器	silencer	muffler

只在一国中使用的词：

	英国	美国
男爵	baron	\
爵士	knight	\
峡谷	\	canyon
沼泽地	\	everglades
红杉	\	sequoia

英美语言中的词汇差异给中国学生学习英语带来了一定的困难，连英美人

---

① 严维明：《美国历史和美国语》，《外国语》1984 年第 1 期，第 40 页。

士也有点头疼。这方面的研究成果已有很多，读者已有相当了解。因此，本节不再重复阐释以上内容，将从另外的角度探讨美国英语特点形成的原因。

（一）独特概念的表达

美国的建国历史很短，中国随便找一个小山村的历史都比它长。人们纵观美国历史，就可找到其语言上的特点。人们从中会发现，在美国历史上有许多"与众不同"的独特东西，这些东西必须进行概念化，这种概念化必须通过词汇表达，因而产生了一些独特的词语。

从 1607 年到 1733 年的 126 年中，美国是大英帝国的殖民地，英国人先后在北美洲建立了 13 个殖民地，俗称新英格兰地区。其中有一类称之为 proprierary colony（领主殖民地），马里兰就属于领主殖民地。它要得到英王特许的 proprietor（领土）才能建立，在 proprierary colony 中的 proprierary 与人们常说的"业主的"概念完全不同，体现了独特的殖民体制。这样的例子很多：meeting house（开会和祷告合一的场所）、indentured servants（契约佣工）、freed man（契约期满的佣工）、free men（自付路费去新大陆的移民）、planter（移民）、planation（殖民地）、salutary neglect（有意的忽视）、minute men（听到命令一分钟内出动的民兵）等。

1776 年 7 月 4 日，大陆会议通过了《独立宣言》，美国从此成了一个独立的国家，不再是英国的殖民地。大会主席汉柯克（John Hancock）需要在《独立宣言》上签名，John Hancock 把自己的签名签得特别大。后来，他自己解释说，他之所以这样做，一是表达自己的兴奋；二是使英王乔治三世不戴眼镜也能看清楚。从他解释签名的原因以后，John Hancock 就成了"亲笔签名"的代名词。美国独立以后，需要新词语表达过去没有的新事物和新概念，就有了：manifest destiny（命中注定说）、Western movement（西进运动）、Homestead Act（移民法）、homestead（分出去的土地）、homesteader（获地的移民）、squatter（最早擅自占有大量土地）、mountain men（首批开拓边疆的人）等。

南北战争以后，黑奴虽然得到了"解放"，政府并没有安排他们的生活出路，许多 free men 仍然依附原来的农奴主，于是产生了 crop-lien system（黑人用谷物交租给白人的土地租借制）、share cropper（佃农）、leaden-eyed（目光呆滞的人）、union shop（只雇佣某工会会员的制度）、closed shop（只雇佣工会会员制）、open shop（自由雇佣制）等。随着美国工业和科技的不断发展，许多新发明和新创造都首先出现在美国，在美国英语中产生了许多新词语。随着科技的普及，这些新词语传播到全世界，这类词语太多，无法在此一一列举。

（二）美国政治"独创"概念的表达

美国独立以后，独创了一套适应美国社会的政治制度。因此，美国的政治体制本身有许多特别的用语：electoral college、pocket veto、judicial review、off-year election 等。electoral college 是指由各个州在大选年选出的 538 名 electors（选举人）组成的"选举团"，他们负责选举总统和副总统。pocket veto 意为"搁置否决权"，指总统将两院通过的议案搁置到国会休会后 10 天还不签字，即算总统否决该议案。judicial review 指最高法院对立法和行政部门的行为有权判定是否符合宪法。这种权利虽然宪法上无明文规定，但自 1803 年由大法官约翰·马歇尔创建以来，一直沿用至今。off-year election 意为"非大选之年的中期选举"。按照美国选举法规定，每逢双数年选举三分之一参议员和全部众议员。

spoils system 是美国政治的一大特点，意即"政党分赃制"，一党执政，将官职分给自己的同党亲信。这是美国早在 19 世纪初就立下的规矩，第七任总统杰克逊的同党亲信说，赢者得利，天经地义。lobby 指"院外活动集团"，是美国政治的另一大特点。一些国家通过美国的一些学术机构、美国的企业和公司等组织，为了收买或胁迫议员为其效劳，派专人在议会走廊、休息室等场所进行活动。由 lobby 构成了相对立的 lobbying（院外游说）、lobbyist（院外说客）、lobbyism（院外活动）等词，十分形象地体现了"院外游说"的普遍性和复杂性。stumper 为"竞选演说者"，原意是"树桩演说者"，即站在树桩上发表演讲的政客，因为过去竞选者站在树桩上，对在地头休息的农民进行演说，而赋予了该意。由此产生了一个词组 on the stump，即"在发表竞选演说"。straw poll（测验民意的试验投票）、wolf soup（候选人的空头支票）、spread eagalism（夸张的爱国主义）、filibuster（阻挠议事的议员）、pressure group（压力集团）、witch-hunting（无中生有的政治迫害）等。witch-hunting 在第一次世界大战后的 red scare（赤色恐慌）和第二次世界大战后的 Mclarthyism（麦卡锡主义）时代最为盛行。当局和有关特务机关捕风捉影，对许多无辜的美国民众加以迫害，造成非常恶劣的政治影响。与 witch-hunting 相关的有 Kangaroo court（袋鼠法庭），它之所以称之为"袋鼠法庭"，因为这种法庭审判速度快，不按法律顺序随便给人定罪，甚至判人以死刑。

美国文化也给美国英语增添了许多独特的词语：counter culture（反主流文化）、youth culture（青年文化）、baby boomer（对社会不满，用音乐等方法逃避现实的人）、miniskirts（超短裙）、bells（喇叭裤）、dropouts（反主流文化的人）、flower children（往警察枪口里插花的人）、pep pills（兴奋药片）、hop（鸦片）、grass（大麻）、good trips（吸毒以后的幻觉）、rumbles（打群架）、street crimes（城市犯罪）、soul food（黑人的食物）、soul music（黑人音乐）、black studies program（黑人学课程）等。

（三）美国人的概念表达癖好

有一些词，虽然在英语国家运用十分广泛，但美国人有自己的词语使用爱好。例如：generation，"修正派"历史学家们把林肯的一代人称之为 blundering generation（粗鲁的一代）。美国人把第一次世界大战后的青年人称为 lost generation（迷惘的一代），把 20 世纪 50 年代对政治抱怀疑观望态度的青年人称作 silent generation（沉默的一代）或者 uncommitted generation（不介入的一代），把 20 世纪 50 年代知识界出现的颓废派取名为 beat generation（垮了的一代）。后来又出现了 generation gap（代沟）、express way generation（高速公路的一代）等。

frontier 意为"边疆"，该词因在 1893 年特纳（Turner）提出 frontier theory 而广泛使用。由此，在美国出现了许多 frontier specialists，他们将美国历史发展划分为五次 frontier 移动，即殖民地时期沿岸地区和以阿巴契亚山脉为界的两次 frontier，美国向西部扩张的"西进运动"中的以密西西比河、以落基山脉和以大平原为界的三次 frontier。落基山脉 frontier 和大平原 frontier 还有另外一种说法，它们分别称为 mining frontier 和 ranchers' frontier。20 世纪 60 年代初，以肯尼迪为首的美国领导集团迷信科技万能，采用科技万能主义干预他国内政，并提倡在国内征服 culture of poverty（贫穷文化），美国将此称为 new frontier。美国和苏联在 20 世纪中期展开了激烈的太空争夺，使得太空探索有了飞速的发展，征服太空被称为 last frontier。

美国人也很喜欢使用 belt 一词，例如：sun belt（阳光地带）指北纬 27 度以南，从 Virginia 一直到 California 南部的广大区域；black belt 指南方黑人聚居的地区；cotton belt 指南部的广大产棉地区；corn belt 是从 Ohio 到 Nebraska 种植玉米的地区；Bible belt 是"圣经地带"，指南部教徒较多的地区。

美国人的另外一种喜好就是给某位人物加上"别名"，美国历史上许多总统和州长都有别称。Copperheads 原意是"一种很毒的铜斑蛇"，北方人用此称呼"同情南方的民主党人"。doughface 是指"无气节的人"，美国人把不反对南方农奴制的北方人称之 doughface。南方则把战后的北方派驻南方新政府工作的官员叫做 carpet baggers，意喻为他们这些人只带着一只旅行袋到南方来投机取巧，为自己谋取私利，并将同北方官员合作的南方人叫作 scalawags，即没有出息的人。

（四）黑人英语

19 世纪中叶，美国废奴文学代表作家斯托夫人以黑人奴隶为主人公，写出了惊世之作《汤姆叔叔的小屋》。30 年后，美国批判现实主义文学大师马克·吐温又在他的小说《哈克贝利·费恩历险记》中刻画了吉姆这个令人难以忘怀的黑人形象。此后，随着黑人社会地位的提高，美国文学描写黑人的作品越来越多。由于黑人英语在文学作品中被大量运用，使得黑人英语特点逐步被深刻认识。与美国标准英语对比，黑人英语主要在语音和语法两个方面特点明显①。

黑人英语语音特点主要体现在省音和变音两个方面。黑人英语省音现象十分普遍，词首、词中或词尾都可能省音。词首的弱化音节可省去其中的元音或元、辅音全部省去，例如：about——'bout；collect——k'lect；eleven——'leven；agree——'gree；against——'gainst；remember——'member。英语词汇中的 l 和 r 常被省略，例如：only——on'y；help——he'p；story——sto'y；every——eve'y。除中间的 r 常被省略外，词尾的 r 也常被省略，例如：four——fo'；more——mo'。词尾是连缀辅音，可省去最后一个辅音，例如：next——nex'；best——bes'；and——an'；lost——los'。词尾鼻辅音后的 g 一般都会被省略，例如：reading——readin'；meeting——meetin'；slaving——slavin'；nothing——nuffin'。

黑人英语的变音现象十分普遍。所谓"变音"就是指与标准英语相比较而言的，发音与标准英语不一样，形成了自身的发音规律。单元音的发音有时出现一些无规则的变化，短音变成长音，开口音变成合口音，扁唇音变成圆唇音，例如：God——Gawd；just——jist；set——sot；get——git 等。黑人英语很少有双元音，因为黑人把双元音发成单元音，接近于双元音中的第一个元音，例如：tallow——taller；my——mah；oil——all；right——rat 等。th 在词首发浊音时，黑人读成 [d]，例如：them——dem；they——dey；themselves——demselves；this——dis；these——dese 等。th 在词首发清音时，读作 [t]，例如：think——tink；thin——tin 等。th 在词中或词尾发浊音时，读作 [v]，例如：brother——brover；smooth——smoov 等。

黑人英语在语法方面并不十分严密，只要进行仔细比较，人们就可以发现以下规律。助动词 be、have、do、will 等在很多场合可以被丢弃，例如：I been hearin'…省略了 have；Where yuh git…省略了 did 等。谓语动词不受单数第三人称限制，不加 - s 或者 - es，采用动词原形，例如：It look to me；Nuffin' never come of it；等等。ain't 可用在很多否定句中，它不仅可以代替 am not、is not、

---

① 左飚：《黑人英语理解点滴》，《外国语》1987 年第 4 期，第 35 页。

are not，还可以代替 do not、have not 等，例如：…dey ain't kilt you；… he ain't comin'；等等。黑人英语常用双否定或多否定来表达否定意义，例如：I ain't got no use fr no flower, no how. 该句子相当于标准英语 I haven't got any use for any flowers, any how。黑人英语中没有 any、ever 等不定词，而用 no、nothing、nowhere、never 分别代替 any、anything、anywhere、ever，例如：he ain't comin' back no more 相当于 he isn't coming back any more。

除以上三个主要特点外，还有两个方面的特点。黑人英语中有一种叫作"完全完成时"（complete perfect）的时态形式，语气强于现在完成时，它的构成形式是 done + 过去分词，例如：De white folks done given 'im…中文意思是"白人确实给了他……"。人称代词的宾格可以用来做句子的主语，例如：Them niggers can't understand…，中文为"他们黑人不能理解……"。美国黑人英语很发达，并不是一种毫无规则的低等语言形式，它有自己的独特体系。

二、新西兰英语词汇

新西兰是一个只有 150 余年历史的国家，80% 为欧洲大陆人，其中大多数为美国移民。由于地理位置、移民以及毛利土著语的影响，新西兰英语很有特色，明显有别于英、美以及其他国家的英语[1]。

（一）独有的词汇

以下词语在新西兰十分普及，无人不知。然而，其他英语国家的人却不知所云，例如：

All whites——New Zealand soccer team
capping——graduation
chips——crisps
family benefit——payment by the government for the benefit of children
fowls——chickens
jug——kettle
poor man's orange——New Zealand grapefruit
singlet——vest
state house——council house
to shift house——to move house
township——village

---

[1] 李桂南：《新西兰英语的特点》，《外语教学与研究》1997 年第 4 期，第 27 页。

wet-back——water-heating unit

以上例词前者是新西兰独有词汇，后者是对前者进行解释。

（二）来自毛利语的词语

新西兰英语的部分词语来自土著毛利语，例如：

kumara——sweet potato

moko——grandson

koro——granddad

katipo——spider

ti——cabbage tree

tipuna——ancestors

Ne ra?——Doesn't it?

以上例词前者是源于毛利语的新西兰英语词汇，后者是对前者的诠释。

（三）习惯用语词

常用名词，例如：

barbey——argument

bowser——petrol station

burl——arty

cossy——costume

crust——job

ear-bashing——lengthy talk

grog——alcohol in general

hooley——wild party

possy——position

sickie——day off for sickness

tucker——food

常用形容词，例如：

crook——ill

curly——difficult

gun——top-class

scungy——unpleasant

shickered——drunk

stonkered——defeated

tinny——lucky

常用动词与动词短语，例如：

bludge——scrounge

chiack——tease

shout——treat

sool——urge on a dog to attack

souvenir——euphemism for stealing

stogh——fight

do the money——to spend the money

give someone curry——abuse someone

knock back——refuse

shoot through——leave

sling off at——mock

常用惊叹词语，例如：

a box of birds——very satisfactory

break it down——cut it out

Fair go——Are you sure

gooday——hello

good on you——congratulations

my oath——yes、indeed

on the pig's back——prosperous

open slather——free for all

stone the crows——well I never

What's the story——What's the plan

在以上各类词性的例词中，前者为新西兰英语词汇，后者为解释语。

（四）俚语词语

新西兰人口以移民居多，他们从世界各地来到这个岛国，带来了各自的风俗习惯，同时也带来了各自的语言。日久天长，一些词汇便融入新西兰英语中，成了新西兰俚语。首先，在地理位置上，新西兰临近澳大利亚，受其影响，新西兰俚语词有相当一部分来自澳大利亚，例如：wharfie（码头工人）、cocky（小农场主）、smoko（工间休息）、hooray（再见）等。其次，毛利人是新西兰的土著人，占人口12%，毛利语是新西兰俚语词的又一重要来源，例如：kowhai（豆树）、hapuka（不能飞的鸟）、kumara（甜薯）、pipi（贝类鱼）等。最后，新西兰俚语词源自新西兰的历史、经济和环境，例如：dairy（街道拐角处的食品店)、long acre (公路边的牧场)、sleep-out (不在住宅内的卧室)、stale house (政府建的出租屋)等。从新西兰俚语词汇词类上讲,主要有名词、形容词和动词。

(1) 名词占新西兰俚语词语的相当比例,是最多的。

用来指人的常用名词,例如:

cobber——man (伙计)

gag——a wag (说笑打趣的人)

gumdigger——dentist (牙医)

littlie——baby (婴儿)

ossie——Australian (澳大利亚)

ringer——skilled shearer (剪羊毛快手)

缩写式名词,例如:

alkie——an alcoholic (酒鬼)

barbie——barbecue (烧烤)

Brit——Britishman (英国人)

crim——criminal (罪犯)

pollie——politician (政客)

truckie——truck driver (卡车司机)

用于贬义的名词,例如:

earbasher——eavesdropper (偷听者)

gorse-pocket——mean person (小气鬼)

picnic——bothersome experience (令人不快的经历)

poor cow——unfortunate person (不幸之人)

skite——untrustworthy person (不可信赖的人)

stirrer——trouble-maker (闹事者)

(2) 新西兰俚语形容词多用来表达人的感情、状态等,例如:

beaut——fine (很棒)

corker——very good (非常好)

gun——first-rate (一流的)

grouse——great (很好)

snitcher——excellent (太妙了)

以上是表示非常好的俚语形容词。

crook——losing one's temper (发脾气的)

dickey——foolish（愚蠢的）
hooped——drunk（醉醺醺的）
propeable——very angry（气极了）
scungy——unpleasant（令人不快的）

以上是表示不好的俚语形容词，下面是俚语形容词短语：
busy as one armed paperhanger——very busy（极忙的）
cunning as a skithouse rat——very cunning（非常狡猾的）
happy as a flea on a dog——very happy（非常快乐的）
rare as rocking——very rare（非常罕见）
skinner than a gumdigger's dog——very skinny（极瘦的）

(3) 新西兰俚语动词也不少，但以动词短语居多。
俚语动词，例如：
bludge——scrounge（乞讨）
chiack——jeer（戏弄）
pole——steal（偷）
shout——treat（请客）
stoush——punch（打击）

俚语动词短语，例如：
be sent down the road——be sacked（被解雇）
come a thud——fail in an enterprise（事业失败）
do one's bun——become angry（生气）
give it a go——make an attempt（试一试）
put the nips in——to put pressure on（施加压力）

以上略述、归纳了新西兰俚语词语的来源及种类，希望有助于读者更好地了解新西兰英语。

三、加拿大与澳大利亚英语词汇

加拿大英语和澳大利亚英语就其影响力来说，它们不如美国英语大；就其差异而言，它们不如新西兰英语明显。因此，本书把两者合并为一体，点到为止，不做太详细的分析。

（一）加拿大英语词汇特点

自1772年开始，大批英国移民来到加拿大定居，居住在加拿大的东海岸、红河谷和南部地区。从20世纪初开始，美国的经济和军事渗透到世界各地，美国文化影响整个西方世界，作为最近的邻国自然受到美国的影响最大。从历史发展的角度看，加拿大英语早期受到英国英语的巨大影响，英国英语的影响大于美国英语的影响。但是，随着美国的逐步强大，现在加拿大英语主要受美国英语的影响，美国英语的影响比英国英语的影响大。正是这个理由，没有把加拿大英语单独列为一节。因为美国英语的特点，加拿大都有。

加拿大是一个幅员辽阔、人口稀少的国家。从多伦多到温哥华，从中西部草原到东部海岸，加拿大所讲的英语里有很大差异的。在加拿大英语中有一些"加拿大词语"（Canadianisms），例如：clear grit（顽固的自由派）、Confederation（6省联盟）、Creditiste（魁北克社会信用党成员）、loyalists（亲英分子）、moutie（皇家骑警队员）、separate school（天主教学校）等。

（1）表示区域及其居民的词语，例如：

Atlantic provinces（加拿大沿大西洋岸的省份）

Bluenose（新斯科舍省人，该地区很冷，人的鼻子大多数发青）

Caribou Eskimo（北部的卡里布因纽特人）

Herring-choker（沿海省份的居民）

Lower Canada（下加拿大，魁北克省的旧称）

Spud Island（土豆岛，指爱德华太子岛，该岛盛产土豆）

Upper Canada（上加拿大，指安大略省）

（2）表示动植物的词语。例如：

Canada balsam（加拿大香胶）

douglas fir（花旗松）

grounhog（美洲旱獭）

malemute（爱斯基摩人用来拉雪橇的北极犬）

Mcintoch red（麦金托什红苹果）

splake（加拿大鳟鱼）

tamarack（美洲落叶松）

（3）来自美洲印第安人语言的借词，例如：

carcajou（貂熊）

caribou（北美驯鹿）

cheechako（新来者）

Manitou（神灵）

muskeg（泥岩沼泽）

（4）习惯使用的词，例如：

cellar（不住人的地下室）
chewsterfield（坐卧两用长沙发）
cottage cheese（农家鲜奶酪）
hydro（发电厂）
pit（樱桃核）
shivaree（喧闹的庆祝）

除上述特点外，加拿大英语的有些词语与英国相同，与美国不同，例如：blind（窗帘）——curtain、braces（吊裤带）——suspenders、porridge（麦片粥）——oatmeal、serviette（餐巾）——napkin、tap（水龙头）——faucet 等。有些词语与美国英语相同，与英国英语不同，例如：apartment（一套公寓）——flat、cookie（饼干）——biscuit、garbage can（垃圾箱）——dustbin、gas（汽油）——petroleum、mailman（邮递员）——postman、thumbtack（图画钉）——drawing pin 等。

（二）澳大利亚英语词汇特点

1770 年 8 月英国探险家库克（James Cook）乘船到达今天的澳大利亚，并对澳大利亚的地形和海岸线做了仔细的考察。1788 年 1 月 26 日，第一艘满载罪犯的船只来到澳大利亚悉尼的杰克逊港口，717 名英国犯人被当时的英国政府流放到澳大利亚，澳大利亚英语历史从此开始。1851 年在澳大利亚发现金矿，吸引来了大量英国移民，澳大利亚英语作为英语的一种区域变体逐渐形成。

澳大利亚英语发音带有英国南部的发音特点，有点类似于英国伦敦方言（cockney），最明显的特点是把元音［ei］读成［ai］。澳大利亚英语的语法特点比较接近英国英语，英国英语对澳大利亚英语的影响超过美国英语。澳大利亚英语的最大特点在于它的词汇，不少词汇是标准英国英语里所没有的。

（1）借用土著语言的词汇，例如：

billabong（死河）、boomerang（飞回镖）、currawong（澳洲喜鹊）、gibber（风棱石）、jumbuck（绵羊）、kangaroo（袋鼠）、poddy（人工喂养幼畜）、yacker（喋喋不休地说）等。

（2）借用英国英语的方言词，例如：

bludger（游手好闲之人）、bonzer（卓越的）、chook（家禽）、clobber（装饰）、crook（有病的）、dinkum（诚实的）、fossick（淘金）、gammon（胡说八道）等。

（3）用已有词素造新词，例如：

用英语原有的构词成分新造词汇，有的是完全杜撰的。backblocks（人烟稀少的腹地）、lyrebird（琴鸟）、outback（内地）、share farmer（与农场工人共享收入的农场主）、shark net（捕鲨网）、throw-down（爆竹）、trumpeter（刺鱼）、wowser（滴酒不沾的人）等。有些词本身属于标准英国英语词，但是到了澳大利亚获得了新的意义。shout（请人喝酒）、a mob of（一群）、creek（河流）、station（农场）、paddocks（田地）等。

(4) 从美国英语借来的词，例如：

澳大利亚英语受英国英语影响较大，不等于说没有从美国英语中借用词汇。store（商店）、block（大面积的地）、township（城市规划区）、bush（灌木丛地带）、truck（卡车）等。在英国英语和美国英语的借用上发生冲突时，澳大利亚人是各取所需，他们接水用的水龙头借用 tap，而不借用 faucet。他们乘用的电梯借用 elevator，不是借用 lift。他们用的汽油是 petrol，而不是 gas；他们的高速公路是 free way，而不是 motor way。

第十二章

构式与词汇

尽管人类语言多种多样，各不相同，但是世界上各种语言共同表现出一些普遍特征。转换生成语言学认为这种普遍特征才是语言中本质的方面，它们构成了所谓的普遍语法。由此推论出，代表人类语言本质方面的普遍语法是一个人天生就有的，就像人天生就有行步的能力，鸟天生就有飞翔的能力一样，普遍语法是人类遗传基因所决定的。转换生成语言学主张"语法独立论"，认为它们是自治的，语法不依靠意义，语法没有意义。

转换生成语言学的这些看法，跟认知语言学的看法有很大差距。认知词汇学认为语法不能不考虑意义、形式和功能三者，一句话如果实际已经在说本族语的人群中的口头或书面多次出现，它的符合语法性是毋庸置疑的。语法的建立必须求助意义，语法是有意义的。看看下列笑话，人们就能证明不仅是词汇有意义，语法除提供组词或成句的规则外，它本身也有意义。

某中学有一个班，有一个男学生很不喜欢英语课，一上英语课就感到厌烦，由此他也讨厌给他上课的英语教师。有一天早晨，该学生早早地来到教室，在黑板上写上了这样一句英语：The student says the teacher is an ass! 其他学生看到后，没有人把该英语句子擦掉，他们想看看英语老师看到黑板上的句子后，到底有多么生气。英语老师进来准备上课，看到黑板上的句子后，并没有生气。他走到黑板前在句子中间加了两个逗号，把句子改成：The student, says the teacher, is an ass! 英语老师没有添加任何词汇，只是把宾语从句改成了插入语，改变了语法结构，意义就完全变了。学生的句子意义是"学生说老师是头蠢驴！"老师改变句子结构后的意义是："老师说，学生是头蠢驴！"学生们看到英语老师改变的句子后哈哈大笑，顽皮的学生很不好意思。这虽然是一个笑话，但用来证明语法有意义是十分恰当的。

第一节 构式压制

构式是由英语 construal / construe 翻译而来，并不是一个新的概念，是将旧的概念赋予了新的意义。construal 在传统语法分析中称之为"组配"，是语法分析的传统术语，指形式上将词配置成组构关系的过程，也指对这种关系的研究和解释。在后来的转换生成语言学中，这一术语又获得了新生，用来定义一条转换规则（rules of construal 组配规则）指某几类组构成分（如先行语和照应语）之间形成的关系。这个术语在当前语言学主流学派之一的认知语言学中又获得了发展，construal 被称之为"识解"或"构式"。这一理论将意义等同于概念化，属于心理经验一部分的各种结构和过程。主张意义包括百科知识，不承认语言世界和语言外部世界有明确分界线，凡是有关一个实体的任何知识都可能成为这个实体意义的一部分。因此词汇通常是多义的，可分析为一系列相关含义构成的网络。这一理论的一个中心思想是概念内容的"构式"或者"识解"（construed）方式：一个词项的识解或构式取决于好几个方面的因素，包括其所在的"认知域"（如空间、时间、颜色等）和视角与显著度的变化。

认知语言学是目前国内外主流语言学派之一，而构式语法又处于该学派的研究前沿[①]。为了弥补转换生成语言学认为语法没意义的不足，构式语法主张将形式与意义、结构与功能紧密结合起来，视为一个不可割离的形义结合体。主张从完形心理学和整体主义的角度来解释语言、语法和句法是一个不可分的连续体。

一、构式与词汇互动

既然词汇与构式都有意义，那么两者之间就是一种互动的关系。构式语法把两者称为"意义"和"角色"，"角色互动"包括两项原则，即语义连贯原则和对应原则，以及构式压制。动词和构式的角色在互动之后有两种情况：正常和异常。在前一种情况下两者的角色完全一致，并相互融合，肯定生成完全可以接受的句子；后一种情况是指两者的角色不一致，若要生成可以接受的句子，构式会出现压制现象，迫使动词增添或削减角色。

[①] 王寅：《构式压制、词汇压制和惯性压制》，《外语与外语教学》2009年第12期，第5页。

(一) 完全一致的原型用法

英语动词按其词汇意义分为静态动词和动态动词。静态动词的原型用法是表达不受意识支配的行为。静态动词有三种原型状态：感觉动词、认识动词和关系动词[①]。

感觉动词有 see、smell、taste、feel、sound 等。这类动词的原型功能是表示客观存在的情况作用于主观感观的不受意识支配的行为，例如：

(1) We don't see any aero plane in the sky.

(2) We smell something burning.

(3) we taste your home-made jam.

这类动词的原型语法特征就是不宜用于进行时态，否则就不会产生词汇意义与语法构式完全一致的原型句子，例如：

(4) { The coat feels like cotton. （词汇意义与语法意义完全一致）
The coat is feeling like cotton. （此句子不正确，因为词汇意义与语法构式不一致）

(5) { We can hear the sound over there. （词汇意义与语法构式完全一致）
We are hearing the sound over there. （此句不正确，因为词汇意义与语法构式不一致）

认识动词有 believe、think、suppose、know、hope、want、see (understand)、feel (believe)、seem、appear、like、dislike、understand、respect、recognize、remind、regard、wish、love、hate、doubt、prefer 等。这些词一般表示各种心理情感或者心理状态，可以是喜爱或者厌恶一类的感情，也可以是知识和理解力。喜爱、厌恶、知识和理解力等都不能有意识地开始，也不能有意识地结束。因此，这些动词一般也不用进行时态，例如：

(6) { We know him very well. （词汇意义与语法构式完全一致）
We are knowing him very well. （此句子不正确，因为词汇意义与语法构式不一致）

(7) { We liked the game we played last night. （词汇意义与语法构式完全一致）
We were liking the game we played last night. （此句不正确，词汇意义与语法构式不一致）

[①] 王堪洁，黄国文：《略读英语的静态动词和动态动词》，《现代外语》1987 年第 2 期，第 33 页。

关系动词有 be、belong to、contain、consist of、cost、depend on、apply to、have、matter（be important）、own（possess）、possess、concern、deserve、resemble 等。这类动词表示主体和其他事物之间的静止关系，或者表示一种状态。这种关系同前面提到的一样，它们不会有意识地开始，也不会有意识地结束，它们一般也不能用于进行时态，例如：

(8) $\begin{cases} \text{We have English books.（词汇意义与语法构式完全一致）} \\ \text{We are having English books.（此句不正确，因为词汇意义与语法构式不一致）} \end{cases}$

综上所述，就静态动词而言，不管是哪一类，词汇意义和语法构式必须在它们并不是有意识支配的动作和它们一般不用于进行时态两个方面完全一致，才能得到原型句子，下面请看动态动词。

动态动词可以分成四大类：瞬间动词、活动动词、过程动词和趋向动词。瞬间动词有 fire、hit、jump、kick、know、nod、tap、wink 等，它们所表示的是一发生即消逝的动作。尽管这些动词所表示的动作不能持续，但一般是有意识支配的。它们一旦用于进行时态，就可以表示动作的重复发生，例如：

(9) $\begin{cases} \text{The naught boy kicked the car.（踢一下汽车）} \\ \text{The naught boy was kicking the car.（不断地踢汽车）} \end{cases}$

活动动词包括 ask、beg、call、drink、eat、help、learn、play、rain、say、snow、work、write 等。这类动词表示有意识的动作，是一些可以持续进行，但总是要结束的行为。它们既可用于一般时态，也可用于进行时态，例如：

(10) $\begin{cases} \text{My son writes to me every week.（经常做）} \\ \text{My son is writing now.（正在做）} \end{cases}$

这类动词一般都带有时间状语，表示活动在什么时间内进行，在什么时间内结束。

过程动词有 charge、deteriorate、grow、improve、mature、narrow、slow down、widen 等。它们表示一种逐步过渡的含义，因此，使用进行时态就表示一个行为正在进行的过程，例如：

(11) $\begin{cases} \text{The workers widened the river two years ago.（已完成）} \\ \text{The workers are widening the river now.（正在做）} \end{cases}$

同活动动词一样，过程动词也常常带有时间状语，表示动作的开始和动作的结束。

趋向动词有 arrive、die、fall、lend、leave、lose、stop 等。这类动词可以用一般时态，也可以用进行时态，但同过程动词一样，两者有意义区别，例如：

(12) {The old man died. （已经死了）
The old man was dying. （就要死了，但还没有断气）

从以上论述可以得知，动态动词与静态动词相对，词汇意义和语法构式必须在表达了受意识支配的行为和可以用于进行时态两个方面完全一致，才能获得原型的句子。当然在四类动态动词之间也有所区别，瞬间动词处在静态动词与动态动词的过渡地带，它们必须在表示动作重复的规定条件下，才能使用进行时态。

除动词意义与语法构式一致外，其他词类也要做到意义与构式一致，才能得到原型句子。冠词后面跟名词；形容词修饰名词放在名词的前面；副词修饰形容词放在形容词前面等都是词汇意义与语法构式一致的表现。如果违反这些规律，词汇意义与语法构式一致性就受到了破坏。在受到破坏的情况下，人们得不到原型句子，只能得到非原型句子，造成理解和交流上的困难。

（二）部分一致的非原型用法

把某些动词分为静态或动态的主要原因是因为它们分别表示相对的静止与活动，这种分法并不准确。如果把动词词义分为"静态意义"和"动态意义"，可能会更加准确，因为大多数动词都可以在一定的语境中，从"静态"转化为"动态"，或者从"动态"转化为"静态"。出现这种情况，人们就可以得到部分一致的非原型句子。这种句子可以增加语言的表现力，提升语言的活力，但是也使语言产生歧义。

有些动词既可以是"静态动词中的感觉动词"，也可以是"动态动词中的活动动词"。它一身兼几职，给语言变化提供了潜在的能量，例如：

(1) The blind can smell picric acid.

(2) The blind can taste sweet in the water.

(3) The blind feel a coin in the pocket.

(4) Just smell it to see what it is.

(5) The blind is tasting the water, to see if it is suitable to drink.

(6) The blind was feeling the coat to see whether it was his own.

例（1）—（3）三个句子的动词属于"感觉动词"，是这些动词的原型用法，因为它们是表示作用于视觉感官的不受支配的行为。例（1）表示的是如果附近有一瓶酸，盲人的鼻子会闻到它的气味。例（4）—（6）句中的动词属于"活动动词"，是这些动词的非原型用法，因为它们发出的动作是主体有意识地进行的，这种行为受意识支配。例（4）表示，请闻一下，讲出是什么东西。因此，smell 在这个句子中受意识支配，通过 smell 要进行判断。

(7) The mute doesn't see very well in his eyes.

(8) The mute can feel a person patting on the back.

(9) The mute listen carefully, but heard nothing.

(10) The mute sees what I say.

(11) The mute feel that he has done his best to finish it.

(12) I hear that the mute has gone away.

see、feel、hear 动词是感觉动词，它们的原型义表示视觉、感觉和听觉，例(7)—(9)是这三个动词的原型句子。当感觉动词用来表示一种心理状态，通过心理活动来理解事物时，它们就变成了认识动词。例（10）—（12）是表示心理活动，表示一种认知结果，它们是感觉动词的非原型用法。动词的静态意义与动词的动态意义的转化在语言中十分常见，是语言表达的需要，这种例子太多不能穷尽。

非原型用法除上述谈到的词义转化外，还可在语言表达中产生歧义。歧义是一种语言普遍现象，哪种语言中都有。作为一种语言类型，人们可以把它归类为一词多义、词类不同、层次不同、语法关系不同和语义关系不同五种。一词多义和词类不同是由词义造成的，属于词汇歧义，与语法构式关系不大。层次不同、语法关系不同和语义关系不同属于语法歧义，与语法构式有直接的关系。语法歧义是词汇与语法部分一致的非原型用法造成的，下面以英语为例。

结构层次不同所产生的歧义是指直接成分的不同划分，最典型的有两种类型，即偏正型和并联—偏正型，例如：

a cute child's dress

her mother's heart

an old man's bicycle

some more convincing evidence

上述四个短语都属于偏正型，由于对直接成分的不同划分产生了歧义，以第一个为例，cute 可修饰 child，短语的意思为"聪明孩子的衣服"，cute 也可以修饰 dress，意思为"孩子的漂亮衣服"。当人们一看到第一个短语时，首先认为 cute 是修饰 child，经过有人提醒或仔细思考以后才会认为 cute 可能是修饰 dress。因此，我们认为"聪明孩子的衣服"是原型用法，"孩子的漂亮衣服"是非原型用法。

old men and women

small cats and dogs

Mary and Anne's teacher

the fish in the net and the bucket

上述例子是并联—偏正型短语，以第一个为例，人们可以把它看作 old 修饰 men，不修饰 women，意即"老头和女人"，也可以把 old 看作既修饰 men，也修饰 women，意即"老头和老大娘"。一看到 old men and women 这个短语，人们大脑中就出现该短语用法的两条规则：第一，and 连接相同的成分；第二，and 前后相同的成分可以省略。据此，old 既修饰 men，也修饰 women 是原型用法；old 只修饰 men，不修饰 women 的看法是非原型用法。

语法关系不同就是通常所说的主谓、述宾、偏正等结构关系不同。请看下面几个由语法关系不同所造成的歧义例子：

（13）They are eating apples.

（14）She answered all the questions on the paper.

（15）The magician made the prince a frog.

例（13）中的 eating 有可能产生歧义，eating 可以是现在分词，也可能是形容词。如果是前者，句子是"他们正在吃苹果"；如果是后者，句意是"它们是可吃的苹果"。人们把 eating 理解成现在分词是原型用法，把 eating 理解成"可吃的"是非原型用法。因为 eat 的现在分词只有 eating 一种形式，没有其他替代方式，而"可吃的"的英语原型形容词应该是 edible，eating 有其他替代形式。例（14）on the paper 有歧义，它可以作定语修饰 all the questions，也可以作状语所修饰句中的谓语动词 answered。根据语法中的临近原则，修饰谁就和谁紧连在一起，我们认为 on the paper 修饰 all the questions 是原型用法，on the paper 修饰 answered 是非原型用法。例（15）中的 the prince a frog 出现了歧义，是"给王子做了一只青蛙"，还是"使王子变成了一只青蛙"。前者是非原型用法，后者是原型用法。因为魔术师以变而著名，"做东西"不是他的原型特征，再者有一个神话故事就是把王子变成了青蛙。

（16）The young man has never recovered her loss.

（17）The industrious Chinese dominate the economy of South East Asia.

（18）I disapprove of John's drinking.

上面三个例句是由语义关系的不同划分而引起的歧义句，例（16）在施事与受事上发生歧义，her loss 可以理解为 she（施事）lost something，句意为"年轻男子没有补偿她的损失"；也可以理解为 The young man lost her.（受事），句意为"年轻男子无法挽回失去她的损失"。把 her 理解成施事是原型用法，把 her 理解成受事有点牵强，非原型用法都算不上。因为 her loss 短语就是所有格修饰名词，不可能理解成宾格修饰名词。例（17）the industrious Chinese 出现歧

301

义，是指全体中国人还是部分中国人。指全体中国人是原型用法，指部分中国人是非原型用法，因为大多数中国人是勤劳的，少数服从多数。如果以有人不勤劳，勤劳的人也不是 24 小时都勤劳为由，反对该句子指全体中国人，那只是文字游戏而已，更何况这是一个概括性句子。例（18）是"不赞成约翰喝酒"是原型句意，因为把 drinking 理解成方式的话，就应该加形容词 much。

二、构式与词汇的误配

"语义连贯原则"和"对应原则"强调动词参与角色要与构成题元角色在语义上相兼容，两者所突显的角色既要对立，又要相互融合。但是，在日常语言表达中还有另外一种情况，动词不具有，或者不明显具有构式的全部题元角色，或其语义和用法语构式不完全兼容。出现这种情况，首先要考虑用构式中动词的灵活性，这就出现了构式压制。构式压制两者不完全对应或者兼容时，构式往往占据主导地位，能"强加于"动词以额外的角色改变其用法类型或意义。

"压制"是句法上和词法上不显现的，人们看不见。它是由需要解决语义中冲突引起的，取决隐性句法环境须做出另外解释的机制。因此，"压制"主要是指当词汇义与结构义发生"语义冲突"或两者"误配"或"不兼容"时，此时潜在性句法环境就会产生一个"压制因子"。该压制因子会对词汇产生强制性影响，也就是说，当两者发生冲突时，解释者常须根据构式义对词语义做出"另样解释"或"不同解释"，以能使两者相互适应或协同，从而能获得对词组和分句的合理解读。

（一）构式向心压制

米迦勒利斯（Michaelis）在 2004 年从"语义类型迁移"或"隐性类型迁移"的角度论述了这种由语法环境所引起的"压制"现象。与构式特征相冲突的那些词语的特征必须做出"迁移"，可能是特征上的部分迁移，也可能是类型上的迁移。她还根据结构主义语言学家所指出的术语"向心结构和离心结构"的方法，将压制分为"向心压制"和"离心压制"。

向心压制指整个词组的句法功能与其中某一成分的句法功能相同，此时则产生向心压制效应，例如：在 carry the sky 短语中，语核为动词 carry，它决定了整个短语的性质为动词短语。此时，the sky 受到该语核的压制，只有被理解为"可提起来的物体"才能与 carry 相适应。如果 the sky 不是"可提起来的物体"，该动词短语搭配就不合理。比如名词性复合谓语是由连系动词加表语组合而成，说明主语的状态、特征、身份等，原型的连系动词是 be，还有一些不及物动词受到语义迁移的影响，产生向心压制效应，成为连系动词，例如：

(1) She didn't fall asleep until her mother came back.

例（1）中的 fall asleep 是复合谓语，表示一种状态，asleep 是该结构的中心词，fall 的语义向 asleep 转移。asleep 是形容词，前面的动词要具有连系动词语义特征。因此，fall 既具有实义动词的特征，也有了连系动词的意义，成了一个连系动词。look、become、get、feel、seem、remain、sound、turn、grow、go、come、run、keep、prove、continue、smell、taste 等，都可以通过语义迁移，产生向心压制效应，使其具有连系动词语义特征。在以上因向心压制而成为连系动词中，有的仍部分保持原来词汇意义，有的则完全变成了一个纯粹的连系动词，失去了它原来的动词含义。失去原来含义的主要是一些固定搭配，例如：go mad、go wrong、go sour、come true、run short of、fall short 等。

有些及物动词，例如：wear、cook、keep、burn、last、lock、read、translate、write、sell 等，也可以当不及物动词用，它们能以主动语态表示被动意义，例如：

(2) Does this cloth wash well?

(3) Clothes iron more easily when damp.

(4) Your pen writes quite smoothly.

(5) The novels sell well.

(6) This metal cuts easily.

在以上例句的主谓结构中，即 cloth wash、clothes iron、pen writes、novels sell、metal cuts 结构中，主语是物。主语是这些结构中的主要成分，它决定了整个主谓结构的意义，使动词意义产生迁移，动词获得了向心压制效应。正是主语本身所具有的"物"特征，促使这些动词实现了以"主动形式表被动意义"。

有些表示烹调、装订、销售等意义的动词，受主语"连续做完"特征的影响，使谓语动词的语义迁移更远，产生的向心压制效应更明显，可以用进行时表示被动意义，例如：

(7) The meat is cooking.

(8) The book is printing.

(9) The new Ford is selling badly.

（二）构式离心压制

构式离心压制产生构式离心压制效应，指整个词组的句法功能不与其中任何成分的句法功能相同，例如，介词短语 on the road 可在句子中做状语，但其中没有一个副词。又如限定词为非语核，但在语义上可限制或迁移与其共现词语的意义，在 I had a knowledge 中，不定冠词 a 压制了其后面的不可数名词 knowledge，使 knowledge 具有了可数的性质。在人名前加不定冠词，不定冠词 a 就会压制其后的专有名词，就产生"一个叫……名字的人"，"一个跟某人相仿的人"的离心压制效应，例如：

（1）Here is a gentleman who wants to see you. A Mr. Schiller. He says he's a friend of yours.

（2）They thought he was a Zhuge Liang.

例（1）中的 A Mr. Schiller 是"……一个叫作希勒的先生……"，例（2）中的 a Zhuge Liang 是"……诸葛亮式的人物"。不定冠词用在人的姓名之前，还可产生"表示某人所发明的产品或某人的艺术作品"的离心压制效应，例如：

（3）She bought an Underwood.

（4）I found a Rembrandt among the exhibits in the museum.

例（3）中的 an Underwood 是"一台安德伍德打印机"，例（4）中的 a Rembrandt 是"一张伦勃朗的画"。

very 是典型的副词，一般用来修饰另外的副词，如 very fast 等，在句子中做状语。当 very 与 the、this、that 或物主代词 my、his、yours 等之后，它们就会对 very 产生压制，获得离心压制效果，使 very 具有形容词语义特征，加强名词的语意，例如：

（5）At the very moment the telephone rang.

（6）You are the very person that I have been looking for.

例（5）和例（6）中的 very 是"正是……，就是……"的意思，very 位于物主代词和 own 之间，可以产生"绝对是某人自己的"离心压制效果，例如：

（7）The fault is your very own.

（8）I finally have my very own room. I don't have to share it.

形容词 good 和 and 结合起来使用，good 就会受 and 压制，产生构式离心效应。good and 成为一个强调结构，起着一个程度副词的状语作用，相当于 very、thoroughly 的语义，修饰 and 之后的形容词或者副词，例如：

（9）I'll do it when I'm good and ready.

（10）These apples are good and ripe.

除 good 之外，形容词 nice、fine、sweet、rare、lovely 等词也可以与 and 连用，产生离心压制效应，构成这种强调结构，例如：

（11）The house stands nice and high.

（12）The child was rare and hungry.

(13) It was lovely and cool there.

以上例句中的 nice and、rare and 和 lovely and 都具有了副词功能，但它们当中的词没有一个是副词。独立主格结构是由一个独立主格的名词或代词（作为该短语结构的逻辑主语），加上一个分词、形容词、动词不定式或介词短语（作为该短语结构的逻辑谓语）构成。当名词或代词加上一个分词、形容词、动词不定式或介词短语构成的独立主格结构用作状语时，也产生离心压制效应，因为该独立主格结构中没有一个副词，例如：

(14) His homework done (After his homework was done), Jim decided to go and see the play.

(15) The meal over (When the meal was over), we began to work again.

(16) Here are the first two volumes of the book, the third one to be printed next year (while the third one is printed next year).

(17) Now he could walk only with Xiao Hong supporting him (if Xiao Hong supported him).

第二节　词汇压制

从以上构式压制的论述中可以看出，构式压制对语句、短语或分句等的结构、意义和作用起主导性或关键性作用，它们的这些作用不可缺少，并迫使他者适当调整的现象就称之为"压制"。压制可分为两种：如果在一个语句中是构式起主导作用，就称为"构式压制"；如果词汇起主导作用，甚至是不可或缺的，就称作"词汇压制"。

一、名词压制

名词是英语的十大词类之一，主要用作主语和宾语。在英语表达中，主语的单复数形式决定着谓语采用相应的形式。人们处理主谓一致时，有如下三条原则：语法一致，即在语法形式上取得一致；意义一致，即从意义上着眼处理主谓一致关系；就近原则，即谓语动词的单复数形式取决于最靠近的用作主语的词语。有时在结构和意义上不能取得一致，出现主谓不一致的情况，就是用作主语名词的压制效应。

（一）并列结构中的名词压制

由 and 连接的两个单数形式的名词词组做主语时，谓语动词一般用复数，这是一种没有出现名词压制的正常情况。在一些情况下，主谓不能一致。一个单数名词同时被两个不同的形容词修饰，该名词就产生压制效应，例如：

(1) The Chinese and Japanese language have some thing in common.

(2) Ancient and modern history are the subjects we are studying.

例（1）中的 have 和例（2）中的 are，是 language 和 history 的压制结果。要不然，have 应该用 has，are 应该用 is 代替。

由 not only…but also、either…or、neither…nor，或 or 连接的并列名词作主语，谓语动词的单数形式或者复数形式依最靠近的名词单复数形式而定，这是规律。但是，在一些不太正式的文体中，由 neither…nor、either…or、or 连接的并列名词，即使均为单数形式，也采用复数形式的谓语动词，例如：

(3) Neither he nor his life have the faintest idea.

(4) Acting, singing or reciting are forbidden.

例（3）中的 have，按照主谓一致的原则，应为 has，例（4）中的 are，应为 is。它们是作主语用名词的语义迁移，是名词压制的结果，其他语言学理论无法解释该种现象。

当主语后面跟有 as well as、along with、together with、as much as、rather than、no less than 等引导的词组时，它们前面的名词产生压制，由它们来决定谓语动谓的单复数形式，例如：

(5) The captain, as well as the coaches, was disappointed in the team.

(6) Tom, along with his friends, goes skating every Saturday.

例（5）中用动词单数 was，是受 captain 压制而获得的效应，例（6）中的 goes，是受 Tom 压制的结果。在此类结构中，有时即使主语为单数形式，由于这些词组后面名词的压制，谓语也可以采用复数形式，尤其在口语中，例如：

(7) Alice as well as Jane were there.

(8) My aunt, along with three of my cousins, are coming to my house this weekend.

例（7）中的 were 和例（8）中的 are 是受到 Jane 和 cousins 的压制，否则它们应该分别为 was 和 is。由于受到名词的压制，这些句子的主谓产生了不兼容现象，改变了谓语动词的意义。

如果主语是 either (neither) of& 复数名词或代词结构担任时，一般根据语法一致的原则，谓语动词用单数形式。但是，在一些不太正式的文体中，由于名词压制的结果，谓语动词采用复数形式，例如：

(9) I don't think either of them are at home.

（二）抽象名词压制

大部分抽象名词是由动词或形容词转化或派生而来的，这部分抽象名词都不同程度地保存着动词的一些语法特征。英语抽象名词属于普通名词，根据传统语法意义，普通名词可分为可数名词和不可数名词两个类别。因为抽象名词由动词或形容词转化而来，所表示的非实体概念都无法用数目加以计算，所以抽象名词是不可数名词，在这个意义上是没有复数的，谓语动词采用单数形式。然而在现实语言中，由于抽象名词的压制，在谓语动词上产生压制效应，采用复数形式。

可数名词与不可数名词的区分并非绝对的，一般地说，抽象名词比具体名词更可能成为既是可数名词又是不可数名词。在语境和语义的压制下，使抽象名词变成了可数名词，从而又使动词采用复数形式，这样的例句很多，例如：

（1）If negotiations for the new trade agreement take much too long, critical food shortage will develop in several countries.

例（1）受语境的压制，negotiation 产生了压制效应，表示"行为的多次反复"negotiation 有了复数形式。其结果，negotiation 产生名词压制，谓语动词 take 采用复数形式。

（2）We have seen story evidence that the crust of the earth is in mountain, one of the theories suggests that heating inside the earth may produce the motions.

例（2）中的 motion 受常识性知识的压制，motion 采用了复数形式，表示"状态的持久和延续"。motion 又产生名词压制，如果它是用作主语，会使谓语动词受到牵连压制。

（3）Advances in computer science have led to the development of word process, data processors and high-resolution graphics software.

受现实情况的压制，例（3）中的 advance 采用复数形式，表示"情况的纷繁和普遍性"。城门失火，殃及鱼池，受抽象名词 advance 的压制，谓语动词采用了复数形式。

（4）The effects of earthquakes on civilization have been widely publicized, even over emphasized.

受人们对地震的了解压制，例（4）中的 effect 产生压制效应，使用复数形式表示"结果的系列性和多样性"。抽象名词 effect 的受压制效应又投射到谓语上，使谓语动词采用复数形式。能产生这种压制效应的抽象名词不是少数，例如：

achievement（完成）——achievements（所取得的成就）

addition（加）——additions（增加的部分）
composition（写作）——compositions（作文）
consideration（考虑）——considerations（需要考虑的问题）
direction（指导）——directions（用法说明）
explosion（爆炸）——explosions（爆炸声）
extreme（极端）——extremes（极端不同的形式或事物）
finding（发现）——findings（调查结果）
innovation（革新）——innovations（新事物）
limitation（限制）——limitations（限制因素）
load（重载）——loads（载重量）
measurement（测量）——measurements（测量结果）
observation（观察）——observations（观测资料）
organization（组织）——organizations（团体，机构）
preparation（准备）——preparations（准备措施）
remain（残余）——remains（残存物）
stimulation（刺激）——stimulations（刺激因素）
use（使用）——uses（各种用途）
work（工作）——works（作品）

二、动词压制

一种语法范畴应具意义和形式两个方面的条件，在形式上和意义上要有不同的项目类别。形式和意义通常是一致的，例如：直陈语气，但有时发生冲突，仅从形式上看，不从意义分析，则对一些语法范畴无法区分。由于受到动词压制，有些语法现象出现异常，人们必须从意义上才能很好地理解。

（一）动词压制的虚拟构式

英语中的一些动词，例如：ask、advise、agree、beg、command、decide、demand、desire、determine、direct、instruct、insist、intend、maintain、move、order、persuade、pray、propose、recommend、request、require、stipulate、suggest、tell、urge 等，表示"提议""建议""请求""命令"等意义的动词所带宾语从句，谓语用 should 加动词原形表示。以前该现象被解释一种语言特殊的现象，其实不然，它们是动词压制所产生的压制效应，因为其句型取决于主句中的谓语动词。以 wish 为例：

首先，如果宾语从句中的动词用过去式，则表示与现在事实相反的一种愿望，例如：

(1) I wish I were a PLA man. （事实上，我不是一个解放军。）

(2) I wish I knew how to operate this machine. （事实上，我现在不会操作这台机器。）

其次，如果在 wish 之后的宾语从句中用 had 加过去分词形式，则表示已经发生了一件遗憾事，或表示与过去事实相反的一种愿望，例如：

(3) I wish he hadn't gone. （事实上，他已经走了。）

(4) We wish you had come to our New Year's party. （事实上，你没有来。）

最后，如果要在 wish 之后的宾语从句中表示与将来事实很可能相反或不可能实现的愿望时，动词形式用 would／could& 动词原形，例如：

(5) "I am back before Christmas." "I wish you'd come back before Thanksgivings." （事实上，感恩节之前回不来。）

(6) I wish I would try again. （事实上，我不能再试。）

动词压制产生虚拟构式的条件是时间的不同，时间差距是产生虚拟构式的关键。若主句 wish 与其后面的 that clause 中的谓语动词所表示的时间之间没有差距，则在从句中只能用一般过去式形式，如例（1）和（2）。若有时间差距，而其 that clause 表示在 wish 以前的时间，则用过去完成时表示，如例（3）和例（4）。如果 that clause 中表示的是将来时间，当然是相对于 wish 而言，则用过去将来时形式，如例（5）和例（6）。

用"时间差距产生动词压制"这个道理可以解释"it is& 形容词 & 主语从句"句型中的虚拟语气现象，常用于这个句型的形容词有 essential、important、imperative、impossible、necessary、obligatory 等。它也可以解释同位语从句和表语从句中虚拟语气现象，常用的名词有 advice、decision、decision、idea、order、proposal、recommendation、requirement、suggestion 等。

（二）动词压制的双宾构成

宾语表示动作的对象，是动作的承受者。英语的及物动词必须有宾语，宾语一般放在及物动词之后，有些及物动词，例如：give、show、pass、send、bring、lend、tell、hand、sell 等，可以有两个宾语。由于受到谓语动词压制，这种动词要求带有两个宾语，往往一个指人，一个指物。指人的叫间接宾语，指物的叫直接宾语，间接宾语通常放在直接宾语之前。

英语的 give 是典型的双宾语动词，表示"给予"之义。"给予"将双宾语分为"给予""授予""付给"和"交给"等类型，但是一个双宾语构式究竟表示哪一种意义不是由构式本身决定的，而是取决于其中的谓语动词，这表明动

309

词有压制功能。下面以 give 为例：

(1) He gave me a handsome present.

(2) The manager gave her an important post.

(3) I will give three dollars for it.

(4) They gave a porter their luggage to carry.

(5) You have given me your cold.

以上五个例句的语法是一致的，都是双宾语构式，但是它们的意义是不一样的。到底是何种意义，取决于 give 压制效应，例（1）表示"给予"，给了我一个漂亮的礼物；例（2）表示"授予"，授予她一个重要的职务；例（3）表示"付予"，付3美元买这东西；例（4）表示"交给"，把行李交给服务员搬；例（5）表示"传给"，把病传给了我。人们可以把例（1）和例（3）改写成如下句子：

(6) He gave a handsome present to me.

(7) I will give it for three dollars.

在双宾语构式中凸显的是人，所以指人的间接宾语通常放在直接宾语的前面。如果把指人的间接宾语放在后面，就要加介词 to，表示东西的去向，以此凸显指人的间接宾语，如例（6）所示。例（7）中的双宾语调整句中位置不改变介词 for，因为两者都不指人，处于相等地位，没有凸显对象。

学过英语的人都知道，复合宾语和双宾语有着相似的地方，它们的不同就在于谓语动词压制上的差异，例如：

(1) They called him Tom.

(2) They gave him an English book.

(3) They made Peter the monitor.

(4) They made Peter a new dress.

例（1）和例（3）是复合宾语结构，受谓语动词 called 和 made 的压制，宾语补足语 Tom 和 the monitor 分别补充说明宾语 him 和 Peter，它们之间存在着逻辑上的主谓关系，人们可说 Tom is him. / He is Tom. 和 Peter is the monitor. / The monitor is Peter. 例（2）和例（4）是双宾结构，受谓语动词 gave 和 made 的压制，直接宾语和间接宾语之间没有互相补充说明的作用，不存在逻辑主谓关系。人们不说 An English book is him. / He is an English book. 和 A new dress is Peter. / Peter is a new dress.

双宾语构式中还有一种"负给予"意义，这种"负给予"来自负给予双宾动词，是动词的语义压制双宾构式，才使双宾构式具有了"负给予"意义，这也说明了谓语动词的压制功能，例如：

a. The young man took some flowers to the pretty girl.

b. The young man took some flowers from the pretty girl.

例 a. 和例 b. 的意义因为介词不同而出现了相反的意义，例 a. 是小伙子送花给漂亮的女孩，例 b. 是小伙子从漂亮的女孩那里把花拿走。由此可见，双宾构式在其他词都一样的情况下，要是一个用 from、off、away 等介词，另一个用 to、for、with 等介词，句义就产生不同。这表明，介词也可以起到压制和调整改变构式意义的关键作用。

三、副词压制

副词修饰动词、形容词、其他副词或全句，说明时间、地点、程度、方式等概念。有些词天生就是副词，例如：now、there、rather 等；有些是由形容词加词尾 -ly 转变而来，例如：happily、firmly、actually 等；另外一些是与形容词同形，一个词兼有副词和形容词两种功能，例如：early、high、long 等。副词的种类有普通副词，例如：together、well、seriously 等；疑问副词，例如：when、where、why 等；关系副词，例如：as、how、that 等；以及连接副词，例如：otherwise、then、therefore 等。副词的使用比较简单，没有动词那么复杂，有时也在句子中产生压制效应。

（一）副词压制时态构式

汉语动词没有时态形式，汉语动词不是用词形上的变化，而是用特定的词汇来表示动作的各种不同情况。英语与汉语不同，它有十几种时态。every day、twice a week、often、usually、always、seldom 等出现在句子中，会对句子谓语动词的时态产生压制，迫使谓语动词表示现在存在的习惯、经常发生的动作或目前存在的状态，例如：

(1) He takes a walk after supper every day.

(2) She always gets up at seven.

例（1）中的副词短语 every day 迫使 takes 采用一般现在时，表示一种习惯，例（2）中的 always 也迫使 gets 采用一般现在时，隐含表示经常性的动作。副词 always 还可以对进行时进行压制，表示一种情感色彩。这种句子中要是少了 always，人们就不可以接受，例如：

(3) She is losing the book.

(4) She is always losing the book.

例（3）不能接受，在日常生活中人们不可能讲出这样的话语，因为 lose 是

311

一个终止性动词，动作发生在一瞬间，不可能截取过程时间，人们没有机会对一个人说"她正在掉书"。例（4）可以接受，整个句子在 always 的压制下，lose 具有了"反复丢失"的意义，成了一个动作动词，使 lose 有了一个过程，有了一个视点，表示"她老掉书"。再看下列两例：

(5) She is always cooking some delicious food for her family.

(6) He is always finding fault with his employees.

例（5）表示一种"赞赏"，她有给家人做可口饭菜的习惯，例（6）表示一种"讨厌"，他有挑别人毛病的习惯。

up to now、so far、these days、this summer、for…、since…等之类的副词短语出现在英语句子中时，由于受到这些副词词组的压制，谓语动词要采用现在完成时，表示动作发生在过去，但与现在情况有关系，即用一个发生在过去的动作来说明现在的情况，例如：

(7) I have lived in Changsha for 20 years.

(8) We haven't seen each other again since we graduated in 1981.

例（7）中 for 后接一段时间的短语，表示一直住在长沙，可能还要住下去，例（8）中的 since 后接了一个过去具体的时间，表示 1981 年毕业以后一直没有见面。正是受到上述副词短语的压制，现在完成时可和疑问副词 where、why、how 连用，但通常不能和疑问副词 when 连用，例如：

(9) Where have you been?

(10) When have you been?

例（9）可以接受，例（10）不能接受，因为 when 一般只与过去时态连用。当 by the end of 副词短语出现在句子中时，也可对谓语动词产生压制效应，例如：

(11) By the end of last month, the small workshop had become a large factory.

(12) By the end of next month, they will have studied twenty passages.

例（11）中的 by the end of 后面跟着过去的时间，迫使谓语动词采用过去完成时，表示在上个月结束时，谓语动词动作已经完成，例（12）中 by the end of 后面跟着将来时间，迫使谓语动词使用将来完成时，表示在下个月底学习完 20 篇文章。一些连词也可以压制时态构式，以 if 为例。

一般将来时表示将来某一时刻的动作或者状态，或者将来某一段时间内经常发生的动作或状态，一般由助动词 shall / will& 动词原形构成。在含有条件状语从句的主从复合句中，当主句谓语动词以某种形式表示将来时间概念时，由于受到 if 的压制，条件状语从句中的谓语动词要采用一般现在时，不能使用一般将来时，例如：

(13) I'll see you again if I have time tomorrow.

(14) I'll visit the Great Wall if I will have time tomorrow.

例（13）可以接受，体现了 if 的压制效应，在从句中用一般现在时替代了一般将来时，例（14）不能接受，if 没有产生压制效应，从句中谓语动词使用了将来时。

（二）副词压制词序构式

英语中最基本的词序"主语 & 谓语动词"通常情况下是十分固定的。如果把谓语动词放在主语前面，这就叫倒装。将谓语动词移至主语之前，称为完全倒装；如果只是把助动词或情态动词放在主语前面，称为部分倒装，例如：

(1) Out rushed the boy.

(2) There goes our squad leader.

例（1）受到 out 的压制，rush 放在主语之前，实行了完全倒装，例（12）同例（1）一样，受到句首 there 副词的压制，产生了完全倒装词序构成。由此可见，只要 out、there、then、here 等副词出现在句首，就会压制谓语动词，产生完全倒装词序构式。请看下列例句：

(3) Hardly did I think it possible.

(4) Never before have I seen such a wonderful park.

例（3）和例（4）受句首 hardly 和 never 的压制，整个句子的词序受到影响，成为部分倒装句。因此，not、never、seldom、hardly、rarely、scarcely、only 等词出现在句首，就对句子的谓语动词产生一种压制效应，要变成部分倒装句，改变正常词序，形成新的词序构成。

就副词的功能而言，它们可以分为三大类：修饰性副词，例如：frequently、fast 等；评注性副词，例如：fortunately、strangely 等；连贯性副词，例如：therefore、nevertheless、修饰性副词修饰动词/形容词以及其他结构，是句子的内在成员，例如：

(5) The boy ate the apple quickly.

例（5）中的修饰性副词 quickly 是句子中的成员，包含在句子之内。评注副词和连贯副词不修饰某个词或短语，而是说明整个句子的。评注副词表明说话者对整个句子的看法和态度，连贯副词主要起承上启下作用，使句子、段落和情节连贯起来。由于副词自身压制，以及句子意义的影响，使自己在句中的位置十分固定，例如：

(6) Did she reply therefore?

(7) Politely did they treat him?

例（6）和例（7）都不能接受，therefore 是连贯副词，起连接作用，在疑问句中要放在句首，politely 是修饰性副词，它与连贯副词恰恰相反，在疑问句中修饰副词一般不位于句首，把句子改成：Therefore, did she reply? / Did they treat him politely? 就可以接受了。再看下列例句：

(8) He did not reply therefore.

(9) Quickly he didn't answer the question.

例（8）和例（9）是不正确的句子，句中词序构式不正确。连贯副词不能放在否定句末，therefore 在句末，没有对否定词产生压制，它没有包含在否定范围内。把句子改成 Therefore he did not reply. 就可以接受了，therefore 放在句首，对否定词产生了压制，包含在句子范围内了。quickly 是修饰副词，它与连贯副词相反，要放在句子后面，才能对否定词有所压制，被包含在否定范围内。把句子改成 He didn't answer the question quickly. 就可以接受了，quickly 压制了否定词，成了句子的一个部分。

连贯副词要放在句首，因为它们是起着承上启下的作用。在祈使句中，连贯副词一般也位于句首，但是表概括的连贯副词，例如：overall、somehow 等，不能放在句首，人们不能说，Somehow tell him about it. 为什么会这样？这是概括连贯副词受到意义的压制，它们是概括连贯副词，必须在所有事情做完之后，到最后才能进行概括。把概括副词放在句首，事情还没发生就进行概括，与逻辑意义不相符。

另外，连贯副词受意义压制还体现在它们不能受其他副词修饰上，修饰副词和评注副词都可以受到其他修饰副词的修饰，而连贯副词与其他两类副词不同，它不能被修饰副词修饰。人们不能说，Very incidentally、according enough，顺便就顺便，不能说非常顺便；于是就于是，不能非常于是，这是连贯副词受到意义压制的结果。

四、形容词压制

在讲到英语形容词时，老师往往提醒学生要避免受到汉语的影响，不要把英语的形容词像在汉语中一样，直接用作句子的主语或者谓语。虽然英语形容词不能简单地当作动词或者名词使用，但它们也带有名词或动词的某些特征。在不同的句子结构中，由于受到压制，形容词或者充当名词，或者表示动态。

（一）形容词的动态构式

从词义上看，英语的形容词有些是描述静态特征，常被称为静态形容词，例如：big、small、long、wide、tall、short、old、young 等，都是比较稳定的，具有比较长久的特征。有些形容词是描述比较短暂的状态或目前的表现，具有某种动态意义，称为动态形容词。由于压制的差异，这两类形容词导致句型结构上的差异。

动态形容词可以压制 be 动词开头的祈使句，产生一种复合动态构式，人们可以说：Be cautious! / Be patient! 静态形容词不能用此构式，它们不能压制祈使句中的 be 动词，人们不能说：Be younger! / Be taller! 它们没有动力形成复合动态构式。如果祈使句的动词是 get，也能产生动态构式，例如：

（1）Get tough with them!

（2）Get aggressive, young man!

例（1）和例（2）中的 get 是系动词，相当于 be 动词。因此，get 也受到动态形容词 tough 和 aggressive 的压制，形成了复合动态构式。其含义是要听话人做好准备，相当于 get ready to do something，它们的汉语意思是：对他们要强硬！拿出闯劲来，小伙子！

动态形容词可以压制使役结构，产生动态构式，人们可以说：I told the girl to be careful，不可以说：I told him to be an inch shorter。人们可以要女孩小心点，但人们不能要他矮一英寸，例如：

（3）I persuaded her to be generous.

（4）I persuaded her to be one year older.

例（3）是正常句子，generous 是动态形容词，可以压制使役动词，句意是通顺的，我可以劝说他大方一点。例（4）是非正常句子，older 是静态形容词，没有压制使役动词的能力，句意不合逻辑，我没有办法劝说他长一岁。

动态形容词具有压制动力，可以产生动态复合构式，动态形容词也可以产生进行构式，例如：

（5）The boss is being kind to them now.

（6）I am being honest-every word I say is true.

此结构相当于动词的进行体，例（5）是老板现在对他们做出善意的表示；例（6）是我现在讲实话，我讲的每一个词都是真的，两个例句中含有"正在"的意味。静态形容词不能产生复合动态结构，人们不能说：They are being short. 也不能说：This plot is being twelve square meters.

动态形容词和静态形容词都可用于 it is & adj. …句型中，由于前者有压制动力，后者没有压制动力，因此动态形容词后接 of，静态形容词后接 for，例如：

（7）It is kind of you to do so.

315

(8) It is necessary for you to do so.

由于压制效应，例（7）中的 of 用于指示动作的主体，即前面形容词所表示的动作来自 of 后的定语，此动作是指具体的动作，已经发生的动作，相当于 You are kind to do so. 例（8）指未来的情况，句中的形容词没有动态含义，只是用于说明因果关系或客观情况，相当于 It is necessary that you should do so.。

同样道理，动态形容词可用于 How & adj. & of …构式中，而静态形容词不可以用于此构式中。人们可以说：How thoughtful of him! 不能说：How beautiful of her! 这里的 How thoughtful of him，是就他已经做了的事情而言，例如：How thought of him（it was to make all the necessary arrangements for us）.（为我们做好了一切必要的安排）他考虑得真周到！

（二）形容词名词构式

静态形容词能压制住名词性短语，成为中心词，产生名词构式。名词构式主要表现在名词化的静态形容词上，其典型构式为"限定词 the & 形容词"。绝大多数中外语法著作仅指出英语中名词化形容词的形式是定冠词 the & 形容词，没有看到名词化形容词对名词性短语的压制效应，the & 形容词的说法不能完全反映英语中形容词名词化这一现象。从人们对于名词化形容词的使用看，名词化形容词短语有多种变体，这种变体都受到中心词，即该短语中的名词化形容词的完全控制，这种控制力来自名词化形容词的压制效应，例如：

(1) Those dead whose souls are in heaven are called the blessed.

(2) Our unemployed receive unemployment allowance.

(3) Four accused were on their trial at last.

(4) Many workless in that industrial park are on strike.

例（1）中的 dead 具有特指之意，它压制 those，一起构成名词构式，表示强调特指一类的意义，在短语中用 the 取代 those 就没有强调意义，the 不如 those 好。例（2）的名词化形容词 unemployed 迫使 the 退出短语，用 our 替代了 the，unemployed 前面不宜用 the。例（3）中名词构式 four accused 不能改用 the accused，否则改变了句子的真实意义。例（4）中的 workless 指类别，指某一类人。它具有复数含义，虽然它没有复数的曲折变化，但压制了前面的 many，要求名词构式中的有关词要保持一致。

(5) The new and progressive triumphs over the old and obsolete.

用 and 连接两个名词化形容词构式，and 前面的那个名词化形容词对后面的名词化形容词构式产生压制，迫使其省略相同成分 the。例（5）中 progressive 和 obsolete 前 the 的省略就是受到 the new 和 the old 的压制，使句子读起来更加流畅。这种前面构式压制后面构式情况也出现在轭式修辞格（zeugma）中，轭式修辞格是根据希腊文"用一副轭套上两只牲口"（zeugninai）而得名，因为它的格式是一个词（通常是形容词、动词或介词）来搭配两个名词。轭式修辞格的形容词只能与一个名词构成自然的搭配，与另一个名词本来是不能搭配的，由于受到前面形容词的压制，压制效果巧妙地投射到后者身上。不但不牵强附会，反而具有很强的表现力，引起人们的丰富联想，例如：

(6) The boy looked at his step-mother with weeping eyes and hearts.

例中的形容词 weeping（流泪的）本来只能与 eye 搭配，不能与 heart 搭配，通常应该用 grieving（哀伤的）或者 bleeding（流血的）来修饰 heart。weeping 向 heart 施压，正常搭配 weeping eye 迫使 weeping heart 在句中合法化，迫使其被接受。前者的合法性巧妙地压制后者，使后者产生想象不到的语用效果。

(7) The true and the good and the beautiful grow in the struggle with the false and the evil and the ugly.

从例句中可以看出，用两个以上 and 连接三个以上名词化形容词时，由于第一个名词化形容词构式 the true 和 the false 压制能力有限，不能无限地压制下去，所以它们后面的名词化形容词构式中的 the 不能省略。

(三) 形容词后置构式

大多数形容词既可以作定语，也可以作表语。当形容词作定语时，它们一般放在修饰的名词之前。要是不止一个形容词修饰名词，这些形容词的位置由它们和被修饰名词的关系密切程度来决定。一般说来，关系最密切的最靠近被修饰的名词，关系较远的离被修饰的名词也较远。以 a - 为前缀的形容词，以及以 - able、- ible 为后缀的形容词，通常将它们置于被修饰名词之后，下面以 a - 开头的形容词为语料展开阐释。

英语形容词中有一类以 a - 开头的形容词，这种形容词有一些特殊的用法，它们与众不同，个性十分鲜明，只能作表语，不能作定语。如果人们要把它们作定语用，它们前面要加修饰词减压，或者放在名词的后面以减少压力。以 a - 开头的形容词数量不多，在上海译文出版社出版的《新英汉词典》中，明确标有"常作表语"说明的词条有 49 个：ablaze、abloom、ablush、aboil、abroach、abuzz、adrift、afire、aflame、afloat、aflutter、afoot、afraid、agape、aghast、aglimmer、aglitter、aglow、agog、aground、ahead、ajar、akimbo、akin、alee、alight、alike、alive、alone、aloof、amiss、ashamed、askew、aslant、asleep、aslope、a-stir、astraddle、astride、strut、aweight、awheel、asunder、athirst、athwart、awash、awhirl、awry。另外，标有"用作表语"说明的词条两个，即 awake 和 aware①。除此以外，Quirk 等人还把 alert 和 averse 也算作以 a－开头的形容词。因此，一共有 53 个类似的形容词，实际上可能还更多。

一般地说，以 a－开头的形容词只能用作表语是由语言变化而产生的语法现象，有其历史根源。语言学家们通过对词源的考据，认为不少以 a－开头的形容词是由"前置词 on & 名词"这一短语结构发展而来的，例如：alight (on a light)、alive (on life)、asunder (on sunder) 等。最初这种短语是用作表语的，随着语言的发展，前置词发生了音变。由于读音变化，前置词的书写形式变成了 a－，随着词形的变化，意义也发生了变化，这是形式决定意义的最佳例子。其结果，a－变成了构词前置，表示 away、from、of、on、in、up、to、out 等意义，并与随后的名词融为一体，例如：ablaze = a & blaze；agape = a & gape；aground = a & ground；astride = a & stride；aweigh = a & weigh；awheel = a & wheel；等等。

从以 a－开头形容词的词源上看，它们是从前置短语演变得来的结果，这就解释了它们为什么只能用作表语，这是原因之一。a－开头的形容词作定语时，它们必然会与冠词连用，即在它们前面要加上冠词 a、an 或者 the，于是就会出现"an & a-adj. & n"短语结构，例如：an afire house 和 an astir village。

在这种短语结构中，人们会产生一种错觉，把 an 和以 a－开头的形容词中的 a 都当作不定冠词，是一种累赘的用法，不符合语言经济原则，这是原因之二。以 a－开头的形容词前面被定冠词 the 修饰，就会产生"the a-adj. & n"短语结构，例如：the abuzz city 和 the aweigh anchor。这种结构让人们产生意义上的错觉，同样把以 a－开头的形容词中的 a 当作不定冠词，定冠词 the 不能同不定冠词 a 一起用，这是原因之三。正是这三个原因，在以 a－开头的形容词内产生巨大的压力，决定了它们只能作表语。

a－开头的形容词通常只能作表语，但这并非是它们的唯一功能，它们还可以作定语。要把 a－开头的形容词作定语，就要减少它们来自前置短语的压力，必须置于所修饰的名词之后，例如：

(1) One boy alone do this work.

句子中 alone 修饰 boy，置于所修饰名词 boy 之后。由于 alone 自身的压力，它作定语时，要放在所修饰名词的后面，这是它们源自前置短语所致。如果对 a－开头的形容词实施减压措施，缓解它们的压力，也可以放在它们所修饰的名

---

① 曹务堂：《A－形容词探源及其特点》，《现代外语》1994 年第 4 期，第 31 页。

词前面。人们可以在 a-开头的形容词前加上其他修饰语，把它们与冠词隔开，拉开 a-开头形容词与冠词的距离，减少压力冲撞，例如：a half-asleep baby、a fully-awake soldier、a very ashamed woman、a somewhat afraid policeman、a really alive miner 等。a-开头形容词前加上一个修饰成分，消除了它们源自前置短语、把形容词开头的 a 误认为是不定冠词以及定冠词不能和不定冠词连着使用的误解，使 a-开头的形容词压力大减，成了一个正常的形容词，可以置于被修饰的名词之前。

除了动词、名词、副词和形容词之外，其他词类也有压制现象，只是没有以上四类词常见而已。人们要真正理解词汇与构式之间的互动关系，就不能只注重构式，强调构式的作用，而忽略词汇的基础功能。构式压制和词汇压制是一个完整事物的两个方面，缺少一个，另一个就不复存在，这是谁都知道的客观规律。

第十三章

习 语

语言是文化的载体,文化深深植根于语言之中。习语作为语言的精华与文化密不可分,它们是语言的历史遗留,是历史文化的积淀。一个民族的社会、历史、心理、民俗和各类社会现象等都能从习语中反映出来。习语"idiom"一词最早来自希腊语中的单词"idioma",指的是在语言的形成和发展过程中约定俗成、具有相对稳定性和特殊意义的语言实体,包括成语(set phrases)、典故(allusions)、谚语(proverbs)、俚语(slangs)等。简单地说,习语"idiom"即是一组原来有自己的意思而被赋予了新的意思的词(the assigning of a new meaning to a group of words which already have their own meaning)。它们是语言经过长期使用而提炼出来的固定词组、短语或句子。其结构严谨、形式简练、寓意深刻、形象鲜明、表达生动且易懂易记,因而为人们所喜爱。同时,习语蕴涵着丰富的文化信息,具有生动的形象和哲理性的比喻,除了语言的相融性和相通性,还带有鲜明的民族特色、地区色彩和表达方式。

传统理论认为,习语曾经具有隐喻的来源,但随着时间的推移,这一隐喻性消失了,并作为"死亡的"隐喻存在着,其非字面义是直接在心理词库中规定的。心理语言学和认知语言学的研究对这一观点提出了挑战,这方面的研究主要涉及以下两个方面:(1)习语的可分析性;(2)习语非字面义的认知理据[1]。吉布斯(Gibbs)等人的心理语言学实验证明,习语的非字面义由人们的概念知识提供理据,这些概念知识由隐喻和转喻思维构成。认知语言学的许多学者探索性地发现了许多人类经验中有代表性的认知域,如时间、因果、空间和情感等,这些研究证明在我们的日常思维中隐喻和转喻是普遍存在的。一些英语习语的认知语言学分析也证明,习语不是在词库中以独立的单位存在的,

---

[1] Gibbs, R., "Comp rehending Figurative Referential Descriptions", *Journal of Experimental Psychology: Learning, Memory, and Cognition*, No. 16, 1990, p. 35.
张辉. 熟语:常规化的映现模式和心理表征 [J]. 现代外语, 2003 (3): 250—257.

而是反映了隐喻概念的连贯的系统。考维塞斯（Kovecses）指出，习语如 blow your stack、flip your lid、hit the ceiling 和 lose your cool 等都由概念隐喻（ANGER IS HEATED FLUID IN A CONTAINER）提供理据。吉布斯等人对习语的理解进行了大量的心理语言学实验，证明在理解习语时人们通过掌握的前概念的图式经验格式塔，演化出许多概念隐喻，从而为人们理解习语提供了部分的理据。对习语的理解反映出人们在思维里使用了概念隐喻。

第一节 习语的认知机制

传统语言学研究认为习语属于一种特殊的语言实体，具有语义的不变性和结构的完整性，强调习语的核心意义不是依据构成习语的语素意义之和推断出来，例如 use one's loaf（认清）、all hell breaks loose（乱作一团）、stick to someone's ribs（撑满肚皮）、hang fire（犹豫不决）等习语，其喻义是无法从它们的语素词义找出推导依据，因为习语本身的字面意义不能为人们提供更多信息，甚至许多习语的字面意义是荒诞不经的，传统的语言学研究多从语法功能和结构组成上对构成习语的短语或句子进行解释或从修辞色彩和语体上对其进行分析，关注的是句法属性和语法构词关系，而不是习语所处概念系统中所反映的整体语义关系，认为习语喻义与其语素意义之间没有必然联系，是独立于概念认知体系之外的。认知语言学则认为习语是有理据的，且多数习语是可分析的，主张不再把习语作为一种语言内部的辞格来对待，而是把它的意义与人们的体验认识联系起来，分析隐匿于语言形式后面的心理认知过程。按照认知语言学的观点，概念是人认识世界的产物，是对一类事物进行概括的符号表征。概念的形成是以认知范畴为基础的，而认知的内容和形式又反过来丰富和限制概念系统的形成。莱可夫提出概念系统反映我们共有的生物能力和我们作为在环境中活动的人类的物质经历和社会经历，它的意义是建立在个体以往的经验、价值观、情感和洞察力之上。概念系统的介入对隐喻表现形式的概括性更强，因此认知语言学认为习语的喻义需要运用实际生活经验中一系列概念系统，即概念隐喻、概念转喻、概念整合和共有文化常识之间的相辅相成才能反映出来，这一观点得到了多数语言学家的认可①。认知模式的提出最初来自明斯基（Minsky）的框架理论和菲尔默的框架语义学。在此基础上，兰盖克的空间理论、莱可夫和约翰逊的隐喻理论对认知模式的阐述进行了修整与发展。他们认为认知模式是人与外部世界互动的基础上形成的认知方式，不是客观存在的，而是人类创造的。他们这种理想化的认知模式理论为研究习语喻义的心智表征以及形式背后的概念结构提供了可认知性依据。譬如一个命题从某一个认知域映射到另一个认知域的相应结构上就形成隐喻认知模式，而在某一认知域中，使其中某个成分与另一成分发生联系形成部分指代整体，这又涉及转喻认知模式。可见，不同的认知模式表现出不同的完形结构。

一、概念隐喻机制

莱可夫认为人类的认知体系首先是一个充满隐喻性思维的体系，而思维过程中所使用的概念隐喻是参照一个知识领域去理解另一个知识领域，前者通常是具体的、较熟悉的实体领域，称为始源域，后者通常是无形的、不熟悉的抽象领域，称为目的域。概念隐喻的存在使得人们看到了不同概念之间的内部联系，从而以已知喻未知，以简单喻复杂，以具体喻抽象。日常生活中，表达喜悦、悲伤、生气的多数习语都是隐喻的，情感本身是内在的、无形的，而习语通过隐喻赋予情感"形态"，甚至"颜色"。如 in heaven, walk on air, over the moon, 都表示喜悦；与喜悦相对的是悲伤，如习语 in hell, down in the dump, feel low. 又如 smoke coming out of one's ear, a flame of anger, flare up 等习语，都是在相同的概念隐喻下构成的。那么，具体说来，概念隐喻是如何为一些习语喻义提供理据呢？首先，我们看句子 The boss is up in arms about the company's poor sales record in the past few years 中的习语 to be up in arms, 其意义是通过始源域概念"人通常会因情绪亢奋，举起双臂，抖动拳头"的实体意义映射到目的域"ANGER IS UP"的概念认识而被理解为 to be angry, 在这里，"ANGER IS UP"被称为概念隐喻，因而依据这一类似机制，下面各句中习语所体现的概念隐喻分别是：

（1）Mrs. Smith sobbed her heart out at the news of her mother's death. （THE HEART IS USED-UP RESOURCE：听到母亲过世的消息，Smith 太太哭得死去活来。）

---

① 宁全新，郭晶英：《论三种认知操作在习语成因中的体现》，《西南民族大学学报》2005年第10期，第 300~303 页。

(2) Intellectuals have certainly come up since the reform and open policy. (HIGH STATUS IS UP：自改革开放以来，知识分子的社会地位无疑有很大提高。)

(3) The fire between them finally went out. (LOVE IS FIRE：他们之间的爱情最终结束了。)

(4) The house changed hands many times. (POSSESSION IS HOLDING SOMETHING IN THE HAND：这幢房屋曾多次易主。)

(5) That young man in the workshop felt very painful because he caught a torch for a pretty girl. (LOVE IS WARM FEELINGS：车间里那位年轻人非常痛苦，因为他单恋着一位漂亮姑娘。)

上述例句说明，概念隐喻充当着两个彼此独立且截然不同的概念域之间的媒介，概念意义之间的关联是客观事物在人的认知领域里的联想。因此，解读"sobbed her heart out，come up，fire went out，changed hands，carry a torch"的意义要远比"used-up resource，high status，love，possession"等意义复杂。假如我们从概念隐喻所构成的思维体系与习语喻义之间的相互作用来分析习语，那么，理解这类习语自然以概念隐喻作为基础。

另外，巴塞罗纳（Barcelona）指出概念结构是语言的心理体现，是词义运用的基础，是把语言和认知对应起来的中间层次。为了进一步揭示概念隐喻的认知表征，我们还可以从概念映射的动态过程着手，即概念结构的实体性对应与认知性对应加以对比分析。实体性对应是指始源域和目标域中概念的静态意义对应。例如，习语"to spit fire"的一般意义是"to be angry"，是根据概念隐喻 ANGER IS FIRE 的概念结构得来的。认知性对应是人们运用了概念结构认识上的动态意义对应，是从一个知识领域到达另一个知识领域的隐喻思维过程中运用的推导。例如，为何习语"spitting fire"和"smoke coming out of one's ears"的喻义为"more intense anger"，而不仅仅是"be angry"？因为人们依据有关"fire"特定的概念隐喻知识，即"火变得浓烈而难以控制时是相当危险的"的认识来解读"spitting fire"和"smoke coming out of one's ears"的喻义。因此，人们很自然地在"fire"的概念结构上运用联想，把"fire"的特殊概念结构与人的情感变化关联起来得出了相同的结论：当怒气变得强烈并失去控制时，同样也是相当危险的，而它附加意义从"to be angry"到"to be becoming greatly angry"程度的不同变化，则是根据始源域 fire 和目的域 anger 之间"the intensity of fire is the intensity of anger"的认知性对应得来。在多数情况下，决定一个习语的一般意义，即习语所涉及的概念是习语里所使用的概念隐喻的始源域和目的域之间的实体性对应,而习语的附加意义则来自始源域和目的域之间的认知性对应。所以,在解释习语的认知性隐喻方面,我们发现后者要比前者更为复杂。

二、概念转喻机制

莱可夫和特纳指出隐喻和转喻之间是相互关联的连续体关系,转喻与隐喻都是概念性的,与概念隐喻一样,概念转喻也具有生成性、系统性和概括性,概念转喻在生成习语喻义方面同样起着重要作用。概念转喻是在同一认知域中发生的映射,是用某一范畴中易感知、易辨认、易理解部分去激活另一范畴相关整体或整体其他部分的认知过程,反映的是一种包含着始源域和目的域之间的邻近关系。由于转喻的整体范畴与部分范畴的相互指代关系只涉及一个概念域的映射,这就意味着概念转喻的功能主要是指称性的。概念转喻的指称是以单一对应映现为其主要特征,即始源域和目的域之间有一个"部分代整体"的对应关系。下例句中习语的喻义就是建立在概念转喻基础上的。

(1) He has good manners in everything before ladies, like John Bull. (在女士们面前,他的举止如同英国绅士般风度翩翩。)

(2) The pen is mightier than the sword. (武人打天下,而文人坐天下。)

(3) British lion supported Uncle Sam to set fire against Iraq in March of 2003.

(4) That company went bankrupt because many brain drains left it.

以上例句中的习语喻义是在概念转喻的作用下分别代表 a typical English、civil organizations、armed force、the British government、the American government 和 talents。它们之间的投射关系分别为下列形式:

John Bull → a typical English (INDIVIDUAL FOR KINDS OF PEOPLE)

pen or sword → civil organization or armed force (INSTRUMENT FOR ITS USED POWER)

British lion or Uncle Sam → the British government or the American government (NAME FOR AUTHORITY)

brain drains → talents (ORGAN FOR PERSON)

但需要指出的是并非概念转喻都是指称性的,例如 Most students are all ears in English classes. 反映的却是述谓性的,因为 all ears 的转喻关系能将始源域的典型特征体现出来并映射到目标域上,同时始源域明显是目标域的次域。

(5) In spite of reading it carefully, John Ellison couldn't make head or tail of the document. (虽然 John Ellison 仔细地阅读了那份文件,但依然没弄明白。)

在上句中，习语 make head or tail of 在概念转喻 HEAD OR TAIL FOR SENSE 的作用下，被映现为"明白，懂得"的意义是从"头"和"尾"映现 beginning 和 ending 来代表某一事物发展的全部过程。在这一点上，始源域"head"和"tail"的部分特征被拓展和扩大，并使该特征与目的域的整体过程相互对应，发生相同的功能效应从而使目的域在概念上丰富起来，即"对某一事物的了解如同对自己贯穿头脚的身体那样清楚"的隐喻意义，结果依据单一对应的转喻使人们获得了指称的潜能。这种概念能力是人们经常使用概念转喻的理据。另则，根据认知语义学关联理论的交际原则，言语的交际行为都会传递一种与事件相关联的认知效应。在很多情况下，转喻言语能够建构出与当时情境更加贴切的认知语境。习语喻义转换中所包含的转喻有些是以情境为基础的。情境包括情境的组成部分，这些组成部分之间以及组成部分与整个情境之间也能体现转喻关系。

与概念隐喻相同，概念转喻也基于人们的基本经验，是概念性的、系统性的和概括性的，是人类重要的思维方式。莱可夫和约翰逊认为，转喻不同于隐喻之处在于它只包含一个概念域，主要起参照作用，允许我们用一个实体去取代另一个实体。概念转喻是在同一认知域中发生的映射，是用某一范畴易感知、易辨认、易理解部分去激活另一范畴相关整体或整体其他部分的认知过程，反映的是一种包含着始源域和目的域之间的邻近关系。下列习语的喻义就建立在概念转喻的基础之上：

（6）pick someone's brain（向某人请教；用 brain 代表"知识"。）

（7）make up a purse（筹款；用 purse 代表"钱"。）

（8）live by one's pen（以写作为生；用 pen 代表"写作"。）

（9）dig one's own grave（自取灭亡；用 grave 代表"毁灭"。）

（10）marry money（跟有钱人结婚；用 money 代表"有钱人"。）

（11）go under the hammer（被拍卖；用拍卖场上用的 hammer 代表"拍卖过程"。）

（12）one's hand is out（技巧生疏了；用 hand 代表"技巧"。）

（13）make head or tail of（了解，弄清楚；用 head or tail 代表"意义"。）

三、概念整合机制

概念整合就是把心理空间作为输入空间，并对其进行认知操作。输入空间的部分结构和成分投射到一个新的整合空间。建立概念整合网络，需经过以下步骤：建立心理空间、跨空间匹配、有选择性地投射到整合空间、确立共享结构、投射回各输入空间等。概念整合是潜意识的普遍的认知活动，因为整合是在常规化的或凝固化的概念结构上进行的新一轮的认知操作，因此概念整合能够对创新予以解释，且其构建和操作都具有创造性。成语是人们长期以来习用的、形式简洁而意思精辟的定型的词组或短语，概念整合理论是在线地分析描写成语的有效手段之一。在具体的语篇中，成语心理空间中的成分与话语感知空间中的成分以及心理空间中的关键关系如时间、空间、角色等进行概念压缩，这样，我们才能完成对语篇中成语意义的在线构建。以下句中的习语"let the cat out of the bag"为例：

It was supposed to be a secret that we were firing our accountant for stealing money. But my secretary let the cat out of the bag by telling her friends.

这里主要有四个空间：输入空间1（input 1：the contained cat）；输入空间2（input 2：athe secret）；类属空间（generic space：the similarity between the secret and the contained cat）；整合空间（blended space：to tell the secret is to let the cat out of the bag）。句中的相关成分与关系在整合空间中被压缩：the cat——the secret——fire the accountant；the holder——the confidant——the secretary；the releaser——the divulger——the secretary（这里的secretary既是confidant又是divulger）。在输入空间2（input 2）中，如果confidant泄漏了秘密，就是一种背叛行为。在整合空间中"secretary"把"firing the accountant"这个秘密告诉了别人，这种行为也是一种背叛，可能会导致不好的后果。

四、常规知识

诚然，根据莱可夫的理论，所有隐喻化的表达式都是业已存在于语义记忆中的概念结构的具体实现或解释。不过奎因（Quinn）则认为在理解我们所处的世界中起重要作用的是以理解所依赖的共有文化框架为前提的，概念隐喻和概念转喻在理解中并非起完全的作用，因为习语中常规的隐喻表现出三种类型：一是以概念相似为基础的，二是以概念邻近为基础的，三是以经验相关为基础的，我们可以看出后者明确地说明它是以感知的共性为基础的。因此如何确定隐含在某一隐喻化的表达式的概念意义未必完全取决于概念隐喻和概念转喻。构成习语认知机制的除了概念隐喻和概念转喻以外，我们还可借助一定量的共有文化常识对习语进行分析。所谓常识，是指关于某个或某些概念领域的知识，这些知识是某一文化中所共有的，是那些不言而喻的知识。不论在哪种文化中，都会有一些基本知识（如身体的各个部分、建筑物、火、容器等）。我们可以用这些基本知识去理解某些较抽象的体验。在一定程度上，如果缺乏这一诱因，则对习语的理解是不全面的，有时甚至是不可能的。下面以 hand 和 handful 构成的习语为例：

（1）Mr. didn't understand why his manager would assign him a fresh hand. (HAND FOR PERSON：约翰逊先生不明白他的老板为什么会给他配个新手。)

（2）As a child, I remembered my mother was so kind that she always gave my poor classmates a charity with an open hand. (CONVENTIONAL KNOWLEDGE：记得我小的时候母亲非常善良，总是慷慨大方地接济生活贫困的同学。)

（3）Last year, we didn't visit many scenic spots and historical sites in Beijing because we only took a handful of money. (CONVENTIONAL KNOWLEDGE：去年，我们在北京没能够参观许多名胜古迹，因为我们带的钱不多。)

（4）The boy was very naughty. He threw a handful of mud on the blackboard and ran away. (CONVENTIONAL KNOWLEDGE：这个男孩非常淘气，朝黑板上扔了一大把泥就跑了。)

（5）Today a lot of travelers in the park have their hands full for the sightseeing. (CONVENTIONAL KNOWLEDGE：今天，公园里众多游客目不暇接地观景。)

在句（1）中，习语 a fresh hand 用以指代一个人，其遵循的依据是概念转喻：以局部代全体。然而，对句（2）中习语 with an open hand 的理解就因缺失两个所指对象间可观察到的、真实的概念扩展关系，故而不能实现指称转移。所以，人们在理解这类习语时必须借用与手相关的结构、形态、规模、用途、功能等共有文化常识才能准确理解。就 with an open hand 而言，其共有文化常识有助于人们想象出"敞开手掌"所表示的给他人钱财时大方、慷慨、不图回报的这种意境去理解 with an open hand 的真实含义。有时习语中同一语素会因不同配置而改变共有常识的作用。如句（3）中的 a handful of money，其意义为 a bit of money，那么词语 hand 与词缀 -ful 的合成是如何体现"少数"之意？而句（4）中 a handful of mud 又是如何表示"一大把"之意的呢？首先，-ful 从词源上讲是 full 之意，即"充满的、完整的、最大量的"，如 full speed（全速）、full summer（盛夏）等。在（4）中 handful 与 mud 的搭配上，由于 mud 的形态是软体流质性的物质，人们手抓泥时往往溢满从而形成"一大把"的认识，而对例句（3）中 a handful of money 的共有文化常识则为：手与筐篮相比，即使手再大也不能抓住像筐篮那样同一单位量的东西，因为两者间的比值是不同的。所以，a handful of money 的认知基础是依据手、筐篮与所抓物体之间的尺寸比例这一共有文化常识，而 a handful of mud 的认知基础却是出自有关 mud 的共有常识。再看例句（5）中 have their hands full 与 handful 在形式上非常相似，但在阐释 have their hands full 的意义方面却是完全不同于 handful 的。习语 have their hands full 的认知理据是源于"当人们手中已有东西,就不易再拿更多的东西或继续从事企图活动"这一共有常识,其隐喻意义为 to be very busy。上述示例说明共有文化常识对习语的分析是直接的和形象的,因为人们在理解与手相关的习语时,都离不开自己对手的体验知识,因为人们太了解手的功能了。

习语是高度规约化的特殊语言表达,其意义并非是单个词意义的简单相加,而是源于概念域的,也是有理据可寻的。概念隐喻、概念转喻、概念整合和常规知识等四种认知机制在习语的理解过程中发挥了重要作用,在很大程度上,这四种认知机制密切相关,在习语中常常同时发挥着作用。

第二节 习语意义的构建

习语是各民族政治、经济、思想、文化观念、道德品质、风俗信仰、生活经验等诸方面信息的总显示,它们表现出劳动人民的热情、勤劳、勇敢、真诚、质朴和坦率,当然也包括虚伪、奸诈、奢侈、腐化、贪婪、忘恩和背信。例如,英语中与 foot 一词有关的习语几乎都含有褒义:put the best foot forward(良好印象),start on the right foot(迈出正确的一步),fast on one's feet(反应敏捷),on equal footing(处于平等地位),regain one's footing(重新站稳阵脚)等。而与 red 一词有关的习语几乎都含有贬义:a red bag(世人仇恨的东西),red hearing(混淆视听物),red ink(赤字),in the red(赔本),have a red face(难为情),have red hands(杀人犯),see red(发怒)等。

传统的词汇学理论认为习语的意义构建具有三大特征:一是复杂词语的意义完全由其组成成分的意义决定;二是复杂词语的意义由来自其组成成分语义的生成规律所预见;三是每个语法成分都有意义,并且对词语的整体意义有所贡献。认知词汇学认为,习语意义的构建没有如此简单,它必定牵涉人脑中已有的百科知识。话语本身带有一定意义,这种意义只是习语意义构建的出发点,除此之外,人们的感知系统也会在习语的意义构建中发挥充分的作用。不仅外部世界和人类自身的感觉系统能提供细致的信息,人的高级思维还可以对感觉到的信息,按其自然规律和方式进行系统性的抽象,从而得到感觉器官所无法直接感觉的,即在以后的感觉中被验证是正确的关于外部世界的知识。

一、影响习语理解的主要因素

习语在三个方面存在较大的差异：熟悉度、语义透明度以及语境效应①，这些因素都直接影响到习语的理解。

（一）熟悉度（familiarity）

熟悉度对习语的影响是个人经验的问题。也就是说，虽然某个词的意义出现的频率很高，但在经验上对个人来说有可能是不熟悉的。一个词的意义虽然出现的频率不高，但个人有可能对这个意义较熟悉。吉欧拉（Giora）指出，一个词或词组的语义越熟悉，它就会检索得越快②。施瓦特（Schweigert）也发现熟悉度对习语的理解有显著的影响，熟悉的习语比不太熟悉的习语读得要更快，熟悉习语的这一阅读时间上的优势在习语的比喻用法和字面义用法上都存在。中性的句子语境中的习语没有表现出熟悉度的影响。在同一熟悉度内，习语的非字面义用法、字面义用法和中性用法之间没有明显的差异。

（二）语义透明度

语义透明度是指人们从习语的字面义可以知道或猜出习语的比喻义。习语语义透明度在习语理解和语义中起着非常重要的作用。传统的比喻义随着时间的推移消失了，使习语成为一种凝固的词语。传统习语理论的基本假设是，习语的意义不是组成习语的成分意义的函数，这一观点也反映在习语语义加工的模式上：习语被表征为词项（lexical entry）③。但近20多年的习语研究表明，习语和其比喻惯用义之间并不是任意的，也就是说，习语的语义一般都具有一定的透明性。根据现代习语学的研究，习语的语义透明度大概有三个来源。第一种来源认为习语的语义由隐喻和转喻概念映现提供理据，这些隐喻和转喻的概念映现为习语和其意义之间建立了桥梁④。第二种来源是习语某一部分一般具有可以识别的意义，这些可识别的意义结合起来便得出习语的意义⑤。卡其亚

---

① 朱凤云，张辉：《熟语语义的加工模式与其影响因素》，《外语研究》2007年第4期，第8～14页。
② Giora, R., *On Our Mind: Salience, Context and Figurative Language*, Oxford: OUP, 2003, p. 16.
③ Bobrow. S. & B. Bell., "On catching on to idiomatic expressions", *Memory and Cognition*, Vol. I, 2003, pp. 343—346.
④ 张辉：《熟语：常规化的映现模式和心理表征》，《现代外语》2003年第3期，第250～257页。
⑤ Wasow, T., I. Sag & G. Numberg., Idioms [C] // S. Hattori & K. Inoue. *Proceedings of the XIII International Congress of Linguistics*. Tokyo, 1983, p. 109.

里和格鲁斯堡（Cacciari & Glucksberg）认为，习语可使人想象出与其成分字面义相关的心理影像①（mental image），表明习语成分的字面义在构建习语语义中起一定的作用。习语语义和句法的灵活性也表明，其成分的字面义在理解习语时起一定的作用。第三种来源是习语的频繁使用所导致的语义透明度。基萨和布莱（Keysar & Bly）认为，因为我们频繁地使用我们所知道的比喻义，频繁地使用使习语和其语义之间建立了某种联系②。这三种语义透明度的来源在一般情况下并非单一地起作用，而是三者相互作用，共同构成了习语的语义透明度。

（三）语境效应

比利时语言学家维什尔伦（Verschueren）指出：语用学触及的意义不是语言形式形成的一个稳定对应关系，而是指在语言使用过程中动态生成的意义。他认为语用学是语言的各个层面的功能性综观（a perspective on language），或者说是从认知的社会和文化的整体角度对语言现象的综观。这实际上是说，在语言所有层面上都有语用学。习语是语言和实际运用中言语的重要组成部分，它蕴含着复杂的认知机制、丰富的文化意义和语用意义。习语在种类、语义认知以及文化内涵上具有多样性的特征，习语种类的多样性体现了人们在不同语境中使用不同类型的习语；习语多重的文化特征折射出各民族社会文化的方方面面；习语蕴含的社会文化信息，赋予了习语文化语境特征。语用学理论强调语境在语言交际中对话语的表达和理解起着重要的作用。研究表明，习语的使用与意义的理解受语境的制约和解释，它能提供话语中的指示信息，表明话语所处的空间、时间和社交环境，暗示谈话参与者的身份等。从语用功能角度讲，习语的指示作用就是一种语境指示，即不同习语的使用预示着不同的语境，而不同的语境反过来要求不同的习语。

二、习语的特性

（一）可分析性

认知语言学认为习语是有理据的，且大部分习语的语义在一定程度上具有可分析性，主张把它的意义与人们的体验认识联系起来，分析隐匿于语言形式

---

① Caccari, C. & S. Glucksberg. Understanding idiomatic expressions: The contribution of word meaning [C] // Simpson. G. B. *Understanding Word and Sentences*, Amsterdam: Elsevier, 1991, pp. 43—55.

② Keysar, B. & B. Bly., "Intuition of the transparency of idioms: Can one keep a secret by spilling the beans?" *Journal of Memory and Language*, NO. 34, 1995, pp. 89—109.

后面的心理认知过程。习语意义与其构成因子的字面义之间存在某种理据性关系①。习语语义的可分析性在对习语的即时连续解读中起重要作用。由于意义可分析，习语的各个成分均与其比喻意义密切相关，人以组合的方式来加工它们，提取每一个组成部分的意义，并将按照语言的句法规则组合它们。为了更准确地理解一个习语，有时候需要多个认知机制的共同作用。首先看短语 gain the upper hand 在下句中的使用：

（1）He was much stronger than his opponent and soon gained the upper hand.

上句中 hand 根据概念转喻"THe HAND STANDS FOR CONTROL"而获得明确的意义。单词 upper 极有可能来源于方位性隐喻"CONTROL IS UP"。这两个单词明确后，我们就可以解释该习语了。该习语的意义由以下部分构成：单词 hand 的意义为转喻"THE HAND STANDS FOR CONTROL"，单词 up 的明确意义为隐喻"CONTROL IS UP"。根据本体隐喻"THE HAND IS CONTAINER"、转喻"THE HAND STANDS FOR ACTIVITY"以及"THE HAND STANDS FOR CONTROL"我们可以理解下句中的习语"keep one's hand in"的意义：

（2）Rose keeps her hands in during the winter on the indoor tennis courts.

习语 keep one's hand in 的意思是"使技艺不荒疏"。再来看莱可夫所说的结构隐喻。我们举一个与手相关的例子来看。习语 have clean hands 意为"清白的或行为合乎道德规范的"。这一意义可看作来自转喻"THE HAND STANDS FOR THE ACTIVITY"以及结构隐喻"MORAL/ ETHICAL IS CLEAN"。

在以上分析中，我们将习语与不同的认知机制结合加以检测，我们注意到一个习语的明确意义很少由一个单独的始源域所决定，不同的始源域对习语的含义确定都有作用，也就是说，对一个习语的理解需要一个或多个认知机制。请看下句：

（3）I'm willing to go with you but I'm tied hand and foot to my work.

习语 tie one's hand and foot 的含义通过概念转喻"THE HAND AND FOOT STAND FOR THE ACTIVITY"、概念隐喻"FREEDOM REFERS TO HAVING THE HAND FREE"以及关于手的常识这三种认知机制加以明确。

（二）整体性

习语的整体性指习语的意义往往是独立的、完整的、不可分的统一体；如 turn over a new leaf（改过自新），face the music（临危不惧）。虽然习语的形式

---

① Lakoff, G. *Women, Fire, and Dangerous Things: What Categories Reveal about the Mind*, Chicago: University of Chicago Press, 1987.

有词组短语和句子，但是它的各个组成部分是紧密联系且不可分割的，也不能被孤立地分开。另外，习语的意义并不是各个词义的简单相加，如 jump down one's throat（突然粗暴地打断某人；使某人哑口无言），a fly on the wheel（自高自大之人）等。所以，学习者在习语的习得过程中应该注意其整体性，避免望文生义或断章取义。整体性也是我们区分习语和自由短语的重要依据。习语的语义是通过词的固定组合的整体来实现的，习语中各词的语义凝结为一体从而合成一个全新的语义；而自由短语的语义可从其组成部分的字面意义来判断，例如 red tape（官样文章，烦琐和拖拉的公事程序）和 cold comfort（简直不起作用的安慰）是习语，而 red tapes 和 cold winter 则属于自由短语。

（三）固定性

习语的词形意义和结构都是固定的，一般都不能被更改或替换，如 by twos and threes（三三两两），neither flesh nor fish（非肉非鱼），at large（逍遥法外），eat humble pie（忍辱含垢）等。否则会出现词不达意或与原来的意义相去甚远乃至啼笑皆非的局面。例如 stare one in the face 和 look one in the face，虽然二者只有一字之差，且 stare 和 look 为近义词，但他们的语义却迥然不同，stare one in the face 意指"明显在眼前"，而 look one in the face 意指"勇敢地面对"。

（四）民族性

社会语言学家认为，语言不仅表达思想而且载有社会意义。所以，各民族自己的独特文化赋予了其语言特殊的文化含义。习语本身蕴涵着历史地理、宗教信仰、风俗习惯、民族心理和思维方式等诸多文化因子，因而具有典型的民族性。例如在汉语成语中我们用"雨后春笋"来比喻事物生机勃勃、蓬勃发展，而英语习语中却用 to boom like mushrooms（像蘑菇一样茁壮），因为在英国没有竹子，所以很难用竹子来联想。还有如 as timid as a rabbit 与"胆小如鼠"，as bare as the back 与"一贫如洗"等都表现出英汉民族的文化差异。习语是语言文化互动的产物，它体现出不同文化的人类群体所固有的主观文化意识、所认同和遵循的文化规范。如 Knowledge is power（知识就是力量），fruit of success（胜利果实）为英汉两个民族所共有，理解起来并不困难；而像"说曹操，曹操到""有眼不识泰山"等这样的隐喻习语则是汉民族历史文化特有的产物。汉语中"谦受益，满招损""虚心使人进步，骄傲使人落后"的习语反映了谦虚在中国文化中的重要地位；而英语习语之 Modest dogs miss much meat（谦虚的狗没有肉吃），Where there is fear, there is modesty（谦虚源于胆怯）等则反映了西方社会竞争中个人获取成就的价值取向。

第三节 习语的来源

习语 idiom 一词最早来自希腊语中的单词 idioma，指的是在语言的形成和发展过程中约定俗成、具有相对稳定性和特殊意义的语言实体，习语是人们在使用过程中形成的独特的固定的表达方式，是语言长期使用的结果，是人类语言的精华。各民族语言当中都包含着大量的习语，它们或含蓄、幽默，或严肃、典雅，不仅言简意赅，而且形象生动，妙趣横生，给人一种美的享受。它们不仅反映一个国家的地理风貌，也传达了其人民的生活习俗、文学、历史、宗教信仰等信息。但是，从另一个角度而言，习语的产生与存在为它本身特有的历史文化背景所制约，并在一定程度上折射出特定地域、特定历史时期特定民族所固有的民俗、民风等文化气息。因此，习语的来源也是多姿多彩的。

一、来源于历史事件

历史上出现过众多著名的历史故事和历史事件，后人常用简洁的说法表达其内容，用久了也就成了典故。如 burn one's boats/ bridges（美国人常用 bridges），原指古罗马恺撒大军乘船渡过 Rubicon 河后烧毁全部船只，向士兵表明已无退路，只有孤注一掷，决一死战，才能克敌制胜。现借喻"不留退路，下定决心干到底"，同汉语的"破釜沉舟"。又如 Washington and cherry tree（喻勇于认错），原指美国首任总统华盛顿小时候很调皮，用斧头将父亲最心爱的樱桃树砍倒，父亲闻之大怒，要严惩砍树者，华盛顿没有撒谎，主动认错。父亲深受感动，转怒为喜。华盛顿承认错误的勇气和诚实的品德后来成为教育孩子的典范。类似的典故还有 Watergate 和 Waterloo 等。Watergate 原指 1972 年 6 月 17 日夜间，为争取尼克松总统连任，五名共和党人员潜入民主党总部安装窃听器和偷窃民主党文件而被捕；尼克松总统因水门事件被迫辞职，"水门"一词后来成为政治丑闻的代名词。Waterloo 原指 1815 年 6 月 15 日，在比利时南部的滑铁卢村附近，拿破仑率领的 12 万法军迎战英国为首的 22 万反法联军，法军惨败导致拿破仑政府从此彻底倒台。Waterloo 现借喻惨败或致命打击，类似于《三国演义》的"败走麦城"。

二、来源于地理环境、生存空间的影响

美国当代作家 L. P. 史密斯（L. P. Smith）曾指出：人们的每项活动都有自

己的词语来描述其物质、方法、困难和目的等。一定的文化实际总是存在于一定的地域空间内，不可避免地要体现该地域的自然面貌特点，反映到语言上，便会使不同语言中产生明显的差异。安格鲁撒克逊人自公元5世纪开始居住于英伦三岛，四面环海，地理位置非常特殊。长期的海上生活促使其渔业和航海业非常发达，曾一度领先世界，因此大量习语、成语都与航海、捕鱼有关。如：drink like a fish（比喻喝酒喝得很多），the best fish swim near bottom（好鱼居深渊），a shy fish（羞怯的人）等。然而生活在亚洲大陆上的中国人民主要是以土地为生，农业是人们的主要生活依靠，牛、马、驴等牲畜是农业劳动的好帮手，因此中国有很多关于这些动物的习语。如老黄牛（指做事勤勤恳恳的人）、千里马（指有才干的人）、笨驴（指愚钝的人）、当牛做马（指听人使唤，任劳任怨）等。

三、来源于风俗习惯

风俗是指社会上长期形成的风尚、礼节、习惯等的总和。民族风俗是丰富多彩的，它构成了习语丰富的底蕴，许多习语就出自民俗。受到当地风俗的影响，不同地区的人对同一事物也有不同的情感。典型的例子是中西方对狗的态度的差异。在西方，狗被看作人类最好的朋友，他们聪明、忠诚、可靠，是人的好同伴。所以英语中有很多与狗有关的习语带有褒义，如"Every dog has his day"（每个人都会有他走运的一天），"a lucky dog"（幸运儿），"as faithful as a dog"（极其忠诚），"Love me, love my dog"（爱屋及乌），"old dog"（指人经验丰富或是个能手）。在中国，尤其是古代，人们认为狗是低级动物，所以在中国传统文化中，狗含有强烈的贬义，常与卑劣、凶恶的形象联系在一起，如"狼心狗肺""狐朋狗友""狗血喷人""狗头军师""狗眼看人低""狗嘴吐不出象牙"等。因为中西对狗的态度差异，所以我们不能用英语中对等的词"dog"来翻译这些习语。

四、来源于宗教文化

宗教既是一种社会现象，又是一种文化现象。佛教传入中国已有一千多年的历史，人们相信有"佛主"在左右着人世间的一切，与此有关的习语很多，如"借花献佛""放下屠刀，立地成佛""平时不烧香，急时抱佛脚"等。在西方许多国家，特别是在英美，人们信奉基督教，认为上帝（god）是主宰，所以有相关的习语，如"God help those who help themselves"（上帝帮助自助的人），"put the fear of God into sb."（使某人非常害怕），"in the lap of the Gods"（难以预料）等。

作为基督教文化经典的《圣经》在西方社会中起着重要作用，是西方社会中最普及、最实用的书籍，其影响贯穿了西方发展的全部过程，渗透到西方社会生活的各个方面。因此，《圣经》作为英语学习者了解西方文化中的道德意识和价值观念的基石，它在语言和文化学习方面的重要性是不言而喻的，许多习语便来源于或取材于《圣经》，带有浓郁的宗教色彩，成为现代英语语言中独具特色的一部分。如：Messiah（救世主弥赛亚）喻被压迫人民的解放者。《圣经·旧约全书》中预言：弥赛亚的降生将要把犹太人从压迫下解放出来。A kiss of death（死亡之吻）喻表面友好而暗里坑害人的行为。原指耶稣门徒之一的犹大为了 30 块银币把耶稣出卖给犹太教祭司。Solomon（所罗门）喻聪明人。贤人所罗门曾是古希伯来人的国王，以智慧著称。Noah's ark（挪亚方舟）喻避难所或安全之地。《圣经·创世纪》称，上帝因世人作恶太多，要用洪水毁灭世界。上帝命贤人诺亚造一方舟，全家避难于内。

五、来源于童话、神话和寓言故事

西方文化是在神话和文学艺术互相推移促进的情况下发展起来的。有些神话中的人名、地名和典故早已进入日常生活，成为妇孺皆知的常用语。《伊索寓言》《安徒生童话》等寓言、童话故事以简短的小寓言故事来体现日常生活中那些不为我们察觉的真理。如"ugly duckling"（丑小鸭）源于《安徒生童话》，后来比喻小时候难看长大后好看的人，或先遭鄙视后被重视的人或事。根据北欧神话，猫对天气有很大影响。英国水手至今还说"The cat has a gale of wind in her tale"（猫尾巴藏大风），因为掌管暴风雨的巫师就是化装成猫的。另一神话传说掌管暴风雨的神仙奥丁常把狗带在身边，作为刮风的信号。dogs（强风）伴随着 cats（大雨）而至，不就是 cats and dogs（倾盆大雨）了吗？

许多源于《伊索寓言》的习语早已为全世界读者所熟知。如：bell the cat（给猫系上铃）喻为别人的利益而冒险；the farmer and the snake（农夫和蛇）喻决不可相信像蛇一样的恶人；fish in troubled water（浑水摸鱼）喻趁火打劫；cry wolf（呼喊"狼来了"）喻指发假警报。其他少为人知的典故有：ass in lion's skin（披着狮皮的驴子）喻指色厉内荏的人；the sour grapes（酸葡萄）喻可望而不可即之物；dog in manger（狗占马槽）喻占着茅坑不拉屎的人；等等。

六、来源于文学作品

文学对语言直接和显而易见的影响方式，便是文学作品中典型人物的名字进入了语言词汇的"大家庭",尤其是许多经典作品中的人物,可以说是家喻户晓,人人皆知。因此,在说话、写文章时借用这些人的特殊身份、性格或经历来表达与此类似的意思,起到以古比今、借古讽今的作用,从而能够使自己的演讲或文章增强文采和感染力,产生更好的艺术效果。例如,Shylock(夏洛克)是莎士比亚戏剧《威尼斯商人》(The merchant of Venice)中吝啬刻薄的犹太高利贷者,喻指"贪婪、残忍、追求钱财不择手段的守财奴"。Man Friday 是英国小说家笛福的代表作《鲁滨孙漂流记》(Robinson Crusoe)中的土著黑人,鲁滨孙救了他,刚好那天是星期五,便给他取名 Man Friday,此人后来不仅成了鲁滨孙生活上的助手,而且对他始终忠心耿耿,与之相伴相随。据此在英语中便成了"忠仆"或"得力的助手"的代名词。

七、来源于体育运动

西方国家人士普遍热爱运动,体育活动与其生活息息相关,已成为其社会生活的重要部分,不少习语产生于棒球、橄榄球、拳击、赛马、纸牌等体育项目。如 back the wrong horse(估计错误)来自赛马,指观看赛马比赛时押错了马,比喻支持输的一方;lay/pull one's cards on the table 来自纸牌,意思是打牌时把自己的牌放在桌子上让别人看,摊牌了,比喻公布自己的计划或打算;take off the gloves 来自拳击比赛,正规的拳击赛要求对手戴上特制的手套和头盔作保护,如果脱掉手套去打,就意味着毫不留情地打起来,比喻对某人不客气,在争辩中言辞激烈;three strikes law 来自棒球比赛,在棒球比赛中,接球队员如果三次没有击中投手投过来的球,该队员就被判出局,此成语近似汉语的"事不过三"。

八、来源于动植物、人名、地名等

英语中如 be in Burke,其汉译为"出身名门或贵族门第",此典故源于《贵族人名录》的编撰者爱尔兰人约翰·伯克(John Burke)之名,该人名录自1826年以来一直被公认为研究英国贵族阶级及其家谱的权威著作,故凡列入伯克氏贵族名录者即为贵族出身。英语中出自地名的典故以 carry the coals to Newcastle 最为典型,Newcastle 本为英国产煤中心地,运煤到那里去纯属多此一举;又如 meet one's Waterloo,Watertoo 为比利时中部一城镇,1815年拿破仑军队在此大败,现该典故喻指"遭到惨败"或"毁灭性打击"。英语中出自动物名称的典故也很多,如 Every dog has his day. "凡人都有得意日";shed crocodile tears,据西方古代传说,鳄鱼吃人畜时,一边吃,一边掉眼泪,比喻坏人假装同情被害者，类似于汉语"猫哭老鼠，假慈悲"。源于植物名的典故如 the apple of discord，其汉译为"争斗的原因或根源"。传说厄里斯女神未被邀请参加西蒂斯（Thetis）和珀琉斯（Peleus）的婚礼，他就把苹果扔在参加婚礼的众神中间。特洛伊王子帕里斯把它给了三个女神中最漂亮的维纳斯，这就间接地引起了古希腊人和特洛伊人之间的特洛伊战争。

第四节　习语的分类

习语可以从不同的视角进行分类，认知词汇学按照习语的表现形式将其分为四大类：成语（set phrases）、典故（allusions）、谚语（proverbs）和俚语（slangs）。

一、成语（set phrases）

（一）动词性成语

动词性成语以动词为中心与其他词语搭配使用，在句子当中起谓语作用。这一类习语在所有习语中占相当大的比例。动词性成语主要由以下几种结构构成：

1. 动词 + 副词

There is no way to black out the news.

He is easily put out by trifles.

2. 动词 + 介词

They tried to find ways of getting round the tax laws.

It is possible that the local court will find for him.

3. 动词 + 副词 + 介词

If he can't find a job as a teacher, he can fall back on his skill as a painter.

He could hardly sit down under that king of provocation.

4. 动词 + 名词

bide one's time	bite one's tongue off
face the music	spill the beans
jump the queue	miss the boat
make the grade	

5. 动词+形容词

go easy   come clean

sit pretty   make good

（二）名词性成语

名词性成语以名词为中心，与其他词语搭配使用。这类成语由以下结构构成：

1. 形容词+名词

a dark horse   cold shoulder

white elephant   fond dream

narrow escape   smooth tongue

2. 名词+名词

brain drain   brain trust

sheet anchor   a moot point

3. 名词+and+名词

ups and downs   the pros and cons

part and parcel   flesh and blood

4. 名词所有格+名词

cat's paw   the lion's share

a mare's nest   King's weather

5. 名词+介词+名词

a fly in the ointment   a friend at court

the milk of human kindness a snake in the grass

（三）形容词性成语

1. 形容词+and+形容词

free and easy   high and mighty

fair and square   cut and dried

2. 介词+名词

on the go   out of sorts

beyond the pale   on edge

3. as+形容词+as+名词

as slippery as an eel   as quiet as a lamp

as cool as a cucumber   as timid as a hare

（四）副词性成语

1. 名词 + and + 名词

heart and soul　　　　　　　　tooth and nail
bag and baggage　　　　　　　hammer and tongs

2. 介词 + 名词

in a breeze　　　　　　　　　with flying colors
behind the scenes　　　　　　by the way

二、典故（allusions）

　　古往今来，文人墨客，无论是中国的秦汉唐宋、孔孟李杜，还是西方的希腊罗马、荷马莎翁，文史经籍中的典故引用俯拾皆是。何为"典故"？《辞海》的解释为"诗文中引用的古代故事和有来历的词语"；《现代汉语词典》的解释为"诗文中引用的古诗中的故事或词句"。根据 Webster's New Collegiate Dictionary，英语典故（allusion）的解释为"an implied or indirect reference, esp. when used in literature"。由此可见，英汉对典故的解释不尽一致，英语典故更注重含蓄性和间接性，汉语典故则更注重史实和出处，但都指文学作品中引用的史料性文字。由于地理、历史、宗教信仰、风俗习惯等方面的差异，作为民族文化缩影之一的英语典故具有鲜明的民族色彩。几乎所有的人在说话和写作时都引用历史、传说、文学或宗教等中的人物或事件，这些人物或事件就是典故。典故堪称是语言的精华，典故不仅文字简洁精练，精妙之处还在于"含蓄"。因此典故的运用不仅可润饰语言，使之丰富多彩、生动清晰，而且使人们更易于沟通思想。语言是跨文化交际中最主要的手段，在运用语言进行交际时，难免会遇到具有鲜明民族文化特色的典故及其应用和翻译问题。典故有着丰富的文化内涵，如果不熟悉典故产生的历史文化背景和喻义，那么就会对典故的含义感到茫然，就不可能正确理解和译出真正的含义，从而产生误解和误译，影响文化的交流和传播。典故的基本特征是一词、一句皆有根据，事事皆有出处。但我们使用典故时一般不注明出处，也不引用全文，只引用某个关键词或词组，将其融合在自己的话语之中，使我们的表达更为简洁、凝练、精辟、生动，从而增加说服力和感染力。读者能否正确理解其真正的内涵有赖于其知识水平和认知能力。典故含而不露，意在言外，寓意深邃。漫长的世界历史中发生过许许多多的历史事件，产生过许许多多的风云人物，而引人入胜的神话传说与扣人心弦的文学作品更是浩如烟海。这都为运用典故这一修辞格提供了深广的资源基础，预示了其生动美妙的交流效果。

汉语典故浩如烟海，来源复杂，内容涉及历史故事、神话传说、寓言佛事以及古言成辞、俗语俚谚。在语言运用过程中，把故事压缩，把语句提炼，用简单凝练的一个词或一个短语来概括提示这个故事或这个语句，这个词或短语就是典故。典故记录的事件均有深深的民族烙印，有的是古代的神话故事，例如"夸父逐日""精卫填海"；有的是古代的寓言故事，例如"揠苗助长""望洋兴叹"；有的是古代的史实逸闻，例如"图穷匕现""梦笔生花"；有的记录了富含哲理的人生经验，例如"亡羊补牢""唇亡齿寒"；有的则凝缩了诗文语句，例如"走马观花""鲁阳回日"。诸如此类，举不胜举。

英语也不例外，有些英语典故来源于英国本土文化，如，sell Robin Hood's pennyworth（卖罗宾汉的便宜货），该典故源自中古时期英国民间关于绿林英雄罗宾汉的传说，表示"廉价出售"。再如，take the gilt off the gingerbread（去掉姜饼的金色包装），源自19世纪中叶，当时英国集市上出售一种姜饼（gingerbread），这些饼常做成人形、动物形，外表再以金色包装，既好看又好吃，颇为引人注意。不过，吃的时候得剥去外面的金色包装，这样，姜饼就"原形毕露"，不那么吸引人了，喻指"露出真相、令人扫兴"。又如round table（圆桌），源自英国古代亚瑟王和他的圆桌骑士（King Arthur and His Knights of the Round Table）的传说，转喻为"协商的"，圆桌会议表示"参加谈判的各方一律平等"。源自美国的典故也不少，如，shotgun marriage/wedding（用枪逼着的婚姻），源自20世纪20年代的美国，当时人们的思想较为传统，如果未婚女儿怀了孕，父亲为了维护女儿的名誉，就用枪逼着使她怀孕的男子与她结婚。该语也转义为"勉强的结合；被迫做出的妥协"。logroll（滚圆木），源于美国拓边时期用语，指人们互相帮助，共同将伐下的圆木滚到某一处备用，后指（议员们）互相捧场。希腊的神话及寓言是欧洲文学的起源，对欧洲的文明与发展影响颇深，对英语典故也产生了很大的影响，大量源于希腊神话的传说故事已经融入英语典故中。如Apollo（阿波罗）是希腊神话中的太阳神，他身兼数职，既是日神、光神，又是音乐、诗歌及艺术之神。由于他多才多艺、风度翩翩，所以在英语中，他就成了美男子的代名词，例如：The young man can be called the Apollo of our college.（这个青年可称为我们学校中的美男子。）在今天的英语典故中我们不难找到古罗马文化的痕迹：Do in Rome as Romans do（在罗马，就要像罗马人那样做事），源自古罗马文学作品，比喻"入乡随俗、随遇而安"之意；又如The die is cast（骰子已掷出去了），源自罗马史实：公元前52年，恺撒为粉碎庞培（Pompey）解除自己兵权的阴谋，率军队打回罗马。在经过一条叫卢比肯的小河时，恺撒对部下说："骰子已经掷出去了"，表示已做出决定不容反悔。因此，此语表示"木已成舟，大局已定"。

除此之外，英语典故还受到其他众多国家文化的影响，这些典故具有浓厚的民族文化气息，如 marriage knot（婚姻结），源自印度人的婚俗。在印度人的婚礼上，新郎要用缎带在新娘的脖子上打一个结，打过结后，这个婚姻就无法改变了。再如 magic carpet（魔毯），源自阿拉伯民间故事《天方夜谭》，常喻指"神奇的魔力"；lose face（丢脸），源自汉语"丢脸"；like a red rag to a bull（如一方斗牛的红布），源自西班牙斗牛运动，比喻"令人暴怒的事物，激怒某人的因素"；skeleton at the feast（宴席上骷髅），出自古埃及人的习俗，古埃及人在举行重大宴会时，常在宴席最引人注目的位置上放一具骷髅，用以提醒在座宾客居安思危，不要忘记死亡和苦难；Faustian spirit（浮士德灵魂），源自德国民间传说，喻指"不惜牺牲一切追求真理的精神"。

英语典故的文化多元现象还体现在它涵盖的社会领域非常广泛，几乎渗透到了人类生活的各个侧面：文学、艺术、政治、经济、影视、战争、科技、商贸、体育等，可谓无所不包。例如 fail-safe（万无一失），源自军事领域；in the long run（最终），源自体育；know the ropes（了解内情），源自航海业；Norman blood（贵族血统），源自历史事件等。

三、谚语（proverbs）

谚语是习语中的一个重要组成部分，它以生动形象通俗简洁的语言总结和概括了人们生产生活中的经验和智慧，从而广泛流传于群众中间。谚语的语言表现形式丰富多彩，语音上韵律优美，结构上简练紧凑，意义上表现深刻。作为一种广布于民间的语言形式，谚语通过多种修辞手段（明喻、隐喻、借喻、换喻、拟人、夸张、排比、对偶、省略等）来表达思想。谚语往往涉及人们生活的各个领域，有些是关于人生哲理的，有些是关于工作学习的，有些是关于修养做人的，有些是关于家庭社会的，还有些是关于生活经济的。作为一种口头语言形式，谚语的句式结构具有结构紧凑、简短、多使用陈述句或省略句、多使用平行对照等句式特点。常见的谚语有：

（一）与宗教有关的谚语

Man proposes, God disposes. 谋事在人，成事在天。
Mills of God grind slow but sure. 天网恢恢，疏而不漏。
God helps those who help themselves. 自助者天助之。
平时不烧香，临时抱佛脚。
借花献佛。

跑得了和尚跑不了庙。

（二）与《圣经》和其他文学作品有关的谚语

Never cast your pearls before swine. 不可明珠暗投。或：不可对牛弹琴。

Pride goes before a fall. 骄傲是失败的前导。

Judge not according to appearance. 勿以貌取人。

A rose by any other name would smell as sweet. 玫瑰无论叫什么名字都是香的。

梁园虽好，不是久恋之家。（来自《水浒传》）

明是一盆火，暗是一把刀。（来自《红楼梦》）

（三）与地理有关的谚语

Carry coals to Newcastle. 背煤上煤都，多此一举。

Oxford for learning, London for wit. 牛津人学问好，伦敦人才智高。

不到黄河心不死．

（四）与生产活动有关的谚语

Never offer to teach fish to swim. 不要教鱼儿游泳。

Rats desert a sinking ship. 船沉鼠要逃。（喻：树倒猢狲散。）

前车之覆，后车之鉴。

种瓜得瓜，种豆得豆。

（五）与个性、价值观有关的谚语

An Englishman's house is his castle. 英国人的家是他们的城堡。

Even reckoning makes long friends. 明算账，友谊长。

Knowledge is power。知识就是力量。

Frugality is an estate alone. 节俭本身就是财富。

Thrift is philosopher's stone. 节俭犹如点金石。

（六）与历史有关的谚语

Rome was not built in a day. 罗马不是一天建成的。

Go through fire and water. 赴汤蹈火。

（七）与风俗习惯有关的谚语

Every dog has his own day. 每只狗都有他的好时光。

Love me, love my dog. 喜欢我，也要喜欢我的狗。（喻：爱屋及乌。）

A cat in gloves catches no mice. 戴手套的猫捉不到老鼠。

（八）各种警句格言

A bad beginning makes a bad ending. 不善始者不善终。

Birds of a feather flock together. 物以类聚。
Speech is silver, silence is gold. 言语是银，沉默是金。
Time and tide wait for no man. 时不我待。
吃一堑，长一智。
己所不欲，勿施于人。
不入虎穴，焉得虎子。

四、俚语（slangs）

根据《兰登韦氏大学词典》（Random House Webster's college Dictionary, 1997）的定义，俚语是词汇和习语的非正规表达方法。其特点是比普通语言具有较多的比喻意味、较多文字游戏、较多省略、较为生动、寿命较为短暂；上流社会禁用的词语和粗俗的习惯表达方式或行话；以及集团小社会适用的暗语（slang: very informal usage in vocabulary and idiom that is characteristically more metaphorical, playful, elliptical, vivid and ephemeral than ordinary language; speech or writing characterized by use of vulgar and socially taboo vocabulary and idiomatic expressions; the jargon of particular group/profession etc. argot, cant）。因此，俚语是一种非正式的语言，是高雅、流行的隐语。通常用在非正式的场合，属于某个地方、某个时期的通俗流行"白话"、行话，是一种惯用语，如军队俚语、狱中俚语、大学校园俚语、学童俚语、商业行话、艺术行话、赛马界的惯用语、匪帮的黑话等。应该说，俚语是通俗的讲法，但并不都是脏话，也并不都是粗鲁和无礼的，如 brass（铜）和 dough（生面团）都是 money（钱）的俚语；grass（草）在犯人的黑话中指 informer（告密者）；I'm broke 是俚语表达法，意为 I haven't got any money 我身无分文。在最初的时候，俚语几乎都是高雅的。不是愚笨的人，而是睿智的人设计出了俚语。正如沃尔特·惠特曼所说的那样，它是"丰富的大脑活动的产物，是语言创造中令人喜悦的事物"。但是当这些"发明"碰巧迎合了大众的喜好，并被大家采用，它们很快就"旧"了，失去了所有的可爱和特殊意义。用沃尔特·惠特曼的话说，变得"不能表达任何真实的东西"。很多人都知道"酷"，也就是英文里的 cool，最初是流行于美国的黑人俚语。黑妈眼看着自己的父辈及兄长被私刑折磨，妻子姐妹被凌辱却不得不保持缄默。为了不致受到更残暴的处罚，他们只好装作冷漠克制愤怒，也就是保持 cool 的冷静状态。19 世纪 40 年代黑人爵士乐的风靡将这个词在美国人的语言中蔓延开来。成功人士蓬勃的事业、豪华的住宅及受人尊敬的社会地位对有些人来说是"酷"的；但这些成就源于独立、坚韧、顽强的拼搏，这才是真正的

"酷"。不少人把"酷"理解为故意标新立异玩深沉耍个性,将自己从里到外都包装得与众不同以示其"酷",这种不负责任的重新定位,使这一经典思潮因曲解而沦为贬值的时尚。俚语往往具有丰富的词汇来表达,尤其在描述关于死亡、饮酒、金钱、人体部位等方面,例如关于"死亡"的说法就有:to kick the bucket, to turn it in, to turn one's toes up, to turn one's heels, to be a goner, to go up the flame 等。

从本质上看,俚语并不拥有自己独立的语言形式。大多数俚语属旧词新义或是旧词的缩短或重新组合,真正属于新构词或词源不清的仅在少数。旧词新义主要是对通用词或口语词某一词义的引申或转移,或者基于某种社会原因涌现出来的崭新意义,旧词新义的例子比比皆是,如 semi-detached 原义为"与其他房屋一侧相连的(房舍)",其俚语意义为"与妻子分居而未离婚的男子"。缩短词是俚语的一大特色,它可以通过首字母缩略法、截短法、拼缀法、重叠法、合成词等构词方式产生,如 B-girl(酒吧女郎)、pop(流行音乐)、sitcom = situation + comedy(广播、电视中的幽默剧)、dumdum(笨蛋)、bachelor mother(未正式结婚而独立抚养子女的妇女)等。当然,俚语也采用词缀法来构词,如 megacost(高价)与 megatravel(大出游)、peace-nik(和平主义者)与 no-goodnik(社会渣滓)等。另外,把某些不重读的音节缩略或与其他音节合并也是构成俚语的一大途径。如"I don't know"变成"I dunno",于是,俚语"dunno"问世了。

俚语的修辞方式有委婉、隐喻、夸张、反语、讽刺等,其中最重要的是隐喻与委婉。隐喻的使用大大增强了俚语的形象性,如 to jump on 表示 to scold、to insult; to be fed up with 表示 to be bored of; cabbage head(笨头笨脑);couch potato(电视迷)等。而委婉俚语的使用是为了避免谈及人们忌讳的事物,如飞机上的清洁袋叫作 barf bags,人们不愿意直呼其名就委婉地称之为 discomfort contains.

俚语具有很强的时代性和变更性,是词汇中最不稳定的成分。由于人们平时对俚语接触不多,甚至对它心存偏见,这给我们阅读和欣赏一些通俗作品带来了困难。其实,作为人们所喜闻乐见的一种语言形式,我们决不能排斥俚语,而应该好好掌握它,从而进一步提高我们的阅读和欣赏能力。

语言是文化的载体,文化深深植根于语言之中。习语作为语言的精华与文化密不可分,它们是语言的历史遗留,是历史文化的积淀。一个民族的社会、历史、心理、民俗和各类社会现象等都能从习语中反映出来。习语 idiom 一词最早来自希腊语中的单词 idioma,指的是在语言的形成和发展过程中约定俗成、具有相对稳定性和特殊意义的语言实体,包括成语(set phrases)、典故(allusions)、谚语(proverbs)、俚语(slangs)等。习语是高度规约化的特殊语言表达,其意义并非是单个词意义的简单相加,而是源于概念域的,也是有理据可寻的。概念隐喻、概念转喻、概念整合和常规知识等四种认知机制在习语的理解过程中发挥了重要作用,在很大程度上,这四种认知机制密切相关,在习语中常常同时发挥着作用。

参考文献

一、中文著作

1. 蓝纯：《认知语言学与隐喻研究》，北京：外语教学与研究出版社，2005。
2. 林承璋：《英语词汇学引论》，武汉：武汉大学出版社，1987。
3. 林艳：《英语单词词根连锁记忆法》，北京：中国书籍出版社，2009。
4. 陆国强：《现代英语词汇学》，上海：上海外语教育出版社，1999。
5. 束定芳：《隐喻学研究》，上海：上海外语教育出版社，2000。
6. 王艾录，司富珍：《语言理据研究》，北京：中国社会科学出版社，2002。
7. 汪榕培，王之江：《英语词汇学》，上海：上海外语教育出版社，2008。
8. 符淮青：《现代汉语词汇》，北京：北京大学出版社，1985。
9. 王寅：《认知语法概论》，上海：上海外语教育出版社，2006。
10. 王寅：《认知语言学》，上海：上海外语教育出版社，2007。
11. 王寅：《论语言符号象似性——对索绪尔任意说的挑战与补充》，北京：新华出版社，1999。
12. 张辉：《熟语及其理解的认知语义学研究》，北京：军事谊文出版社，2003。

二、中文文章

13. 陈君："认知范畴与范畴化"，《信阳师范学院学报》2007（2）。
14. 董秀芳："论句法结构的词汇化"，《语言研究》，2002（3）。
15. 高航，严辰松："'头'的语法化考察"，《外语研究》，2007（2）。
16. 高丽萍："英语习语的认知特征"，《外语学刊》，2007（5）。
17. 胡壮麟："语法化研究的若干问题"，《现代外语》，2003（1）。
18. 李瑛，文旭："从'头'认知——转喻、隐喻与一词多义现象研究"，

《外语教学》2006 (3)。

19. 林正军，杨忠："一词多义现象的历时和认知解析"，《外语教学与研究》，2005 (5)。

20. 刘立华，刘世生："语言·认知·诗学——《认知诗学实践》评介"，《外语教学与研究》，2006 (01)。

21. 刘润清，刘正光："名词非范畴化的特征"，《语言教学与研究》，2004 (3)。

22. 刘正光："惯用语理解的认知研究"，《外语学刊》，2002 (2)。

23. 刘正光："语言的非范畴化工作机制"，《外语研究》，2005 (1)。

24. 罗思明："当代词汇化研究综合考察"，《现代外语》，2007 (4)。

25. 王灿龙："词汇化二例——兼谈词汇化与语法化的关系"，《当代语言学》，2005 (3)。

26. 王绍新："谈汉语复合词内部的语义构成"，《语言教学与研究》，1987 (3)。

27. 王文斌："英语构词中析取现象透视"，《外语研究》，2005 (2)。

28. 王文斌："英语词化探析"，《中国外语》，2005 (2)。

29. 王寅："狭义与广义语法化研究"，《四川外语学院学报》，2005 (5)。

30. 王寅，严辰松："语法化的特征、动因和机制——认知语言学视野中的语法化研究"，《解放军外国语学院学报》，2005 (4)。

31. 熊沐清："语言学与文学研究的新接面——两本认知诗学著作述评"，《外语教学与研究》，2008 (04)。

32. 熊沐清，刘霞敏："从连贯的条件看几种连贯理论"，《外国语》，1999 (03)。

33. 许国璋："语言符号的任意性问题"，《外语教学与研究》，1988 (3)。

34. 严辰松："汉语表达实现意义的词汇化模式"，《外国语》，2005 (1)。

35. 严辰松："语言理据研究"，《解放军外国语学院学报》，2000 (06)。

36. 袁庆德："汉语词汇理据性新谈"，《殷都学刊》，2003 (1)。

37. 张辉："认知语义学述评"，《外语与外语教学》，1999 (12)。

38. 周启强："词汇化模式的认知阐释"，《四川外语学院学报》，2009 (1)。

39. 朱风云，张辉："熟语语义的加工模式与其影响因素"，《外语研究》，2007 (4)。

三、外文著作

40. Aitchison Jean, *Words in the mind: An introduction to the mental lexicon*, Oxford: Basil Blackwell, 1987.

41. Croft William, D. A. Cruse, *Cognitive Linguistics*, Cambridge: Cambridge University Press, 2004.

42. Halliday, M. A. K. *An Introduction to Functional Grammar*, London: Edward Arnold, 2000.

43. Heine, B. et al, *Grammaticalization : A Conceptual Framework*, Chicago: University of Chicago Press, 1991.

44. Heine B U. Claudi F. Hiirmemeyer, *Gramaticalization: A Conceptual Framework*, Chicago: University of Chicago Press, 1991.

45. Hopper, Paul J. & Elizabeth Traugott, *Grammaticalization*, Beijing: FLTRP / Cambridge University Press, 1993/ 2001.

46. Lakoff, G. & M. Johnson. *Metaphors We Live By*, Chicago : The University of Chicago Press, 1980.

47. Lakoff, G. *Women, Fire, and Dangerous Things: What Categories Reveal about the Mind*, Chicago: The University of Chicago Press, 1987.

48. Lakoff, G. & M. Johnson, *Metaphors We Live By*, Chicago: The University of Chicago Press, 1980.

49. Stephen Ullmann, *Semantics: An Introduction to the Science of Meaning*, OUP, 1962.

50. Langacker. Ronald. W. *Foundations of Cognitive Grammar*, Beijing: Peking University Press, 2004.

51. 詹斯·奥尔伍德:《语言学中的逻辑》, 北京: 北京大学出版社, 2009。

后 记

《认知词汇学》书稿出来后，我们十分高兴，有一种成就感。我们在书中做了一些有益的探索，丰富了语言学相关理论。本书对英语词汇研究历史进行了回顾，找到了目前英语词汇研究的困难和不足，体现了撰写该书的缘由。在找到问题的基础上，我们希望用洛克的认识论和马赫的折中主义方法论解决以上问题，推动英语词汇学向前发展，拓展该学科方向的研究视野。然后，我们对一些具体语言问题进行仔细研究，有些是补充性研究，有些是创新性研究。正是这两种研究，体现了我们的工作成就，使我们有一种功德圆满之感。

在高兴之余，又让我们有点沮丧。洛克的认识论和马赫的折中主义在讲政治的岁月里，是一种在中国不受欢迎的理论，不知用在此能否得到广大学者和读者的认可。词汇的理据性、词义范畴化与非范畴化、一词多义的形成机制等章节是补充性研究，只是书中内容更加系统和完整，掺进了我们多年的学术兴趣。我们还是不知这种补充研究是否符合语言事实，为今后的再补充打下了基础，得到广大教师和学生们的默认。词汇组织、词汇的意象意义、词义的联想与搭配、词的使用与理解、构式与词汇等章节是创新内容。相关研究的已有成果不多，即便有相关研究成果，也很少，这是本书的最大困难。由此，我们产生了最后一个不知，不知书中相关内容能否自圆其说，具有一定的逻辑性和理据性，得到广大同行们的理解和赞许。

在本书即将付梓之际，我们怀着感恩的心情，衷心地感谢为本书出版做出贡献和帮助的人。我们只是在前辈的研究基础上，总结他们的研究成果，向前迈出了一小步。如果没有过去的研究成果，在沙漠上建不起高楼大厦。我们踏在前人的肩膀上，得到了同行们的帮助，《认知词汇学新视野》一书才能得以问世。由于本书篇幅有限，未能在脚注和参考文献中一一列出他们的成果，我们对他们的帮助表示诚挚的谢意。

我们还以《认知词汇学概论》前言中的最后几行作为后记的结尾。"本书虽薄，但它起着从无到有的作用，书中肯定有不妥或者不周全之处，敬请读者批评指正，并对那些可能给本书提出宝贵意见的读者预致谢意。"

陈建生
记于湖南长沙